연구보고서
2024-09

고졸 취약 청년의 노동생애 개발과 정착 지원방안 연구

최세림 · 김영아

한국노동연구원

목 차

표 목 차

그림목차

요 약

본 연구는 최근 급속하게 발전된 청년 고용정책에도 불구하고 사실상 적극적 고용정책의 주요 타깃이 되어야 할 취약 집단 청년에 대한 고용서비스는 제대로 작동하지 않고 있다는 문제의식을 바탕으로 고졸 취약 청년의 노동시장 이행 실태와 애로사항, 정책 시사점을 도출하고자 기획되었다. 이에 연구의 주대상으로 고졸 비진학 청년과 고졸 비진학 청년 중 학교와 학교 밖에서 인적자본 축적, 노동시장 이행에 어려움을 야기할 수 있는 여러 가지 취약 특성을 가진 청년으로 설정하였다. 고졸 비진학 청년, 그중에서도 취약 집단의 노동시장 이행 실태를 면밀히 살펴볼 수 있는 통계자료는 부족하여 본 연구는 기존에 축적된 통계자료 외에 실태조사와 FGI를 통해 최대한 상세히 이 청년 집단의 특성과 노동시장 애로사항에 대해 조명하고자 했다.

이하 연구의 주요 결과를 각 장별로 요약한 후 연구결과 전체를 통틀어서 확인되는 고졸 비진학 청년층, 고졸 비진학 취약 청년층의 노동시장 이행에 관해 새롭게 확인한 사실들을 정리한다.

1. 각 장별 주요 결과 요약

본 연구의 제2장에서는 한국교육고용패널(KEEP) 1기 표본과 2기 표본인 2006년과 2018년 직업계고 졸업생의 졸업 이후 이동 경로를 분석하였다. 고졸 비진학 청년의 실태를 상세하게 파악하기에 앞서 고졸 비진학 청년이 배출되는 가장 대표적인 유형의 고교 졸업생의 이행경로를 코호트 간 그리고 취약 집단별로 비교한 이유는 취약 집단에 초점을 맞추기에 앞서 고졸 비진학 청년의 노동시장 이행 행태가 전반적으로 예전과 현재가 어떻게 다른지 알아보기 위해서이다. 이는 선행연구 중 최세림(2021)의 연구에서 주장한 최근 고졸 비진학 청년의 노동시장 이행이 예전보다 불안해졌다는 관점을 다른 방법과 자료를 활용하여 재확인하기 위함이기도 하다. KEEP I, II 표본에서 취약/비취약 집단을 구분하고 시퀀스 분석방법을 적용하여 이행경로 패턴을 비교해 본 결과, 취약/비취약 집단 간 차이보다는 2006년 졸업 코호트와 2018년 졸업 코호트의 졸업 이후 이행경로의 차이가 더 대조적임으로 확인되었다.

2006년 졸업 코호트의 경우 졸업 이후 취약, 비취약 졸업생 모두 대부분 대학이나 전문대학에 진학하고, 졸업 이후 4, 5년이 지난 시점부터 상용직으로 취업하기 시작하여 상용직 취업자 비중이 꾸준하고 가파르게 증가하는 패턴을 보인다. 반면, 2010년 이후 고졸 취업 활성화[1]를 위해 선취업 후진학 제도가 확산된 이후 졸업한 2018년 직업계고 졸업생의 경우, 2006년 졸업 코호트에 비해 졸업 이후 대학이나 전문대학 진학자 비중이 대폭 감소하여, 졸업 이후 5년간 고등교육 이수자 비중이 2006년 졸업생 코호트에 비해 절반 수준에 그쳤다.

2018년 졸업생의 경우, 직업훈련, 학습, 일을 병행하는 프로그램 참여자 비중이 2006년 졸업생에 비해 약간 높았다. 하지만, 이들을 포함한다 하더라도 전반적으로 졸업 이후 5년간 학교 교육이나 직업훈련을 받은 졸업생의 비중은 2006년 코호트에 비해 낮게 나타난다. 이러한 차이를 반영하듯, 2006년 졸업생에 비해, 2018년 졸업생의 졸업 이후 5년 차 기준 실업자 비중은 월등히 높은 수준으로 나타났다. 2018년 졸업생의 졸업 5년 차 시점(2022년)이 코로나19의 영향을 받은 시점이기는 하지만, 이들이 2006년 졸업생과 달리 이론적으로는 졸업 직후부터 노동시장에서 경력을 쌓을 수 있었다는 점을 고려할 때, 무시할 수 없는 수준의 실업자 비중이 관찰되었다.

한편, 2006년 직업계고 졸업자와 2018년 직업계고 졸업자를 취약 집단[2]과 비취약 집단으로 구분할 때 두 집단 간 졸업 이후 5년간 이동 경로

1) 예 : 교육과학기술부(2010), 「고등학교 직업교육 선진화 방안」.
2) 제2장의 분석에서는 취약 집단을 빈곤/저소득 가정 출신, 결손가정 출신, 부모 중졸 이하 저학력자 가정 출신으로 설정하고 분석하였다. 취약 집단을 이렇게 설정한 이유는 KEEP I, II차 자료에서 공통적으로 파악할 수 있는 특성이

에서 공통적으로 확인되는 차이는 취약 집단이 고등교육이나 훈련(일-학습 병행 등)에 참여하는 비중이 낮고, 후진학이나 후에 추가로 훈련프로그램에 등록하는 사람의 비중도 낮다는 점이다. 즉, 2006년 졸업 코호트나 2018년 졸업 코호트에서 고졸 비진학 청년의 경우, 전문대졸 이상의 최종학력을 가진 집단보다 취약 집단 비중이 높을 것으로 예상되고, 비진학 고졸 취약 집단은 여러 가지 교육, 훈련 기회에서 상대적으로 소외되고 적성이나 직업정보 탐색의 기회가 상대적으로 적을 것으로 추론할 수 있다.

제3장에서는 전국 20대 남녀 고졸 비진학 청년 중 취약 청년[3]과 비취약 청년의 인적자본 축적, 노동시장 이행 과정・결과에 대해서 조사하고 분석하였다. 조사내용은 취약 특성에 관한 실태, 노동시장 이행 성과, 학교에서 노동시장으로 이행하고 노동시장에 정착하는 데 본인의 취약 특성이 어떤 영향을 끼쳤는지와 정책수요에 대한 내용으로 구성하였다. 주요 조사 결과를 조사 파트별로 요약하면 다음과 같다.

(비진학 고졸 취약 청년의 특성) 전반적으로 고졸 비진학 취약 청년은 비취약 청년에 비해 고교시절 가정 경제수준이 좋지 않고, 부모의 교육수준이 상대적으로 낮았다. 구체적으로 취약 청년의 취약 특성 유형을 크게 고교시절 환경적 취약 특성(환경적 취약)과 현재(과거) 개인이 경험하는 취약 특성(개인적 취약) 유무로 구분해 본 결과, 비진학 고졸 비진학 취약 청년 표본의 과반 이상이(53.2%) 환경적 취약 특성과 본인 개인의 취약 특성을 모두 가진 이중 취약자로 나타났는데, 현재 비경제활동 상태인 집단, 일반계-직업반 출신, 고교 검정고시 출신 취약 청년의 경우 이중 취약자 비중이 매우 높게 나타난다. 환경적 취약 특성의 세부 유형별로는 경제적 취약 가정(70%), 저학력 가정(17.1%), 홈리스/가출경험 청년(14.3%), 질병 장애가 있어 일상생활이 어려운 가족이 있었던 청년

제한적이기 때문이다.

3) 성장환경적 측면에서 여러 가지 취약 특성을 경험하였거나 현재 본인이 경험하고 있는 노동시장 이행에 어려움을 야기할 수 있는 취약 특성을 가진 고졸 비진학 청년을 '취약 집단'으로 넓게 정의하여 조사하였다.

(13.8%), 조손가정 출신(12%)이 상대적으로 구성 비중이 높은 유형이었고, 개인적 취약 특성 중 높은 비중을 차지하는 유형은 정서적으로 어려움이 있는 청년(공황장애, 우울, 자살충동 등, 34.8%), .NEET족(30.5%), 직접 돌보아야 하는 가족이 있는 청년(14.7%), 중독 청년(13.0%), 은둔청년(11.8%), 소년소녀가장(11.5%), 기초생활수급자 청년(11.4%) 순으로 높게 나타났다. 환경 취약 유형별로 개인 취약 특성을 가진 청년들의 개인 취약 유형 분포는 대체로 유사하지만, 저학력 가정 출신 청년과 홈리스 경험 청년의 경우 정서적 장애를 가진 비중이 각각 43.7%, 52.2%로 매우 높게 나타났고, 청소년기에 장애/질병으로 일상생활을 하지 못하는 가족이 있었던 청년(장애/질병 가정)의 34.9%는 여전히 돌보아야 하는 가족이 있는 것으로 나타났다.

취약 집단이 취약 특성과 관련하여 정부의 도움을 받은 경험을 조사해본 결과, 환경적 취약 특성과 관련하여 도움을 받은 비중은 52.8%로 과반 이상이지만 개인적 취약 특성과 관련하여 도움을 받은 경험은 26.6%에 그쳤다. 특히, 전반적으로 비경제활동상태인 취약 청년은 도움을 받은 경험이 취업상태나 실업상태의 청년보다 더 낮게 나타났다.

고졸 비진학 청년들의 기초역량과 사회적 자본 수준에 대해서도 조사하였는데, 기초역량 영역을 크게 네 가지(기초적인 산수, 듣기 문해력, 읽기 문해력, 대인관계/사회성)로 구분하고 네 가지 기초역량 중 하나 이상에 대하여 어려운 경험이 있었던 청년의 비중을 살펴본 결과, 비취약 집단, 취약 집단이 각각 17.6%, 30%로 나타나 두 집단 모두 적지 않은 비중으로 어려움을 경험한 청년이 존재하였다. 어려움 유형별로 취약/비취약 집단 모두 대인관계/사회생활 어려움 비중이 가장 높고(비취약-14.8%, 취약-22.1%), 산수, 문해력 관련 기초역량은 비취약 집단 중 어려움을 표시한 사람이 거의 없지만, 취약 집단에서는 적지 않은 비중으로 기초역량이 부족하다고 응답하였다(산수-6.4%, 듣기 문해력-14.5%, 읽기 문해력-12%). 취약 집단 중에서도 비경제활동상태인 고졸 청년이 전반적으로 4개 유형의 기초역량 부족자 비중이 높게 나타났다.

사회적 자본 수준 조사 결과, 고졸 비진학 청년은 일반적으로 사회적 자본 수준이 대졸 이상 청년에 비해 낮다고 알려져 있는데, 고졸 비진학 청년 집단 내에서도 취약 집단이 비취약 집단에 비해 사회적 자본 수준이 조사에서 고려한 모든 영역(연락하는 친구 수, 갑자기 돈을 빌릴 수 있는 사람, 몸이 아플 때 도움받을 수 있는 사람, 스트레스/우울 등을 나눌 수 있는 사람, 경제적 사회적 문제에 처했을 때 상담받을 수 있는 사람 수)에서 눈에 띄게 낮았다. 고교 유형별로 고교를 졸업하지 않은 중졸 이하, 고졸 검정고시 출신과 일반계고-직업반 출신이 상대적으로 사회적 자본 수준이 특히 낮았다.

(노동시장 이행과 성과) 고졸 비진학 청년 중 취약 청년은 경제활동 참여가 매우 저조하였다. 취약 집단은 비취약 집단에 비해 취업률과 실업률이 모두 낮고 비경제활동인구 비중이 매우 높게 나타난다(경제활동 참여율, 취약-64.3%, 비취약-82.4%). 그런데 비취약 집단의 경우 실업률이 11.9%로 매우 높다.[4] 고용형태의 경우, 고졸 비진학 청년 증 취약 집단이 비취약 집단에 비해 정규직 취업 비중이 낮지만(취업자 중 정규직 취업자 비중, 취약-45.9%, 비취약-49.4%) 막 첫 일자리를 시작하는 대졸 청년에 비해 경력 축적 등 안정적 일자리 안착을 위한 기간이 더 길었을 비취약 고졸 청년의 정규직 취업 비중의 경우에도 전체 20대 청년 정규직 취업 비중(50% 후반대)에 비해 낮다.[5] 일자리의 평균 임금의 경우에도 취약 집단이 비취약 집단보다 낮고(비취약 집단이 16.1% 더 높음), 근로시간은 비취약 집단이 더 길다. 이로 미루어 볼 때 취약 집단은 비취약 집단에 비해 상대적으로 경제활동참여율도 낮고 취업하였더라도 평균 근로시간이 낮아 노동시장 결착도가 외연(extensive margin)과 심도(intensive margin) 차원에서 모두 낮다는 것을 알 수 있다.

마찬가지로 취업자의 현재 일자리 근속기간, 가장 오래 일한 일자리의 근속기간의 경우에도 취약 집단에 비해 비취약 집단이 더 길게 나타

4) 우리나라 20대 청년의 일반적인 실업률 수준(2024년 9월 기준, 20대 청년 실업률은 5.1%).
5) (2023년 기준 57% 수준) 한겨레 뉴스 https://www.hani.co.kr/arti/economy/economy_general/1166916.html(검색일 : 2024. 9. 25).

나고, 미취업상태인 취약/비취약 집단의 지금까지 쉰 기간은 취약 집단이 비취약 집단에 비해 더 길다. 취업자의 업종과 직종 분포를 살펴보면, 비취약 집단이 취약 집단에 비해 분포가 더 다양하고, 사업체 규모도 100인 이상 사업체 취업 비중이 더 높다.

한편, 이 장에서는 주요 노동시장 이행 성과지표에 대해 결정요인 분석을 수행하였는데, 분석 결과, 취약/비취약 집단 모두, 대체로 다른 조건이 동일할 때, 일반계고 졸업자와 졸업 고교가 없는 청년(검정고시/중졸 이하)의 경우 특히 취업 확률, 정규직 취업 확률, 임금 수준, 근속기간, 취업직종의 고용 안정성(평균 근속기간)이 낮게 나타났다. 취약 집단의 경우 개인 취약 특성만 가진 집단과 이중 취약 집단의 경우 상대적으로 노동시장 성과가 좋지 않게 나타나고, 교육연수가 상대적으로 긴 경우(예 : 전문대 중퇴)나 연령이 상대적으로 높은 경우에는 미약한 수준이지만 고용지표가 상대적으로 양호하게 나타났다. 또한 취약/비취약 집단 모두 정부의 직업훈련/진로교육/취업지도 중 두 가지 이상 서비스를 경험한 집단의 경우에도 상대적으로 고용지표가 양호하게 나타난다. 그러나 서비스 이용 관련 결정요인 분석 결과, 취약 집단에 비해 비취약 집단의 서비스 경험 확률이 높게 나타나고, 다른 조건이 동일할 때 취약/비취약 집단 모두 일반계고 졸업생과 졸업 고교가 없는 집단은 상대적으로 경험 확률이 낮게 나타났다.

구직 경로는, 전반적으로는 취약 집단과 비취약 집단 모두에서 구인공고를 통한 취업 경로가 가장 큰 비중을 차지하였다. 특이한 점은, 20대 초반 비취약 집단의 경우, 20대 초반 구직 시 학교/선생님을 통해 취업하는 비중이 13.7%로 나타나지만, 취약 집단의 경우 학교/선생님을 통한 취업이 7.3%에 그치는 수준으로 나타나 차이가 뚜렷하다.

한편, 비경제활동상태의 청년들이 현재 구직활동을 하지 않는 이유를 조사한 결과, 취약/비취약 집단 모두 '그냥 쉬고 있음' 비중이 각각 42.9%, 45%로 가장 높았다. 이는 취약/비취약 고졸 비진학 청년 표본 전체를 기준으로 볼 때 '쉬었음' 비중 12,6%, 5.7%에 해당되는 수준으로 두 집단 모두 일반 청년층에서 '쉬었음' 비중보다 높게 나타난다. 하지만

'쉬었음' 외 이유로, 현재 비경활 상태인 집단 중 비취약 집단은 자격증/시험준비나 현재 교육/훈련 중을 선택한 비중이 42.5%에 달하지만, 취약 집단은 14.1%에 그쳐 차이가 있었다.

다음으로 비진학 고졸 청년의 취업 및 직장 계속 근로 시 중요하게 생각하는 조건에 대해 조사한 결과, 전반적으로 비취약 집단은 취약 집단에 비해 4점 이상으로 중요성을 평가한 항목이 9개 중 7개에 달했지만, 취약 집단은 4점 이상으로 평가한 항목이 5개에 불과해, 비취약 집단은 취업이나 근속을 결정할 때 다양한 조건을 종합적으로 중요하게 고려하는 반면, 취약 집단은 그러지 못하고 있는 것으로 추정되었다.

취약 집단과 비취약 집단 모두 임금 수준을 가장 중요한 조건(취약 집단 4.16점, 비취약 집단 4.18점/5점 만점)으로 평가하였는데, 비취약 집단의 경우 그다음 순서로 중요한 요소가 일터의 안전(4.17), 조직문화(4.13)가 중요하다고 평가한 반면, 취약 집단은 조직문화(4.12), 일터의 안전(4.09) 순으로 중요하게 평가하는 등 두 집단 간 취업, 근속결정 시 중요하게 고려하는 요소, 고려하는 요건의 수가 다른 편이었다.

(취약 특성으로 인한 노동시장 이행의 애로사항) 취약 집단이 응답한 각자의 취약 특성으로 인해 인적자본 축적, 노동시장 이행, 진로 계획 및 실행에 어려움이 있었는지를 조사한 결과, 대체로 모든 단계에서 취약 집단은 본인의 취약 특성으로 인해 어려움을 경험하였던 것으로 나타났다. 구체적으로 고졸 취약 청년의 경우, 본인의 취약 특성으로 인해 미래의 진로 계획을 세우는 데(77.2%), 미래의 목표 달성을 위해 노력(인적자본 투자)하는 데(76.6%), 원하는 일자리를 구하고 취업할 때(67.3%), 교육이나 훈련을 받을 때(60%), 일자리를 유지하는 데(57.3%) 순으로 어려움을 느꼈다고 응답한 비중이 높게 나타났다. 세부 집단별로 환경/개인 취약 특성을 모두 가진 집단과 개인적 취약 특성을 가진 집단의 경우 노동시장 이행 전, 이행 과정, 이행 이후 전 과정에서 어려움을 느낀 비중이 가장 높게 나타났는데, 특히, 취약 환경 유형 중에 탈북민, 저학력 가정 출신, 출신 고교 유형 중, 중졸 이하 집단과 일반계고 직업반 출신 청

년은 대다수(90% 이상)가 노동시장 이행 전, 이행 과정, 이행 이후 전 과정에서 본인의 취약 특성으로 인해 어려움을 느꼈다고 응답하였다.

(정책 수요) 고졸 비진학 청년의 정책 수요를 알아보기 위해 다양한 정책에 대해 필요성을 조사한 결과, 전반적으로 근소한 차이이기는 하지만 취약 집단이 비취약 집단보다 대부분의 항목에서 정책 필요성을 높게 평가했다. 취약 집단이 가장 중요성을 높게 평가한 정책 지원 사항은 '자신에게 필요한 정책에 관한 정보 제공'(4.0점)이었고 다음으로 직업능력개발(3.94점), 일자리 알선(3.8점), 직업훈련 동안 가족 생계비 지원(3.77점), 생활에 필요한 기본 지식 교육(3.65점), 훈련/교육/자격증 공부 등 동안 숙식 지원(3.62점), 심리상담이나 치료(3.58점), 진로상담(3.52점) 순으로 높게 나타났고, 취업 준비/구직기간 동안 가족 돌봄 지원(3.15점), 멘토 지원(3.26점)은 수요가 상대적으로 낮았다.

다음으로 생활지원/교육훈련/기초교육 등을 전체적으로 지원하는 통합적 직업훈련 프로그램(한국형 job corp-주거/식사, 훈련수당을 지원하고 지역내 괜찮은 일자리를 구할 때 까지(6개월 이상) 교육, 직업훈련, 생활교육 등을 제공하는 프로그램)에 대한 참여 의향을 5점 척도로 조사한 결과, 취약 집단의 60.6%, 비취약 집단의 55.7%가 참여 의향(긍정-4점 이상)을 나타냈고, 취약, 비취약 집단 각각 16.9%, 17.3%의 경우 참여 의향이 매우 높은 수준(5점)이었다. 세부 집단별로는 취약 집단-비경제활동 청년, 비취약 집단 실업자, 여성 청년, 20대 초반 청년, 일반고(직업반) 졸업자, 고졸 검정고시 출신자, 서울 지역 청년의 참여 의향이 높은 편으로 나타났다.

추가로 통합적 직업훈련 프로그램 참여를 위한 선결 조건을 조사한 결과, 훈련수당 지급과 괜찮은 일자리 연결, 적성/희망에 맞는 직업 연결이 가장 중요한 것으로 나타났고, 적정 훈련수당 수준은 취약 집단은 평균 79.2만 원, 비취약 집단은 평균 70.9만 원 수준으로 나타났다. 통합 직업훈련 프로그램이 생긴다면 포함되어야 할 교육 항목으로는 사업체 현장에서 현장실습과 일 경험, 면접, 자소서, 이력서 작성 등 취업 준비 교육,

자격증 취득 교육이 중요하게 평가되었다. 또한 두 집단 모두 생활교육과 사회생활에 필요한 지식(시간 관리, 일 태도, 의사소통법 등)에 대한 수요도 두 집단 모두에서 3.7점 이상으로 낮지 않게 응답하여 고졸 비진학 청년의 정책 수요는 단순히 취업 지원에 국한되지 않고 일자리에서도 근속하고 계속해서 노동 생애를 이어나가는 데 필요한 기초적인 스킬에 대한 수요까지 포괄적임을 알 수 있었다.

제4장은 앞선 실태조사에서 고졸 비진학 취약 청년의 환경적 취약 유형 중 가장 많은 비중을 차지하였던 빈곤 가구 출신 청년의 노동시장 이행 패턴에 대해 상세하게 분석하였다. 분석은 고졸 비진학 청년으로 제한하지 않고, 한국복지패널 1~18차 자료에서 19세 청년을 추출하여 성인기에 진입한 이후 10년간 어떠한 일자리를 가지는지 노동시장 이행 궤적 특성을 분석하되, 아동·청소년기 빈곤 노출 경험에 따른 이행 궤적 차이를 살펴보았다. 구체적으로 19세부터 28세까지 청년의 노동시장 내 종사상 지위를 정규직, 비정규직 임금근로자, 고용원 있는 자영업자, 1인 자영업자, 무급가족종사자, 비취업자로 구분하여 노동시장 이행 궤적을 유형화하고, 개인과 가구, 그리고 어린 시절 빈곤 노출 경험이 노동시장 이행 궤적 유형화에 미치는 영향을 분석하였다.

연구에서 '빈곤'은 가구중위소득 60% 이하의 저소득 가구 출신 여부와 기초생활수급가정 출신 여부를 구분하여 두 가지 '빈곤' 노출 유형에 대해 분석하였다. 우선 전체 표본 청년 대상 성인기 진입 이후 10년간 노동시장 지위 분포를 살펴보면, 19세 청년의 80%가 학업이나 다른 이유로 비취업 상태이며, 비정규직 임금근로자 18%, 정규직 임금근로자가 2%로 나타났다. 성인기 초기에는 비취업자이거나, 취업자여도 불안정한 임금근로자의 비중이 크지만, 대학교 졸업 시기를 기점으로 정규직으로 진입하는 비중이 늘고, 비임금근로자로의 진입도 생겨나는 것으로 관찰되었다. 하지만, 비정규직 임금근로자의 비중은 전체 청년기 동안 변함없이 유지되는 경향을 보여 청년층의 18% 정도는 성인기 진입 후 10년간 비정규직 임금근로 궤적에 노출되어 있었다.

아동·청소년기에 저소득 경험 여부로 표본을 구분하여 살펴보면, 성장기에 저소득 노출 경험이 있는 청년은 저소득 노출 경험이 없는 청년 대비 비취업과 비정규직 임금근로자의 비중이 다소 높았지만, 정규직 임금근로자 비중은 다소 낮았다. 또한 4년제 대학 졸업 시기인 25세 전후를 기점으로 저소득 노출 청년은 비정규직 임금근로자의 비중이 커지지만, 저소득 비노출 청년은 정규직 임금근로자의 비중이 커져 취업자로서 일자리 안정성의 격차가 커지는 것으로 나타났다.

기초생활보장 수급 경험이 있는 청년의 경우 비정규직 일자리를 통한 노동시장 진입 시기가 빠른 편이며, 초기 성인기 동안 정규직의 비중이 적어 불안정 노동 궤적에 가장 많이 노출되는 경향을 보였다. 즉, 청소년 시기 빈곤 노출에 따라 노동시장의 진입 시기, 그리고 일자리 궤적의 안정성에 차이가 있음이 확인되었다.

사건배열과 군집분석을 이용하여 19세 청년들의 10년간의 노동시장 이행 궤적을 4가지로 유형화한 결과, 첫 번째 유형은 '노동시장 미진입형'으로 청년기 진입 이후 10년간 지속해서 비취업 상태를 주로 유지하는 경우로 전체의 27.1%로 나타났다. 몇몇 경우 비정규직 일자리나 정규직 일자리를 단기간으로 하기도 하지만 10년간의 종사상 지위는 비취업 상태로 요약된다. 두 번째, '조기진입 정규직형'은 19세 또는 22세를 기점으로 노동시장에 정규직 임금근로자로 진입하여, 지속해서 정규직 임금근로자로 일하는 유형으로 26.3%를 차지하였다. 세 번째, '조기진입 불안정고용형'은 고졸 비진학 청년에 해당되는데, 이들은 19세부터 비정규직 임금근로자로 노동시장에 진입하여 일하지만, 이후에도 지속해서 비정규직 지위를 이어가는 경우로 25.5%를 차지하였다. 정규직 임금근로자로 일하기도 하지만 다시 비정규직 또는 비취업상태로 이동을 경험하여 지속해서 안정적 지위를 가지지 않는 특성이 있다. 네 번째, '장기준비 정규직진입형'은 대학졸업 시점인 24세부터 본격적으로 노동시장에 진입하는 경우로, 최초 일자리가 주로 정규직 임금근로자인 경우로 21.0%를 차지하였다. 다른 유형에 비해 노동시장 진입 연령이 늦지만, 불안정한 일자리 궤적을 경험할 가능성이 적은 유형이다.

요약하여 빈곤 노출 경험이 있는 청년은 미취업 또는 불안정 고용 궤적이 주를 이루었지만, 빈곤 노출 경험이 없는 청년의 노동 궤적은 정규직 임금근로자 궤적이 많은 편이었다. 이는 빈곤 노출 경험 청년이 고졸 비진학 청년으로 노동시장에 이행하고 불안정 고용 궤적을 가질 확률이 높음을 함의한다. 한편, 2010년대 빈곤 가구 출신 청년은 주로 노동시장 진입과 이탈을 반복하거나, 비정규직에서 정규직으로 이동하는 특징을 가진 것으로 알려졌는데(노혜진, 2012), 제4장에서 분석한 결과, 2020년대 빈곤 가구 출신 청년은 비정규직과 정규직 일자리, 그리고 비취업 상태를 오가며 주로 비정규직화된 노동 궤적을 가지거나, 비취업 상태로 초기 성인기를 보낼 가능성이 높은 것으로 나타났다. 따라서 최근들어 빈곤 가구 자녀의 불안정 노동 궤적화가 강화되었으며, 노동을 통한 빈곤 탈피의 가능성이 감소하였음을 확인하였다.

추가적으로, 네 가지로 대표된 초기 청년들의 노동시장 이동 경로의 결정요인을 다항로짓 모형으로 분석한 결과, 19세 이전 저소득 가구 노출 경험은 성인이 된 직후 정규직 임금근로 일자리로 진입할 가능성을 유의미하게 증가시켰지만, 노동시장 미진입형이 될 가능성은 줄였다. 반면, 기초생활 수급에 노출된 경험은 조기진입 정규직형과 장기준비 정규직진입형이 될 가능성은 감소시키고, 조기진입 불안정고용형이 될 가능성은 증가시켰다. 즉, 어린 시절 기초생활보장 수급 경험은 고교 졸업 이후 추가적인 인적자본 축적 없이 불안정한 일자리를 지속하는 궤적을 가질 위험을 증가시키며, 초기 성인기 동안 정규직 일자리 진입 가능성을 낮추는 것을 발견하였다.

이러한 결과는 기초생활보장 수급 경험이 성인이 된 직후 경제적 자립을 위해 취업자가 되는 데 긍정적이지만, 불안정한 지위로 시작된 이들의 일자리는 성인기 전반에 걸쳐 불안정 노동 궤적으로 이어져 노동시장 정착과 안정적인 노동생애 개발에는 부정적인 영향을 끼칠 가능성이 높다는 것을 보여주는 것이다.

다른 요인의 경우, 교육수준, 자격증 취득, 그리고 노동시장에서 축적한 경력의 인적자본은 안정적인 노동 궤적을 가지는 것과 유의미한 관계를 가지는 것으로 나타났다. 이러한 결과들을 종합하면, 초기 성인기 동안 조기 노동시장 진입 및 비정규직 임금근로 궤적에 노출될 위험은 아동·청소년기에 빈곤에 노출 경험이 있는 경우, 특히 기초생활보장 수급 경험이 있는 경우 높다는 것을 알 수 있다.

본 연구의 제5장은 고졸 취약 청년의 특성과 노동시장 이행 과정에서 겪는 어려움을 양적 조사의 한계를 넘어 심층적으로 파악하고, 정책 수요에 대해 파악하기 위하여 초점집단면접(FGI)을 수행하였다. FGI 대상은 고졸 취약 청년과 관련된 지원 활동을 담당하는 전문가들로 구성하였고, FGI 이후 논의 내용을 주제분석법(thematic analysis)을 활용하여 분석하여 여러 범주와 공통된 주제를 도출하였다.

분석 결과는 전반적으로 앞선 실태조사 결과와 각종 데이터 분석 결과와 일치하였다. 고졸 비진학 취약 청년은 개인적, 가정적, 사회적 요인으로 인해 구조적으로 취약한 환경에 놓여 있으며, 이로 인해 노동시장 진입과 정착 과정에서 다양한 어려움을 겪고 있음이 확인되었다.

도출된 주제별로 구체적으로 분석 결과를 요약하면, 고졸 취약 청년의 가장 큰 개인적 특성은 자기인식 부족과 성공 경험의 부재였다. 자기인식 부족은 자신의 성격, 흥미, 강점 등에 대한 이해 부족으로 이어지며 이는 진로 탐색과 취업 준비에서 큰 어려움을 초래하고 있었고, 고졸 취약 청년들은 전반적으로 과거에 성취감을 느껴본 경험이 부족하여 도전적인 상황에서 쉽게 좌절하거나 포기하는 경향이 있다고 지적되었다. 가족적 특성의 경우, 고졸 취약 청년들은 대체로 경제적으로 어려운 가정환경에서 성장하며, 진학보다는 취업을 우선시할 수밖에 없는 상황에 처해 있고, 한부모 가정이나 조부모 가정 등 취약한 가족 구조로 인해 취업에 대한 모델링이나 조언을 받기 어려운 환경에 놓여 있었다.

고졸 취약 청년의 노동시장 이행 과정에 관한 논의 결과, 현장 전문가들은 이들은 노동시장에 진입하는 과정에서 여러 가지 어려움을 겪고 있다고 하였는데, 전반적으로 취업 전 준비 과정에서 취업에 대한 막연한 생각과 짧은 준비 기간을 가지고 있으며, 취업 지원 프로그램에 대한 관심이 부족하다고 하였다. 이들은 취업과 관련된 정보에 접근하는 데 어려움을 겪고, 특히 자신에게 필요한 정보를 선별하는 능력이 부족하여 실질적인 도움을 받지 못하는 경우가 많으며, 사회적 관계망이 부족하여 구직활동에 필요한 인맥을 형성하는 데 어려움을 겪는다고 한다. 또한 고졸 취약 청년은 대졸 청년들과 비교해 이력서와 자기소개서에서 중요한 경력과 경험이 부족하고, 취득한 자격증도 취업 시장에서 경쟁력을 발휘하지 못하는 유형인 경우가 많아, 취업의 첫 관문인 서류전형에서부터 난관에 부딪친다고 하였다.

또한 고졸 청년의 경우, 취업 후에도 불안정한 고용형태에 처하게 된다고 전문가들은 공통적으로 지적하였다. 이들은 대체로 비정규직이나 단순 업무에 배치되어 직업 만족도가 낮고, 경력/숙련 개발의 기회가 제한적이고, 고졸 학력으로 인한 차별적 대우와 어린 나이에 대한 무시를 받거나 근무 환경이 열악한 경우가 많다고 한다. 이들은 직장 내에서 대인관계와 의사소통의 어려움도 흔히 보이는데, 이로 인해 업무수행에 부정적인 영향이 나타나기도 한다. 더불어 직장에서 발생하는 갈등에 대해 적극적으로 문제를 해결하려는 태도가 부족해 직무 성과와 직업 만족도에 부정적인 영향을 미치고 있다고 하였다.

FGI에서는 현장 전문가와 정책 과제에 관해서도 논의하였다. 이들의 공통된 의견에 따르면 취약 청년들에게는 개별 맞춤형 단계별 서비스 지원이 강화되는 것이 필요하며, 많은 고졸 비진학 청년이 취업 외에도 경제적 문제나 가족 관계 등 복합적인 어려움을 겪고 있어 취업뿐만 아니라 통합적 일상생활 지원이 필요하다고 하였다. 특히 심리적 지원이 중요한 요소로 제시되었다.

고용유지 지원, 취업 여부와 관계없이 능력 개발을 위한 지속적인 지원 또한 강조되었는데, 이는 고졸 취약 청년은 진로탐색을 하거나 능력개발을 고려하여 취업하지 못하는 경우가 많고, 취업상태인 경우에도 능력 개발이 일어나지 않는 단순직을 전전하거나 빈번하게 이직하는 경우가 많아 고교를 졸업하였거나 현재 취업 상태인 경우에도 능력 개발과 진로 탐색이 가능할 수 있도록 직장 적응뿐만 아니라 능력 개발을 위한 지원이 필요하기 때문이다.

마지막으로 전문가들은 지원체계 차원에서 우선 전문적 역량을 갖춘 인력 배치, 고졸 취약 청년 지원을 위한 중앙 컨트롤타워 구축 및 원스톱 서비스 강화, 유관 기관 간 협력체계 구축을 강조하였다. 이는 취업 외에도 심리적, 경제적 문제를 해결하려면 전문적인 서비스를 제공하는 유관 기관과의 협력, 통합적 지원이 필수적이기 때문이다. 추가로 전문가들은 생애주기별 노동시장 이행을 위한 지속적인 지원과 취업 관련 정보와 지원센터에 대한 접근성 제고, 고졸 청년을 위한 양질의 일자리 확보의 중요성도 강조하였다.

2. 총론 : 고졸 비진학 청년, 고졸 취약 청년의 노동시장 이행 실태에 관해 주목할 만한 결과

본 연구 보고서의 각 장별 연구 내용을 종합하여 볼 때, 드러나는 고졸 비진학 청년의 인적자본 축적, 노동시장 이행, 노동시장 성과에 관하여 주목할 만한 결과는 다음과 같다.

첫째, 전반적으로 졸업 이후 부진한 인적자본 축적, 장기간 불안정한 고용궤적이 나타나, 특히 취약 집단의 경우 정책적으로 의도한 선취업 후학습이 아닌 선취업 후 지속 불안정 고용을 경험하는 경우가 더 빈번하다. 본 연구 제2장과 제4장의 연구 결과에 따르면 이전 세대의 직업계고 졸업생과는 달리 지금 세대의 직업계고 졸업생은 20대 중반까지의 기간 동안 대학이나 다른 고등교육기관 진학자 비중도 작으면서 일 · 학습병행 등 체계적인 직업훈련 프로그램 이수자 비중도 크게는 증가하지 않았다. 고등교육기관 이행자 비중이 크게 감소한 것을 고려할 때, 체계적으로 현장 숙련도를 축적할 수 있는 직업훈련 프로그램 이행자 비중도 크게 증가하지 않았다는 것은 최근 고졸 비진학 청년들은 인적자본을 효율적으로 축적할 수 있는 다음 단계로 원활하게 이행하지 못하고 있다는 것을 의미한다.

둘째, 취약 집단의 경우 비취약 집단에 비해 학교 재학 당시, 졸업 이후 숙련 형성과 인적자본 축적이 더 원활하지 못하다. 취약 집단은 학교 재학 당시에도, 졸업 이후에도 인적자본 축적이 비취약 집단에 비해 원활하지 못한 것으로 나타났다. 이들의 대다수는 취약 특성으로 인해 인적자본 축적을 위해 노력하는 데 어려움을 겪었다고 실태조사에서 응답하였으며, 실제로 고졸 비진학 청년 중 취약 집단의 경우 기초역량이 미달하는 청년의 비중이 높게(30% 수준) 나타났다. 또한 졸업 이후 일·학습병행 등 체계적인 직업훈련으로 이행하는 비중, 대학 등 고등교육 이행 비중이 비취약 고졸 청년에 비해 낮게 나타난다. 이들은 현재 취업한 직종, 희망하는 직종의 분포도 비취약 청년에 비해 넓지 않아, 자기 자신의 적성이나 다양한 진로에 대해 파악하는 경험도 부족했던 것으로 보인다. 한편, 2018년 직업계고 졸업생을 '넓은 정의'로 취약 집단과 비취약 집단으로 보고서 제2장에서 구분하였을 때, 표본 청년의 33.7%가 취약 청년으로 구분되었다. 제2장의 분석은 사용한 자료(KEEPII)의 한계상 제3장의 실태조사보다 적은 수의 조건을 기준으로 취약 청년을 식별하였는데도 33.7%라는 높은 비중이 식별된 것으로 미루어 볼 때, 실태조사와 같은 기준으로 고졸 비진학 청년 중 취약 집단을 식별한다면 훨씬 높은 비중이 취약 집단으로 나타날 것으로 보인다. 즉 고졸 비진학 청년 중 다수가 고교 재학 중, 졸업 이후 인적자본 축적이 원활하지 않을 것으로 추정된다.

셋째, 고졸 비진학 청년 집단은 기초역량과 사회적 자본이 부족한 편이다. 고졸 비진학 청년의 경우, 취약 집단이 아니더라도 기초역량이 부족한 청년의 비중이 작지 않다. 특히 취약, 비취약 고졸 비진학 청년 모두 고교 졸업 이후 대학재학 등 추가적으로 대인관계/사회성을 계발할 기회 없이 노동시장에 이행하기 때문에 두 집단 모두 이 영역에서 어려움을 표시한 비중이 실태조사에서 높게 나타나고, 전문가들도 동일하게 지적하였다. 실태조사와 FGI에서 공통적으로 확인되는 또 다른 고졸 비진학 청년의 특징은 사회적 자본(다양한 인적 네트워크) 수준이 매우 떨어진다는 점이다. 이러한 특징으로 인해 정책 정보를 얻는 경로가 제한되는 것뿐만 아니라 진로 탐색, 인적자본 투자 기회에서 고립되는 현상이 나타나고 있다.

넷째, 취약 특성은 중첩되어 나타나는 경우가 많고, 졸업, 취업 이후에도 지속적으로 영향을 미치는 것으로 나타난다. 실태조사와 FGI 결과에서 공통적으로 취약 청년의 경우 다양한 취약 특성이 복합적으로 나타나는 경우가 많고, 취약 특성은 인적자본을 축적할 때 뿐만 아니라 취업 과정, 취업 이후 일자리를 유지하여 경력을 축적하는 데도 계속해서 어려움으로 작용한다는 점이 확인되었다.

다섯째, 실태조사 결과, 취약 집단 중 법적으로는 지원대상이 아님에도 실질적으로 취약한 상태에 노출되어 있는 집단들이 존재하였다. 예를 들어 저학력 가정 출신 청년, 질병/장애 있는 부모가 있었던 청년의 경우, 취약 특성으로 인해 정부 지원을 받은 경험 비중은 작지만, 모든 측면-인적자본 수준, 노동시장 이행 과정과 성과-에서 볼 때 대체로 여러 취약 집단 유형 중 가장 좋지 않은 결과가 관찰되며, 이 집단의 규모도 작지 않았다. 부모 모두 중졸 이하 '저학력 가정' 출신 청년의 경우, 부모 학력 수준 자체가 취약 특성이라고 보기 어렵지만, 부모의 학력이 자녀의 사회적 자본 수준, 인적자본 축적/노동시장 이행을 위한 자본 축적, 준비 정도(예를 들어 기초역량, 진로 탐색 등)에 큰 영향을 끼친다는 것은 이미 알려진 사실이며, 실제로 조사 결과 이들 집단이 상당히 취약한 것이 관찰되어 관심을 가질 필요가 있어 보인다. 청소년기에 질병/장애로 인해 일상생활이 어려운 부모가 있었던 청년의 경우, 청소년기 뿐만 아니라 현재까지도 지속적으로 부모 부양이나 돌봄의 부담을 가지고 있을 가능성이 커 이들은 고교 재학시절 인적자본 축적, 졸업 이후 노동시장 이행 과정에서 지속적으로 '취약한 상태'에 놓인 것으로 보인다.

여섯째, 고졸 비진학 청년과 고졸 비진학 취약 청년 집단 내에서도 직업계고, 마이스터고 졸업자 이외의 고교 졸업자(일반계고, 검정고시 출신 등)는 정책에서도 소외되고 노동시장 이행 성과도 좋지 못했다. 일반계고 졸업자 중 직업반 출신뿐만 아니라 진학반 출신 청년 중에서도 실태조사 결과 다수가 고졸 비진학 취약 청년으로 표집되었는데, 이들의 노동시장 이행 성과가 전반적으로 좋지 못하고 여러 가지 정책 지원(직업훈련, 진로지도 등)에서도 소외된 것으로 나타났다. 고졸 검정고시 출신 청년이나 고교 중퇴 청년, 기타 유형 고교 졸업자의 경우에도 직업계고/마이스터고 졸업자에 비해 노동시장 이행 성과가 좋지 못하다. 직업계고나 마이스터고 졸업자의 경우 교육부 등 여러 부처의 정책 대상이 되거나, 정책 정보가 학교를 통해 전달될 수 있는데, 이들은 이런 경로에서 실질적으로 소외되고 있는 것으로 보인다.

일곱째, 노동시장에서 고졸 청년에 대해 차별이 심화되는 동시에 예전에 비해 이들이 취업할 수 있는 '괜찮은 일자리', '스킬을 쌓을 수 있는 일자리'는 감소한 것처럼 보인다. FGI에 참여한 전문가들은 최근 들어 숙련 형성이 가능하고 괜찮은 근로조건을 제공하는 일자리의 경우 고졸 청년 채용을 꺼리는 경향이 심화되는 경향이 나타났고, 고졸 청년을 채용하여도 직장 내에서 단순 업무 등 노동시장에서 유효한 인적자본이 축적되지 않는 종류의 직무만 배치하는 등 직장 내 '차별'이 빈번하다고 하였다. 또한 고졸 청년은 숙련 형성을 할 수 있는 일자리에 취업하더라도 숙련 형성 기회를 제공한다는 이유로 지급되는 저임금, 그리고 좋지 못한 근로조건을 장기간 감당하여야 하는 상황에 놓이게 되는데, 특히 '취약 집단' 비중이 작지 않은 고졸 비진학 청년층에서는 당장 부양가족 등의 어려움이 있어 저임금 상태를 오래 견디기 힘든 경우가 많아, 장기적으로 양질의 일자리로 이행하는 것도 상당한 어려움이 있다고 하였다.

마지막으로 고졸 비진학 청년, 고졸 비진학 취약 청년의 인적자본 축적과 노동시장 이행 어려움 정도에 비해 정책지원이 효율적이지 않다. 실태조사 결과와 전문가 FGI의 결과에 따르면 고졸 비진학 청년은 정책 수혜 경험자 비중이 낮고, 인지도가 낮은 수준으로 나타났다. 이들은 노동시장에서 상대적으로 저학력이라는 취약 특성 외에도 다양한 취약 특성을 복합적으로 안고 있는 비중이 높은데, 자신에게 적합한 정책에 대한 인지도가 낮고 사회적 자본 수준이 낮아 정보 전달이 원활하지 않고, 결과적으로 정책지원을 원활히 받지 못하고 있는 것으로 보인다.

3. 정책 현황

본 연구의 마지막 장(제6장 제2절)에서는 정책 과제를 도출하기에 앞서 고졸 비진학 청년이나 취약 청년을 위한 현재의 정책을 전반적으로 살펴보았다. 여러 부처에서 운영 중인 정책들을 취합해 본 결과, 청년 정책 대부분이 학력별로 정책을 수혜 대상을 차별하지 않고 있어, 고졸 비진학 청년, 취약계층 청년이 수혜 가능한 청년 정책은 상당히 많은 편이다. 하지만 현실적으로는 청년층의 대다수가 대학 재학, 대학 졸업생으로 이루어져 있어 모든 청년을 대상으로 하는 정책은 대체로 대학 재학생이나 대졸자가 경험하는 상황과 여건에 적합하게 설계되어 있다. 또한 취약 청년의 경우 다양한 유형의 취약 특성이 복합적으로 나타나는 경우가 많지만, 각 취약 특성별로 소관 부처별로 각각 다른 정책이 지원되고 있어 분절적인 상황이다.

세부적으로 정책을 목적별로 ① 인적자본 개발, ② 노동시장 이행과 정착 ③ 취약 특성 해소로 구분하여 주요 여러 부처의 관련 정책을 살펴보면, 우선 ① 인적자본 개발과 관련된 정책 내용의 경우, 특정 유형의 취약 청년(위기 청소년)이나 직업계고 졸업자가 아니라면 고교 재학 당시와 졸업 이후에 정부 지원을 통해 체계적인 교육, 훈련을 받을 수 있는 기회는 제한적이었다. 일 · 학습병행 일자리나 고용애로청년(고졸 청년 포함) 고용 시 인건비를 보조하는 고용노동부의 청년도전지원사업 등이 존재하지만, 일 · 학습병행 일자리는 직업계고 재학 당시 진입하거나 직업계고 졸업자가 아니라면 (초대졸자와 경쟁하여) 직접 일 · 학습병행 일자리에 취업하여야 한다. 청년도전지원사업의 경우, 취업하더라도 숙련을 축적하고 성장할 수 있는 일자리, 직무 기회를 얻는 것을 담보하지는 않는다는 한계점이 있다. 따라서 고졸 비진학 청년의 경우 일단 사회로 '던져진' 후에 알아서 정보를 찾고 자신의 진로를 생각해서 이러한 프로그램에 지원하여야 하는 상황이므로 작은 기회가 존재하더라도 접근성이 높지 않을 것으로 예상할 수 있다.

② 고졸 비진학 청년의 노동시장 이행과 정착을 지원하는 정책의 경

우, 전반적으로 일자리의 질과는 상관없이 조기 취업을 유도하기 위한 단순한 정책이거나 졸업 이후 노동시장이나 숙련 형성 경로에 정착하지 못한 불안정한 고용 상태로 머물고 있으면서 생계, 가족부양 등의 이유로 당장 충분한 소득을 마련해야 하여 자기개발을 하지 못하는 이들의 상황을 고려하지 못하고 있었다. 고졸 취업 촉진을 위해 고안된 정책을 제외하고는 고등학교 졸업 이후에도 실질적으로 노동시장으로 이행하기까지 최소 2~4년 이상 더 자기 탐색, 자기 개발, 노동시장 탐색을 할 수 있는 대졸자와 재학생의 상황에 더 적합하게 설계된 프로그램들이 주를 이룬다.

마지막으로 ③ 취약 청년의 취약 특성을 해소하는 데 도움을 줄 수 있는 정책은 각 취약 특성 유형별로 다양한 소관 부처, 전담 기관에서 산발적으로 지원하고 있다. 따라서 특정 유형의 취약 집단에게는 정책의 중복, 다른 취약 특성을 가진 청년에게는 사각지대가 발생하는 구조이며, 복합 취약 특성을 갖고 아직은 사회 경험이 부족한 고졸 비진학 취약 청년이 접근하여 필요한 지원을 충분히 받기는 어려운 실정으로 보인다. 특히, 취약 청년을 위한 직업훈련이나 고용서비스와 같은 프로그램의 경우, 이들에 대한 수당지원 수준을 약간 높여가고는 있지만, 추가 수당을 받는 요건이 까다롭고, 소득 활동을 상당히 제한하고 있다. 때문에 고졸 비진학 취약 청년의 경우 여러 가지 취약계층 지원책을 활용하면서 직업훈련이나 다른 프로그램을 통해 인적자본을 축적하고 안정적인 일자리로 이행하는 과정을 거치기보다는, 연구 결과에서 나타난 것처럼 당장 소득을 확보할 수 있는 불안정한 일자리로 이행하고 계속해서 그 상태로 머무는 상황이 지속되는 상황이 나타난다.

4. 정책 과제

연구의 마지막으로 고졸 비진학 청년층의 인적자본 축적과 노동시장 이행 실태, 정책 현황 검토 결과를 종합하여 확인되는 현재 정책의 한계점과 대응 과제를 도출하였다.

가장 우선적으로 강조할 부분은 현재의 '선취업 후학습제'는 실질적으로 작동하는 학습 '체계'가 충분하지 않은 상태로 '선취업'만 강조하는 제도일 수 있다는 것이다. 따라서 추가적인 고등교육을 이수하지 않는 고졸 비진학 청년이 직업계고 졸업 여부와 관계없이 효과적으로 숙련을 형성할 수 있도록 숙련 형성 경로와 프로그램을 국가가 나서서 마련하는 것이 필요하다. 이를 위한 구체적인 실행 과제로 직업계고 졸업생, 직업계고를 졸업하지 않은 고졸 비진학 청년이 시작할 수 있는 수요가 증가하는 미래 유망직종에 대한 일 · 학습병행 프로그램이나 루트를 개발하고 확대하는 것, 현존하는 재직자 일 · 학습병행 프로그램, 공동훈련프로그램이나 일경험 프로그램에서 고졸 비진학 청년 선발을 유도할 수 있는 유인책을 마련하는 것, 특히 대기업/중견기업이 고졸 비진학 청년을 채용하여 일 · 학습병행 프로그램을 운영할 수 있도록 유인책을 마련하여 참여 청년이 이후 '선호하는 일자리'에 취업할 수 있도록 역량과 스킬을 축적할 기회를 마련해주는 것 등을 고려하여야 한다. 이러한 과제 추진을 통해 고등교육 이수를 선택하지 않은 청년이 20대 시기 동안 효과적으로 인적자본을 축적할 수 있는 시스템을 마련하는 것이 필요하다.

둘째로, 고졸 비진학 청년, 그중에서도 특히 취약 특성을 가진 청년을 위한 맞춤형 정책이 부족하고, 이들 특성에 맞는 전달체계를 마련하지 않아 전반적으로 집단 전체의 정책 접근성이 낮은 상황을 개선하여야 한다. 이를 위해서 취약 특성을 가진 고졸 비진학 청년의 취약 특성을 해결해 주면서 노동시장 이행도 돕는 통합적 프로그램 마련이 필요하며, 이들의 경우 대졸 청년에 비해 인적 네트워크가 협소하고 상대적으로 고립된 청년의 비중이 높으므로 지원 대상 청년을 직접 발굴하고 접촉할 수 있는 Out-reach 방식의 정책 전달책을 마련하여야 한다.

셋째, 고졸 비진학 청년 중 취약 특성을 가진 청년의 비중이 작지 않을 것으로 예상되고, 이들의 집단 특성(기초역량 부족, 사회 단절, 일상, 사회스킬 습득 기회 부족 등)상 스스로 각 취약 특성에 대한 지원책을 찾아서 활용하는 것이 어려울 수 있음을 고려할 때, 원스톱으로 취약 특성에 관한 지원과 고용서비스, 직업훈련 연계 등이 해결될 수 있는 시스템을 마련하여야 한다. 만약 첫째, 둘째 제언에 따라 고졸 비진학 청년 대상 맞춤형 프로그램들을 새롭게 개발하게 된다면, 새로운 프로그램의 전달뿐만 아니라 기존의 취약 특성에 대한 여러 부처의 지원 사업을 종합적으로 파악하여 연계해 줄 수 있는 지원 기관이나 전담 기관을 마련하는 것이 필수적이다.

넷째, 현재의 정책은 고졸 비진학 청년의 취업 촉진과 직업훈련만 주로 지원하고 있지만, 실상 이 집단의 경우 효율적으로 노동시장에 이행하고 안정적으로 정착하기 위해서는 진로 탐색, 자아 인식 기회, 기초역량과 일상생활 관련 교육, 심리정서 영역, 사회적 자본 확장 등의 영역에서도 지원이 필요하다. 따라서 고졸 비진학 청년의 노동시장 이행뿐만 아니라 노동시장 결착도 개선, 정착 유도를 하기 위해서 마련되는 프로그램은 이러한 교육과 훈련이 동반될 수 있도록 하여야 한다.

〈정책 한계점과 대응과제 요약〉

	정책 한계	대응 과제
1	'후학습' 체계 없는 '선취업-후학습제'	1) 정부가 나서서 체계적인 훈련기회 마련 - 직업계고 졸업자가 아닌 고교 졸업생도 참여할 수 있는 대기업/중견기업/미래유망직종 일·학습병행 체계 마련 - 고졸 훈련/학습자 채용에 대한 기업 유인책 마련
2	고졸 비진학 청년 특성에 맞는 프로그램 부재	1) Out-reach 방식으로 모집하는 고용서비스/훈련 프로그램 마련 2) 취약 특성 해소와 고졸 비진학 청년 노동시장 이행을 도울 수 있는 통합 프로그램 마련
3	고용애로 야기하는 취약특성 원스톱 지원체계 부재	1) 취약 특성에 대한 지원 시 한자리에서 여러 부처 지원 사업을 모두 연계할 수 있는 원스톱 지원기관, 전담 조직 마련
4	취업촉진 외 기초역량 등 교육기회 부족	1) 심리지원, 진로교육/진로 탐색, 기초학습역량 관련 교육, 대인관계/사회생활, 일상생활 관련 교육 등 종합적인 교육 지원
5	낮은 수당, 임금으로 인한 높은 훈련 참여 문턱	1) 일·학습병행이나 통합고용서비스 운영시 취약 청년에 대해서는 생계/부양을 지원할 수 있는 보충 수당 지급 고려

마지막으로, 고졸 비진학 청년 중 큰 비중을 차지할 것으로 예상되는 취약 특성을 가진 청년의 경우, 가족이나 자기 부양, 가족 돌봄, 부채 등으로 인해 당장 생계를 위한 소득 활동이 중요한 경우가 많다. 지금의 일반 국민 대상 취업지원 제도들은 제한적인 수준의 수당을 지급하고 있고, 일 · 학습병행제와 같이 일을 하여 소득 활동이 가능한 프로그램의 경우에도 숙련을 전수한다는 이유로 낮은 임금을 지급하거나, 도서 지역에 위치하여 교통비 등이 많이 발생하는 경우가 많아, 취약 청년들이 선뜻 미래를 위해 선택하기 어려운 측면이 존재한다. 만약 고졸 비진학 청년, 고졸 비진학 취약 청년을 위한 훈련이나 취업 지원 프로그램을 개발하거나 재편한다면, 이들의 참여 문턱을 낮출 수 있게, 취약 청년에 대해 추가 수당을 지급할 수 있는 체계를 마련하여야 한다.

미국의 직업훈련 관련 정부예산 중 가장 큰 비중을 차지하는 프로그램인 Job Corp는 고졸 비진학 취약 청년 대상 통합적 고용서비스/훈련 프로그램이다. Job Corp는 위에서 언급한 다섯 가지 한계점과 발굴된 과제를 반영할 수 있는 하나의 프로그램이다. 지역/권역별 모집기관이 Out-Reach 방식을 통해 참여 대상에게 접촉하여 참여자를 모집하고 청년의 희망 진로에 따라 전국 각지에 흩어져 있는 Job Corp센터로 연계하여 본격적으로 통합훈련(직업훈련, 기초역량 교육)과 직업교육을 받을 수 있도록 지원하는 캠퍼스형 직업훈련 프로그램이다. 각 지역의 Job Corp센터는 지역에서 수요가 높은 직종, 혹은 특정 업종 단체 등이 Job Corp를 운영하는 경우 해당 업종에서 필요한 4~5개 직종에 대해 장기 훈련 프로그램을 개발하고 Job Corp 이수 후 취업으로 연계하고 취업이후에도 직장 적응을 위한 후속지원을 하고 있다.

본 연구의 실태조사에 참여한 고졸 비진학 청년 집단은 취약/비취약 청년 구분할 것 없이 이러한 프로그램에 대한 참여 의사가 높았다. 이들의 특성과 필요에 맞춰진 정책의 부족을 반영하는 것인지, 이들에게 쉽지 않은 노동시장 진입과 정착 환경을 반영하는 것인지는 알 수 없지만, 아주 긴 잔여 노동생애를 가진 이들이 속히 자신들의 잠재 역량을 개발하고 성장해 나갈 수 있는 커리어 경로로 이동할 수 있도록 지원하는 것이 필요함은 분명해 보인다.

인구 감소 시대에 생산연령인구를 최대한 효과적으로 개발하고 활용하여야 하는 과제가 우리에게 주어져 있다. 숙련 형성이 원활하지 않고, 불안정한 노동 생애를 계속해서 이어가는 고졸 비진학 청년의 기회 사다리 복원과 국가의 생산능력 개선을 위해 최대한 빠른 시일 내에 한국형 Job Corp나 혹은 다른 유형의 프로그램을 개발하는 등 특단의 조치를 마련하는 것이 필요하다.

제 1 장
서 론

제1절 연구 배경 및 목적

우리나라의 고용정책은 금융위기를 겪으면서 빠르게 발전해 왔다. 최근의 주요 변화는 노동시장 이행이 지연되고 있는 청년층에 대한 다양하고 포괄적인 고용서비스와 직업훈련 과정이 계속해서 개발되고 있다는 점이다. 청년층은 노동시장에서 축적한 경험 없이 주로 학교를 통해 축적한 상대적으로 일반적인 인적자본에만 의존하여 구직하고 일을 시작해야 하는데, 경력직 채용, 구체적인 인적자본(구체적인 스킬이나 자격)에 대한 구인이 증가하면서 희망하는 진로의 직장, 스킬 매치가 높은 직장을 구직하는 데 어려움이 증가하고 있다. 청년층의 노동시장 이행의 지연은 거시적으로 인적자본의 효율적 배치와 활용의 비효율을 야기할 뿐만 아니라 결혼, 출산 이행 지연으로 인한 저출산 심화, 총 근로생애 기간과 근로소득 저하 등의 다양한 문제로 이어질 수 있다. 따라서 청년 고용정책을 적극적으로 추진하는 것은 당연한 과제였다.

청년 정책이 적극적으로 추진되기 시작한 지 거의 20년이 되어 가는데,[1] 최근까지는 더 많은 청년을 포괄하고 더 다양한 영역의 고용서비스를 제공

1) 2004년 「청년실업해소특별법」 제정 이후 청년층을 고용정책의 한 대상으로 주목해왔다.

하도록 확대하는 데 역량이 집중되었다. 그러다 보니 청년층의 대다수를 차지하는 대학 졸업생과 재학생의 취업 과정을 지원하는 서비스부터 시작하여 경력 채용이 증가함에 따라 최근에는 대졸 구직자들이 업무 현장에서 필요로 하는 실질적인 스킬을 확보할 수 있도록 일 · 경험을 제공하는 단계로까지 발전했다.

이러한 과정에서 청년 고용정책은 양적, 질적으로 선진화되었지만, 상대적으로 퇴보한 영역이 존재한다. 사실상 적극적 고용정책의 주요 타깃이 되어야 할 취약 집단 청년에 대한 고용서비스는 큰 청년 고용정책 변화의 흐름에 단순히 포괄되는 방식으로만 발전해 왔다. 취약 집단 청년의 노동시장 이행이 일반 청년층에 비해 더 어렵고, 경험적으로 다를 수 있음에도 불구하고 이들 집단에 대한 충분한 연구를 바탕으로 맞춤형 고용서비스를 운영하는 수준까지는 충분히 발전하지 못했다.

본 연구는 이러한 문제의식하에서 기획되었다. 구체적으로, 앞으로의 청년층 대상 고용정책은 다양한 유형의 취약 청년들이 그들의 취약 지점을 극복하고 희망하는 노동생애의 경로로 이행할 수 있도록 하기 위한 맞춤형 서비스로 발전할 것이라는 기대에 기반하여, 취약 청년의 특성과 노동시장 이행과정의 어려움, 정책 수요와 지원 방향에 관해 종합적으로 살펴보는 것을 주 목적으로 설정하였다.

이러한 연구의 목표는 현 정부가 2024년 5월에 발표한 '사회 이동성 개선방안'과도 맥을 같이할 뿐만 아니라, 핵심 생산연령인구의 감소의 시대를 맞이한 현재, 가용할 수 있는 모든 인적자원을 최대한 개발하고 활용하고, 복지제도에 의존하는 인구의 비중을 최소화하여야 하는 우리사회의 과제와도 맞닿아 있다.

앞으로 노동시장은 지금보다 더 다양한 인구가 활동하는 장이 될 것이다. 현재와는 달리 상대적으로 고용 취약/애로 집단인 경력단절 여성, 한부모뿐만 아니라 외국인, 이주 배경 청년, 고령자, 신체나 정신적으로 어려움을 겪고 있는 사람 등 다양한 인구가 노동시장에 참여하고 각자의 어려움에도 불구하고 역량을 발휘하고 독립적인 생애를 개척해 나갈 수 있는 장이 되어야 할 것이다. 따라서 본 연구는 이러한 다양한 취약 집단의 인적자원 개발과 발전적인 생애로 이행을 지원하기 위한 고용서비스의 발전 방향에 초기 연구로서도 역할을 할 수 있도록 기획하였다.

제2절 연구 대상

본 연구에서 집중적으로 조명하고자 하는 취약 청년은 고졸 이하의 청년이면서 노동시장 이행에 어려움을 겪을 수 있는 취약성을 동시에 가진 집단이다. 연구의 주요 대상을 고졸 이하 청년으로 제한한 것은 대학 진학률이 급격하게 높아진 상황에서 상대적 저학력 상태로 노동시장에 이행하는 청년들은 노동시장에서 취업과 직업 생애 정착에 애로를 더 많이 겪고 있다는 기존 연구의 결과(최세림, 2021)를 고려한 것이다.

즉, 고졸 이하 청년들은 '고용 애로' 집단이라는 점[2)]과 대학 진학이 보편화된 상황에서 비진학을 선택한 소수의 청년들은 상대적으로 애초에 여러 가지 취약 집단의 특성을 가지고 있을 가능성이 높을 것이라는 판단 때문이다. 실제로 이전 연구들에서 저학력 청년 집단에서 취약 집단 비중이 더 높다는 결과나 반대로 취약 집단 집단에서 저학력자 비중이 더 높다는 결과가 나타난다(김성아 외, 2023).

연구의 대상을 주로 고졸 이하 취약 청년으로 설정하게 된 다른 이유는 해외의 적극적 청년 고용정책의 발전상을 보았을 때, 현재 혹은 초기의 청년 고용정책이 공통적으로 저학력, 취약 집단을 주대상으로 하고 있기 때문이다. 우리는 이 영역의 충분한 정책 발전 없이 일반 대졸 청년을 대상으로 빠르게 청년 정책을 보급한 편이다.

우리나라가 초기에 청년 고용정책 수립 시 참고하였던 대부분의 유럽 국가들의 경우, 청년 고용정책 대상을 만 16세나 18세에서 24세 이하로 한정하였다. 물론 장기간 군 복무를 하지 않는 대부분의 국가에서는 이 연령대 청년층에 대졸 청년도 포함되지만, 그 이하 학력의 청년들이 소수를 차지하지는 않을 것이다. 막 성인이 된 어린 연령(초기 청년)과 경력 부재로 인해

---

2) 청년고용기본법에서도 고졸 이하 청년은 고용애로집단으로 분류되고 있다.

이 집단의 청년들은 자신에게 맞는 일자리, 커리어 경로를 선택하는 데 더 어려움이 있고, 산업재해의 위험에도 취약하기 때문에 지원이 필요하다.

미국의 경우, 취약 집단이 조속히 노동시장에 이행하여 복지혜택에 의존하지 않고 독립적이고 발전적인 생애로 이행할 수 있도록 하기 위해 다양한 고용서비스를 제공하고 있는데, 이 중 가장 오래되고 지원 예산 규모가 큰 고용서비스는 고졸 이하 취약 집단 청년(만 16~24세)을 대상으로 하는 프로그램이다.

이러한 예시를 고려할 때, 우리의 청년 정책이 빠르게 선진화되었지만, 모든 고용정책의 우선순위가 되어야 할 집단인 취약 집단과 고용애로 집단이 청년 고용정책에서 충분히 잘 작동되고 있는지, 혹은 어떤 발전 과정이 필요할지를 집중적으로 논의하기 위해서 고졸 이하 취약 청년을 본 연구의 주대상으로 설정하였다.

본 연구의 대부분의 장은 고졸 이하 청년 중 다양한 취약 특성을 가진 청년을 대상으로 하되, 제4장은 데이터의 가용성을 고려하여 확대된 분석 대상을 고려한다. 또한 본 연구에서는 이미 법적으로 취약 집단으로 정의되어 여러 가지 제도에서 지원 대상으로 인정받고 있는 집단뿐만 아니라 아직 제도에서는 포괄되지 못했으나 실제로 노동시장 이행이나 정착에 어려움을 야기할 수 있는 다른 취약 특성을 가진 집단까지 최대한 전반적으로 포괄하고자 한다.

제3절 선행연구

본 연구는 고졸 취약 청년의 노동시장 이행, 노동시장 정착의 특성, 어려움과 이들 대상 고용정책에 관한 정책적 함의를 도출하는 것이 주목적이다. 따라서 본 연구와 관련 있는 선행연구는 큰 틀에서 세 가지 주제와 관련된다. 첫 번째는 고졸 이하 청년의 노동시장 이행과 그 특성에 관한 연구들이고 두 번째는 취약 청년의 노동시장 이행과 그 특성에 관한 연구일 것이다. 마지막으로 청년층 대상, 특히 특정 취약 청년들 대상 적극적 고용정책의 효과에 관한 연구들이 본 연구와 긴밀하게 관련된다. 따라서 이 세 가지 주제에 관한 최근의 주요 연구들을 소개한다.

1. 고졸 청년의 노동시장 이행에 관한 연구

우선 고졸 청년층의 노동시장 이행의 양적, 질적 실태, 변화에 관한 종합적 연구 중 고졸 청년 집단의 노동시장 이행에 관해 살펴본 최근의 연구로는 최세림(2021)의 연구가 있다. 해당 연구는 본 연구와 마찬가지로 최근 청년 고용정책이 주로 대졸 청년의 상황에 맞춰져 있음을 고려하여, 상대적으로 정책에서 집중적으로 고려되지 못하고 있는 고졸 청년의 노동시장 이행 양태와 경험을 다각도로 분석하고자 하였다. 가용할 수 있는 대표성 있는 통계 자료들을 최대한 여러 관점에서 분석한 최세림(2021)의 연구에서 확인된 가장 주목할 만한 결과는 2010년대에 노동시장에 진입한 고졸 청년들은 그 이전 세대(2000년대 졸업)와는 달리 연령 증가에 따른 노동시장, 커리어 경로 '정착'이 뚜렷하게 관찰되지 않는다는 것이다. 구체적으로 2010년대 이전 고졸 청년들의 경우 20대 초반, 후반, 30대 초반으로 넘어갈수록 실업률은 감소하고 정규직 비중도 대졸자 수준으로 높아지지만 2010년대 고졸 청년들의 경우 30대 초반이 되더라도 높은 실업률과 낮은 정규직 비중이 크게 개선되지 않는다는 것을 확인하였다.

또한 이미 많은 연구에서 확인되었다시피, 전반적으로 고졸 청년들은 대졸 청년들에 비해 상대적으로 고용의 질이 낮았다. 같은 맥락에서 예전에는 대부분 고졸자로 채워지던 중견기업 이상 규모의 제조 관련 일자리가 최근으로 올수록 초대졸 이상 집단으로 채워지고 있어 고졸 청년이 가질 수 있었던 양질의 일자리에서 해당 집단이 구축되고 있음도 확인하였다.[3)]

해당 연구에서는 산업재해 발생 수준에 관해서 간접적으로 추정하였는데,[4)] 저연령층, 대부분 고졸 이후 바로 취업한 집단에 해당, 청년의 산업재

3) 관련하여, 김정선 외(2016)의 연구에서도 광주지역으로 한정한 데이터에서 특성화고 졸업자의 초임 수준이 점점 낮아지고 있음을 보이기도 했다.

4) 초기 청년층의 경우 전일제 취업자 수가 많지 않고, 산재가 가장 많이 발생하는 건설업 취업자 수가 적기 때문에, 초기 청년층이 고려하는 직업군에서 '체감'되는 산업재해율을 여러 가지 통계 자료를 종합적으로 검토하여 추정하였다. 우리

해 발생률이 높게 나타났고, 이러한 초기 청년층의 산업재해 발생률이 외국과 비교할 때 높은 수준임도 보여, 고졸 청년들이 졸업 이후 바로 노동시장에 진입하였을 때 경험하는 다양한 고용상의 취약성, 이전 세대 대비 악화된 여러 가지 경험 등을 보여주었다.

류지은 외(2021)의 연구는 직업계고 졸업 청년의 노동시장 이행 과정을 분석하였다. 구체적으로 한국교육고용패널의 1기, 2기 표본에서 직업계고 졸업생의 졸업 후 이행경로를 유형화하고 비교하였다. 연구의 주요 분석 결과는 1기 표본의 2005년 졸업생의 경우, 첫 일자리를 지속적으로 유지(직장 이동 없이 계속 근무)하는 집단의 비중이 가장 크고, 뒤이어 지속적 이동형(계속 해서 직종과 일자리 이동), 이직 후 유지형(초기에 직종/일자리 이동 후 유지), 직무변화형(첫 일자리를 유지하다가 시간이 지날수록 큰 폭의 직종 이동) 순으로 비중이 높게 나타났다. 2기 표본인 2018년 졸업생의 경우, 세 가지 대표적인 이행 유형이 나타났다. 세 가지 유형은 차지하는 비중 순으로 직무 이동형(직종을 계속 이동하는 경향, 60% 이상 비중), 첫 일자리 유지형, 저임금 일자리 이동형(다른 유형보다 잦은 이동/직종 이동)이다.

한편, 해당 보고서에서 저자가 강조하지는 않았지만 한 가지 주목할 만한 현상이 확인된다. 1기 표본에서 '저임금'으로 노동시장 경험을 시작하는 표본은 그 규모가 약 20% 정도 되는데, 이들 중 대다수가 5년 후 '중임금' 수준으로 올라가며, 초기 직종도 제조업이나 도소매업에서 경력을 시작하는 것으로 나타난다. 반면, 최근 코호트(2기 표본)의 경우, 저임금을 계속 유지하는 유형인 저임금 유지형 표본이 전체 표본 중 10%를 차지하는 '유형'으로 분류되며, 이들의 경우 4년 추적 이후(데이터 가용 범위)에도 저임금을 유지하며, 초기 직종도 음식숙박 업종의 단순직으로 나타난다는 것이다.

두 최근 연구 결과로 미루어 볼 때, 최근 코호트의 고졸 학력으로 노동시장에 이행하는 청년들은 단기 정량지표(취업률 등) 등의 기준에서는 특별히 주목할 만한 고용 취약 집단은 아닌 것처럼 보일지라도, 정성지표(임금, 고용의 질, 숙련 및 보상 성장형 직종 이행 등)의 지표, 특히 중장기적 관점(5년/10년 후 고용지표 개선, 노동시장 결착도 증가 등)에서 볼 때 이전 세대

나라 산재 통계는 연령대, 업종별로 단순 집계한 수만 제공하고 있어, 체감 산재율은 보조적으로 추정하였다.

의 고졸 코호트에 비해, 현재의 대졸, 초대졸자에 비해 고용 취약 집단일 가능성을 보여준다.

앞서 요약한 고졸 청년의 노동시장 이행에 관한 두 종합 연구 외에도 많은 연구나 보고서들이 고졸 학력 혹은 그 이하 학력으로 노동시장에 이행하는 청년의 고용 애로나 초기 성인기 연령 특성과 숙련/경험 부족으로 기인하는 노동시장 정착 이후의 취약성을 확인하기도 한다.

고졸 청년, 초기 청년의 경우 고용 이행이 상대적으로 원활하지 않고(최지수 · 김은비, 2019; 강순희, 2016; 채창균 · 양정승, 2015; 최동선, 2017), 정규직 고용이나 고용 안정성이 낮고(최동선, 2017; 강순희, 2016; 권혁진 · 유호선, 2011a), 임금이 낮고(김원정 · 류진석, 2020; 채창균 · 양정승, 2015; 최동선, 2017)과 저임금 상태를 지속(박성재 · 반정호, 2012)하고, '괜찮은' 일자리에 취업한다 하더라도 지속 기간이 낮고 열악한 일자리로 이탈하거나 미취업 상태로 이탈하는 변동성이 큰 것으로 나타난다(오유진 · 김교성, 2019). 또한 상대적으로 취업한 일자리 만족도도 낮게 나타나며(조은정 · 이혜경, 2021), 경제 위기 시 실업이행 확률이 더 높고(고영근 · 안태현, 2018; 이병희 외, 2008)), NEET 상태에 있을 경우 이 기간이 대졸자에 비해 장기화되는 경향이(권혁진 · 유호선, 2011a; 남재량, 2006) 나타난다.

한편, 고졸 취업자가 대부분을 차지하게 되는 초기 청년의 경우, 취업한 일자리에서도 취약성을 가지는데, 산업재해 취약 집단을 식별한 대표적인 연구(Breslin and Smith, 2005)는 어린 근로자(Young worker)와 신규 근로자(New worker)를 대표적인 취약 집단으로 분류한다. 초기 청년층에 대해서 별도로 산업재해와 관련 부상 현황을 관리하고 있는 미국과 유럽지역의 산업보건 안전 관련 정부기관은 초기 청년층(18~24세)의 경우 산업재해에 상대적으로 취약함을 확인하고 있다.[5] 미국 CDC 리포트(2020)에 따르면 일

5) 주요 국가들은 이를 고려하여 근속기간과 연령대별로 산업재해에 관한 다양한 통계를 생산하고 모니터링한다. 우리나라의 경우, 산업재해 관련 통계는 산업재해로 인정된 재해에 대해서만 행정적으로 집계하고 있어 '사망사고'와 '중대재해' 위주로 보고된다. 우리나라 산업재해는 외국의 사례들과 유사하게 해당 일터에서 고용기간이 6개월 미만인 초기 경력자와 고령자에 집중되는 것으로 나타난다(이상직, 2023). 고령자 산재 규모와 양상의 경우 도드라지기 때문에 집중적으로 통계를 모니터링하는 것과 달리 전일제 환산 초기 청년층 산재율이나 산업재해 처리되지 않았지만 일터의 작업과 관련하여 발생한 부상에 저연령층 청년이 얼

터에서의 부상/질병으로 인해 응급실 방문 비중(100명의 전일제 환산 근로자당 비중)이 가장 높게 나타난다. 유럽의 EU-OSHA의 청년층 산업재해 통계 요약 보고서에 따르면 초기 청년들의 경우 다른 연령대에 비해 사망이나 중대 부상과 같은 재해에 대한 노출 비중은 높지 않지만, 일터에서 부상으로 입원 치료 등을 받을 확률은 가장 높은 것으로 나타나며 이 외에도 일자리에서 원하지 않는 성적 관심이나 폭력 협박에 대한 노출 비중이 가장 높은 것으로 나타남을 보고하기도 했다(EU-OSHA, 2007). 초기 청년 중에서도 비숙련 청년과 고등학교 중퇴 이하의 학력자가 더욱 취약하다고도 한다(Hanvold et al., 2019).

우리나라의 경우 대부분 고등학교 졸업 이후 취업하는 초기 청년층으로 구성된 18~24세 초기 청년 집단의 산업안전 현황을 파악할 수 있는 자료가 충분하지 않지만, 우리보다 작업장 안전, 예방 조치 의무 기준이 엄격한 미국과 유럽의 경우에도 초기 청년층의 취약성이 확인되는 점을 고려할 때, 우리나라의 초기 청년도 해당 연령집단의 고유 특성상 취업 이후에 작업장에서 여러 가지 위험에 쉽게 노출되고 있을 가능성이 예상된다.

2. 취약 청년의 노동시장 이행에 관한 연구

취약 청년이 노동시장 이행에 어려움을 상대적으로 더 많이 겪을 것이라는 예상에도 불구하고, 최근까지의 '취약 청년' 관련 연구는 노동시장 이행에 집중하기보다는 '취약성' 자체에 대해서 집중하는 경향이 있었다. 예를 들어 최근의 김성아 외(2023)의 연구보고서는 본 연구와 유사하게 청년 정책을 통해 취약 청년을 어떻게 효과적으로 지원할 것인가라는 문제의식으로 취약 청년의 취약성, 지역별 격차의 양태를 자세하게 분석하였다. 해당 연구는 청년층에서 취약 집단의 유형별 출현율을 파악하고자 하는 시도를 하여 정책 대상의 비중을 가늠할 수 있도록 하였다. 이 연구는 취약 집단을 식별하는 한 조건으로 '일자리의 질'을 포함하여 좋지 않은 특성의 일자리를 가진 청년, 취업한 청년을 하나의 취약 집단으로 구분한다. 즉, 취약 특성으

마나 취약한지 모니터링하고 있지는 않다.

로 인한 노동시장 이행의 애로를 파악한다기보다는 현재 상태에서 상대적으로 '취약' 하다고 여겨지는 집단을 식별하고 집단 특성을 알아본다는 점에서 본 연구의 관점과는 다르다.

해당 연구는 취약 집단 유형으로 장애인, 신체, 정신, 건강 문제로 인해 일상생활 제약이 있는 집단(활동제약), 이주배경청년, 다문화청년, 한부모가구의 가구주인 청년, 가족돌봄청년, 은둔 청년, 자립준비청년, 불안정 고용 청년, 열악한 노동환경 청년, 비자발적 실업청년, 구직단념청년, 기초생활수급청년, 과채무부담청년, 신용불량청년, 행복빈곤청년(삶에 대한 점수가 0점인 청년), 희망빈곤청년(바라는 미래를 실현할 수 없다고 생각하는 청년)을 포함하고 있다. 연구에서 실태조사와 기존 통계 자료 분석을 통해 전체 청년인구 중 약 46.7%가 '취약 특성'을 가지고 있는 것으로 나타났는데, 취약 특성의 결과 변수로 볼 수도 있는 고용 관련 취약 유형을 제외할 경우, 전체 중 약 16% 정도의 청년이 취약 특성 중 한 가지 이상에 해당되는 것으로 나타난다. 특히 해당 연구에서 취약 청년과 비취약 청년의 특성을 비교하였는데, 취약 청년 집단의 경우 가구당 가구원 수가 비취약 청년에 비해 많은 것과 고졸 이하 비중(19.5%)이 비취약 청년(11%)에 비해 훨씬 높게 나타나는 점이 큰 차이였다. 이는 취약한 특성이 학업과 인적자본 축적, 진로 탐색과 고민에 상대적으로 어려움을 야기하고 이것이 다시 고용에 영향을 끼칠 수 있을 가능성을 간접적으로 나타내는데, 이는 손병돈(2017)과 남재욱 외(2018)의 연구에서 각각 한국노동패널 분석과 질적 연구를 통해 확인한 결과와 일맥상통하다.

김성아 외(2023)의 연구는 본 연구의 대상에도 포함되는 가족생계부양 청년들과 이주배경 청년들에 대해 개별심층인터뷰를 진행하였는데, 가족생계부양청년들과 이주배경청년들은 공통적으로 가족을 부양하느라 시간과 금전 부족, 한국어나 문화에 대한 적응 부족으로 사회적 단절이 공통적으로 나타났다. 또한 인터뷰에 참여한 취약 청년들은 공통적으로 일자리에서 조직문화 부적응(대인관계 어려움 등)이 나타나고, 취약 특성을 복합적으로 가지는 경우가 많았는데 가장 대표적인 복합 취약 특성은 건강문제(신체/정신적-학대/왕따 등으로 인한)가 있지만 저소득층이거나 다른 취약 특성(정보습득, 정보이해 능력 문제)으로 인해 적절한 치료에 대한 접근성이 낮은 문제가 있었다.

취약 청년의 특성과 현황을 분석한 김성아 외(2023)의 연구 외에 청소년기나 청년기에 청소년기나 청년기에 경험한 취약 상태가 향후 노동시장 이행과 어떻게 관련되는지를 살펴보는 연구는 특정 취약 집단 유형별로 조금씩 존재한다. 앞서 언급한 최세림(2021)의 연구는 고졸 청년 중에서도 어떤 집단이 임금 상승형, 숙련축적형 일자리로 이행할 확률이 높은지를 분석하였는데, 분석 결과 부모의 교육수준이 상대적으로 높은 고졸 청년의 경우에 임금 상승형, 숙련축적형 일자리로 이행할 확률이 통계적으로 유의한 수준으로 높게 나타났다. 즉, 고졸 청년 중에서도 부모의 교육수준이 낮은 청년의 경우, 숙련축적형/임금성장형 일자리로 이행 확률이 낮다. 부모의 학력수준이 낮은 청년 외에도 기초생활수급자 가정에서 성장한 청년, 차상위집단 가정에서 성장한 고졸 이하 청년의 경우 취업이나 창업 성공률이 낮고(엄태영 · 주은수, 2016), 숙련을 축적할 수 있는 일자리로 이행하지 못하는 현상(남재욱 외, 2018)이 관찰된다.

또한 위기 청소년이었던 청년 중 학력이 고졸 이하인 집단의 경우 임금, 고용 안정성이 낮은 경향이 나타나고(정인수 외, 2006), 니트족 중에서도 고졸 이하 학력 집단의 경우 대졸 이상 집단에 비해 상대적으로 취업이행 확률이 낮은 것으로 나타나며(남재량, 2006), 학교 밖 청소년의 경우 가족의 지원과 관심에 따라 노동시장 이행, 학업 이행 등 자립수준에 차이가 나타나는 것으로 나타난다(조혜영 · 김희진, 2023). 다문화청년의 경우, 일반 청년에 비해 경제활동참여가 저조한 것으로 나타나고 지원 정책 인지도가 낮은 것으로 나타난다(양계민 외, 2022).

3. 취약 청년 대상 적극적 노동시장 정책의 효과 분석 연구

본 연구는 아직은 충분하다고 보기 어려운 우리나라의 고졸 취약 청년 대상 고용서비스 패키지나 직업훈련 프로그램의 효과를 평가하기보다는 우리나라에서 고졸 취약 청년, 특히 취약 집단 고졸이면서 조기에 노동시장에 이행하였거나 하고자 하는 취약 초기 청년의 취약성과 노동시장 이행 애로, 잠재적으로 필요할 수 있는 정책을 파악하는 것이 주목적이다. 따라서 직접적으로 정책 효과를 분석하지는 않지만, 향후 정책의 발전 방향을 논의할 때 이전의 유사 정책이 이 집단층에서 어떤 효과가 있었는지, 부족한 점은 무엇이 었는지 파악하는 차원에서 고졸 취약 청년을 대상으로 적극적 고용서비스의 효과를 분석한 연구는 관련성이 높다.

우리나라의 취약 청년 대상 적극적 노동시장 정책은 고용노동부 소관인 국민취업지원제도의 1유형 프로그램(이전의 취업성공패키지 1유형)과 보건복지부 소관의 자활사업이 있다. 두 사업 모두 취약 집단의 노동시장 이행을 지원하는 프로그램이며, 청년층을 포괄하지만, 취약 청년의 첫 노동시장 이행에 초점을 맞춘 프로그램은 아니다. 특히 청년층의 경우 참여 조건이 상대적으로 관대하여 일반적으로 볼 때 취약 집단이 아니어도 미취업자일 경우 대부분 국민취업지원제도에 참여 가능하다. 따라서 대부분의 국내의 적극적 노동시장 정책의 효과를 분석하는 연구는 취약 청년 집단에 대한 프로그램 효과성을 평가하기보다는 전 연령층 혹은 참여 청년에 대한 프로그램 효과를 추정하는 연구들이다.

한편, 고용서비스나 직업훈련 프로그램 등의 효과를 계량적으로 추정하는 연구들은 공통적으로 '참여자'의 선별성으로 인해 내생성 문제에 직면한다. 내생성을 적절하게 통제하지 못하면 프로그램 참여의 효과가 과대추정된다. 내생성을 통제하기 위해서 도구변수나 성향점수매칭(PSM) 방법을 사용하기는 하지만 엄밀하게 적합성을 인정받을 수 있는 도구변수는 사실상 부재하고, 성향점수매칭의 경우에도 주로 관측 가능한 변수를 활용하여 매칭을 하다 보니 불관측 특성(self-selection의 요인)으로 인한 내생성을 통제할 수 있다고 보기 어렵다. 그나마 가장 내생성 문제에서 자유로운 방법은 자연 실험을 설계하는 것인데, 실험의 경우에도 실험의 방법에 따라 한계점이 존재하기는 한다. 우리나라에서는 적극적 고용서비스를 제공할 때 효과평가를 위해 실험설계를 고려한 경우가 없기 때문에, 실험 방법으로 수행한 국내 연구는 존재하지 않는다.

다양한 방법론적인 한계를 안고 있지만, 기존에 우리나라의 청년이나 취약 집단 대상 적극적 노동시장 정책의 효과를 평가한 연구를 소개하자면, 우선 전병유 외(2010)의 연구는 고용서비스와 직업훈련을 연계한 프로그램인 취업성공패키지의 신청자에 대해서 참여 여부에 따른 취업 성과의 차이를 분석하였다. 분석 결과 취업성공패키지 참여자가 중장기(6개월~1년 반 이후)적으로 비참여자에 비해 취업 확률이 높은 것을 확인하였다. 특히, 이들의 연구에서는 취업성공패키지의 단계별 프로그램(1단계-상담/취업계획 수립, 2단계-직업훈련, 3단계-알선/취업지원) 중 이수 정도에 따른 차이를 분석하였는데, 적은 단계를 이수한 참여자에 비해 더 많은 단계의 프로그램을 이수한 참여자의 중장기적인 취업 성과가 높았던 것을 확인했다.

저소득층 참여자로 제한하여 취업성공패키지의 효과를 분석한 연구의 경우에도 취업률 측면에서는 긍정적인 효과가 확인되었다(정영현 · 임희정, 2013). 다만 이들의 경우 직업훈련 등의 프로그램을 단독으로 제공할 경우 취업성과가 높지 않고 직업알선과 훈련, 상담 등을 모두 결합하여 제공하여야 취업성과를 높일 수 있다고 한다(김혜원, 2013).

취업성공패키지를 계승한 국민취업지원제도의 효과를 분석한 최기성 외(2024)의 연구는 행정DB를 이용하여 국민취업지원제도 참여자의 성과를 분석하였다. 해당 연구는 데이터의 한계로 비참여자와 참여자를 비교하지 않고, 참여자가 국민취업지원제도에서 어떤 프로그램을 이수하였는지와 구직의향과 직업 능력 수준으로 구분한 참여자 유형별 취업 효과, 구직기간의 차이를 파악하였다. 분석 결과 취업 확률과 구직기간은 프로그램 참여자의 초기에 판별한 구직의향과 직업 능력 수준에 따라 크게 달라지는 것으로 나타나, 저자들은 국민취업지원제도가 상대적으로 고용취약 집단이 애로사항을 극복하고 취업 성과를 높일 수 있도록 운영되고 있다고 보기 어렵다는 결론을 도출하였다.

최상미(2022)는 2018년 도입된 청년 대상 자활사업(청년자립도전사업단) 참여자의 특성과 효과성을 참여자 서베이를 통해 분석하였다. 분석 결과 청년자립도전사업의 참여자는 대부분이 고졸 이하, 저소득층 청년들로 구성되어 있는데, 이들 대상으로 프로그램의 적절성, 도움 정도, 근로만족도, 참여 이후 정서적 변화, 진로준비행동 변화에 대해 조사한 결과, 프로그램의 성과가 '충분히 긍정적'이었다고 평가할 만한 부문은 나타나지 않았다. 대체로 3.5점대(5점 만점)의 '중간-긍정' 정도의 응답이 나타나며, 연구자는 가장 개선이 필요한 부분인 정서적 역량 강화 영역과 참여자의 수요가 가장 높은 효과적인 인적자본 향상을 위해 향후 정책 역량을 집중할 필요가 있다고 주장하였다.

한편, 세계적으로 아마 가장 규모(예산 규모와 누적 참여자 수)가 크고 역사가 긴 고졸 이하 취약 집단 청년 대상 적극적 노동시장 프로그램은 미국의 Jop Corp일 것이다. 1965년부터 시작된 Jop Corp는 만 16~24세 고졸 이하 청년 중 근로의욕이 있는 취약 집단 청년을 대상으로 의식주(캠퍼스 생활), 참여 수당, 개인별 복지-고용서비스-교육/훈련-사후관리를 장기간(2~3년)에 걸쳐 지원하는 프로그램이다. 미국 정부의 훈련과 고용서비스(Employment and Training) 부문 전체 요구 예산에서 단독 프로그램으로 가장 큰 부분을 차지하는 대규모 프로그램이다.[6)]

프로그램이 오랜 기간 지속되다 보니 효과평가에 관한 엄밀한 연구들이 진행되어 왔는데, 가장 대표적인 연구는 정부가 기획한 Job Corp 실험을 바탕으로 Mathematica가 수행한 연구일 것이다. Mathematica는 두 차례에 걸쳐 실험을 기반으로 한 Job Corp 참여자의 장기 성과를 분석하였다. 미국 정부의 요청에 의한 성과 연구에서 단기 성과가 아닌 장기 성과를 연구한 이유는 애초에 Job Corp 프로그램의 목표가 단순히 '취업 이행'이 아닌 '독립적이고 발전적인 생애 이행'이기 때문에 이를 고려하나 것이다.

Mathematica의 1998년도 연구는 자격요건을 갖춘 81,000명의 참가신청자 중 랜덤하게 참여자와 통제그룹(6,000명 탈락)을 설정하여 분석하였고, 약 80%의 표본을 4년간 추적하며 연구하였다. 4년간 추적한 결과를 분석한 결과, 참여자는 비참여자에 비해 교육/훈련 이수 기간이 최소 1년 이상 높아졌고("More Schooling"), 고등학교 졸업자격 검증시험(GED)이나 직업 자격증 취득률이 20% 높아지고, 기초 수학/문해 능력이 높아졌고, 실험 3~4년 이후 이후 미참여자에 비해 임금수준은 12% 높고 범죄율은 16% 낮은 것을 확인하였다.

Mathematica(2006)는 실험 표본에 대해 장기 효과의 가치를 파악하기 위해 8년 뒤 추가 연구를 진행하였다. Mathematica가 추가적으로 장기 효과의

---

6) 2023년도 Job Corp 요구 예산 규모는 $1.78billion이며 Job Corp를 제외한 DOL의 Employment and Training 관련 전체 요구 예산은 4.41 billion이다(DOL budget in Brief, fiscal year 2023, excerpts for employment and training administration).

가치를 분석한 것은 Job Corp 투입 비용이 상당히 높기 때문에 비용 대비 효과가 있는지에 대한 엄밀한 분석 요구가 지속되었기 때문이다. 따라서 2차 연구에서는 비용 대비 효과를 파악할 수 있도록 참여자의 노동생산성 변화(노동생산성이 증가하면 소득이 증가하여 조세수입이 증가할 수 있으므로)와 다른 복지 프로그램 수혜율(조세 지출 감소)과 범죄율을 집중적으로 분석하였다. 분석 결과, 전체 참여자를 기준으로 할 경우, 전체 비용 대비 금액으로 환산된 장기 이익이 약간 작게 나타나는 것으로 밝혀졌다. 하지만, 참여자 연령대를 만 20~24세로 한정할 경우, 참여자에게 투입한 비용 대비 금액 환산 장기 효과가 크게 나타난다는 (1인당 $16,853 수준의 순 이익) 결과를 도출하였다.

정부의 의뢰에 따른 연구 외에도 개별 연구자들이 Job Corp의 효과에 대해 연구하였는데, Carlos et al.(2012)의 연구는 Semi-parametric 방법으로 Job Corp의 평균 처치효과를 추정하였는데, Job Corp 프로그램 수혜 기간이 길수록 임금 상승효과가 크지만, 추가 기간에 따른 임금 상승분은 감소하는 Concave relationship이 관찰됨을 보였다. 또한 앞선 Mathematica의 연구와 동일하게 참여자의 특성(연령, 성별 등)에 따라 효과가 다양하게 나타난다고 하였다. Schochet(2020)의 연구의 경우, 앞선 정부의 실험에서 무작위로 선정된 Job Corp 참여자와 비참여자를 2015년까지 추적한 자료를 분석하였는데, Job Corp 참여 이후 17년이 지난 시점 기준, 참여자 중 20~24세 집단의 경우 장기적으로 취업률이 비참여자에 비해 4% 높고, 장애복지를 수급할 확률이 40%나 낮아졌으며, 소득세를 낼 확률이 10%나 증가한 것을 확인하였다.

한편, Mamun(2008)의 경우, 초기 실험에서 Job Corp 참여를 무작위로 설정한 실험 데이터를 바탕으로 Job Corp 참여로 인해 임금과 취업 확률의 상승이 다른 삶의 영역인 '결혼 이행'에 어떻게 영향을 끼쳤는지 분석하였는데, Job Corp 참여자 중 여성 참여자는 임금과 취업상태 개선의 경로를 통해 결혼 확률을 높이는 것을 확인하였다. 이전 연구 결과를 요약하면 고졸 취약 청년을 대상으로 하는 적극적 노동시장 정책은 프로그램이 얼마나 종합적이고 집약적인지, 해당 집단에 얼마나 잘 맞춰져 있는지, 얼마나 오랫동안 이수하였는지와 참여자의 근로의욕과 능력 수준, 연령대와 성별에 따라 다양하게 나타날 수 있음을 알 수 있다.

제4절 연구 구성

본 보고서는 취약 특성이 있는 고졸 비진학 청년이 경험하는 노동시장 이행과 정착 과정의 어려움을 상세하게 드러내고 필요한 정책 지원방안을 모색하기 위하여 다음의 순서대로 연구를 구성하였다.

다음의 제2장에서는 고졸 취약 청년의 특성과 어려움을 자세하기 살펴보기에 앞서 고졸 비진학 청년이 다수 배출되는 전문계(직업계고)의 졸업생 졸업 이후 이동경로 패턴을 취약 집단과 비취약 집단으로 구분하여 비교 분석한다. 또한 코호트 간에도 어떤 변화가 있는지 분석한다.

이어서 제3장에서는 고졸 비진학 청년 중 취약 청년을 표집하여 이들의 취약 특성의 양상, 노동시장 이행 성과, 이행 과정의 어려움, 정책 수요에 대해 조사를 수행한 결과를 보고하고 일부 주요 지표에 대해서는 결정요인 분석을 수행한다. 기존에 축적된 대표성 있는 대규모 패널데이터나 기타 통계자료의 경우 비진학 고졸 청년 표본을 충분히 포함하지 않으며, 그마저도 표본 내 취약 집단의 비중은 매우 적고, 직접적으로 파악하기 어려운 경우가 많아 실태조사를 통해 이들의 경험 실태를 파악하였다.

제4장에서는 여러 가지 취약 청년 유형 중 빈곤가정에서 성장한 청년 집단의 노동시장 이행 경험에 대해 상세하게 분석한다. 이를 통해 본 보고서에서 전체적으로 취약 고졸 청년을 조명한 내용을 보완하여 세부적으로 특정 취약 집단의 노동시장 이행 경험의 예를 자세하게 알아볼 수 있다.

제5장은 고졸 청년, 취약 청년의 노동시장 이행 지원 기관의 현장 전문가들을 집단인터뷰(FGI)한 내용을 보고한다. 실태조사를 통해 충분하게 파악하지 못하였거나 놓친 실태와 정책 애로사항 등에 대해 상세한 이해를 얻기 위해 많은 취약 고졸 청년을 상담하고 지도한 경험을 가진 현장 전문가들을 인터뷰하여, 조사와 데이터 분석을 통해 얻은 시사점을 보완하였다.

마지막으로 제6장에서는 보고서의 분석 결과들을 종합하고, 현재의 정책 현황을 요약하며 향후 정책 발전 방향에 대하여 논의한다.

제 2 장
직업계고 졸업 청년 이행 경로 분석 : 취약 집단 여부 및 코호트 간 비교를 중심으로[7)]

제1절 서 론

본 연구는 고졸 취약 청년의 노동시장 이행 경험에 대해 상세하게 알아보는 것이 주목적이다. 앞선 장의 선행연구에서 소개한 여러 연구는 취약한 환경에서 성장한 청년의 경우 진로를 탐색하고 고민할 여유의 부족, 사회적 자본(진로정보를 줄 수 있는 멘토)의 부족 등으로 상대적으로 낮은 학력 수준으로 노동시장에 진입하게 되고 그 결과 노동시장에서 상대적으로 낮은 지위를 갖게 된다고 보고하였다. 만약 이러한 추론이 사실이라면 비진학 고졸 청년은 상대적으로 취약 특성을 가진 청년 비중이 높은 집단일 수 있고, 낮은 학력 수준에 더해 여러 가지 취약 특성까지 중첩되어 노동시장 이행의 어려움을 겪는 청년 비중이 많을 가능성을 의미한다.

제3장에서는 고졸 비진학 청년 중 취약 청년의 경험을 상세하게 파악하겠지만, 이 장에서는 '일반적'으로 고졸 비진학 청년이 가장 많이 배출된다고 여겨지는 루트인 직업계고에서 취약 청년과 취약 특성이 없는 청년이 졸업 이후 다른 이동 경로를 나타내는지, 이전 코호트의 고졸 취약 청년, 비취약 청년의 경험과 최근 코호트의 청년이 다른지 전반적으로 알아보고자 한

7) 이 장의 분석을 위해 데이터에 관해 자문해준 류지은 연구위원(직업능력연구원)께 감사를 드린다.

다. 이를 통해 일반적인 고졸 청년들의 졸업 이후 이동 경로의 패턴에 대해 이해할 수 있고, 이 집단의 하위 집단인 비진학 취약 청년에 관한 시사점도 얻을 수 있을 것이다.

제2절 분석 자료와 방법

1. 분석자료

이 연구에서는 한국교육고용패널(KEEP) 1차 웨이브(이하 KEEP I)의 1차(2004)~12차(2015) 자료와 2차 웨이브(이하 KEEP II)의 1차(2016년)~6차(2022년) 자료를 분석한다. 한국교육고용패널은 직업계고(특성화고) 졸업생 표본을 가장 많이 보유하고 있는 패널데이터이며 표본의 취약 특성을 간접적으로 파악할 수 있는 문항을 조사하고 있어 본 분석 목적에 적합하다. 본 연구는 구체적으로 KEEP I의 2004년 직업계고(특성화) 3학년 코호트와 KEEP II의 2016년 직업계(특성화)고 2학년 코호트를 분석하는데, 약 12년 정도의 졸업시점 차이가 있는 1차 코호트와 2차 코호트를 분석하여 코호트 간 경험의 차이를 알아보고자 한다.

KEEP I 자료는 전문계고 3학년(2004년 기준) 학생 2,000명, KEEP II 자료는 특성화고등학교 2,595명, 마이스터고등학교 1,020명 등 직업계고 2학년(2016년 기준) 학생 3,615명에 대한 자료를 포함하고 있다. 이 연구에서는 코호트 간 명확한 비교를 위해 KEEP II 자료에서 마이스터고등학교를 제외한 특성화고등학교 표본만을 활용한다.[8)] 분석자료는 KEEP I과 KEEP II 각각의 1차 학생 조사 자료를 기준으로, 가구조사 자료 연결 후 마지막 조사 연도까지의 자료를 순서대로 병합하고, 마지막으로 목적에 맞는 표본을 추

---

8) 2010년에 처음으로 개교한 마이스터고등학교(산업수요 맞춤형 고등학교)는 취업에 초점을 둔 특수목적고등학교로, 특성화고등학교는 물론 과거의 전문계 고등학교와도 뚜렷하게 구분된다. 이후의 '직업계고'는 KEEP I 자료의 전문계 고등학교, KEEP II 자료의 특성화고등학교를 의미한다.

출하여 구성했다.

2. 분석 표본 구성

구체적인 분석 자료의 구성 과정은 다음과 같다. 먼저, 이 연구에서는 각 자료의 1차 연도 가구조사 자료를 활용해 가능한 수준에서 최대한 직업계고 졸업 청년을 취약 청년과 비취약 청년으로 구분하고자 했다.

KEEP I과 KEEP II에서 공통적으로 추출할 수 있는 '취약' 특성은 결손가정 여부, 저소득층 여부, 부모 실업 여부, 부모 저학력 여부이다. 구체적으로 〈표 2-1〉과 같이 취약 유형을 구분하였고, 네 가지 조건 중 하나라도 해당되는 경우 취약 청년으로 분류했다. 이러한 취약 집단 분류는 자료의 한계로 인해 특정 유형의 잠재적으로 취약한 집단을 구분한 것에 지나지 않는다. 하지만, 취약 특성을 가진 집단은 대체로 여러 가지 취약 특성을 동시에 가진다는 점을 고려할 때, 취약 표본으로 구분된 표본에 속한 많은 청년들이 실제로 노동시장 이행이나 인적자본 축적, 미래 계획 등을 할 때 애로사항이 있는 취약 청년일 가능성이 높을 것이다.

〈표 2-1〉 취약 청년 여부 구분 변수

변수	변수 코드	판단 기준
결손가정 여부	(KEEP I) BYH10001 (KEEP II) W16H04001, W16H05001	남성 보호자가 아버지가 아니거나, 또는 여성 보호자가 어머니가 아닌 경우
저소득층 여부	(KEEP I) BYH20001 (KEEP II) W16H06001	월평균 가구소득이 도시 2인 이상 가구의 균등화 중위소득 처분가능 소득* 50% 미만인 경우
부모 실업 여부	(KEEP I) BYH11001, BYH15001 (KEEP II) W16H04005, W16H05005	부모 모두 수입이 없는 경우
부모 저학력 여부	(KEEP I) BYH26006, BYH27006 (KEEP II) W16H04003, W16H05003	부모 모두 최종 학력이 중졸 이하인 경우

주 : 소득분배지표상 도시 2인 이상 가구의 균등화 중위소득 처분가능소득은 2004년 1,290,094원, 2016년 2,049,632원임(통계청, 각 연도).

자료 : KEEP 코드북.

〈표 2-2〉 분석 표본구성

분석내용	표본구성 기준	표본 규모			
		KEEP I		KEEP II	
		취약	비취약	취약	비취약
졸업 후 노동시장 이행 상태 변화	졸업 시점부터 5년간 노동시장 이행 상태를 모두 확인할 수 있는 표본	412명	405명	389명	1,185명

자료 : KEEP I, II 원자료를 가공하여 작성.

취약 및 비취약 청년 분류 결과, KEEP I 자료는 전체 2,000명 중 취약 청년 987명, 비취약 청년 961명으로 취약 청년이 비취약 청년보다 많았으며, 취약 청년 여부를 구분할 수 없는 결측 표본은 52명이었다. KEEP II 자료의 경우, KEEP I 자료와 달리 특성화고 표본 2,595명 중 비취약 청년이 1,889명으로 취약 청년 706명보다 많았다.

다음으로 졸업 후 노동시장 이행 상태 변화 분석을 위해 졸업 시점(KEEP I 2005년, KEEP II 2018년)부터 5년간의 노동시장 이행 상태를 모두 확인할 수 있는 표본만을 추출하여 분석 표본으로 구성했다. KEEP I의 경우 취약 청년 412명(50.4%), 비취약 청년 405명 등 총 817명의 표본이 추출되었으며, KEEP II는 취약 청년 389명(24.7%), 비취약 청년 1,185명 등 1,574명의 표본이 추출되었다.

3. 표본 취약 집단의 분포

분석방법으로 넘어가기에 앞서, 직업계고 졸업생에 대한 대표성을 갖춘 자료에서 추출한 표본의 취약 청년의 분포가 어떻게 나타나는지 자세히 살펴보자. 코호트 간 부모 코호트의 차이, 전반적인 졸업 시점의 경제 및 사회 환경의 차이가 존재하기 때문에 이들의 취약 유형별 분포를 간단하게 살펴보면, 다음의 〈표 2-3〉과 같이 나타난다.

〈표 2-3〉에 따르면, KEEP I에 비해 KEEP II의 취약 집단 비중이 낮게 나타나고 이는 부모의 학력이 중졸 이하인 저학력 가정 출신 청년의 비중이 대폭 감소하여 나타난 차이인 것으로 보인다. KEEP I과 KEEP II의 부모 세대의 연령대가 10년 이상 차이가 나기 때문에 평균 교육연수가 빠르게 성장해

〈표 2-3〉 취약 표본의 취약 유형 분포

	KEEP I		KEEP II	
전체 표본 수	817		1,185	
	취약 집단		취약 집단	
계	412		389	
	표본 수	구성비	표본 수	구성비
결손가정	156	37.7%	299	76.9%
저소득 가정	45	11%	69	17.7%
부모 실업	33	8.3%	69	17.7%
부모 저학력	327	82.6%	77	4.9%

주 : 취약 유형은 중복으로 해당될 수 있음.
자료 : KEEP I, II 원자료를 가공하여 작성.

은 우리나라의 상황을 고려할 때 특이하지 않은 차이인 것으로 보인다. 하지만, KEEP II의 취약 표본에서도 다수를 차지하는 결손가정 출신 청년 다음 순으로 비중이 높은 집단이 저학력 가정 출신 청년이다. KEEP I 표본에 비해 KEEP II 표본의 경우 결손가정 출신 청년의 비중이 증가한 것도 하나의 차이이다.

4. 활용 변수와 분석 방법

이 연구에서 직업계고 졸업 청년의 노동시장 이행 과정의 변화를 분석하기 위해 활용한 변수는 다음과 같다(표 2-4 참조). 먼저, 일반적 특성 측면에서는 성별과 현재 학력 변수를 활용했다. 이 연구에서는 성별은 기존 변수를 그대로 활용하고, 최종 학력은 고졸, 전문대졸, 4년제 대졸 이상으로 재코딩해 활용했다.

노동시장 특성 측면에서는 일자리 유무, 일자리 유형, 근무 시작 시기, 종사상 지위, 군 입대・전역 시기 등의 변수를 활용했다. 일자리 유무와 일자리 유형, 근무 시작 시기, 종사상 지위, 군 입대・전역 시기는 노동시장 이행 상태와 진입 시기, 임금근로 상태 여부 등을 확인하기 위해 활용되었다.

〈표 2-4〉 활용 변수

변수			변수 코드	변수 코딩
일반적 특성	성별		GENDER	1=남자, 2=여자
	현재 학력	KEEP I	F1Y06001~F11Y02001	1=고졸, 2=전문대졸, 3=4년제 대졸 이상
		KEEP II	Y19SY01003~Y22SY01002	
노동시장 특성	일자리 유무	KEEP I	F1Y10001~F11Y04001	1=예, 2=아니요
		KEEP II	Y19SH01001~Y22SH01001	
	일자리 유형	KEEP I	F1Y11002~F11Y05002	1=임금근로자, 2=자영업자·고용주·특수형태근로종사자, 3=무급가족종사자
		KEEP II	Y19SH01003~Y22SH01003	
	근무 시작 시기	KEEP I	F1Y05005~F11Y05007	이산변수(연월)
		KEEP II	Y19SH02005~Y22SH02005	
	종사상 지위	KEEP I	F1Y11009~F11Y05014	1=상용직, 2=임시·일용직
		KEEP II	Y19SH02012~Y22SH02012	
	군 입대·전역 시기	KEEP I	F6Y11014~F11Y12005	이산변수(연월)
		KEEP II	Y19SO01002~Y22SO01003	

자료 : KEEP I, II 원자료를 가공하여 작성.

〈표 2-5〉 노동시장 이행 상태 코딩

코드		코딩 근거					
		일자리 상태			대학 재학 상태		기타
		상용직	임시·일용직	자영업자 등	전문대학	4년제 이상	
FE	임금근로자(상용직)	●					
TE	임금근로자(임시·일용직)		●				
FWL	학업-근로병행(상용직)	●			●	●	
TWL	학업-근로병행(임시·일용직)		●		●	●	
NW	비임금근로자			●			
UN	4년제 이상 재학					●	
CO	전문대학 재학				●		
MS	병역						병역
UE	미고용						미고용

자료 : 류지은 외(2022), 『직업계고 졸업자의 경력경로 유형과 특성』, p.21.

분석은 직업계고를 졸업한 취약 및 비취약 청년의 졸업 후 노동시장 이행 상태 변화를 살펴보기 위해 코호트-취약 여부 집단별로 시퀀스 분석(sequence analysis)을 적용하였다. 시퀀스 분석은 일정한 기간 동안 개인이 경험하는 연속적인 상태 변화를 분석하는 방법이다(권혁진 · 유호선, 2011b). 이 연구에서는 류지은 외(2022 : 21)를 참고하여 직업계고 졸업 청년의 노동시장 이행 상태를 9가지로 구분하여 코딩하고, 졸업 시점부터 5년간의 노동시장 이행 상태 변화를 확인하고자 했다(표 2-5 참조).

제3절 취약/비취약 직업계고 졸업 청년의 졸업 후 이동 경로

시퀀스 분석 결과로 넘어가기 앞서 고등학교 졸업 시점(KEEP I 2005년, KEEP II 2018년)을 기준으로 직업계고 졸업 취약 및 비취약 청년의 노동시장 이행 상태를 살펴보자(표 2-6 참조). 먼저, KEEP I의 취약 청년은 전문대학 진학 표본이 330명(33.4%)으로 가장 많았고, 임금근로 표본이 262명(26.5%)으로 두 번째로 많았다. KEEP I의 비취약 청년의 경우, 취약 청년과 같이 전문대학 진학 표본이 395명(41.1%)으로 가장 많았으나, 4년제 대학 진학 표본이 203명(21.1%)으로 두 번째로 많게 나타나 취약 청년과 차이를 보였다. 즉, 고교 졸업 시점을 기준으로 KEEP I의 고등 교육 이행자 비중은 취약 집단이 44.7%, 비취약 집단은 62.2%로 두 집단 간 격차는 17.5%p 수준에 달하는 큰 차이를 보인다.

KEEP II의 경우, 취약 청년과 비취약 청년 모두 결측을 제외하고 임금근로 표본이 각각 321명(45.5%), 854명(45.2%)으로 가장 많게 나타났고 두 집단 간 임금근로자 비중의 차이는 거의 없다. 임금근로자가 가장 많은 비중을 차지하게 된 것은 KEEP I 코호트와는 다른 패턴인데, 이러한 차이는 2010년대 초반 고졸 취업 활성화 정책이 도입되면서 직업계고 졸업자의 취업이 강조된 데에 따른 것으로 보인다. KEEP II의 취약, 비취약 집단의 고등교육 이행 비중은 취약 집단이 18.2%(전문대학 14.4%, 4년제 3.8%), 비취약 집단은 24.1%(전문대학 16.6%, 4년제 대학 7.5%)로 나타나 두 집단 간 고등 교육 이행 격차는 KEEP I 코호트와 동일하게 나타난다.

〈표 2-6〉 직업계고 졸업자의 졸업 직후 시점 노동시장 이행 상태

노동시장 이행 상태	KEEP I(2005)				KEEP II(2018)			
	취약		비취약		취약		비취약	
	명	%	명	%	명	%	명	%
임금근로	262	26.5	131	13.6	321	45.5	854	45.2
비임금근로	4	0.4	4	0.4	4	0.6	29	1.5
4년제 대학 진학	112	11.3	203	21.1	27	3.8	141	7.5
전문대학 진학	330	33.4	395	41.1	102	14.4	313	16.6
미취업	122	12.4	70	7.3	60	8.5	134	7.1
결측	157	15.9	158	16.4	192	27.2	418	22.1
전 체	987	100.0	961	100.0	706	100.0	1,889	100.0

주 : 비임금근로는 자영업자 · 고용주 · 특수형태근로종사자와 무급가족종사자를 의미함.
자료 : KEEP I, II 원자료를 가공하여 작성.

다음으로 직업계고를 졸업한 취약 청년과 비취약 청년의 졸업 직후부터 5년간의 노동시장 이행 상태 변화 양상을 확인하기 위해 시퀀스 분석을 실시한 결과는 다음과 같다(그림 2-1 참조).

먼저 KEEP I, KEEP II 코호트의 전반적인 차이를 살펴보면, 2005년 졸업생의 경우 전반적으로 고등교육 진학자가 취약, 비취약 집단 모두에서 많고, 진학하지 않은 경우, 취업하였는데 연도가 지날수록 상용직 취업자 비중이 가파르게 증가하는 모습을 보인다. 취업자 비중이 증가함과 동시에 구직활동을 하는 청년이 증가하면서 실업자 비중도 약간 증가하는 패턴을 나타낸다.

반면, KEEP II, 2018년 졸업생의 경우, KEEP I과 비교해 전반적으로 5년간 계속해서 상용직 임금근로자의 분포가 가장 크고, 전문대학 및 대학 재학 분포는 작다. 즉, 진학자 비중은 크게 감소하였고 상용직, 임시/일용직 취업자 비중이 크게 증가했다.

이는 선취업-후진학 정책 기조가 이어진 가운데 취업자 수가 증가한 것으로 볼 수 있는데, 졸업 이후 5년 중 초기 1~3년에 전문대학이나 대학교에 진학한 청년 비중이 가장 높고 그 이후에는 감소한 것으로 나타나, '후 진학' 러시가 고교 졸업 이후 5년 내에는 관찰되지 않고, 애초에 진학할 집단은 고교 졸업 직후 진학하는 것으로 보인다. 즉, KEEP II 코호트의 경우, 전반적으로 졸업 이후 5년간 KEEP I 코호트에 비해 추가 교육 이수 비중은 매우 떨어진다고 볼 수 있다.

다만 KEEP II의 경우 일-학습병행(상용직, 임시직) 과정을 이수하는 청년 비중이 KEEP I에 비해 증가했으나, 일 · 학습병행자를 포함한다고 하더라도 졸업 이후 5년 내 추가적인 교육이나 훈련을 이행하는 직업계고 졸업생의 비중은 KEEP I 코호트에 비해 저조한 수준이다. 또한 졸업 이후 4~5년 차에 일 · 학습 병행을 시작하거나 진학하는 집단이 증가하는 패턴 또한 관찰되지 않고 있어 졸업 이후 '후 학습' 혹은 '후 훈련'이 최소한 5년 이내에는 충분히 관찰되지 않는다는 특징이 나타난다.

게다가 더 시선을 끄는 특징은 KEEP I 코호트에 비해 전반적으로 조기에 노동시장에 진입한 KEEP II 코호트의 노동시장 상태가 5년 동안 크게 개선되지 않는 것으로 나타난다는 점이다. 이들의 상용직 고용 비중은 KEEP I 코호트처럼 뚜렷하고 급격하게 성장하는 모습으로 나타나지 않고, 실업자 비중도 해가 갈수록 증가하여 5년차 기준, KEEP I의 실업자 비중보다 약 2배 이상 많게 나타난다. 즉, 2005년 직업계고 졸업생의 경우 졸업 이후에 여러 가지 추가적인 학교나 일터에서 인적자본 축적 과정을 통해 (아마도 2018년 코호트보다) 본인의 진로, 적성을 파악하고 실질적인 스킬 축적을 통해 노동시장 이행 후 안정적이고 발전적인 안착 경로로 넘어가는 것처럼 보이는 것과 반대로 2018년 직업계고 졸업생의 경우 일부만 2005년 졸업생과 마찬가지로 대학진학이나 일 · 학습병행을 통해 추가적인 스킬을 축적하여 노동시장에 이행하고, 대다수는 졸업 이후 추가적인 훈련이나 교육 없이, 진로나 적성을 탐색할 기회 없이 노동시장으로 이행하는 것으로 보인다. 2018년 코호트의 경우, 졸업 이후 5년간 악화되는 실업자 비중과 훈련/교육을 이수하는 졸업생의 비중이 증가하지 않는 것으로 미루어 볼 때, 최소한 졸업 이후 5년 내에는 노동시장에 안착하는 것처럼 보이지 않는다.

KEEP I과 KEEP II 표본의 취약 집단과 비취약 집단의 졸업 이후 상태 변화를 자세히 비교해 보면, 먼저 KEEP I의 경우 취약 청년(n=412)과 비취약 청년(n=405)의 이행 상태 분포 양상이 유사하게 나타난다. 초기에는 두 집단 모두 전문대학 재학 분포가 크고, 시간이 지날수록 상용직 임금근로자의 분포가 증가하는 경향을 확인할 수 있다. 다만 비취약 청년의 전문대학 및 대학 재학 분포가 취약 청년보다 큰 데 비해, 초기 상용직 임금근로자 분포와 임시 · 일용직 임금근로자 분포는 취약 청년에서 더 크게 나타난다.

또한 취약 집단에 비해 비취약 집단이 일 · 학습 병행 프로그램을 이수하는 비중이 더 높게 나타나고, 5년차 기준 실업률은 더 낮게 나타난다. 즉, 앞선 고교 졸업 당시 시점의 분석 결과처럼 비취약 청년은 대학 교육이나 일 · 학습 병행 등 추가적인 훈련 과정을 거쳐 상용직으로 이동하는 자의 비율이 상대적으로 높다. 반면, 취약 청년은 대학 교육이나 훈련 과정을 거치지 않고 노동시장으로 바로 이행하는 청년의 비중(비진학 청년)이 상대적으로 높아, 비취약 집단과의 상대적인 스킬 격차를 반영하듯 5년차 기준 실업률이 약간 높게 나타나는 것처럼 보인다.

KEEP II의 2018년(Y1)부터 2022년까지 5년간 이행 상태 변화의 경우 또한 KEEP I에서 취약 청년이 비취약 청년보다 초기에 큰 상용직 임금근로자 분포를 보인 것과 같이, KEEP II에서도 취약 청년(n=389)이 비취약 청년(n=1,185)보다 상용직 임금근로자 분포가 크고, 임시 · 일용직 임금근로자

[그림 2-1] 직업계고졸 취약 및 비취약 청년의 졸업 후 노동시장 이행 상태 변화

⟨KEEP I⟩

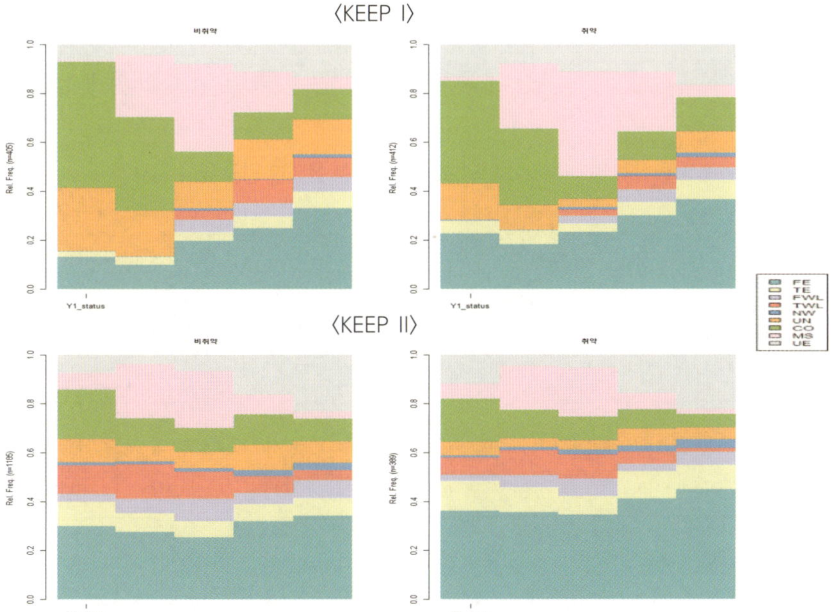

주 : FE=임금근로자(상용직), TE=임금근로자(임시 · 일용직), FWL=학업-근로병행(상용직), TWL=학업-근로병행(임시 · 일용직), NW=비임금근로자, UN=4년제 이상 재학, CO=전문대학 재학, MS=병역, UE=미고용.

자료 : KEEP I, II 원자료를 가공하여 작성.

분포도 약간 더 큰 특징을 보인다. 대학이나 전문대학 교육을 이행하는 사람의 비중은 취약/비취약 집단 간 크게 차이가 나지는 않지만 취약 집단이 비취약 집단에 비해 진학자 비중이 작고, 비취약 집단의 경우 졸업 이후 3년차에 전문대학, 대학 진학자 비중이 약간 증가하여 '후진학'을 하는 학생이 생기는 것으로 나타나는 반면, 취약 집단에서는 '후진학' 자가 두드러지지 않는다. 전반적으로는 KEEP I 코호트에 비해 대학 진학자 비중은 떨어진다.

한편, 취약 청년은 일 · 학습 병행 등 훈련 프로그램을 이수하는 비중이 비취약 청년보다 낮고, 졸업 이후 1, 2년 차보다 3년 차에 그 비중이 높아 졸업 직후에는 취업하여 일하다가 3년 차에 훈련 프로그램에 참여하는 청년이 일부 있는 것으로 보인다. 2018년 졸업생의 경우 졸업 이후 첫 해에 구직하는 사람의 비중이 높아 실업자 비중이 약간 존재하였다가, 졸업 이후 4, 5년 차에 실업자 비중이 급증하였고 취약/비취약 집단 간 차이가 적다.

전반적으로 직업계고 졸업자 집단에서는 취약/비취약 집단 간 졸업 이후 이행 경로에서 차이가 존재하지만, 2005년 코호트와 2018년 코호트 간 차이가 더 확연하다. 2018년 코호트가 2005년 코호트에 비해 직업계고 졸업 이후 커리어 초기에 체계적인 교육/훈련을 받는 비중이 낮고 노동시장에서

〈표 2-7〉 직업계고졸 취약 및 비취약 청년의 노동시장 이행 상태별 평균 유지 기간

(단위 : 년)

노동시장 이행 상태	KEEP I		KEEP II	
	취약	비취약	취약	비취약
임금근로자(상용직)	1.31	1.01	1.93	1.49
임금근로자(임시 · 일용직)	0.28	0.21	0.50	0.39
학업-근로병행(상용직)	0.13	0.16	0.23	0.30
학업-근로병행(임시 · 일용직)	0.13	0.21	0.34	0.48
비임금근로자	0.05	0.03	0.10	0.09
4년제 이상 재학	0.42	0.86	0.25	0.42
전문대학 재학	1.08	1.26	0.52	0.63
병역	1.00	0.83	0.53	0.63
미고용	0.61	0.43	0.60	0.57
전 체	5.00	5.00	5.00	5.00

자료 : KEEP I, II 원자료를 가공하여 작성.

의 지위도 상대적으로 안정적이지 않은 것처럼 보인다.

직업계고졸 취약 및 비취약 청년의 노동시장 이행 상태를 구체적으로 살펴보기 위해 5년 중 각 상태의 평균 유지 기간을 분석한 결과, KEEP I의 취약 청년은 상용직 임금근로자가 전체 5년 중 1.31년으로 가장 긴 반면, 비취약 청년은 전문대학 재학이 1.26년으로 가장 길었다. KEEP II의 경우, 취약 청년은 KEEP I의 취약 청년보다 상용직 상태 유지 기간이 더 긴 1.93년으로 나타났으며, 비취약 청년은 KEEP I과 달리 전문대학 재학 상태가 아닌 상용직 임금근로자 상태 유지 기간이 1.49년으로 가장 길게 나타났다.

KEEP I과 KEEP II의 직업계고졸 취약 및 비취약 청년의 노동시장 이행 경로 대표 시퀀스를 통해 집단별 5년간 노동시장 이행 상태 변화의 주요 특징을 살펴보면 다음과 같다(그림 2-2 참조). 먼저 KEEP I의 경우, 비취약 청년

[그림 2-2] 직업계고졸 취약 및 비취약 청년의 졸업 후 노동시장 이행 경로 대표 시퀀스

〈KEEP I〉

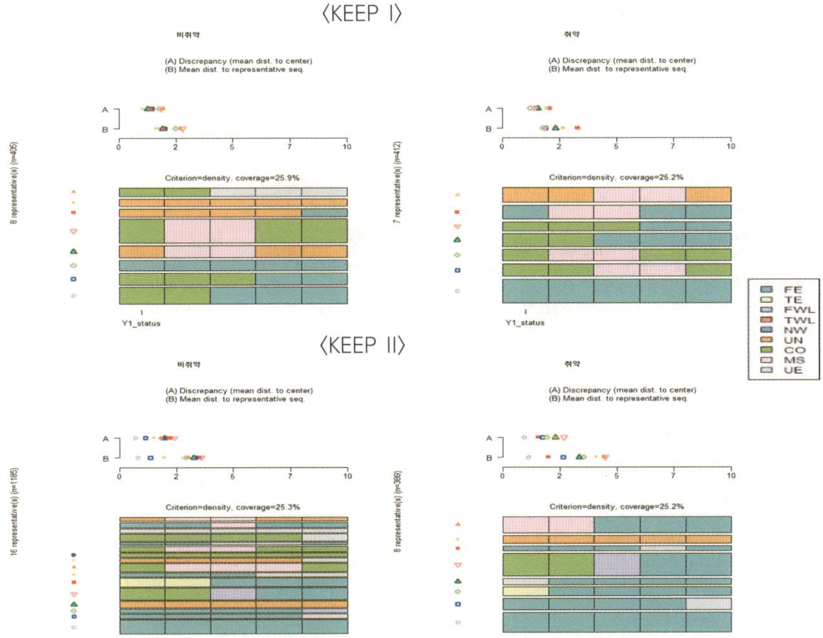

주 : FE=임금근로자(상용직), TE=임금근로자(임시 · 일용직), FWL=학업-근로병행(상용직), TWL=학업-근로병행(임시 · 일용직), NW=비임금근로자, UN=4년제 이상 재학, CO=전문대학 재학, MS=병역, UE=미고용.

자료 : KEEP I, II 원자료를 가공하여 작성.

은 4년제 대학 진학과 관련된 시퀀스들이, 취약 청년은 상대적으로 상용직 임금근로와 관련된 시퀀스들이 대표 시퀀스로 나타나는 특징을 보인다. 이러한 경향성은 KEEP II에서도 유사하게 나타나는데, 취약 청년은 상용직 임금근로 형태의 시퀀스들이 대표 시퀀스로, 비취약 청년은 4년제 대학이나 전문대학 진학과 관련된 시퀀스들이 대표 시퀀스로 나타나고 있다. 즉, KEEP I, KEEP II 코호트 모두에서 취약 청년이 상대적으로 추가 교육을 이수할 확률이 낮고, 비진학 고졸 청년으로 남을 가능성이 높다는 것을 알 수 있다.

이러한 특징은 각 집단의 빈도수 상위 10개 노동시장 이행 경로에서도 유사하게 나타난다(표 2-8 참조). KEEP I의 취약 청년은 5년간 상용직 임금근로를 유지하는 경로가 가장 많으며, 전문대학 재학 중 병역, 전문대학 졸업 후 상용직 임금근로 등의 경로가 그다음으로 많다. 이와 달리 비취약 청년의 경우, 전문대학 졸업 후 상용직 임금근로 형태의 경로가 가장 많게 나타나 취약 청년과 차이를 보였다.

〈표 2-8〉 직업계고졸 취약 및 비취약 청년의 주요 노동시장 이행 경로(상위 10개)

(단위 : 개, %)

KEEP I					
취약			비취약		
경로	빈도	비율	경로	빈도	비율
FE/5	21	5.1	CO/2-FE/3	23	5.7
CO/2-MS/2-CO/1	18	4.4	CO/3-FE/2	15	3.7
CO/1-MS/2-CO/2	16	3.9	FE/5	14	3.5
CO/2-FE/3	16	3.9	UN/1-MS/2-UN/2	14	3.5
CO/3-FE/2	14	3.4	CO/1-MS/2-CO/2	13	3.2
FE/1-MS/2-FE/2	10	2.4	UN/4-FE/1	10	2.5
UN/2-MS/2-UN/1	9	2.2	UN/5	9	2.2
UN/1-MS/2-UN/2	7	1.7	CO/1-MS/2-TWL/1-CO/1	7	1.7
CO/1-MS/2-FWL/1-FE/1	4	1.0	CO/2-UE/3	7	1.7
CO/1-MS/2-TWL/1-CO/1	4	1.0	UN/1-MS/2-TWL/1-UN/1	7	1.7

〈표 2-8〉의 계속

KEEP II					
취약			비취약		
경로	빈도	비율	경로	빈도	비율
FE/5	51	13.1	FE/5	108	9.1
FE/4-UE/1	9	2.3	FE/4-UE/1	28	2.4
TE/1-FE/4	8	2.1	FE/4-FWL/1	20	1.7
CO/2-FWL/1-FE/2	7	1.8	UN/5	17	1.4
FE/3-UE/1-FE/1	7	1.8	CO/2-FWL/1-FE/2	13	1.1
UE/1-FE/4	7	1.8	FE/3-UE/2	12	1.0
UN/5	5	1.3	TE/2-FE/3	12	1.0
FE/3-UE/2	4	1.0	CO/1-MS/3-CO/1	11	0.9
MS/2-FE/3	4	1.0	UN/4-UE/1	11	0.9
TE/2-FE/3	4	1.0	CO/1-MS/2-CO/2	10	0.8

주 : FE=임금근로자(상용직), TE=임금근로자(임시 · 일용직), FWL=학업-근로병행(상용직), TWL=학업-근로병행(임시 · 일용직), NW=비임금근로자, UN=4년제 이상 재학, CO=전문대학 재학, MS=병역, UE=미고용.

자료 : KEEP I, II 원자료를 가공하여 작성.

한편, KEEP II는 KEEP I과 다르게 취약 청년과 비취약 청년 모두 5년간 상용직 임금근로를 유지하는 경로가 가장 많은 것으로 나타났다. 다만, KEEP II 내에서 취약 청년은 미고용 또는 임시 · 일용직 임금 근로 상태와 상용직 임금 근로 상태 간 변화를 보이는 경로가 상대적으로 많은 반면, 비취약 청년은 대학 재학 상태와 상용직 임금 근로 상태 간 변화를 보이는 경로가 많다는 점에서 주된 노동시장 이행경로에 차이가 있다.

제4절 소 결

이 장에서는 2006년과 2018년 직업계고 졸업생의 졸업 이후 이동 경로를 취약/비취약 집단으로 구분하여 살펴보았다. 분석 결과, 취약/비취약 집단 간 차이보다는 2006년 졸업 코호트와 2018년 졸업 코호트의 졸업 이후 이행 경로의 차이가 더 대조적으로 나타났다.

2006년 졸업 코호트의 경우 졸업 이후 취약, 비취약 졸업생 모두 대부분 대학이나 전문대학에 진학하고, 졸업 이후 4, 5년이 지난 시점부터 상용직으로 취업하기 시작하여 상용직 취업자 비중이 꾸준하고 가파르게 증가하는 패턴을 나타낸다. 반면, 2010년 이후 고졸 취업 활성화[9]를 위해 선취업 후진학 제도가 확산된 이후 졸업한 2018년 직업계고 졸업생의 경우, 2006년 졸업 코호트에 비해 졸업 이후 대학이나 전문대학 진학자 비중이 대폭 감소되어, 졸업 이후 5년간 고등교육 이수자 비중이 2006년 졸업생 코호트에 비해 절반 수준에 그쳤다.

다만, 2018년 졸업생의 경우, 직업훈련, 학습, 일을 병행하는 프로그램 참여자 비중이 2006년 졸업생에 비해 높았다. 하지만, 이들을 포함한다 하더라도 전반적으로 졸업 이후 5년간 학교 교육이나 직업훈련을 받은 졸업생의 비중은 2006년 코흐트에 비해 작게 나타난다. 이러한 차이를 반영하듯, 2006년 졸업생에 비해, 2018년 졸업생의 졸업 이후 5년차 기준 실업자 비중은 월등히 높은 수준으로 나타났다. 2018년 졸업생의 졸업 5년차 시점(2022년)이 코로나19의 영향을 받은 시점이기는 하지만, 이들이 2006년 졸업생과 달리 이론적으로는 졸업 직후부터 노동시장에서 경력을 쌓을 수 있었다는 점을 고려할 때, 무시할 수준의 실업자 비중 격차가 관찰되었다.

한편, 2006년 직업계고 졸업자와 2018년 직업계고 졸업자를 취약 집단과 비취약 집단으로 구분할 때 두 집단 간 졸업 이후 5년간 이동 경로에서 공통적으로 확인되는 차이는 취약 집단이 고등교육이나 훈련(일 · 학습 병행 등)에 참여하는 비중이 낮고, 후진학이나 후에 추가로 훈련프로그램에 등록하는 사람의 비중도 작다는 것이다. 즉, 2006년 졸업 코호트나 2018년 졸업 코호트에서 고졸 비진학 청년의 경우, 전문대졸 이상의 최종 학력을 가진 집단보다 취약 집단 비중이 높을 것이라는 점을 알 수 있고, 비진학 고졸 취약 집단은 여러 가지 교육, 훈련 기회에서 상대적으로 소외되고 적성이나 직업

9) 예 : 교육과학기술부(2010), 「고등학교 직업교육 선진화 방안」.

정보 탐색의 기회가 상대적으로 적을 것을 예상할 수 있다.

요약하여 이 장에서 최근의 직업계고 졸업 청년이 이전 세대의 직업계고 졸업 청년에 비해 졸업 이후 노동시장 이행 시 상대적으로 더 낮은 스킬로 더 어렵게 이행하고 있을 가능성, 그리고 그중 취약 집단은 가중된 어려움을 겪고 있을 가능성을 확인하였다. 다음 장에서는 고졸 비진학 취약 청년의 인적자본 축적, 노동시장 이행 과정과 정책 수요에 대해 상세하게 알아보아, 이 장에서 얻은 함의에 대해 더 깊이 고찰해 보고자 한다.

제 3 장
고졸 취약 청년의 특성과 노동시장 이행 실태

제1절 서 론

본 연구는 고졸 취약 청년의 노동생애 개발과 정착의 애로사항을 자세하게 파악하고 이들 집단에게 필요한 지원을 파악하는 것이 주목적이다. 하지만 최근까지 청년 정책의 주요 대상은 청년인구의 대다수를 차지하는 대졸자에 집중되어 있어, 고졸 청년, 취약 청년의 인적자본 축적 과정과 노동시장 이행에 관해 상세하게 파악할 수 있는 자료가 충분하지 않다.

앞선 장에서는 교육고용패널을 이용하여 직업계고 졸업자 중 취약 집단과 비취약 집단을 구분하여 졸업 이후 이행경로를 비교하는 분석을 수행하여 취약 집단에 비해 비취약 집단이 대학으로 진학하는 비중이 더 높다는 것을 확인할 수 있었다. 하지만, 교육고용패널 자료를 포함하여 기존에 수집된 청년층의 노동시장 이행 양태를 알아볼 수 있는 데이터는 직업계고 졸업자 뿐만 아니라 다양한 유형의 비진학 고졸 청년의 노동시장 이행 양태를 구체적으로 알아볼 수 있을 정도로 비진학 고졸 청년 표본을 충분히 가지고 있지 않다. 특히 고졸 비진학 청년 중 취약 집단의 특성과 노동시장 이행의 애로사항을 구체적으로 이해할 수 있는 데이터는 존재하지 않는다.

따라서 본 연구는 실태조사를 통해 직접 데이터를 수집하여 고졸 비진학 청년의 노동시장 이행 현황을 파악하고 취약/비취약 집단 간 경험의 차이를 알아보고자 했다. 이 장에서는 고졸 취약 청년의 인적자본 축적, 노동시장 이행과 어려움, 정책 수요에 관해 조사한 주요 결과를 요약한다.

제2절 실태조사 개요와 분석 방법

1. 조사 대상 및 내용

가. 조사 개요

본 조사는 고졸 취약 청년의 취업 현황, 희망 일자리, 인적자본 투자 수준 및 투자 희망 정도, 구직 및 취업 시 애로사항, 노동생애 전망, 정책 수요 등을 조사하여 청년들이 교육, 구직, 취업 단계에서 필요로 하는 지원 사항을 파악하기 위해 수행되었다. 조사는 전국 17개 시도의 비진학 고졸 청년층인 대학교 중퇴 이하 학력(향후 대학 진학 준비 및 진학 예정자, 군입대 예정자 제외)의 20대 청년층(1996~2004년생 청년)을 대상으로 수행되었다. 조사는 구조화된 설문지를 이용하여 온라인 및 오프라인 조사로 2024년 8월 1일부터 10월 4일 사이에 실시하였다.

조사의 주요 대상은 모집단 정보를 알 수 없는 고졸 청년 중 '취약' 청년으로 설정하였다. 이들을 접촉하기 위해서 기존에 축적된 온라인 패널을 최대한 활용하여 1차로 조사하여 대부분의 표본을 구축하였고 추가로 취약 집단의 표본을 충분히 확보하기 위하여 취약 집단을 지원하는 정부 및 민간 기관의 협조를 통해 일부 대상자를 발굴하였다. 또한 고졸 비진학 청년 중 취약 특성이 없는 청년을 랜덤으로 표집하여 표본의 약 30% 미만 수준으로 구성되도록 하였다. 고졸 비진학 청년 중 취약 특성이 없는 청년을 추가로 표집한 이유는 취약 청년과 비취약 청년의 특성과 경험을 비교하기 위해서이다. 이를 통해 고졸 비진학 청년 집단의 '일반적인' 어려움과 취약 집단이 경험하는 더 어려운 점이 무엇인지를 알아보고자 했다.

조사 대상 선정 시 취약/비취약 집단별로 전국 권역, 성별과 연령대를 할당하였고,[10] 특정 취약 집단을 의도적으로 표집하지 않고 선착순으로 랜덤 표집하였다. 따라서 지역이나 성별, 연령대별로 취약 집단의 분포가 크게 상이하지 않다고 가정할 때 '대략적'으로 우리나라의 현재 20대 고졸 비진학 취약 청년 집단과 취약 특성이 없는 고졸 비진학 청년들의 경험을 보여줄 수 있는 자료이다. 즉, 조사 특성상 본 조사는 고졸 비진학 청년을 전체적으로 대표하는 표본이라기보다는 고졸 비진학 청년 중 본 조사에서 특정하는 취약 특성들을 가진 집단과 취약 특성이 없는 비진학 고졸 청년을 각각 대략적으로 대표하는 조사라고 볼 수 있다.

취약 청년의 구분은 스크리닝 문항을 활용하여 구분하였는데, 법이나 정책에서 '취약 집단'으로 식별되고 있는 취약 집단뿐만 아니라 외국의 취약 청년 대상 고용서비스를 할 때 고려되는 '취약' 특성이나 그 외 노동시장 이행에 어려움을 야기할 수 있는 개인적인 취약 특성들을 포괄적으로 고려하여 한 가지 이상에 해당하는 개인을 '취약' 집단 표본으로 보고 조사에 포함하였다. 본 조사에 참여한 고졸 청년은 총 1,205명이었으나 중복 응답자와 불성실 응답치를 제외하여 총 1,109의 유효 표본(취약 집단 : 791명, 비취약 집단 : 381명)을 구축하였다.

나. 취약 청년과 비취약 청년 표본의 구분

본 연구에서는 취약 청년을 현재의 법이나 정책 범주보다 넓게 설정하고 있다. 따라서 실태조사 표본을 표집할 때, 1. 법이나 정책 범주에 포함되는 취약 집단, 2. 해외 정책에서 '취약' 집단으로 구분하는 특성이나 인적자본 축적이나 노동시장 이행에 애로를 야기할 수 있는 특성을 모두 '취약 특성'으로 본다.

구체적으로 본 조사에서 고려된 취약 특성은 크게 1) 성장 당시 환경적 요

---

10) 당초에는 초기 청년층(20대 초반)만 표집하고자 했으나, 충분한 표본 확보에 어려움이 존재하여 조사 과정 중에 표집 대상에 20대 후반 청년을 포함하여 조사하였다. 20대 후반 청년을 추가로 조사할 때, 지역 할당을 고려하였고, 20대 후반 청년이 전체 표본에 30% 미만이 되도록 보충하였다.

인(환경 취약)과 2) 현재 개인이 가지고 있는 취약 특성(개인적 취약), 두 가지로 구분된다. 성장 환경적 취약 특성으로는 다문화 가정 출신, 이주배경(탈북민 포함), 청소년기 빈곤·경제적 취약 가구 출신,[11] 조손가정, 부모 중 가장 학력 수준이 높은 사람이 중졸 이하인 상대적 저학력 가정 출신,[12] 청소년기 홈리스/가출 생활 경험을 포함한다.

본인의 특성 혹은 현재의 경험 중 취약 특성으로 구분한 특성은 한국어 어려움, 은둔, 취업포기 및 NEET 상태, 자립준비 청년, 청소년 쉼터 생활, 기초생활수급자, 금전적으로 부양하여야 하거나 돌봄이 필요한 가족이 있는 경우, 신체 및 정서 장애, 미혼부/모 및 만 24세 이전 자녀 출산자, 소년원 출신, 술, 마약, 게임 등 중독 상태를 포함하였다.

다. 조사 내용

조사 내용은 〈표 3-1〉에 요약한 것과 같이 조사 대상에 대한 일반적 특성, 취약 집단 식별 문항, 그 외 노동시장 이행이나 정착에 애로사항으로 작용할 수 있는 개인 특성(기초 능력, 사회적 자본), 현재 경제활동상태와 일자리 특성, 이전 취업 경험, 희망 일자리와 직업, 취업 시 고려하는 일자리 특성, 본인이 해당되는 취약 특성으로 인한 인적자본 축적, 일자리 이행, 커리어 유지와 개발 애로사항, 정책 수요 등으로 구성하였다.[13]

조사 내용으로 고졸 취약 청년 및 비취약 청년의 인적 특성과 현재 상태, 정책 수요 등을 파악할 수 있는 질문을 위주로 구성하고 있다.

---

11) 예를 들어 미국의 Job Corp의 경우 가구소득이 낮은 가구 출신 고졸 청년을 포함하고 있다.

12) 부모의 학력 수준에 따라 사회적 자본의 차이가 존재할 것을 고려하였다. 일례로 최세림(2021)의 연구에서 고졸 청년의 커리어 경로 이행 결정에서 아버지의 교육 수준이 중요했다는 점을 확인한 바 있고, 부모의 교육수준이 자녀의 교육수준과 소득, 진로결정에 큰 영향을 끼친다는 연구는 국내외에 무수히 많다는 점(예를 들어 자녀의 교육 성취-Sandeful et al.(2022), Schlee et al.(2009) 소득-Lee et al.(2024), 진로-최윤미·이문희(2011), 김현주·김준영(2010), 김성경(2015))을 고려하였다.

13) 자세한 조사 내용은 부록의 설문지 참조.

〈표 3-1〉 주요 조사 내용

문항 구분	조사 내용
일반 특성 및 현황	• 성별, 출생연도, 최종학력 • 출신 고등학교 유형, 고등학교 전공 계열 • 현재 및 청소년기 거주지 • 가정경제 수준 및 보호자 특성
취약 특성	• 환경적 취약 특성 해당 여부(선별문항) • 개인적 취약 특성 해당 여부(선별문항) • 기초 능력에 관한 주관적 평가(문해력, 산수, 한국어, 대인관계 • 사회적 자본 : 친구 수, 도움 받을 수 있는 지인 수
현재 경제활동상태 및 향후 계획	• 현재 경제활동상태(취업/구직/비경제활동) • 현재 또는 과거 일자리 특성 • 희망하는 일자리 특성 • 입사/직장 근속 결정 요인
정책 수요	• 정부 지원 사항 • 정부의 직업훈련 프로그램 참여 조건

자료 : 저자 작성.

2. 분석 방법

실태조사의 표본을 비진학 고졸 취약 청년과 비진학 고졸 비취약 청년으로 구분하여 두 집단 간 조사 결과의 차이를 위주로 보고한다. 이는 각 표본이 각 세부 집단(비진학 고졸 취약 청년, 비진학 고졸 비취약 청년)을 어느 정도 대표할 수 있도록 설계하되, 일반적인 '고졸 비진학 청년'을 전체적으로 대표할 수 있도록 설계되지는 않았기 때문이다. 고졸 비진학 청년 집단 중 취약 집단의 비중은 알려진 바가 없다. 따라서 두 표본을 합하여서 취약 집단에게 적절한 가중치를 부여하는 방식으로 고졸 비진학 청년 집단 전체를 대표할 수 있는 자료를 생성하지는 못하였기 때문에, 두 집단을 구분하여 각 집단을 비교하는 방식으로 분석한다. 통계 결과를 보고할 때는 각 집단 내 세부 집단별로 결과를 나타내는 방식으로 보고한다.

추가적으로, 노동시장 이행 성과와 훈련/진로교육/취업지원 관련 정부 지원 수혜 여부에 관해서는 노동시장 성과, 훈련/진로교육/취업지원 경험 여부와의 여러 가지 조건(변수)을 동시에 고려하여 여러 조건 중 상관관계가 뚜렷한 조건들을 알아보는 결정요인 분석을 수행한다. 종속변수가 이항변수일 경우에는 probit모형을, 이항변수가 아닐때는 선형회귀분석(OLS)모형을 적용하여 분석한다.

3. 응답자 특성

본 조사 응답자의 전체적인 특성은 다음의 〈표 3-2〉에 요약하였다. 우선 전체 유효 표본은 1,109명인데 이 중 남성은 416명, 여성은 693명으로 여성 표본이 약간 더 많이 표집되었다. 연령대별로 20대 초반이 74.1%를 차지하고 20대 후반은 25.9%를 차지한다. 전체 표본 중 791명(71.3%)가 고졸 '취약' 청년 표본이며, 나머지인 318명은 비교를 위해 지역 할당 설정 후 무작위로 표집한 '비취약' 청년 표본이다.

전체 표본 중 63.3%에 해당되는 702명은 현재 취업자이며 85명은 실업(구직자), 322명은 비경제활동상태이다. 표본의 대다수는 고등학교 졸업자(75%)이며, 20%는 대학교 중퇴자이며, 5%만이 고등학교 중퇴 이하 청년이다.

표본의 41.7%는 특성화고(직업계고) 출신으로 가장 큰 비중을 차지하고, 특이하게도 다음으로 높은 비중을 차지하는 집단이 일반계 고등학교 비진학반 출신이며(35.2%), 뒤이어 고졸 검정고시 출신, 일반고(직업반) 출신, 마이스터고 출신, 기타 비직업계고 출신 순으로 나타난다.

고등학교 전공 계열은 전공 없음이 48.2%로 나타나고 다음 순으로 제조/건설분야가 14.6%, 금융/상업분야가 13.9%, 서비스 분야 10.7% 순으로 높게 나타난다. 현재 권역별 거주지는 표본의 지역 할당 수준을 반영한다. 청소년기의 거주 권역과 현재 거주 권역을 비교하면, 서울, 충청, 부산/울산/경남권의 경우 청소년기 거주자 비중보다 현재 거주자 비중이 더 높고, 나머지 지역은 청소년기 거주자 비중이 현재 거주자 비중보다 높게 나타난다.

표본의 대다수는 미혼(92.2%)이며 자녀가 없다(96.8%). 또한, 표본 청년 중 41.1%가 청소년기의 가정경제 수준이 보통보다 좋지 않았다('하')고 응답하였으며, '상류층'이었다고 응답한 청년은 4.9%에 불과하여, 표집된 고졸 취약 청년 대부분이 청소년기에 경제적 측면에서 중간 이하 집단 출신인 것을 알 수 있다. 또한 부모 중 교육수준이 높은 사람을 기준으로 부모의 학력은 고등학교 졸업자가 52.2%로 가장 많고, 4년제 대학 졸업자가 21.9%, 전문대학 졸업자 12.8% 순으로 나타난다.

〈표 3-2〉 응답자 특성 전체

(단위 : 명, %)

		사례수	비율
전 체		1,109	100.0
성별	남성	416	37.5
	여성	693	62.5
연령별	20대 초반	822	74.1
	20대 후반	287	25.9
경제활동상태	취업	702	63.3
	실업(구직)	85	7.7
	비경제활동	322	29.0
취약 집단 여부	비취약 집단	318	28.7
	취약 집단	791	71.3
최종 학력	초등학교, 중학교 중퇴/졸업	13	1.2
	고등학교 중퇴	42	3.8
	고등학교 졸업(고졸 검정고시 포함)	832	75.0
	대학교(전문대, 사이버대, 방통대, 학점은행제 등) 중퇴	222	20.0
출신고 유형	특성화(직업계)고	462	41.7
	마이스터고	35	3.2
	일반고(직업반)	78	7.0
	일반고(진학반)	390	35.2
	기타 비직업계고	34	3.1
	고졸 검정고시	97	8.7
	중졸 이하	13	1.2
고등학교 전공 계열	제조건설분야	162	14.6
	정보통신분야	56	5.0
	금융상업분야	154	13.9
	서비스분야	119	10.7
	생명바이오분야	15	1.4
	농림축수산업분야	27	2.4
	예술분야	40	3.6
	기타	2	.2
	전공 없음	534	48.2

〈표 3-2〉의 계속

		사례수	비율
현재 거주지 권역별	서울	144	13.0
	경기/인천/강원	222	20.0
	전라권/제주	199	17.9
	충청권	194	17.5
	부울경	180	16.2
	대구경북	170	15.3
청소년기 거주지 권역별	서울	137	12.4
	경기/인천/강원	237	21.4
	전라권/제주	221	19.9
	충청권	167	15.1
	부울경	184	16.6
	대구경북	161	14.5
	해외	2	.2
혼인상태	배우자 있는 기혼자	52	4.7
	배우자 없는 기혼자 (이혼, 사별 등)	34	3.1
	미혼자 (동거, 미혼부, 미혼모 포함)	1,023	92.2
자녀유무	자녀 있다	35	3.2
	자녀 없다	1,074	96.8
고교시절 가정경제수준	상	54	4.9
	중	599	54.0
	하	456	41.1
부모/보호자 교육수준	고등학교 졸업 미만	131	11.8
	고등학교 졸업	579	52.2
	전문대학 졸업	142	12.8
	4년제 대학 졸업 이상	243	21.9
	부모님/보호자 없었음	14	1.3

자료 : 실태조사 원자료를 활용하여 저자 작성.

제3절 고졸 취약 청년의 특성

1. 고졸 취약 집단의 특성

가. 표본 취약/비취약 고졸 청년 특성

실태조사의 응답자 1,109명 중 취약 집단으로 구분된 표본은 총 791명인 71.3%, 비취약 집단은 318명 28.7%으로 구성되어 있다. 고졸 취약 집단과 비취약 집단의 기본적인 인적 특성을 살펴보고 비교한다.

취약 집단과 비취약 집단 표본의 성비는 여성이 약 62.5%, 남성이 37.5%로 거의 동일하다. 연령대 구성도 취약/비취약 집단 표본이 유사한데, 20대 초반이 더 많이 표집되었다. 취약 집단의 20대 초반 비중은 73.5%, 비취약 집단은 75.8%로 나타난다.

고졸 청년 중 취약/비취약 집단 표본의 성-연령대 구성은 유사하게 나타나지만, 두 집단의 경제활동상태 분포는 차이가 뚜렷하다. 취약 집단의 58.4%만이 취업상태인 데 반해 비취약 집단의 75.5%가 취업상태이다. 또한 실업/구직 상태인 청년의 비중도 뚜렷히 차이가 나는데, 취약 집단의 5.9%만이 구직상태인 반면, 비취약 집단의 경우, 11.9%가 구직상태이다. 즉, 고졸 청년 중 취약 집단은 경제활동참여율이 비취약 집단에 비해 매우 낮고, 비경제활동상태인 사람의 비중이 매우 높다(취약-35.7%, 비취약-12.6%).

표본의 최종학력의 경우에도 취약 집단은 고졸, 고졸미만 비율이 비취약 집단보다 높고, 비취약 집단은 대학 중퇴자 비중이 높다. 출신 고교 유형의 경우, 취약 집단은 비취약 집단에 비해 특성화고, 일반고(직업반), 고졸검정고시, 중졸 이하 비중이 높고, 비취약 집단 고졸 청년은 마이스터고, 일반고(진학반), 기타 비직업계고 출신자 비중이 취약 집단에 비해 높다. 특성화고, 일반계고-직업반, 고졸 검정고시 출신 고졸 비진학 청년 집단에서 취약 집단 비중이 상대적으로 높을 가능성을 의미한다.

고교 전공 계열 분포에서도 취약/비취약 집단 간 차이가 나타나는데, 취약 집단은 제조/건설분야 전공자가 가장 많고(15.8%), 금융/상업분야, 서비스분야 순으로 비중이 높은 반면, 비취약 집단은 금융/상업분야자 비중이 취약 집단에 비해 높고(취약-13.3%, 비취약-15.4%), 다음 순위로 제조/건설분야 전공자, 서비스분야 전공자 비중 순으로 높게 나타난다.

거주지역 분포는 비취약 집단 중 대구경북지역 거주자 비중이 약간 높은 것을 제외하고는 취약/비취약 집단 간 거주지역 분포가 유사하게 나타난다. 이는 표집 시 연령대, 현재 거주지를 고려하여 표집한 것을 반영하는 결과이다.

취약/비취약 집단 간 기혼자 비중은 약간 다르게 나타난다. 두 집단 표본의 대부분이 미혼이지만, 취약 집단의 기혼자 비중이 약간 높다. 이는 취약 집단 선별 문항 중 청소년 부모, 초기청년 미혼부・모를 식별하는 문항이 포함되어있어 나타나는 차이 보인다. 같은 맥락에서 유자녀자 비중도 취약 집단이 더 높다. 비취약 집단의 고졸 청년 중 자녀가 있는 청년은 없다.

취약/비취약 고졸 청년의 학창시절 가정 경제 수준을 상, 중, 하로 응답하도록 한 문항의 응답결과 분포를 살펴보면, 취약 집단은 대부분(53.7%)이 '하'층으로 응답하였지만, 비취약 집단은 대부분(79.9%)이 '중'으로 응답하였다. 취약 집단 선별 문항에 학창시절 경제적으로 어려운 환경(빈곤)을 포함하기 때문에 경제적으로 심각하게 어려운 환경에서 성장한 청년의 경우 취약 집단으로 표집되기 때문에 나타나는 결과로 보인다. 부모 중 교육수준이 더 높은 사람을 기준으로 부모의 교육수준을 조사한 결과, 취약/비취약 고졸 청년 모두 부모의 학력 수준이 '고졸'인 비중이 가장 높았다(취약-53.9%, 비취약-48.1%). 하지만 비취약 고졸 청년의 경우 부모님의 학력이 대졸 이상인 경우가 34.3%에 달하는 반면, 취약 고졸 청년 중 부모님 학력이 대졸 이상인 경우는 16.9%로 나타난다.

〈표 3-3〉 취약/비취약 집단별 성, 연령대, 경제활동상태, 취약 유형, 거주지, 졸업고교 계열 등

(단위 : 명, %)

		전 체		취약 집단		비취약 집단	
		사례수	비율	사례수	비율	사례수	비율
전 체		1,109	100.0	791	100.0	318	100.0
성별	남성	416	37.5	297	37.5	119	37.4
	여성	693	62.5	494	62.5	199	62.6

〈표 3-3〉의 계속

		전 체		취약 집단		비취약 집단	
		사례수	비율	사례수	비율	사례수	비율
연령별	20대 초반	822	74.1	581	73.5	241	75.8
	20대 후반	287	25.9	210	26.5	77	24.2
경제 활동 상태	취업	702	63.3	462	58.4	240	75.5
	실업(구직)	85	7.7	47	5.9	38	11.9
	비경제활동	322	29.0	282	35.7	40	12.6
최종 학력	초등학교, 중학교 중퇴/졸업	13	1.2	12	1.5	1	0.3
	고등학교 중퇴	42	3.8	37	4.7	5	1.6
	고등학교 졸업 (고졸 검정고시 포함)	832	75.0	598	75.6	234	73.6
	대학교 중퇴	222	20.0	144	18.2	78	24.5
출신고 유형	특성화(직업계)고	462	41.7	337	42.6	125	39.3
	마이스터고	35	3.2	20	2.5	15	4.7
	일반고(직업반)	78	7.0	60	7.6	18	5.7
	일반고(진학반)	390	35.2	256	32.4	134	42.1
	기타 비직업계고	34	3.1	22	2.8	12	3.8
	고졸 검정고시	97	8.7	84	10.6	13	4.1
	중졸 이하	13	1.2	12	1.5	1	0.3
고등 학교 전공 계열	제조건설분야	162	14.6	125	15.8	37	11.6
	정보통신분야	56	5.0	42	5.3	14	4.4
	금융상업분야	154	13.9	105	13.3	49	15.4
	서비스분야	119	10.7	87	11.0	32	10.1
	생명바이오분야	15	1.4	6	0.8	9	2.8
	농림축수산업분야	27	2.4	21	2.7	6	1.9
	예술분야	40	3.6	29	3.7	11	3.5
	기타	2	0.2	2	0.3	-	-
	전공 없음	534	48.2	374	47.3	160	50.3
현재 거주지 권역별	서울	144	13.0	105	13.3	39	12.3
	경기/인천/강원	222	20.0	160	20.2	62	19.5
	전라권/제주	199	17.9	142	18.0	57	17.9
	충청권	194	17.5	140	17.7	54	17.0
	부울경	180	16.2	129	16.3	51	16.0
	대구경북	170	15.3	115	14.5	55	17.3

〈표 3-3〉의 계속

		전 체		취약 집단		비취약 집단	
		사례수	비율	사례수	비율	사례수	비율
혼인 상태	배우자 있는 기혼자	52	4.7	42	5.3	10	3.1
	배우자 없는 기혼자	34	3.1	22	2.8	12	3.8
	미혼자	1,023	92.2	727	91.9	296	93.1
자녀 유무	자녀 있다	35	3.2	35	4.4	-	-
	자녀 없다	1,074	96.8	756	95.6	318	100.0
고교시절 가정경제 수준	상	54	4.9	21	2.7	33	10.4
	중	599	54.0	345	43.6	254	79.9
	하	456	41.1	425	53.7	31	9.7
부모/보호자 교육 수준	고등학교 졸업 미만	131	11.8	123	15.5	8	2.5
	고등학교 졸업	579	52.2	426	53.9	153	48.1
	전문대학 졸업	142	12.8	95	12.0	47	14.8
	4년제 대학 졸업 이상	243	21.9	134	16.9	109	34.3
	부모님/보호자 없었음	14	1.3	13	1.6	1	0.3

자료 : 실태조사 원자료를 활용하여 저자 작성.

나. 취약 집단 유형과 분포

본 조사는 취약 집단으로 표집될 수 있는 다양한 조건을 모두 포괄하여 '취약' 집단을 구분하였다. 크게는 환경적 취약 특성과 개인적 취약 특성으로 구분하였는데, 환경적 취약 특성 식별 문항이나 개인적 취약 특성 식별 문항 중 최소 한 가지 이상에 해당되는 고졸 청년을 '취약 청년'으로 구분하였다. 성장 환경에서 경험한 취약 특성(환경 취약)과 현재 본인이 겪고 있는 취약 특성(개인적 취약)을 식별하는 문항은 〈표 3-4〉, 〈표 3-5〉에 요약하고 있다. 이때, 환경적 취약 특성을 식별하는 문항 중에서 경제적으로 취약한 환경에서 성장한 경우를 식별하는 문항이 한 종류 이상으로 구성되어 있어, 경제적 취약 환경과 관련된 문항에 1개 이상 해당될 경우, '경제적 취약'으로 구분하여 환경적 취약 구분 특성은 크게 7가지로 정하였다.

〈표 3-4〉 환경적 취약 표본 구분 문항

<table>
<tr><th>환경적 취약 유형</th><th>구분 문항</th><th>선정 방식</th></tr>
<tr><td>① 경제적 취약</td><td>- 내가 자란 가정은 기초생활수급자 가정이었다(기초생활수급가정)
- 기초생활수급 가정은 아니었지만, 집안 경제 형편이 매우 안 좋았다(그 외 저소득 가정)
- 미성년자 시절 내가 일해서 가족을 부양하는 것을 도와야 했다(소년소녀가장)
- 부모님 혹은 나를 키운 사람이 내가 성장하는 기간 동안 계속 일하지 않거나 거의 일하지 않아 일정한 소득이 없었다(수입도 일정하지 않고, 일하지 않는 가정환경)</td><td>1가지 이상에 '해당된다'고 응답한 경우</td></tr>
<tr><td>② 저학력 가정</td><td>- 부모님 혹은 나를 키워주신 분 중, 교육수준이 가장 높은 분이 고등학교를 졸업하지 못했다</td><td rowspan="6">'해당된다'고 응답한 경우</td></tr>
<tr><td>③ 홈리스/가출 청소년</td><td>- 불화, 가정폭력 때문에 집을 나와 다른 곳에서 1달 이상 지낸 적이 있다</td></tr>
<tr><td>④ 다문화/이주 배경 가정</td><td>- 부모님 중 한 분 이상이 외국에서 오셨다</td></tr>
<tr><td>⑤ 조손가정</td><td>- 부모님이 안 계셔서 친척이나 할머니, 할아버지가 나를 키우셨다</td></tr>
<tr><td>⑥ 탈북민</td><td>- 부모님 혹은 나는 탈북민이다</td></tr>
<tr><td>⑦ 장애/질병 가정</td><td>- 성장기/청소년기에 부모님 중 신체 장애, 정신 장애, 질병 등으로 일상생활이 어려운 분이 있었다</td></tr>
</table>

자료 : 실태조사 원자료를 활용하여 저자 작성.

〈표 3-5〉 개인적 취약 표본 구분 문항

<table>
<tr><th>개인적 취약 유형</th><th>구분 문항</th><th>선정 방식</th></tr>
<tr><td>① 한국어 미숙</td><td>- 나는 한국어로 말하고 듣고 쓰는 것이 어렵다</td><td rowspan="5">'해당된다'고 응답한 경우</td></tr>
<tr><td>② 은둔 청년</td><td>- 나는 집 밖에 안 나가고 다른 사람과 교류 없이 지낸 지 3개월 이상 되었다</td></tr>
<tr><td>③ 취업포기청년 (NEET)</td><td>- 나는 취업을 포기하였고 현재 그냥 쉬고 있다</td></tr>
<tr><td>④ 자립준비청년</td><td>- 나는 자립준비청년(보육원, 그룹홈 퇴소, 위탁가정 보호 종료)이다</td></tr>
<tr><td>⑤ 청소년쉼터 지냄</td><td>- 나는 청소년쉼터에서 지낸 적이 있다</td></tr>
</table>

〈표 3-5〉의 계속

개인적 취약 유형	구분 문항	선정 방식
⑥ 기초생활수급자	- 나는 현재 기초생활수급자다	'해당된다'고 응답한 경우
⑦ 소년소녀가장	- 나는 현재 돈을 벌어서 가족을 부양하고 있다(내가 가장이다)	
⑧ 돌볼가족 있음	- 나는 내가 직접 돌봐야 하는 가족이 있다(고령, 질병, 장애가 있는 가족, 또는 어린 동생, 자녀 등을 돌봐야 한다)	
⑨ 신체 장애	- 나는 신체 장애가 있다	
⑩ 정서적 어려움	- 나는 정서적인 어려움이 있다(우울, 공황장애, 자살 충동 등)	
⑪ 청소년부모	- 나는 24살 이전에 엄마 혹은 아빠가 되었다	
⑫ 미혼모/부	- 나는 배우자 없이 혼자 아이를 키우고 있다.	
⑬ 소년원 출신	- 나는 소년원에 다녀온 적이 있다	
⑭ 중독 청년	- 나는 현재 혹은 과거에 술, 마약, 게임 등에 심각하게 중독된 적이 있다	

자료 : 실태조사 원자료를 활용하여 저자 작성.

취약 집단 표본의 취약 특성 분포를 살펴보면, '취약' 집단으로 표집된 표본의 절반 이상(53.2%)이 환경적 취약 특성과 개인적 취약 특성을 모두 가지고 있는 이중 취약 집단인 것으로 나타난다. 즉, 고졸 청년 중 '취약' 집단의 경우 대체로 여러 가지 취약 특성을 동시에 지닌 집단인 것으로 보인다. 한편, 46.8%는 개인적으로 취약한 특성만 가졌거나, 개인적인 취약 특성은 없지만 성장기에 취약한 환경을 경험한 집단인데, 개인적 취약 특성만 가진 청년은 전체 취약 집단 표본의 19.6%, 환경적 취약 특성만 가진 고졸 청년은 전체 취약 집단 표본의 27.2%로 나타난다.

취약환경 유형별 분포를 살펴보면, 경제적으로 취약한 환경에서 성장한 경우가 70%로 가장 많고, 다음으로 부모 모두 고졸 미만 학력인 집단(저학력집단)이 17.1%, 홈리스경험/가출청소년이 14.3%, 청소년기에 장애나 질병으로 일상생활이 어려운 부모가 있었던 청년이 13.8%, 조손가정이 12%로 나타나 상대적으로 비중이 높은 유형의 취약 집단을 구성하였다.

〈표 3-6〉 취약/비취약 집단별 성, 연령대, 경제활동상태, 취약 유형, 거주지, 졸업고교 계열 등

(단위 : 명, %)

		취약 집단	
		사례수	비율
취약 집단 유형 2	환경/개인 1개 취약	370	46.8
	환경 취약 집단	215	27.2
	개인 취약 집단	155	19.6
	환경+개인 취약 집단	421	53.2
취약환경 유형별 1 (중복응답)	다문화 가정	36	4.6
	탈북민	6	0.8
	경제적 취약	554	70.0
	조손가정	95	12.0
	저학력 가정	135	17.1
	homeless 경험/가출청소년	113	14.3
	장애/질병 가정	109	13.8
취약환경 유형별 2 (중복응답)	한국어 미숙	36	4.6
	탈북민	6	0.8
	기초생활수급가정	236	29.8
	그 외 저소득 가정	350	44.2
	장애/질병 가정	109	13.8
	조손가정	95	12.0
	저학력 가정	135	17.1
	소년소녀가장	109	13.8
	가출청소년(homeless)	113	14.3
	수입 불안정	150	19.0
개인 취약 집단 (중복응답)	이주배경 청년	17	2.1
	은둔 청년	93	11.8
	취업포기 청년(NEET)	241	30.5
	자립준비청년	69	8.7
	청소년쉼터 지냄	57	7.2
	기초생활수급자	90	11.4
	소년소녀가장	91	11.5
	돌볼가족 있음	116	14.7
	신체 장애	32	4.0
	정서적 어려움	275	34.8
	일찍 부모됨	27	3.4
	미혼모/부	6	0.8
	소년원 출신	16	2.0
	술, 마약, 게임 등 중독	103	13.0

자료 : 실태조사 원자료를 활용하여 저자 작성.

개인적 취약 특성을 가진 고졸 청년 중 가장 높은 비중을 차지하는 집단은 정서적으로 어려움이 있는 청년(공황장애, 우울, 자살충동 등)으로 전체 취약 집단의 34.8%를 차지한다. 다음으로 비중이 높은 집단은 NEET족(30.5%), 직접 돌보아야 하는 가족이 있는 청년(14.7%), 중독 청년(13.0%), 은둔청년(11.8%), 소년소녀가장(11.5%), 기초생활수급자 청년(11.4%) 순으로 취약 집단 중 차지하는 비중이 높은 것으로 나타난다.

〈표 3-7〉은 취약 집단의 세부 구분집단별 취약 유형 분포를 요약하고 있다. 취약 집단 표본 전체의 경우, 환경/개인적 취약 특성을 모두 가진 이중 취약 집단의 비중은 53.2%로 나타난다. 성별로 남성 취약 집단의 경우 이중 취약자의 비중이 여성 취약 집단보다 약간 높다(남성-54.5%〈, 여성 52.4%).

〈표 3-7〉 취약 집단 유형 : 취약 집단만

(단위 : 명, %)

		사례수	환경 전체	환경만 보유	환경+개인	개인만 보유	개인 전체
전 체		791	80.4	27.2	53.2	19.6	72.8
성별	남성	297	81.5	26.9	54.5	18.5	73.1
	여성	494	79.8	27.3	52.4	20.2	72.7
연령별	20대 초반	581	78.7	25.8	52.8	21.3	74.2
	20대 후반	210	85.2	31.0	54.3	14.8	69.0
경제활동상태	취업	462	88.5	39.8	48.7	11.5	60.2
	실업(구직)	47	72.3	34.0	38.3	27.7	66.0
	비경제활동	282	68.4	5.3	63.1	31.6	94.7
출신고 유형	특성화(직업계)고	337	83.4	31.2	52.2	16.6	68.8
	마이스터고	20	80.0	35.0	45.0	20.0	65.0
	일반고(직업반)	60	80.0	6.7	73.3	20.0	93.3
	일반고(진학반)	256	74.6	30.1	44.5	25.4	69.9
	기타 비직업계고	22	86.4	36.4	50.0	13.6	63.6
	고졸 검정고시	84	84.5	13.1	71.4	15.5	86.9
	중졸 이하	12	83.3	25.0	58.3	16.7	75.0
현재거주지 권역별	서울	105	86.7	27.6	59.0	13.3	72.4
	경기/인천/강원	160	75.6	23.1	52.5	24.4	76.9
	전라권/제주	142	82.4	33.1	49.3	17.6	66.9
	충청권	140	78.6	27.1	51.4	21.4	72.9
	부울경	129	76.0	29.5	46.5	24.0	70.5
	대구경북	115	86.1	22.6	63.5	13.9	77.4

자료 : 실태조사 원자료를 활용하여 저자 작성.

연령대별로 20대 후반이 20대 초반보다 이중취약 집단 비중이 높게 나타난다(20대 초반-52.8%, 20대 후반-54.3%). 20대 후반의 경우 환경 취약성을 가진 표본 비중(85.2%)이 20대 초반(78.7%)보다 높고, 개인 취약 특성을 가진 표본의 비중(69%)은 20대 초반(74.2%)보다 낮다. 경제활동상태별로 비경제활동상태의 취약 청년이 이중 취약자 비중이 63.1%로 가장 높게 나타난다.

졸업 고교 유형별로, 일반고(직업반) 취약 청년의 73.3%가 이중 취약자로 나타나 이중 취약자 비중이 가장 높고, 다음으로 고졸 검정고시 출신(71.4%), 중졸 이하(58.3%) 순으로 높게 나타난다.

현재 거주 지역별로 대구 경북(63.5%)과 서울(59%)의 고졸 취약 청년 중 이중 취약자 비중이 높게 나타난다.

2. 환경 부문 취약 특성

환경적인 취약 특성은 경제적 취약 환경, 저학력 가정, 홈리스/가출 경험, 조손가정, 다문화가정, 탈북민, 질병/장애 가정환경으로 크게 7가지 유형으로 나누어진다. 취약 집단 표본(환경 혹은 개인 차원에서 취약 특성이 있는 자)에서 환경 부분의 주요 7개 분야에서 취약 경험을 살펴보면(중복선택 가능), 취약 표본의 70%가 경제적 취약 환경을 경험했고, 17.1%는 저학력 가정 출신, 14.3%는 홈리스 출신, 13.8%가 질병/장애 가정 출신, 12%가 조손가정, 4.6%가 다문화 가정 출신, 1.2%가 탈북민 가정 출신으로 나타난다.

취약 집단을 환경 취약 특성만 있는 집단, 개인적 취약 특성만 가진 집단, 두 유형의 취약 특성을 모두 가진 집단으로 구분(취약 집단 유형 2)하여 살펴보면, 환경 취약 특성만 가진 집단의 대부분은 '경제적 취약' 특성을 가진 것으로 나타나나며, 저학력가정, 장애/질병 가정, 홈리스 출신 순으로 비중이 나타난다. 환경 취약 특성과 개인적 취약 특성을 모두 가진 집단의 경우에도 대부분이 경제적 취약 특성을 가지고 있고, 저학력 가정 출신, 홈리스, 장애/질병 가정, 조손가정, 다문화가정, 탈북민 순으로 나타난다.

환경적인 부분에서 취약 특성을 경험한 적이 있는 표본이 경험한 '환경 취약 특성'의 개수는 평균 1.65개로 나타난다. 취약 집단의 44.9%가 1개를 경험하였다고 응답하였고, 다음으로 2개는 23.6%, 3개 이상은 11.9%로 조사되었다.

〈표 3-8〉 환경 부문 취약 특성 : 취약 집단

(단위 : 명, %)

		사례수	① 다문화 가정	② 탈북민	③ 경제적 취약	④ 조손 가정	⑤ 저학력 가정	⑥ homeless 경험/ 가출 청소년	⑦ 장애/ 질병 가정	⑧ 해당 사항 없음
전 체		791	4.6	0.8	70.0	12.0	17.1	14.3	13.8	19.6
성별	남성	297	4.7	0.3	70.0	12.5	18.2	15.5	14.5	18.5
	여성	494	4.5	1.0	70.0	11.7	16.4	13.6	13.4	20.2
연령별	20대 초반	581	5.3	0.7	69.2	10.7	15.7	13.8	14.5	21.3
	20대 후반	210	2.4	1.0	72.4	15.7	21.0	15.7	11.9	14.8
경제활동상태	취업	462	5.0	0.4	76.6	12.1	15.4	15.2	14.7	11.5
	실업(구직)	47	4.3	0.0	61.7	12.8	21.3	2.1	14.9	27.7
	비경제활동	282	3.9	1.4	60.6	11.7	19.1	14.9	12.1	31.6
취약 집단 유형2	환경 취약 집단	791	7.0	0.0	84.2	9.8	11.2	8.4	9.8	0.0
	개인 취약 집단	215	0.0	0.0	0.0	0.0	0.0	0.0	0.0	100.0
	환경+개인 취약 집단	155	5.0	1.4	88.6	17.6	26.4	22.6	20.9	0.0
출신고 유형	특성화(직업계)고	421	6.5	0.0	73.6	12.5	19.0	12.2	14.2	16.6
	마이스터고	337	10.0	0.0	55.0	25.0	20.0	25.0	15.0	20.0
	일반고(직업반)	20	3.3	3.3	73.3	5.0	25.0	11.7	18.3	20.0
	일반고(진학반)	60	2.3	0.4	63.7	9.4	12.9	10.2	10.9	25.4
	기타 비직업계고	256	4.5	0.0	86.4	18.2	9.1	36.4	22.7	13.6
	고졸 검정고시	22	2.4	3.6	71.4	19.0	11.9	28.6	15.5	15.5
	중졸 이하	84	8.3	0.0	75.0	8.3	58.3	16.7	8.3	16.7
현재 거주지 권역별	서울	374	7.6	1.0	70.5	14.3	20.0	9.5	18.1	13.3
	경기/인천/강원	105	6.9	0.6	65.6	9.4	15.6	18.1	11.9	24.4
	전라권/제주	160	2.1	0.7	76.1	7.7	15.5	9.9	19.7	17.6
	충청권	142	3.6	2.1	70.0	12.1	15.0	20.7	10.0	21.4
	부울경	140	2.3	0.0	60.5	10.9	20.2	10.9	10.9	24.0
	대구경북	129	5.2	0.0	79.1	20.0	17.4	14.8	13.0	13.9

자료 : 실태조사 원자료를 활용하여 저자 작성.

경제활동상태별로는 취업자는 평균 1.57개, 실업(구직)자는 평균 1.62개, 비경제활동 청년의 경우 1.81개로 비경제활동상태인 취약 청년의 평균 환경 취약 유형 해당 개수가 가장 높게 나타난다.

출신고 유형 중에서는 중졸 이하(평균 2.1개), 기타 비직업계고(평균 2.05개), 마이스터고(평균 1.88개), 고졸 검정고시(평균 1.8개) 순으로 높게 나타난다. 지역별로는 대구·경북과 충청권의 취약 고졸 청년의 평균 환경 취약 특성 해당 개수가 각각 1.74개, 1.7개로 가장 높게 나타난다.

〈표 3-9〉 환경 부문 취약 개수 : 7개 주요 항목 기준

(단위 : 명, %, 개)

		취약 집단 전체					환경 취약 집단	
		사례수	1개	2개	3개 이상	해당 없음	사례수	평균(개)
전 체		791	44.9	23.6	11.9	19.6	636	1.65
성별	남성	297	45.5	24.2	11.8	18.5	242	1.67
	여성	494	44.5	23.3	11.9	20.2	394	1.64
연령별	20대 초반	581	43.5	23.8	11.4	21.3	457	1.65
	20대 후반	210	48.6	23.3	13.3	14.8	179	1.64
경제활동 상태	취업	462	52.6	25.1	10.8	11.5	409	1.57
	실업(구직)	47	36.2	29.8	6.4	27.7	34	1.62
	비경제활동	282	33.7	20.2	14.5	31.6	193	1.81
취약 집단 유형 2	환경 취약 집단	215	74.9	20.5	4.7	0.0	215	1.30
	환경+개인 취약 집단	421	46.1	34.0	20.0	0.0	421	1.82
출신고 유형	특성화(직업계)고	337	46.0	23.4	13.9	16.6	281	1.65
	마이스터고	20	40.0	25.0	15.0	20.0	16	1.88
	일반고(직업반)	60	43.3	23.3	13.3	20.0	48	1.75
	일반고(진학반)	256	47.7	20.3	6.6	25.4	191	1.47
	기타 비직업계고	22	36.4	27.3	22.7	13.6	19	2.05
	고졸 검정고시	84	39.3	32.1	13.1	15.5	71	1.80
	중졸 이하	12	25.0	33.3	25.0	16.7	10	2.10
현재 거주지 권역별	서울	105	56.2	16.2	14.3	13.3	91	1.63
	경기/인천/강원	160	41.3	21.9	12.5	24.4	121	1.69
	전라권/제주	142	46.5	25.4	10.6	17.6	117	1.60
	충청권	140	38.6	28.6	11.4	21.4	110	1.70
	부울경	129	46.5	21.7	7.8	24.0	98	1.52
	대구경북	115	43.5	27.0	15.7	13.9	99	1.74

자료 : 실태조사 원자료를 활용하여 저자 작성.

〈표 3-10〉 환경 취약 경험자의 어려움 관련 정부 도움받은 경험

(단위 : 명, %)

		사례수	있다	
			빈도	비율
전 체		636	336	52.8
성별	남성	242	124	51.2
	여성	394	212	53.8
연령별	20대 초반	457	243	53.2
	20대 후반	179	93	52.0
경제활동상태	취업	409	225	55.0
	실업(구직)	34	17	50.0
	비경제활동	193	94	48.7
취약 집단 유형 2	환경 취약 집단	215	100	46.5
	환경+개인 취약 집단	421	236	56.1
취약환경 유형별 (중복응답)	다문화 가정	36	14	38.9
	탈북민	6	4	66.7
	경제적 취약	554	320	57.8
	조손가정	95	68	71.6
	저학력 가정	135	76	56.3
	homeless 경험/가출 청소년	113	59	52.2
	장애/질병 가정	109	69	63.3
출신고 유형	특성화(직업계)고	281	160	56.9
	마이스터고	16	11	68.8
	일반고(직업반)	48	19	39.6
	일반고(진학반)	191	88	46.1
	기타 비직업계고	19	8	42.1
	고졸 검정고시	71	45	63.4
	중졸 이하	10	5	50.0
현재 거주지 권역별	서울	91	39	42.9
	경기/인천/강원	121	60	49.6
	전라권/제주	117	63	53.8
	충청권	110	62	56.4
	부울경	98	45	45.9
	대구경북	99	67	67.7

자료 : 실태조사 원자료를 활용하여 저자 작성.

환경적 취약 특성을 한 가지 이상 가진 표본 중 환경적 어려움과 관련하여 정부로부터 도움을 받은 경험[14]이 있다고 응답한 표본은 52.8%로 나타

14) 응답자의 학력 특성과 회고적 응답임을 고려하여 '정부로부터 도움'이라는 표현으로 질문하였다.

났다. 성별이나 연령대별로 도움받은 비중은 크게 다르지 않은데, 경제활동 상태별로는 다른 양상이 나타난다. 현재 취업자인 환경적 취약 특성을 경험한 고졸 청년의 55%는 정부로부터 환경적 어려움과 관련하여 도움을 받은 경험이 있다고 응답하였지만, 구직자는 50%만이, 비경제활동상태의 집단은 48.7%만이 도움받은 경험이 있다고 응답하였다. 고졸 청년 중 과거에 동일하게 '환경적 어려움'에 노출되었던 집단 내에서 과거 정부 도움 경험 여부와 비경활률에 상관관계(-)가 있다는 것을 알 수 있는 대목이다.

성장 환경에서 취약성을 경험한 집단을 환경 취약성만 가진 집단과 개인적 취약 특성도 함께 가진 집단으로 구분할 경우, 두 종류의 취약 특성을 모두 가진 집단에서 정부 도움을 받은 경험자 비중이 10%p 정도 더 높게 나타난다. 환경 취약 집단 유형별로 조손가정 출신 청년이 정부 도움 경험 비중이 71.6%로 가장 높고, 탈북민(66.7%), 장애/질병으로 일상생활 어려운 가족이 있었던 청년(63.3%), 경제적 취약(57.8%), 저학력 가정(56.3%), 홈리스 경험(52.2%)도 과반 이상이 정부 도움을 경험한 것으로 나타나지만, 다문화 가정 출신 고졸 청년의 경우 38.9%가 정부 도움을 경험하였다고 응답했다.

3. 개인 부문 취약 특성

개인적인 부분에서 취약한 특성을 가진 고졸 청년은 취약 집단 표본 791명 중 576명인 72.8%이다. 이들의 개인 차원 취약 특성 분포를 살펴보면, 정서 장애가 34.8%로 가장 비중이 높고, 다음 순으로 취업포기(NEET)상태가 30.5%로 높게 나타난다. 그 외에 직접 돌봐야 하는 가족이 있는 청년(14.7%)과 은둔청년(11.8%), 가족부양청년(11.5%), 기초생활수급자(11.4%)도 높은 비중을 차지한다.

성별로는 개인 취약 유형 비중의 순위는 유사하지만 각 유형별 비중의 차이가 뚜렷하게 나는 경우가 존재한다. 여성 고졸 취약 청년의 39.3%는 정서적 장애가 있다고 응답한 반면, 남성 고졸 취약 청년은 그보다 낮은 27.3%에 해당되며, 여성 취약 청년은 NEET족 비중도 남성 취약 청년에 비해 높다(여성-33.4%, 남성 25.6%). 남성 취약 청년은 상대적으로 자립준비청년, 가족부양청년, 신체 장애 청년, 중독 청년 비중이 여성 취약 청년보다 높다.

환경 취약 특성을 가진 취약 청년의 환경 취약 특성별 개인 취약 유형별 해당 비중을 살펴보면 개인 취약 유형 해당 비중의 상대적 순위는 대체로 유사한데, 저학력 가정 출신 청년과 홈리스경험 청년의 경우 정서적 장애를 가진 비중이 각각 43.7%, 52.2%로 매우 높게 나타났다. 청소년기에 장애/질병으로 일상생활을 하지 못하는 가족이 있었던 청년(장애/질병 가정)의 34.9%는 여전히 돌보아야 하는 가족이 있는 것으로 나타났다.

〈표 3-11〉 개인 부문 취약 특성 : 취약 집단

(단위 : 명, %)

		사례수	①	②	③	④	⑤	⑥	⑦	⑧	⑨	⑩	⑪	⑫	⑬	⑭	해당 없음
전 체		791	2.1	11.8	30.5	8.7	7.2	11.4	11.5	14.7	4.0	34.8	3.4	.8	2.0	13.0	27.2
성별	남성	297	2.4	10.4	25.6	10.4	7.1	11.4	16.8	12.1	7.4	27.3	2.0	1.0	3.4	17.2	26.9
	여성	494	2.0	12.6	33.4	7.7	7.3	11.3	8.3	16.2	2.0	39.3	4.3	.6	1.2	10.5	27.3
연령별	20대 초반	581	1.9	11.4	31.0	10.2	7.2	13.8	11.7	14.5	4.6	35.8	2.8	.5	1.7	12.6	25.8
	20대 후반	210	2.9	12.9	29.0	4.8	7.1	4.8	11.0	15.2	2.4	31.9	5.2	1.4	2.9	14.3	31.0
경제활동상태	취업	462	1.7	4.5	0.0	9.7	7.1	9.3	19.7	16.9	2.8	26.8	3.7	1.3	1.5	10.0	39.8
	실업(구직)	47	0.0	10.6	0.0	6.4	4.3	8.5	0.0	6.4	4.3	36.2	4.3	0.0	0.0	8.5	34.0
	비경제활동	282	3.2	23.8	85.5	7.4	7.8	15.2	0.0	12.4	6.0	47.5	2.8	0.0	3.2	18.8	5.3
취약집단유형 2	개인 취약 집단	155	1.3	15.5	51.6	5.2	2.6	3.9	7.1	9.0	7.1	43.2	5.2	1.3	.6	11.6	0.0
	환경+개인 취약 집단	421	3.6	16.4	38.2	14.5	12.6	20.0	19.0	24.2	5.0	49.4	4.5	1.0	3.6	20.2	0.0
취약환경유형별(중복응답)	다문화 가정	36	5.6	11.1	25.0	2.8	16.7	11.1	11.1	16.7	11.1	27.8	2.8	0.0	5.6	13.9	41.7
	탈북민	6	0.0	33.3	66.7	0.0	33.3	50.0	33.3	50.0	0.0	83.3	16.7	16.7	0.0	33.3	0.0
	경제적 취약	554	2.5	11.4	26.4	10.1	7.9	15.0	13.7	16.6	3.2	33.8	2.5	.7	1.8	13.5	32.7
	조손가정	95	2.1	13.7	28.4	29.5	15.8	22.1	20.0	27.4	1.1	37.9	4.2	1.1	3.2	15.8	22.1
	저학력 가정	135	2.2	16.3	37.8	8.9	14.1	21.5	14.1	23.0	3.7	43.7	3.0	.7	3.7	20.7	17.8
	homeless 경험/가출청소년	113	4.4	19.5	34.5	15.9	23.9	21.2	12.4	15.0	8.0	52.2	5.3	.9	8.0	31.9	15.9
	장애/질병 가정	109	4.6	17.4	28.4	15.6	13.8	22.9	24.8	34.9	8.3	39.4	0.0	0.0	3.7	15.6	19.3
출신고유형	특성화(직업계)고	337	1.2	8.9	26.1	11.9	6.5	11.6	10.7	11.9	3.9	28.2	3.0	.3	.9	11.6	31.2
	마이스터고	20	0.0	5.0	15.0	15.0	5.0	5.0	20.0	15.0	5.0	25.0	0.0	0.0	0.0	10.0	35.0
	일반고(직업반)	60	0.0	18.3	26.7	5.0	15.0	23.3	20.0	21.7	0.0	55.0	1.7	1.7	3.3	10.0	6.7
	일반고(진학반)	256	2.0	11.7	33.6	3.9	2.3	8.6	8.6	13.7	3.5	34.8	2.7	.8	1.6	12.5	30.1
	기타 비직업계고	22	9.1	13.6	31.8	9.1	4.5	18.2	18.2	13.6	9.1	36.4	0.0	0.0	0.0	13.6	36.4
	고졸 검정고시	84	3.6	19.0	41.7	13.1	19.0	8.3	14.3	22.6	4.8	50.0	9.5	2.4	7.1	20.2	13.1
	중졸 이하	12	25.0	16.7	50.0	0.0	16.7	25.0	8.3	25.0	25.0	25.0	8.3	0.0	8.3	33.3	25.0

〈표 3-11〉의 계속

		사례수	①	②	③	④	⑤	⑥	⑦	⑧	⑨	⑩	⑪	⑫	⑬	⑭	해당없음
현재 거주지 권역별	서울	105	1.0	8.6	31.4	5.7	5.7	11.4	7.6	12.4	1.0	41.9	0.0	0.0	1.9	14.3	27.6
	경기/인천/강원	160	1.3	14.4	32.5	4.4	8.1	8.1	10.0	16.3	3.8	41.3	3.8	0.0	2.5	16.9	23.1
	전라권/제주	142	2.1	7.7	24.6	7.7	7.7	12.0	16.9	17.6	4.9	27.5	5.6	2.1	1.4	7.7	33.1
	충청권	140	3.6	17.1	31.4	11.4	10.0	12.9	11.4	10.7	7.9	36.4	4.3	.7	1.4	16.4	27.1
	부울경	129	0.0	9.3	33.3	2.3	4.7	10.9	8.5	14.7	3.9	30.2	3.1	1.6	3.1	9.3	29.5
	대구경북	115	5.2	12.2	29.6	22.6	6.1	13.9	13.9	15.7	1.7	31.3	2.6	0.0	1.7	13.0	22.6

주 : ① 나는 한국어로 말하고 듣고 쓰는 것이 어렵다.
② 나는 집 밖에 안 나가고 다른 사람과 교류 없이 지낸 지 3개월 이상 되었다.
③ 나는 취업을 포기하였고 현재 그냥 쉬고 있다.
④ 나는 자립준비청년(보육원, 그룹홈 퇴소, 위탁가정 보호 종료)이다.
⑤ 나는 청소년쉼터에서 지낸 적이 있다.
⑥ 나는 현재 기초생활수급자다.
⑦ 나는 현재 돈을 벌어서 가족을 부양하고 있다.
⑧ 나는 내가 직접 돌봐야 하는 가족이 있다.
⑨ 나는 신체장애가 있다.
⑩ 나는 정서적인 어려움이 있다.
⑪ 나는 24살 이전에 엄마 혹은 아빠가 되었다.
⑫ 나는 배우자 없이 혼자 아이를 키우고 있다.
⑬ 나는 소년원에 다녀온 적이 있다.
⑭ 나는 현재 혹은 과거에 술, 마약, 게임 등에 심각하게 중독된 적이 있다.
자료 : 실태조사 원자료를 활용하여 저자 작성.

개인 취약 특성 해당 개수를 살펴보면, 취약 표본의 31.9%가 개인 취약 특성 1개를 경험하였다고 응답하였고, 다음으로 3개 이상이 22%, 2개 19%로 나타난다. 개인 취약 특성을 가진 표본만을 한정할 경우, 개인 취약 특성을 가진 청년은 평균적으로는 2.14개의 개인 취약 특성을 가진 것으로 나타난다. 경제활동상태별로는 취업자인 개인 취약 특성을 가진 청년은 개인 취약 특성을 평균 1.91개 가지고 있고, 실업(구직)자는 1.35개를 가지고 있는 데 반해, 비경제활동상태는 평균 2.47개로 상대적으로 개인 취약 경험을 많이 보유하고 있는 것으로 나타난다. 앞서 환경적 취약 특성과 마찬가지로, 비경활상태의 취약 표본이 개인적 취약 특성을 가진 비중도 높게 나타난다는 점으로 미루어 볼 때, 고졸 청년층에서 개인 혹은 환경적 취약 특성이 노동시장 이행과 관련성이 높을 가능성을 보여준다.

출신고 유형별 집단 중에서는 중졸 이하 청년이 3.56개, 기타 비직업계고 2.79개, 고졸 검정고시 출신이 평균 2.71개 순으로 높게 나타난다. 지역별로 충청권의 개인 차원 취약 청년이 3개 이상 개인 취약 특성을 가진 비중도 가장 높고, 평균 개인 취약 특성 개수도 가장 많다.

〈표 3-12〉 개인 부문 취약 개수

(단위 : 명, %, 개)

		취약 집단 - 전체					개인 취약 집단	
		사례수	1개	2개	3개 이상	해당 없음	사례수	평균 (개)
전 체		791	31.9	19.0	22.0	27.2	576	2.14
성별	남성	297	31.0	21.2	20.9	26.9	217	2.12
	여성	494	32.4	17.6	22.7	27.3	359	2.16
연령별	20대 초반	581	33.0	17.9	23.2	25.8	431	2.15
	20대 후반	210	28.6	21.9	18.6	31.0	145	2.11
경제활동상태	취업	462	30.7	15.2	14.3	39.8	278	1.91
	실업(구직)	47	48.9	10.6	6.4	34.0	31	1.35
	비경제활동	282	30.9	26.6	37.2	5.3	267	2.47
취약집단유형2	개인 취약 집단	155	56.8	26.5	16.8	0.0	155	1.65
	환경+개인 취약 집단	421	39.0	25.9	35.2	0.0	421	2.32
출신고 유형	특성화(직업계)고	337	34.1	16.3	18.4	31.2	232	1.98
	마이스터고	20	35.0	10.0	20.0	35.0	13	1.85
	일반고(직업반)	60	45.0	20.0	28.3	6.7	56	2.16
	일반고(진학반)	256	30.9	21.5	17.6	30.1	179	2.01
	기타 비직업계고	22	22.7	13.6	27.3	36.4	14	2.79
	고졸 검정고시	84	20.2	25.0	41.7	13.1	73	2.71
	중졸 이하	12	16.7	16.7	41.7	25.0	9	3.56
현재 거주지 권역별	서울	105	36.2	19.0	17.1	27.6	76	1.97
	경기/인천/강원	160	31.9	23.8	21.3	23.1	123	2.12
	전라권/제주	142	27.5	19.0	20.4	33.1	95	2.18
	충청권	140	28.6	14.3	30.0	27.1	102	2.41
	부울경	129	34.9	16.3	19.4	29.5	91	1.91
	대구경북	115	33.9	20.9	22.6	22.6	89	2.19

자료 : 실태조사 원자료를 활용하여 저자 작성.

〈표 3-13〉 개인적 어려움 관련 정부 도움받은 경험

		사례수	있다	
			빈도 (명)	비율 (%)
전 체		576	153	26.6
성별	남성	217	65	30.0
	여성	359	88	24.5
연령별	20대 초반	431	112	26.0
	20대 후반	145	41	28.3
경제활동 상태	취업	278	101	36.3
	실업(구직)	31	3	9.7
	비경제활동	267	49	18.4
취약 집단 유형2	개인 취약 집단	155	16	10.3
	환경+개인 취약 집단	421	137	32.5
취약환경 유형별 (중복응답)	다문화 가정	21	9	42.9
	탈북민	6	2	33.3
	경제적 취약	373	124	33.2
	조손가정	74	45	60.8
	저학력 가정	111	39	35.1
	homeless 경험/가출 청소년	95	34	35.8
	장애/질병 가족	88	39	44.3
출신고 유형	특성화(직업계)고	232	69	29.7
	마이스터고	13	4	30.8
	일반고(직업반)	56	13	23.2
	일반고(진학반)	179	39	21.8
	기타 비직업계고	14	3	21.4
	고졸 검정고시	73	22	30.1
	중졸 이하	9	3	33.3
현재 거주지 권역별	서울	76	17	22.4
	경기/인천/강원	123	26	21.1
	전라권/제주	95	30	31.6
	충청권	102	27	26.5
	부울경	91	22	24.2
	대구경북	89	31	34.8

자료 : 실태조사 원자료를 활용하여 저자 작성.

개인적인 취약 특성을 가진 표본 중 이와 관련하여 정부로 도움받은 경험이 있는 표본은 26.6%에 그친다. 성별로는 여성이 남성에 비해 도움받은 경험이 있는 사람의 비중이 낮고, 연령대별로는 20대 후반이 도움을 받은 경험이 있는 사람 비중이 높게 나타난다. 경제활동상태별로, 취업자가 비경제활동자에 비해 도움받은 경험자 비중이 2배가량 높게 나타난다. 취약 집단

유형별로, 개인적인 취약 특성만 가진 집단보다 개인적인 취약 특성과 환경적 취약 특성을 모두 가진 집단이 정부로부터 도움받은 경험이 있는 자 비중이 32.5%로 개인적 취약 특성만 가진 집단(10.3%)의 3배 이상 높게 나타난다. 환경적 취약 특성도 가진 경우, 환경적 취약 특성별로, 조손가정 출신 청년(60.8%)과 장애나 질병으로 일상생활이 어려운 가족이 있었던 청년(44.3%), 다문화가정 출신 청년(42.9%)이 개인적 어려움과 관련하여 정부 도움을 받은 경험 비중이 높게 나타난다.

〈표 3-14〉 개인적 어려움 관련 도움받은 서비스 및 기관(중복응답)

(단위 : %)

		사례수	내일이룸학교	꿈드림센터	꿈키움센터	청소년상담복지센터	지역/온라인청년센터	고용복지플러스센터	대학일자리플러스센터	청소년쉼터자립지원관	기타
전 체		153	1.3	11.8	.7	28.1	11.1	26.1	3.3	34.0	14.4
성별	남성	65	0.0	9.2	1.5	30.8	9.2	20.0	0.0	44.6	10.8
	여성	88	2.3	13.6	0.0	26.1	12.5	30.7	5.7	26.1	17.0
연령별	20대 초반	112	1.8	12.5	.9	28.6	9.8	24.1	1.8	35.7	11.6
	20대 후반	41	0.0	9.8	0.0	26.8	14.6	31.7	7.3	29.3	22.0
경제활동상태	취업	101	1.0	8.9	1.0	27.7	6.9	20.8	2.0	36.6	14.9
	실업(구직)	3	0.0	0.0	0.0	0.0	33.3	33.3	0.0	100.0	0.0
	비경제활동	49	2.0	18.4	0.0	30.6	18.4	36.7	6.1	24.5	14.3
취약집단유형2	개인취약집단	16	0.0	12.5	0.0	31.3	12.5	12.5	0.0	0.0	37.5
	환경+개인취약집단	137	1.5	11.7	.7	27.7	10.9	27.7	3.6	38.0	11.7

주 : 꿈드림센터는 이전 학교밖청소년지원센터와 동일하며, 꿈키움센터는 청소년비행예방센터와 동일.

자료 : 실태조사 원자료를 활용하여 저자 작성.

출신고 유형별로는 중졸 이하, 마이스터고 졸업자와 고졸 검정고시 출신자가 상대적으로 개인적인 어려움과 관련하여 정부 도움을 받은 비중이 높게 나타난다. 현재 거주 권역별로, 경북, 전라/제주권의 고졸 청년 중 개인적인 취약 특성을 가진 청년의 정부지원 경험 비중이 상대적으로 높게 나타난다.

개인적 취약 특성을 가진 고졸 청년 중 개인적 어려움과 관련하여 정부에 도움받은 기관은 청소년 쉼터, 청소년 자립지원관이 34%로 가장 높은 비율을 차지했고, 다음으로 청소년 상담복지센터가 28.1%, 고용복지플러스센터가 26.1%, 꿈드림센터(학교밖 청소년 지원센터) 11.8%, 지역/온라인 청년센터가 11.1% 순으로 높게 나타난다. 청소년 지원 기관이 초기 청년(만 19~24세)을 지원하고 있다는 점과, 그 직전 연령 집단의 취약 청소년을 지원하는 역할을 수행하기 때문에 접근성(익숙함)이 높아 일부 고졸 취약 청년이 초기 청년기에 청소년 지원기관을 이용하는 것으로 보인다.

4. 취약 집단의 기타 취약 특성 : 기초 역량과 사회적 자본

조사에서는 고졸 청년들의 기초 역량과 여러 가지 정보를 교환하거나 정서적, 물질적 지원을 해줄 수 있는 사회적 자본 수준에 대해서도 조사하여 취약/비취약 고졸 청년 간 차이를 살펴보고자 했다.

우선 노동시장 이행과 정착에 필요하다고 판단한 기초 역량은 크게 네가지로 기초적인 산수, 듣기 문해력, 읽기 문해력, 대인관계/사회성[15]이다. 이 네 가지 기초역량에 대해 응답하도록 한 이유는 미국의 고졸 취약 청년 통합 직업훈련서비스인 Job Corp의 경우 고졸 취약 청년의 기초역량 미달 가능성을 고려하여 기초 역량에 관한 교육도 포함한다는 점을 참고한 것이다.

---

15) 구체적으로 각 역량에 관한 질문은 다음과 같다. ① 나는 평소 기초적인 산수(덧셈, 뺄셈, 곱셈, 나눗셈)를 하는 데 어려움이 있다. ② 나는 평소 다른 사람이 말로 지시나 설명하는 것을 이해하는 데 어려움을 느끼는 경우가 있다. ③ 나는 평소 글로 된 지시나 설명을 읽고 이해하는 데 어려움을 느끼는 경우가 있다. ④ 나는 직장이나 사회생활을 하면서 별 어려움 없이 다른 사람과 잘 지내는 편이다. 질문에 따라 '긍정' 혹은 '부정'응답이 어려움을 나타내도록 설계되어 있지만, 통계표를 작성할 재코딩하여 어려움 경험 비중을 파악하였다.

<표 3-15>는 현재 혹은 성장 기간 중에 네 가지 기초 역량 중 하나 이상과 관련하여 어려운 경험이 있었던 청년의 비중을 요약하고 있다. 전체적으로 비취약 집단의 17.6%, 취약 집단의 30%가 어려움을 경험하였다고 응답하여 두 집단 모두 적지 않은 비중으로 어려움을 경험한 청년이 존재하지만, 취약 집단의 경우 거의 3명 중 한명 꼴로 기초역량 관련 어려움을 겪었다고 응답하여 높은 편이다. 하지만 다른 관점에서 보면, 취약 집단의 대부분의 고졸 청년의 경우에도 기초 역량이 스스로는 부족하다고 인지하지 않는 수준인 점을 알 수 있다.

취약 집단의 유형별로는 환경 취약 특성과 개인 취약 특성을 모두 가진 이중취약 집단의 기초역량 부족자 비중이 가장 높고(33.3%), 다음으로 개인 취약 특성만 가진 집단(24.7%), 환경 취약 특성만 가진 집단(16.7%) 순으로 높게 나타난다. 환경 취약 특성만 가진 집단의 경우 비취약 집단보다 기초 역량이 부족하여 어려움을 겪었다고 응답한 비중이 약간 낮다.

<표 3-15> 현재/성장 기간 중 기초 역량과 관련된 어려움 경험 여부

(단위 : 명, %)

		사례수	어려움 없음		어려움 있음	
			빈도	비율	빈도	비율
취약 집단 유형 1	비취약 집단	318	262	82.4	56	17.6
	취약 집단	791	554	70.0	237	30.0
취약 집단 유형 2	비취약 집단	318	262	82.4	56	17.6
	환경 취약 집단	215	179	83.3	36	16.7
	개인 취약 집단	473	356	75.3	117	24.7
	환경+개인 취약 집단	421	281	66.7	140	33.3
취약 환경 유형별 (중복 응답)	다문화 가정	36	29	80.6	7	19.4
	탈북민	6	3	50.0	3	50.0
	경제적 취약	554	405	73.1	149	26.9
	조손가정	95	68	71.6	27	28.4
	저학력 가정	135	88	65.2	47	34.8
	homeless 경험/가출청소년	113	75	66.4	38	33.6
	장애/질병 가정	109	67	61.5	42	38.5

자료 : 실태조사 원자료를 활용하여 저자 작성.

취약 환경 유형별로는 일상생활 어려운 질병/장애 가족이 있는 가정 출신(38.5%), 저학력 가정 출신(34.8%), 홈리스/가출 경험 청년(33.6%)가 기초역량 부족 응답 비중이 높게 나타난다.

어려움 유형별로 취약/비취약 집단 모두 대인관계/사회생활 어려움 비중이 가장 높다(비취약-14.8%, 취약-22.1%). 취약 집단은 직장/사회생활 시 어려움(22.1%)이 가장 많다. 산수, 문해력 관련 기초 역량은 비취약 집단 중 어려움을 표시한 사람이 거의 없는 반면(산수-0.9%, 듣기 문해력-3.8%, 읽기 문해력-1.6%), 취약 집단에서는 적지 않은 비중으로 기초역량이 부족하다고 응답한 사례가 나타났다(산수-6.4%, 듣기 문해력-14.5%, 읽기 문해력-12%).

취약 집단 유형별로는 대인관계/사회성 관련 어려움 비중이 가장 높은 집단은 개인적 취약 특성만 가진 집단(29%)이고 다음으로는 개인, 환경적 취약 특성을 모두 가진 집단(24.5%)이다. 산수, 문해력 관련 기초역량의 경우에도 대체로 개인적 취약 특성만 가진 집단이나 환경+개인적 취약 특성을 모두 가진 집단의 어려움 경험자 비중이 높게 나타나고, 환경 취약 특성만 가진 집단과 비취약 집단은 상대적으로 낮지만, 비취약 집단보다는 환경 취약 특성만 가진 집단에서 기초 산수, 문해력 부족자 비중이 더 높게 나타난다.

구체적인 취약 환경 유형별로는 탈북민, 홈리스 경험자, 장애/질병 가족 있는 가정 출신, 조손가정, 저학력 가정 출신 청년이 대인관계/사회성 어려움을 경험한 비중이 높게 나타나고, 이들의 경우 그 외 기초 역량도 부족하다고 응답한 비중이 높게 나타난다.

취약/비취약 집단의 세부 인구학적 구분 집단별로 요약한 결과는 〈표 3-17〉에 나타나 있다. 경제활동상태별로 살펴보면, 취약 집단의 경우 비경제활동상태인 고졸 청년이 전반적으로 4개 유형의 기초역량 부족자 비중이 높게 나타나고, 비취약 집단의 경우 취업자와 구직/실업자 집단에서 기초역량 부족자 비중이 상대적으로 높게 나타난다. 성별/연령대별/거주지역별로는 어려움 유형별 비중이 약간씩은 다르게 나타나지만 크지 않고, 전반적으로는 각 세부 집단별로도 취약/비취약 집단 간 격차가 매우 크게 나타난다.

본 연구의 실태조사를 기획하는 단계에서 진행한 관련 전문가 자문회의에서 고졸 비진학 청년 집단은 사회적 자본 수준이 낮은 편이라는 지적이 있었다. 사회적 자본 수준은 중요한 정보를 교류하고 미래 계획을 수립하는

〈표 3-16〉 현재/성장 기간 어려움별 경험 여부

(단위 : 명, %)

		사례수	기초적인 산수 어려움	말로 된 지시/설명 이해 어려움	글로 된 지시/설명 읽거나 이해 어려움	대인관계/사회성
취약 집단 유형 1	비취약 집단	318	0.9	3.8	1.6	14.8
	취약 집단	791	6.4	14.5	12.0	22.1
취약 집단 유형 2	비취약 집단	318	0.9	3.8	1.6	14.8
	환경 취약 집단	215	2.8	5.6	4.7	12.6
	개인 취약 집단	155	5.8	18.7	14.2	29.0
	환경+개인 취약 집단	421	8.6	17.6	15.0	24.5
취약 환경 유형별 (중복 응답)	다문화 가정	36	5.6	8.3	8.3	16.7
	탈북민	6	0.0	16.7	33.3	33.3
	경제적 취약	554	6.9	13.4	11.6	19.9
	조손가정	95	5.3	15.8	11.6	25.3
	저학력 가정	135	9.6	19.3	19.3	24.4
	homeless 경험/가출청소년	113	7.1	16.8	13.3	29.2
	장애/질병 가정	109	9.2	22.0	16.5	27.5

자료 : 실태조사 원자료를 활용하여 저자 작성.

데 뿐만 아니라 일상적인 생활을 하는 데에도 중요한 요소이다. 따라서 실태조사에서 취약/비취약 청년의 취약/비취약 청년의 사회적 자본수준을 알아볼 수 있는 문항을 포함하였고 이에 대해 조사한 결과를 요약하고자 한다. 우선 전화나 문자, SNS 등으로 일주일에 최소 1번 이상 연락하는 친구의 수를 조사한 결과 취약 집단보다 비취약 집단의 교류하는 친구 수가 많은 것으로 나타난다. 취약 집단의 경우 연락하는 친구가 0명이라고 응답한 자의 비중이 11.5%, 1~3명이라고 응답한 비중이 55%로 3명 미만이 66.5%에 달하고 친구 수가 그 이상인 경우는 33.5%이지만 비취약 집단의 경우, 친구 수가 3명 이하인 사람의 비중은 50.3%, 4명 이상인 사람의 비중이 49.7%로 나타난다.

〈표 3-17〉 현재/성장 기간 어려움별 경험 여부 : 취약/비취약 집단

(단위 : 명, %)

		취약 집단					비취약 집단				
		사례수	기초적인 산수 어려움	말로 된 지시/설명 이해 어려움	글로 된 지시/설명 읽거나 이해 어려움	직장/사회생활 시 어려움	사례수	기초적인 산수 어려움	말로 된 지시/설명 이해 어려움	글로 된 지시/설명 읽거나 이해 어려움	직장/사회생활 시 어려움
전 체		791	6.4	14.5	12.0	22.1	318	0.9	3.8	1.6	14.8
경제활동상태	취업	462	4.1	11.5	6.3	12.8	240	1.3	3.3	2.1	14.2
	실업(구직)	47	4.3	10.6	12.8	8.5	38	0.0	7.9	0.0	18.4
	비경제활동	282	10.6	20.2	21.3	39.7	40	0.0	2.5	0.0	15.0
성별	남성	297	4.4	13.1	11.1	21.9	119	0.8	4.2	2.5	15.1
	여성	494	7.7	15.4	12.6	22.3	199	1.0	3.5	1.0	14.6
연령별	20대 초반	581	6.9	13.8	11.9	22.5	241	1.2	4.1	1.7	14.1
	20대 후반	210	5.2	16.7	12.4	21.0	77	0.0	2.6	1.3	16.9
현재 거주지 권역별	서울	105	5.7	18.1	9.5	28.6	39	2.6	5.1	2.6	23.1
	경기/인천/강원	160	6.9	16.9	10.6	23.8	62	0.0	4.8	3.2	8.1
	전라권/제주	142	4.9	10.6	12.0	18.3	57	0.0	3.5	1.8	14.0
	충청권	140	9.3	17.9	19.3	26.4	54	3.7	5.6	1.9	13.0
	부울경	129	3.9	12.4	9.3	17.1	51	0.0	3.9	0.0	17.6
	대구경북	115	7.8	11.3	10.4	19.1	55	0.0	0.0	0.0	16.4
출신고 유형	특성화(직업계)고	337	7.4	11.9	10.1	17.8	125	1.6	4.0	1.6	15.2
	마이스터고	20	0.0	5.0	10.0	25.0	15	0.0	6.7	0.0	6.7
	일반고(직업반)	60	5.0	13.3	10.0	16.7	18	0.0	11.1	0.0	11.1
	일반고(진학반)	256	4.3	16.4	12.5	25.4	134	0.7	2.2	2.2	13.4
	기타 비직업계고	22	13.6	18.2	13.6	18.2	12	0.0	0.0	0.0	16.7
	고졸 검정고시	84	6.0	19.0	17.9	28.6	13	0.0	7.7	0.0	38.5
	중졸 이하	12	33.3	33.3	25.0	58.3	1	0.0	0.0	0.0	0.0

자료 : 실태조사 원자료를 활용하여 저자 작성.

취약 집단의 유형별로는 개인/환경 취약 특성을 모두 가진 이중취약 집단과 개인적 취약 특성을 가진 개인 취약 집단의 친구수가 상대적으로 적다.

환경 취약 유형별로는 저학력, 장애/질병가족 가정 출신 청년의 친구 수가 적은 편으로 나타나고, 홈리스 출신 청년의 경우 친구가 아예 없는 경우와 많은 경우 모두 비중이 상대적으로 높게 나타난다.

경제활동상태별로는 비경제활동상태인 집단이 취약/비취약 집단 모두 친구 수가 적은 것으로 나타나고, 성별로는 여성 청년이 남성보다 평소 연락하는 친구 수가 적은 편으로 나타난다. 연령대별로는 취약 집단의 경우 20대 초반에 비해 20대 후반의 친구 수가 약간 더 많은 것으로 나타나지만 비취약 집단의 경우 연령대별 차이가 뚜렷히 나타나지 않는다.

고교 유형별로 일반고 진학반, 기타 비직업계고 출신의 경우 취약/비취약 비진학 고졸 청년 모두에서 평소 연락하는 친구가 없는자의 비중이 높게 나타난다. 또한 지역별로 충청권의 경우 취약/비취약 집단 모두 평소 교류하는 친구가 0명인 자의 비중이 상대적으로 높게 나타난다.

〈표 3-18〉 1주 최소 1번 이상 연락하는 친구 수(전화/문자/SNS 등)

(단위 : 명, %, 개)

		사례수	0명	1~3명	4~5명	6명 이상
취약 집단 유형 1	비취약 집단	318	3.5	46.9	24.5	25.2
	취약 집단	791	11.5	55.0	17.8	15.7
취약 집단 유형 2	비취약 집단	318	3.5	46.9	24.5	25.2
	환경 취약 집단	215	7.4	42.3	30.7	19.5
	개인 취약 집단	155	11.0	58.7	12.9	17.4
	환경+개인 취약 집단	421	13.8	60.1	13.1	13.1
취약 환경 유형별 (중복 응답)	다문화 가정	36	11.1	52.8	19.4	16.7
	탈북민	6	16.7	50.0	16.7	16.7
	경제적 취약	554	11.6	55.6	18.1	14.8
	조손가정	95	9.5	61.1	20.0	9.5
	저학력 가정	135	11.1	66.7	14.1	8.1
	homeless 경험/가출청소년	113	13.3	47.8	16.8	22.1
	장애/질병 가정	109	19.3	59.6	11.0	10.1

자료 : 실태조사 원자료를 활용하여 저자 작성.

〈표 3-19〉 1주 최소 1번 이상 연락하는 친구 수(전화/문자/SNS 등) : 취약/비취약 집단

(단위 : 명, %)

		취약 집단					비취약 집단				
		사례수	0명	1~3명	4~5명	6명 이상	사례수	0명	1~3명	4~5명	6명 이상
전 체		791	11.5	55.0	17.8	15.7	318	3.5	46.9	24.5	25.2
경제활동상태	취업	462	8.0	47.8	24.2	19.9	240	2.1	47.1	27.1	23.8
	실업(구직)	47	8.5	72.3	10.6	8.5	38	5.3	47.4	13.2	34.2
	비경제활동	282	17.7	63.8	8.5	9.9	40	10.0	45.0	20.0	25.0
성별	남성	297	8.8	52.2	18.5	20.5	119	4.2	43.7	24.4	27.7
	여성	494	13.2	56.7	17.4	12.8	199	3.0	48.7	24.6	23.6
연령별	20대 초반	581	12.2	54.9	18.2	14.6	241	3.3	46.5	24.9	25.3
	20대 후반	210	9.5	55.2	16.7	18.6	77	3.9	48.1	23.4	24.7
출신고 유형	특성화(직업계)고	337	9.2	53.1	19.6	18.1	125	5.6	36.8	25.6	32.0
	마이스터고	20	5.0	45.0	35.0	15.0	15	0.0	53.3	20.0	26.7
	일반고(직업반)	60	6.7	73.3	13.3	6.7	18	0.0	44.4	33.3	22.2
	일반고(진학반)	256	14.5	54.3	16.8	14.5	134	2.2	51.5	24.6	21.6
	기타 비직업계고	22	22.7	50.0	9.1	18.2	12	8.3	58.3	16.7	16.7
	고졸 검정고시	84	11.9	56.0	16.7	15.5	13	0.0	84.6	7.7	7.7
	중졸 이하	12	25.0	50.0	8.3	16.7	1	0.0	0.0	100.0	0.0
현재 거주지 권역별	서울	105	9.5	60.0	11.4	19.0	39	7.7	43.6	30.8	17.9
	경기/인천/강원	160	10.0	52.5	18.1	19.4	62	1.6	33.9	29.0	35.5
	전라권/제주	142	7.0	54.9	23.2	14.8	57	1.8	54.4	21.1	22.8
	충청권	140	17.9	48.6	18.6	15.0	54	7.4	50.0	18.5	24.1
	부울경	129	11.6	58.1	17.8	12.4	51	2.0	54.9	15.7	27.5
	대구경북	115	13.0	58.3	15.7	13.0	55	1.8	45.5	32.7	20.0

자료 : 실태조사 원자료를 활용하여 저자 작성.

다음으로 갑자기 목돈이 필요할 때 돈을 빌려주는 사람 수를 조사하였다. 이 경우에도 취약 집단의 경우 0명으로 응답한 사람의 비중이 23.8%로 비취약 집단(8.8%)에 비해 매우 높게 나타났고, 4명 이상으로 응답한 자의 비중은 비취약 집단에 비해 낮게 나타난다. 취약 유형별로도 앞선 '연락하는 친구 수'의 경우와 마찬가지로 환경/개인 이중 취약 집단과 개인 취약 집단의 경우와 세부 취약 환경별로는 저학력가정, 장애/질병 가정, 조손가정 출신이 금전적으로 도움줄 수 있는 사람 수가 적은 것으로 나타난다.

경제활동상태별로는 취약 집단의 경우 비경제활동상태〉실업/구직〉취업

자 순으로 도움줄 수 있는 사람 수가 적은 것으로 나타나는 반면, 비취약 집단에서는 취업자〉실업자〉비경제활동자 순으로 도움을 줄 수 있는 사람의 수가 적은 것으로 나타난다. 취약 집단 중 비경제활동상태인 사람과 비취약 집단 중 비경제활동상태인 사람은 상당히 이질적인 집단일 가능성을 나타낸다.

성별로는 취약/비취약 집단 모두 여성이 남성에 비해 도움을 줄 수 있는 사람의 수가 적은 것으로 나타나고, 연령대별로는 취약 집단은 20대 후반이 비취약 집단은 20대 초반이 금전적으로 도움 줄 수 있는 사람 수가 적은 것으로 나타난다. 출신고교 유형별로는 취약 집단은 중졸 이하, 고졸 검정고시 출신의 경우 도움줄 수 있는 사람 수가 0명인 비중이 높게 나타나고 다음으로 일반계-직업반 출신이 도움 줄 수 있는 사람 수가 0명인 비중이 높게 나타난다. 비취약 집단의 경우에는 기타 비직업계고, 일반계-직업반 출신이 도움줄 수 있는 사람 수가 0명인 비중이 높은 편이다.

〈표 3-20〉 갑자기 목돈이 필요할 때 돈을 빌려주는 사람 수

(단위 : 명, %, 개)

		사례수	0명	1~3명	4~5명	6명 이상
취약 집단 유형 1	비취약 집단	318	8.8	65.7	15.1	10.4
	취약 집단	791	23.8	63.3	9.5	3.4
취약 집단 유형 2	비취약 집단	318	8.8	65.7	15.1	10.4
	환경 취약 집단	215	14.4	67.9	12.6	5.1
	개인 취약 집단	155	18.1	65.8	10.3	5.8
	환경+개인 취약 집단	421	30.6	60.1	7.6	1.7
취약 환경 유형별 (중복 응답)	다문화 가정	36	25.0	61.1	13.9	0.0
	탈북민	6	66.7	33.3	0.0	0.0
	경제적 취약	554	26.5	62.6	8.5	2.3
	조손가정	95	32.6	54.7	8.4	4.2
	저학력 가정	135	34.1	56.3	7.4	2.2
	homeless 경험/가출청소년	113	24.8	61.1	10.6	3.5
	장애/질병 가정	109	33.0	54.1	10.1	2.8

자료 : 실태조사 원자료를 활용하여 저자 작성.

〈표 3-21〉 갑자기 목돈이 필요할 때 돈을 빌려주는 사람 수 : 취약/비취약 집단

(단위 : 명, %)

		취약 집단					비취약 집단				
		사례수	0명	1~3명	4~5명	6명이상	사례수	0명	1~3명	4~5명	6명이상
전 체		791	23.8	63.3	9.5	3.4	318	8.8	65.7	15.1	10.4
경제활동상태	취업	462	19.5	63.9	12.3	4.3	240	9.2	67.9	12.1	10.8
	실업(구직)	47	21.3	70.2	8.5	0.0	38	7.9	52.6	34.2	5.3
	비경제활동	282	31.2	61.3	5.0	2.5	40	7.5	65.0	15.0	12.5
성별	남성	297	22.6	61.3	11.8	4.4	119	10.9	60.5	14.3	14.3
	여성	494	24.5	64.6	8.1	2.8	199	7.5	68.8	15.6	8.0
연령별	20대 초반	581	22.7	63.5	10.3	3.4	241	9.1	66.0	14.9	10.0
	20대 후반	210	26.7	62.9	7.1	3.3	77	7.8	64.9	15.6	11.7
출신고유형	특성화(직업계)고	337	19.6	64.4	10.7	5.3	125	10.4	67.2	12.0	10.4
	마이스터고	20	5.0	70.0	15.0	10.0	15	0.0	73.3	26.7	0.0
	일반고(직업반)	60	26.7	66.7	6.7	0.0	18	11.1	77.8	5.6	5.6
	일반고(진학반)	256	25.0	63.7	9.0	2.3	134	7.5	62.7	16.4	13.4
	기타 비직업계고	22	22.7	54.5	18.2	4.5	12	16.7	66.7	16.7	0.0
	고졸 검정고시	84	36.9	57.1	6.0	0.0	13	7.7	61.5	23.1	7.7
	중졸 이하	12	41.7	58.3	0.0	0.0	1	0.0	0.0	100.0	0.0
현재거주지권역별	서울	105	26.7	60.0	8.6	4.8	39	10.3	69.2	15.4	5.1
	경기/인천/강원	160	23.8	61.9	9.4	5.0	62	12.9	59.7	11.3	16.1
	전라권/제주	142	20.4	66.9	9.9	2.8	57	8.8	66.7	14.0	10.5
	충청권	140	21.4	67.1	8.6	2.9	54	9.3	64.8	16.7	9.3
	부울경	129	29.5	57.4	9.3	3.9	51	3.9	62.7	21.6	11.8
	대구경북	115	21.7	66.1	11.3	0.9	55	7.3	72.7	12.7	7.3

자료 : 실태조사 원자료를 활용하여 저자 작성.

다음으로 몸이 아파서 움직이기 어려울 때 도와줄 수 있는 사람 수를 조사한 결과를 살펴보면, 전반적으로 앞선 친구 수, 금전적으로 도움줄 수 있는 사람 수의 경우와 유사한 패턴이 나타난다. 취약 집단이 비취약 집단보다 도움줄 수 있는 사람 수가 적은 편으로 나타나는데, 몸이 아파서 움직이기 어려울 때 도와줄 수 있는 사람 수를 0명으로 응답한 사람의 비중은 취약 집단은 12.1%에 달하는 반면, 비취약 집단은 4.4%로 나타난다. 취약 유형별로 이중취약 집단의 경우 0명으로 응답한 사람의 비중이 높게 나타난다. 취약

환경 유형별로는 저학력 가정 출신 청년, 홈리스 경험 청년, 질병/장애 가정 출신 청년의 경우 0명으로 응답한 사람의 비중이 각각 19.3%, 18.6%, 17.4%로 높게 나타난다.

경제활동상태별로 취약 집단은 실업자>비경제활동자>취업자 순으로 도움줄 수 있는 사람 수가 적은 편으로 나타나고 비취약 집단은 실업자>취업자>비경제활동자 순으로 도움줄 수 있는 사람 수가 적은 편으로 나타난다. 성별로는 취약/비취약 집단 모두 여성이 남성에 비해 도움줄 수 있는 사람 수가 적은 편으로 나타나고, 연령대별로 취약 집단은 20대 초반이, 비취약 집단은 20대 후반이 도움줄수 있는 사람 수가 약간 적은 편으로 나타난다.

고교 유형별로도 뚜렷한 차이가 나타나는데, 취약 집단은 일반계-직업반, 중졸 이하, 고졸 검정고시 출신 순으로 도움줄 수 있는 사람이 0명이라고 응답한 비중이 높게 나타나고, 비취약 집단의 경우에도 일반계-직업반의 경우 도움줄 수 있는 사람 수가 0명이라고 응답한 비중이 가장 높게 나타나고 다음 순으로 기타 비직업계고, 고졸 검정고시 출신 순으로 높게 나타난다.

〈표 3-22〉 몸이 아파서 움직이기 어려울 때 도와줄 수 있는 사람 수

(단위 : 명, %)

		사례수	0명	1~3명	4~5명	6명 이상
취약 집단 유형 1	비취약 집단	318	4.4	63.2	21.1	11.3
	취약 집단	791	12.1	72.1	11.1	4.7
취약 집단 유형 2	비취약 집단	318	4.4	63.2	21.1	11.3
	환경 취약 집단	215	7.0	72.1	12.6	8.4
	개인 취약 집단	155	5.2	73.5	15.5	5.8
	환경+개인 취약 집단	421	17.3	71.5	8.8	2.4
취약 환경 유형별 (중복 응답)	다문화 가정	36	2.8	83.3	13.9	0.0
	탈북민	6	16.7	83.3	0.0	0.0
	경제적 취약	554	14.8	71.3	9.9	4.0
	조손가정	95	11.6	78.9	6.3	3.2
	저학력 가정	135	19.3	72.6	5.2	3.0
	homeless 경험/가출청소년	113	18.6	69.9	8.0	3.5
	장애/질병 가정	109	17.4	70.6	9.2	2.8

자료 : 실태조사 원자료를 활용하여 저자 작성.

〈표 3-23〉 몸이 아파서 움직이기 어려울 때 도와줄 수 있는 사람 수 : 취약/비취약 집단

(단위 : 명, %)

		취약 집단					비취약 집단				
		사례수	0명	1~3명	4~5명	6명 이상	사례수	0명	1~3명	4~5명	6명 이상
전체		791	12.1	72.1	11.1	4.7	318	4.4	63.2	21.1	11.3
경제활동상태	취업	462	10.2	71.2	13.0	5.6	240	5.0	63.8	20.4	10.8
	실업(구직)	47	17.0	70.2	8.5	4.3	38	5.3	57.9	28.9	7.9
	비경제활동	282	14.5	73.8	8.5	3.2	40	0.0	65.0	17.5	17.5
성별	남성	297	10.8	70.7	12.5	6.1	119	5.9	53.8	26.1	14.3
	여성	494	13.0	72.9	10.3	3.8	199	3.5	68.8	18.1	9.5
연령별	20대 초반	581	12.6	70.4	11.7	5.3	241	3.7	63.9	21.6	10.8
	20대 후반	210	11.0	76.7	9.5	2.9	77	6.5	61.0	19.5	13.0
출신고 유형	특성화(직업계)고	337	9.5	71.2	13.6	5.6	125	3.2	63.2	21.6	12.0
	마이스터고	20	15.0	70.0	10.0	5.0	15	0.0	80.0	20.0	0.0
	일반고(직업반)	60	36.7	50.0	11.7	1.7	18	11.1	61.1	27.8	0.0
	일반고(진학반)	256	9.0	75.8	10.5	4.7	134	4.5	60.4	20.9	14.2
	기타 비직업계고	22	4.5	81.8	4.5	9.1	12	8.3	75.0	16.7	0.0
	고졸 검정고시	84	14.3	77.4	6.0	2.4	13	7.7	61.5	15.4	15.4
	중졸 이하	12	25.0	75.0	0.0	0.0	1	0.0	100.0	0.0	0.0
현재 거주지 권역별	서울	105	21.9	64.8	7.6	5.7	39	0.0	69.2	23.1	7.7
	경기/인천/강원	160	11.9	69.4	13.8	5.0	62	4.8	62.9	16.1	16.1
	전라권/제주	142	9.9	73.2	13.4	3.5	57	3.5	71.9	17.5	7.0
	충청권	140	8.6	76.4	10.7	4.3	54	5.6	61.1	25.9	7.4
	부울경	129	11.6	70.5	13.2	4.7	51	2.0	64.7	19.6	13.7
	대구경북	115	11.3	77.4	6.1	5.2	55	9.1	50.9	25.5	14.5

자료 : 실태조사 원자료를 활용하여 저자 작성.

다음으로 우울, 스트레스 받을 때 이야기 나눌 수 있는 사람 수를 조사하였는데 결과의 양태는 앞선 사회적 자본 관련 항목의 결과와 비슷하다. 취약 집단이 비취약 집단에 비해 전반적으로 우울/스트레스 관련 대화할 수 있는 사람 수가 적게 나타난다. 비취약 집단은 이야기 나눌 사람이 없다는

응답이 5.0%에 불과했으나 취약 집단은 그 비율이 17.8%로 3배 이상 높게 나타난다. 취약 집단 유형별로는 이중 취약 집단과 개인 취약 집단의 경우 대화할 수 있는 사람 수가 0명인 비중이 높게 나타나고, 취약환경 유형별로는 장애/질병 가정 출신, 홈리스 경험 청년, 조손가정 출신의 경우 대화할 수 있는 사람 수가 0명으로 응답한 비중이 높게 나타난다.

경제활동상태별로는 취약/비취약 집단 모두 비경제활동상태인 집단의 경우, 대화할 수 있는 사람 수가 0명인 자 비중이 높게 나타난다. 성별로는 여성이 남성에 비해 대화할 수 있는 사람 수가 적고, 연령대별로는 20대 초반이 20대 후반에 비해 대화할 수 있는 사람 수가 약간 적게 나타난다. 고교 유형별로 취약 집단의 경우 일반계-직업반, 중졸 이하의 경우 대화할 수 있는 사람 수를 0명으로 응답한 자의 비중이 높게 나타난다.

〈표 3-24〉 우울, 스트레스 받을 때 이야기 나눌 수 있는 사람 수

(단위 : 명, %, 개)

		사례수	0명	1~3명	4~5명	6명 이상
취약 집단 유형 1	비취약 집단	318	5.0	57.5	21.7	15.7
	취약 집단	791	17.8	62.7	13.0	6.4
취약 집단 유형 2	비취약 집단	318	5.0	57.5	21.7	15.7
	환경 취약 집단	215	6.5	66.5	19.1	7.9
	개인 취약 집단	155	18.1	63.2	11.0	7.7
	환경+개인 취약 집단	421	23.5	60.6	10.7	5.2
취약 환경 유형별 (중복 응답)	다문화 가정	36	16.7	58.3	25.0	0.0
	탈북민	6	0.0	100.0	0.0	0.0
	경제적 취약	554	18.8	62.5	13.0	5.8
	조손가정	95	20.0	61.1	10.5	8.4
	저학력 가정	135	17.8	66.7	10.4	5.2
	homeless 경험/가출청소년	113	23.0	60.2	13.3	3.5
	장애/질병 가정	109	25.7	56.9	11.9	5.5

자료 : 실태조사 원자료를 활용하여 저자 작성.

〈표 3-25〉 우울, 스트레스 받을 때 이야기 나눌 수 있는 사람 수 : 취약/비취약 집단

(단위 : 명, %)

		취약 집단					비취약 집단				
		사례수	0명	1~3명	4~5명	6명이상	사례수	0명	1~3명	4~5명	6명이상
전 체		791	17.8	62.7	13.0	6.4	318	5.0	57.5	21.7	15.7
경제활동상태	취업	462	13.0	62.8	17.1	7.1	240	3.8	58.8	23.3	14.2
	실업(구직)	47	19.1	61.7	10.6	8.5	38	7.9	55.3	18.4	18.4
	비경제활동	282	25.5	62.8	6.7	5.0	40	10.0	52.5	15.0	22.5
성별	남성	297	14.1	61.6	16.2	8.1	119	5.9	49.6	23.5	21.0
	여성	494	20.0	63.4	11.1	5.5	199	4.5	62.3	20.6	12.6
연령별	20대 초반	581	18.8	62.0	12.9	6.4	241	4.6	59.8	20.3	15.4
	20대 후반	210	15.2	64.8	13.3	6.7	77	6.5	50.6	26.0	16.9
출신고 유형	특성화(직업계)고	337	12.2	67.4	12.8	7.7	125	6.4	58.4	17.6	17.6
	마이스터고	20	10.0	65.0	15.0	10.0	15	0.0	66.7	26.7	6.7
	일반고(직업반)	60	35.0	46.7	16.7	1.7	18	0.0	94.4	0.0	5.6
	일반고(진학반)	256	21.1	60.5	12.1	6.3	134	4.5	50.7	25.4	19.4
	기타 비직업계고	22	18.2	59.1	13.6	9.1	12	8.3	58.3	33.3	0.0
	고졸 검정고시	84	17.9	64.3	14.3	3.6	13	7.7	61.5	30.8	0.0
	중졸 이하	12	33.3	50.0	8.3	8.3	1	0.0	0.0	100.0	0.0
현재 거주지 권역별	서울	105	25.7	59.0	7.6	7.6	39	5.1	59.0	17.9	17.9
	경기/인천/강원	160	13.8	63.1	15.0	8.1	62	4.8	61.3	17.7	16.1
	전라권/제주	142	17.6	58.5	19.0	4.9	57	3.5	64.9	14.0	17.5
	충청권	140	17.1	67.9	7.9	7.1	54	7.4	51.9	27.8	13.0
	부울경	129	15.5	64.3	14.0	6.2	51	3.9	56.9	27.5	11.8
	대구경북	115	20.0	62.6	13.0	4.3	55	5.5	50.9	25.5	18.2

자료 : 실태조사 원자료를 활용하여 저자 작성.

마지막으로 경제적, 사회적 문제가 생겼을 때 고민을 털어놓고 상담받을 수 있는 사람 수를 조사하였는데, 비취약 집단에 비해 취약 집단이 상담받

을 수 있는 사람 수가 적게 나타난다. 구체적으로 비취약 집단은 경제/사회적 문제나 고민을 상담받을 사람이 없다는 응답이 5.3%에 불과했으나 취약 집단은 그 비율이 20.2%로 약 4배 정도 많다. 취약 집단 유형별로 환경/개인 이중 취약 집단의 경우 상담받을 사람이 0명이라고 응답한 자의 비중이 28.5%에 달하고, 개인 취약 집단은 그 절반인 14.2%로 나타나고, 환경 취약 집단과 비취약 집단은 0명으로 응답한 사람의 비중이 각각 8.4%, 5.3%로 나타나 차이가 뚜렷하다. 취약 환경 유형별로는 앞선 조사 결과와 유사하게 조손가정, 장애/질병 가정, 저학력 가정, 홈리스 경험 청년, 경제적 취약 청년이 상담받을 사람 수가 0명이라고 응답한 사람의 비중이 20%를 초과하는 높은 수준으로 나타난다.

경제활동상태별로는 취약 집단은 비경제활동자>실업/구직자>취업자 순으로 상담받을 사람이 0명이라고 응답한 자의 비중이 높게 나타나고, 비취약 집단의 경우 실업/구직자>취업자>비경제활동자 순으로 0명 응답 비중이 높게 나타난다.

성별로는 취약 집단은 여성(22.9%)이 남성(15.8%)에 비해 0명 응답 비중이 크게 높고, 비취약 집단의 경우 0명 응답자 비중은 성별로 큰 차이가 없지만 남성이 여성에 비해 상담받을 수 있는 사람 수가 더 많은 편으로 나타난다. 연령대별로는 큰 차이가 나타나지 않고, 고교 유형별로는 취약 집단의 경우 일반계고 직업반 출신이 상담받을 수 있는 사람 수를 0명으로 응답한 자 비중이 43.3%에 달하는 높은 수준으로 나타났다는 점이 주목할 만하다.

전반적으로 요약하자면 고졸 비진학 청년은 일반적으로 사회적 자본 수준이 대졸 이상 청년에 비해 낮다고 알려져 있는데, 고졸 비진학 청년 집단 내에서도 취약 집단이 비취약 집단에 비해 사회적 자본 수준이 조사에서 고려한 모든 영역에서 눈에 띄게 낮은 점이 확인된다. 취약 집단 중에서도 개인/환경 이중 취약 집단과 개인 취약 특성이 있는 집단, 장애/질병 가족이 있었던 가정 출신, 홈리스 출신, 저학력, 조손가정 출신의 경우 사회적 자본이 낮고, 취약 집단의 비경제활동상태인 사람도 사회적 자본 수준이 낮게 나타난다. 고교 유형별로 고교를 졸업하지 않은 중졸 이하, 고졸 검정고시 출신과 일반계고-직업반 출신이 상대적으로 사회적 자본 수준이 낮은 것으로 나타난다.

〈표 3-26〉 경제적, 사회적 문제가 생겼을 때 고민을 털어놓고 상담받을 수 있는 사람 수

(단위 : 명, %)

		사례수	0명	1~3명	4~5명	6명 이상
취약 집단 유형 1	비취약 집단	318	5.3	61.9	19.8	12.9
	취약 집단	791	20.2	64.9	9.7	5.2
취약 집단 유형 2	비취약 집단	318	5.3	61.9	19.8	12.9
	환경 취약 집단	215	8.4	71.6	14.4	5.6
	개인 취약 집단	155	14.2	68.4	10.3	7.1
	환경+개인 취약 집단	421	28.5	60.1	7.1	4.3
취약 환경 유형별 (중복 응답)	다문화 가정	36	16.7	63.9	19.4	0.0
	탈북민	6	0.0	100.0	0.0	0.0
	경제적 취약	554	23.5	63.4	8.7	4.5
	조손가정	95	29.5	60.0	5.3	5.3
	저학력 가정	135	25.2	65.2	7.4	2.2
	homeless 경험/가출청소년	113	24.8	63.7	8.0	3.5
	장애/질병 가정	109	29.4	56.9	8.3	5.5

자료 : 실태조사 원자료를 활용하여 저자 작성.

〈표 3-27〉 경제적, 사회적 문제가 생겼을 때 고민을 털어놓고 상담받을 수 있는 사람 수 : 취약/비취약 집단

(단위 : 명, %)

		취약 집단					비취약 집단				
		사례수	0명	1~3명	4~5명	6명 이상	사례수	0명	1~3명	4~5명	6명 이상
전 체		791	20.2	64.9	9.7	5.2	318	5.3	61.9	19.8	12.9
경제 활동 상태	취업	462	14.1	67.1	13.0	5.8	240	5.4	63.8	18.8	12.1
	실업(구직)	47	19.1	70.2	8.5	2.1	38	7.9	55.3	26.3	10.5
	비경제활동	282	30.5	60.3	4.6	4.6	40	2.5	57.5	20.0	20.0
성별	남성	297	15.8	65.3	12.8	6.1	119	5.9	52.9	21.0	20.2
	여성	494	22.9	64.6	7.9	4.7	199	5.0	67.3	19.1	8.5
연령별	20대 초반	581	20.3	64.2	10.0	5.5	241	4.6	64.7	17.4	13.3
	20대 후반	210	20.0	66.7	9.0	4.3	77	7.8	53.2	27.3	11.7

〈표 3-27〉의 계속

		취약 집단					비취약 집단				
		사례수	0명	1~3명	4~5명	6명 이상	사례수	0명	1~3명	4~5명	6명 이상
출신고 유형	특성화(직업계)고	337	15.7	67.1	10.7	6.5	125	4.8	66.4	14.4	14.4
	마이스터고	20	20.0	55.0	15.0	10.0	15	13.3	53.3	26.7	6.7
	일반고(직업반)	60	43.3	45.0	8.3	3.3	18	0.0	83.3	11.1	5.6
	일반고(진학반)	256	18.8	68.4	9.4	3.5	134	6.0	55.2	23.1	15.7
	기타 비직업계고	22	18.2	54.5	13.6	13.6	12	8.3	66.7	25.0	0.0
	고졸 검정고시	84	25.0	65.5	6.0	3.6	13	0.0	69.2	30.8	0.0
	중졸 이하	12	33.3	58.3	8.3	0.0	1	0.0	0.0	100.0	0.0
현재 거주지 권역별	서울	105	31.4	56.2	6.7	5.7	39	2.6	71.8	20.5	5.1
	경기/인천/강원	160	16.9	68.1	8.8	6.3	62	9.7	59.7	19.4	11.3
	전라권/제주	142	19.7	63.4	13.4	3.5	57	3.5	63.2	21.1	12.3
	충청권	140	17.1	67.1	10.0	5.7	54	7.4	63.0	14.8	14.8
	부울경	129	15.5	70.5	9.3	4.7	51	3.9	62.7	21.6	11.8
	대구경북	115	24.3	60.9	9.6	5.2	55	3.6	54.5	21.8	20.0

자료 : 실태조사 원자료를 활용하여 저자 작성.

제4절 고졸 취약 청년의 일자리 이행 실태

1. 경제활동상태와 일자리 특성

가. 취업/비취업/비경활 비중

1) 기초통계 분석

고졸 비진학 청년의 경제활동상태를 취약/비취약 집단으로 구분하여 살펴보면, 취약 집단의 경우 취업자 비중이 58.4%에 불과하고 비경제활동상태인 집단의 비중이 35.7%로 높은 비중을 차지한다. 반면, 비취약 집단의 경

〈표 3-28〉 취약 집단 여부별 고졸 비진학 청년의 경제활동상태

(단위 : 명, %)

		사례수	취약 집단		사례수	비취약 집단	
			빈도	비율		빈도	비율
경제활동상태	취업	462	462	58.4	240	240	75.5
	실업(구직)	47	47	5.9	38	38	11.9
	비경제활동	282	282	35.7	40	40	12.6

자료 : 실태조사 원자료를 활용하여 저자 작성.

우, 취업자 비중이 75.5%로 높게 나타나고, 실업/구직자, 비경제활동자 비중은 각각 11.9%, 12.6%로 나타나 실업/구직자 비중은 취약 집단보다 높고, 비경제활동자 비중은 취약 집단보다 낮게 나타난다. 즉, 전반적으로 고졸 비진학 청년 중 취약 집단은 경제활동참여율이 매우 저조하다.

2) 취업 확률 결정요인 분석

다음은 취업 확률에 대해 취약 집단과 비취약 집단의 결정요인 분석을 수행한 결과이다. 모형에서 고려한 변수는 성별, 연령, 연수로 환산한 교육수준(교육연수), 졸업 이후 훈련/진로/취업지원 중 1가지를 받은 경우와 두 가지 이상의 지원을 받은 경우, 서울/수도권 거주여부, 고교 유형(특성화고, 마이스터고, 직업/진학반 일반계고, 졸업고교 없음-검정고시/중졸 이하)와 부모 중 교육수준이 높은 분의 교육 연수이다. 추가적으로 취약 집단 표본에 대해서는 취약 유형을 세 가지-환경 취약 특성만 있는 경우, 개인적 취약 특성만 있는 경우, 이중 취약자-로 구분하여 각 집단별 차등효과를 파악해 보았다.

종속변수는 취업한 상태일 경우 1의 값을 갖고, 현재 취업한 상태가 아닐 경우(실업, 비경활)에는 0의 값을 갖는 이항변수로 설정하였다. 종속변수가 이항변수이기 때문에 probit으로 분석하여 평균한계효과를 추정한 값을 보고한다. 분석 결과는 〈표 3-29〉에 요약하였다.

우선 실태조사 표본 전체를 기준으로 다른 조건이 동일할 때, 비취약 집단에 비해 개인 취약 집단과 이중 취약 집단은 취업 확률이 각각 42.3%, 21.3% 낮은 것으로 나타난다. 성별과 연령대에 따라 통계적으로 유의한 수준으로 취업 확률이 달라지지 않지만 고졸 비진학 청년 표본에서도 교육수

준이 상대적으로 높은(예 : 전문대학/대학 중퇴자)의 취업 확률이 약간 더 높게 나타난다. 또한 정부지원 직업훈련/진로지도/취업지도를 두 가지 이상 받은 집단의 경우 한 가지만 받았거나 아예 받지 않은 경우보다 취업 확률이 약 7.5% 정도 높게 나타난다. 서울/수도권 거주 고졸 비진학 청년의 취업 확률은 다른 지역 고졸 비진학 청년에 비해 약간 낮게 나타나고, 고교 유형별로 특성화고 졸업자를 기준으로 할 때, 마이스터고 졸업자의 취업 확률은 더 높고, 일반계고(직업반/진학반)졸업자와 졸업 고교가 없는 집단(검정고시, 중졸 이하)의 경우 취업 확률이 낮게 나타난다.

비취약 집단으로 한정한 표본에서는 다른 조건이 동일할 때 훈련/진로지도/취업지도 중 두 가지 이상 지원을 받은 집단의 취업 확률이 약간 더 높게 나타나고, 서울/수도권 지역 비진학 청년의 취업 확률은 낮게 나타난다. 특성화고에 비해 일반계고 졸업자나 졸업한 고교가 없는 집단은 취업 확률이 상대적으로 낮다.

〈표 3-29〉 취약/비취약 비진학 고졸 청년의 취업 확률 결정요인 분석 결과(Probit)

progit	전 체 N=1,109		비취약 집단 N=318		취약 집단 N=791	
	평균한계효과	표준오차	평균한계효과	표준오차	평균한계효과	표준오차
환경 취약만	0.088**	0.035				
개인 취약만	-0.422***	0.045			-0.515***	0.046
이중취약	-0.213***	0.036			-0.303***	0.035
여성	-0.045	0.028	-0.052	0.050	-0.046	0.034
연령	0.006	0.006	0.001	0.012	0.008	0.008
교육연수	0.033*	0.017	-0.008	0.037	0.040**	0.020
훈련/진로/취업지도 중 1가지	0.035	0.035	0.084	0.058	0.018	0.042
훈련/진로/취업지도 중 2가지 이상	0.075**	0.033	0.099**	0.055	0.066*	0.039
서울/수도권 거주	-0.084**	0.034	-0.126**	0.053	-0.066	0.041
고교-특성화고(준거)						
고교-마이스터고	0.141**	0.065	0.110	0.146	0.155*	0.089
고교-일반계	-0.076**	0.030	-0.124**	0.051	-0.053	0.037
고교-없음	-0.121**	0.049	-0.243**	0.110	-0.093*	0.053
부모교육연수	-0.007	0.007	-0.017	0.012	-0.003	0.009

주 : *, **, ***는 각각 10%, 5%, 1% 이하 수준에서 통계적으로 유의함을 의미함.
자료 : 실태조사 원자료를 활용하여 저자 작성.

취약 집단으로 한정한 표본에서는 다른 조건이 동일할 때, 환경 취약 특성만 있는 집단에 비해 개인 취약 특성이 있는 집단(개인 취약 집단에는 NEET족도 포함됨)의 경우 취업 확률이 평균적으로 더 낮게 나타나고 개인 취약 집단을 포함하고 있는 이중취약 집단의 경우에도 환경 취약 특성만 가진 집단에 비해 취업 확률이 낮다. 그 외에 고졸 비진학 청년 중 취약 청년 집단에서도 교육 연수가 더 높은 청년일수록 취업 확률이 높고, 훈련/진로지도/취업지도 중 두 가지 이상 지원을 받은 경우 취업 확률이 더 높게 나타난다. 고교 유형별로는 특성화고를 기준으로, 마이스터고 졸업자는 취업 확률이 더 높고 검정고시/중졸 이하의 경우 취업 확률이 더 낮게 나타난다.

나. 취업자 현재 일자리, 미취업자의 직전 일자리 특성

1) 기초통계 분석

우선 현재 취업상태의 고졸 청년의 일자리 개수를 취약표본과 비취약 표본간 비교해보면, 취약 집단의 경우, 전체 462명 중 약 87%가 1개의 일자리를 가지고 있고 평균 일자리 개수는 1.14개로 나타난다. 비취약 집단은 평균 일자리 수가 1.15개로 두 집단 간 차이는 거의 없고 대부분이 1개의 일자리를 유지하고 있다. 성별로 취약 집단의 경우, 성별 차이 없이 남성, 여성 모두 평균 1.14개의 일자리를 가지고 있는 반면, 비취약 집단의 성별 일자리 개수의 차이가 나타난다. 남성이 1.19개로 여성의 1.12개보다 약간 더 많은 평균 일자리 수가 나타난다. 연령대 별로는 취약/비취약 집단 간 차이는 적지만, 두 집단 모두 20대 후반의 일자리 수가 약간 더 많다. 고교 유형별로는 취약/비취약 집단 모두 중졸 이하, 고졸 검정고시 출신의 평균 일자리 개수가 많은 편이다. 거주 지역별로는 차이는 약간 두드러지는 편이다. 취약 집단의 경우, 대구/경북 거주자가 평균 1.04개로 가장 적고, 충청권 거주자가 1.16개로 가장 많다. 반면, 비취약 집단은 대구/경북 거주자가 평균 1.39개로 가장 높고, 서울 거주자가 1.11개로 가장 낮다. 전체적으로 비취약 집단이 성별, 연령, 지역에 따라 취약 집단보다 약간 더 많은 일자리를 보유하는 경향이 있지만, 두 집단 모두 대부분이 1개의 일자리를 가지고 있어 취업자의 현재 일자리 수는 두 집단 간 큰 차이가 없다고 볼 수 있다.

〈표 3-30〉 일자리 개수(취업자) : 취약/비취약 집단

(단위 : 명, %, 개)

			사례수	없음	1개	2개	3개 이상	평균
취약 집단	전 체		462	0.4	87.2	11.0	1.3	1.14
	성별	남성	185	0.5	87.6	10.8	1.1	1.14
		여성	277	0.4	87.0	11.2	1.4	1.14
	연령별	20대 초반	330	0.6	86.1	12.1	1.2	1.14
		20대 후반	132	0.0	90.2	8.3	1.5	1.13
	출신고 유형	특성화(직업계)고	217	0.5	87.1	12.0	.5	1.13
		마이스터고	16	0.0	100.0	0.0	0.0	1.00
		일반고(직업반)	38	2.6	89.5	5.3	2.6	1.08
		일반고(진학반)	132	0.0	89.4	9.1	1.5	1.12
		기타 비직업계고	14	0.0	85.7	14.3	0.0	1.14
		고졸 검정고시	42	0.0	76.2	19.0	4.8	1.29
		중졸 이하	3	0.0	66.7	33.3	0.0	1.33
	현재 거주지 권역별	서울	58	0.0	89.7	10.3	0.0	1.10
		경기/인천/강원	94	0.0	77.7	20.2	2.1	1.24
		전라권/제주	90	0.0	90.0	7.8	2.2	1.14
		충청권	79	0.0	87.3	11.4	1.3	1.14
		부울경	69	2.9	88.4	8.7	0.0	1.06
		대구경북	72	0.0	93.1	5.6	1.4	1.08
비 취약 집단	전 체		240	0.8	87.9	8.3	2.9	1.15
	성별	남성	94	1.1	85.1	9.6	4.3	1.19
		여성	146	0.7	89.7	7.5	2.1	1.12
	연령별	20대 초반	183	0.5	91.3	6.6	1.6	1.10
		20대 후반	57	1.8	77.2	14.0	7.0	1.30
	출신고 유형	특성화(직업계)고	105	1.9	89.5	6.7	1.9	1.11
		마이스터고	14	0.0	100.0	0.0	0.0	1.00
		일반고(직업반)	16	0.0	93.8	6.3	0.0	1.06
		일반고(진학반)	90	0.0	84.4	11.1	4.4	1.21
		기타 비직업계고	7	0.0	85.7	14.3	0.0	1.14
		고졸 검정고시	7	0.0	71.4	14.3	14.3	1.43
		중졸 이하	1	0.0	100.0	0.0	0.0	1.00
	현재 거주지 권역별	서울	28	0.0	92.9	3.6	3.6	1.11
		경기/인천/강원	51	0.0	90.2	7.8	2.0	1.12
		전라권/제주	48	2.1	87.5	8.3	2.1	1.10
		충청권	39	0.0	92.3	7.7	0.0	1.08
		부울경	30	0.0	93.3	6.7	0.0	1.07
		대구경북	44	2.3	75.0	13.6	9.1	1.39

주 : 1) 무급가족 종사자의 경우 수입 없이 일하기 때문에 '없음'으로 응답 처리함.
2) 평균은 무급가족종사자는 일자리 개수를 '0'개로 하여 평균을 산출한 값임.
자료 : 실태조사 원자료를 활용하여 저자 작성.

다음으로 취약, 비취약 집단 취업자의 고용형태를 살펴보면, 두 집단 모두 정규직 비중이 가장 높지만, 취약 집단의 경우 정규직 비중이 45.9%, 비취약 집단은 정규직 비중이 49.4%로 비취약 집단의 정규직 취업 비중이 더 높다. 성별로 여성은 취약, 비취약 집단 간 정규직 비중의 차이가 크지 않지만(취약 집단 정규직 비율 45.7%, 비취약 집단 정규직 비율 44.4%), 남성의 경우 뚜렷하게 차이가 나타난다. 취약 집단 남성은 정규직 비율이 45.6%인 반면, 비취약 집단 남성은 정규직 비율이 52.1%로 훨씬 높게 나타난다. 연령대별로도 취약/비취약 집단 간 정규직 비중의 차이가 뚜렷하다. 20대 초반 취약 집단의 경우 정규직 비율이 35.7%에 불과하지만 비취약 집단에서는 정규직 비율이 47.6%로 10%p 이상 더 높다. 20대 후반의 경우, 취약 집단 정규직 비중이 43.9%이고, 비취약 집단은 49.5%로 나타나, 20대 초반에 비해 취약/비취약 집단 간 정규직 비중의 차이는 적어졌지만, 여전히 정규직 비중의 차이가 뚜렷하다. 이로 미루어 볼 때, 고졸로 노동시장에 진입하는 청년들 중에서도 취약 집단과 비취약 집단 간에 노동시장 정착 지연에 뚜렷한 차이가 존재함을 알 수 있다. 취약/비취약 집단 모두 고졸 청년들은 20대 후반이 되어도 정규직 비중이 50%에 못 미치지는 건 동일하지만, 비취약 집단은 20대 초반에도 취약 집단보다 정규직 고용 비중이 훨씬 높게 나타난다는 차이가 확인된다.

현재 취업자의 고교 유형별로는 취약 집단은 마이스터고, 일반고(직업반) 출신 순으로 정규직 취업자 비중이 높지만, 이 두 집단의 취업자 수는 표본에서 매우 적다. 취약 집단 중 취업자 표본 수가 작지 않은 주요 그룹인 특성화고 졸업자와 일반고(진학반) 졸업자의 경우 정규직 취업자 비중이 각각 47.9%, 37.1%로 낮다. 비취약 집단의 경우에도 마이스터고 졸업자의 정규직 취업자 비중이 85.7%로 가장 높게 나타나고 특성화고(직업반), 일반고-진학반 졸업자의 정규직 취업 비중은 각각 58.1%, 38.9%로 취약 집단의 동일 유형 고교 졸업자보다 정규직 취업자 비중이 높게 나타난다.

보고서에서는 표를 생략하였지만, 현재 취업상태가 아닌 표본에서 이전 일자리 고용 형태를 살펴보면, 취업자 표본의 현재 일자리 경우와는 달리 비취업자의 이전 일자리는 취약/비취약 집단 모두 비정규직 경험 비중이 70%대 이상으로 매우 높게 나타난다. 다만, 비취업자의 이전 일자리의 고용형태의 경우에도, 취업자의 경우와 마찬가지로, 비취약 집단의 경우 '정규

〈표 3-31〉 취약/비취약 비진학 고졸 청년 취업자의 고용 형태

(단위 : 명, %)

			사례수	① 정규직	② 비정규직	③ 개인사업	④ 무급가족	⑤ 특수고용직	⑥ 기타
취약집단	전 체		462	45.9	45.2	4.3	2.2	1.5	0.9
	성별	남성	185	45.4	46.5	3.2	1.6	2.2	1.1
		여성	277	46.2	44.4	5.1	2.5	1.1	0.7
	연령별	20대 초반	330	43.9	47.0	3.9	2.7	1.5	0.9
		20대 후반	132	50.8	40.9	5.3	0.8	1.5	0.8
	출신고 유형	특성화(직업계)고	217	47.9	43.3	3.2	2.3	1.8	1.4
		마이스터고	16	75.0	25.0	0.0	0.0	0.0	0.0
		일반고(직업반)	38	68.4	28.9	0.0	2.6	0.0	0.0
		일반고(진학반)	132	37.1	56.1	6.8	0.0	0.0	0.0
		기타 비직업계고	14	21.4	50.0	7.1	14.3	0.0	7.1
		고졸 검정고시	42	40.5	40.5	7.1	4.8	7.1	0.0
		중졸 이하	3	33.3	66.7	0.0	0.0	0.0	0.0
	현재 거주지 권역별	서울	58	55.2	37.9	6.9	0.0	0.0	0.0
		경기/인천/강원	94	39.4	52.1	6.4	1.1	0.0	1.1
		전라권/제주	90	48.9	41.1	3.3	2.2	4.4	0.0
		충청권	79	51.9	35.4	3.8	3.8	1.3	3.8
		부울경	69	33.3	56.5	4.3	2.9	2.9	0.0
		대구경북	72	48.6	47.2	1.4	2.8	0.0	0.0
비취약집단	전 체		240	49.6	42.9	5.4	1.7	0.4	0.0
	성별	남성	94	52.1	39.4	5.3	2.1	1.1	0.0
		여성	146	47.9	45.2	5.5	1.4	0.0	0.0
	연령별	20대 초반	183	48.6	45.4	3.8	1.6	0.5	0.0
		20대 후반	57	52.6	35.1	10.5	1.8	0.0	0.0
	출신고 유형	특성화(직업계)고	105	58.1	34.3	3.8	2.9	1.0	-
		마이스터고	14	85.7	14.3	0.0	0.0	0.0	-
		일반고(직업반)	16	56.3	43.8	0.0	0.0	0.0	-
		일반고(진학반)	90	38.9	52.2	7.8	1.1	0.0	-
		기타 비직업계고	7	14.3	85.7	0.0	0.0	0.0	-
		고졸 검정고시	7	14.3	57.1	28.6	0.0	0.0	-
		중졸 이하	1	0.0	100.0	0.0	0.0	0.0	-
	현재 거주지 권역별	서울	28	42.9	53.6	3.6	0.0	0.0	0.0
		경기/인천/강원	51	51.0	41.2	7.8	0.0	0.0	0.0
		전라권/제주	48	43.8	50.0	2.1	2.1	2.1	0.0
		충청권	39	64.1	33.3	2.6	0.0	0.0	0.0
		부울경	30	43.3	46.7	3.3	6.7	0.0	0.0
		대구경북	44	50.0	36.4	11.4	2.3	0.0	0.0

주 : ① 정규직, ② 비정규직/계약직/파견직/아르바이트, ③ 내 명의로 된 개인사업(자영업/프리랜서), ④ 가족이나 친척, 또는 같이 사는 사람의 일을 돈 받지 않고 도와주고 있음(무급가족종사자), ⑤ 특수고용직(퀵서비스, 택배원, 학습지교사, 보험설계사, 캐디), ⑥ 기타.

자료 : 실태조사 원자료를 활용하여 저자 작성.

직' 경험률이 취약 집단보다 약간 높게 나타난다.

다음으로 취약 집단과 비취약 집단 취업자의 월평균 임금 수준을 살펴보면, 두 집단 모두 월 200만~250만 원 구간에 가장 많은 비중이 집중되어 있으나, 평균 임금에서는 비취약 집단이 약 16.1% 높은 수준을 보인다(취약 집단 평균 임금 194.1만 원, 비취약 집단 225.9만 원). 성별로 남성의 경우 취약 집단의 평균 임금은 210.4만 원, 비취약 집단은 229.2만 원으로 두 집단 간 차이는 약 18.8만 원에 불과하지만, 여성의 경우 취약 집단 평균 임금은 183.2만 원, 비취약 집단은 223.6만 원으로 차이가 약 40.4만 원에 달해, 성별 간 임금 격차는 여성에게서 더 크게 나타난다. 연령대별로, 20대 초반에서는 취약 집단의 평균 임금이 182.7만 원, 비취약 집단이 191.5만 원으로 두 집단 간 차이(약 8.8만 원)는 크지 않지만, 20대 후반에서는 취약 집단이 210.9만 원, 비취약 집단이 232.2만 원으로 약 21.3만 원의 차이를 나타내고 있어, 연령 증가에 따라 두 집단 임금격차가 심화되고 있을 가능성을 보여준다.

고교 유형별 평균 임금차이도 상당히 뚜렷한 편이다. 취약/비취약 집단 모두 마이스터고 출신의 평균 임금이 각각 273.8만 원, 261.1만 원으로 가장 높게 나타나는데, 취약 집단 마이스터고 졸업자의 평균 임금이 약간 더 높게 나타난다. 다음으로 취약 청년은 고졸 검정고시 출신, 일반고(직업반), 일반고(진학반) 순으로 평균 임금이 높게 나타나고, 비취약 집단은 고졸 검정고시 출신, 일반고(직업반), 기타 비직업계고, 일반고(진학반) 순으로 평균 임금이 높게 나타난다. 마이스터고의 경우를 제외하고는 각 고교 유형별 졸업자의 평균 임금은 취약 집단보다 비취약 집단이 더 높다. 지역별로 서울과 전라/제주 지역을 제외하고는 비취약 집단의 월평균 임금이 취약 집단보다 높게 나타난다.

〈표 3-32〉 월평균 임금 수준(취업자) : 취약/비취약 집단

(단위 : 명, %, 만 원)

			사례수	100만 원 미만	100만~200만 원 미만	200만~250만 원 미만	250만~300만 원 미만	300만 원 이상	평균
취약 집단	전 체		462	14.1	24.9	40.7	12.3	8.0	194.1
	성별	남성	185	13.0	18.4	36.8	17.8	14.1	210.4
		여성	277	14.8	29.2	43.3	8.7	4.0	183.2

〈표 3-32〉의 계속

			사례수	100만 원 미만	100만~200만 원 미만	200만~250만 원 미만	250만~300만 원 미만	300만 원 이상	평균
취약 집단	연령별	20대 초반	330	17.3	25.2	40.9	9.7	7.0	187.3
		20대 후반	132	6.1	24.2	40.2	18.9	10.6	210.9
	출신고 유형	특성화(직업계)고	217	9.7	29.0	41.5	14.7	5.1	197.0
		마이스터고	16	6.3	6.3	31.3	18.8	37.5	273.8
		일반고(직업반)	38	13.2	10.5	63.2	13.2	0.0	188.9
		일반고(진학반)	132	20.5	27.3	35.6	8.3	8.3	181.8
		기타 비직업계고	14	42.9	7.1	21.4	21.4	7.1	156.6
		고졸 검정고시	42	11.9	19.0	45.2	7.1	16.7	205.6
		중졸 이하	3	0.0	66.7	0.0	0.0	33.3	173.3
	현재 거주지 권역별	서울	58	10.3	17.2	55.2	10.3	6.9	206.5
		경기/인천/강원	94	13.8	27.7	37.2	12.8	8.5	192.2
		전라권/제주	90	11.1	16.7	50.0	15.6	6.7	203.4
		충청권	79	16.5	26.6	32.9	12.7	11.4	191.9
		부울경	69	24.6	33.3	30.4	7.2	4.3	162.3
		대구경북	72	8.3	27.8	40.3	13.9	9.7	207.6
비 취약 집단	전 체		240	14.2	27.5	30.0	13.8	14.6	201.2
	성별	남성	94	10.6	22.3	20.2	19.1	27.7	229.6
		여성	146	16.4	30.8	36.3	10.3	6.2	182.9
	연령별	20대 초반	183	15.8	31.1	29.5	12.0	11.5	190.7
		20대 후반	57	8.8	15.8	31.6	19.3	24.6	234.7
	출신고 유형	특성화(직업계)고	105	13.3	25.7	38.1	11.4	11.4	202.3
		마이스터고	14	0.0	14.3	21.4	35.7	28.6	261.1
		일반고(직업반)	16	6.3	37.5	25.0	18.8	12.5	211.4
		일반고(진학반)	90	17.8	28.9	25.6	12.2	15.6	189.8
		기타 비직업계고	7	14.3	28.6	28.6	14.3	14.3	190.0
		고졸 검정고시	7	28.6	28.6	0.0	14.3	28.6	213.3
		중졸 이하	1	0.0	100.0	0.0	0.0	0.0	100.0
	현재 거주지 권역별	서울	28	21.4	21.4	42.9	0.0	14.3	189.8
		경기/인천/강원	51	7.8	35.3	33.3	13.7	9.8	197.1
		전라권/제주	48	14.6	29.2	33.3	4.2	18.8	197.9
		충청권	39	10.3	25.6	28.2	20.5	15.4	209.3
		부울경	30	26.7	26.7	23.3	6.7	16.7	177.3
		대구경북	44	11.4	22.7	20.5	31.8	13.6	225.9

자료 : 실태조사 원자료를 활용하여 저자 작성.

〈표 3-33〉 일주일 평균 근로시간(취업자) : 취약/비취약 집단

(단위 : 명, %, 시간)

			사례수	35시간 이하	36~40시간 이하 (40시간 포함)	41~45시간 이하	46시간 이상	평균
취약 집단	전 체		462	34.0	33.1	10.0	22.9	35.0
	성별	남성	185	29.7	26.5	10.3	33.5	36.6
		여성	277	36.8	37.5	9.7	15.9	34.0
	연령별	20대 초반	330	36.7	31.2	8.5	23.6	34.5
		20대 후반	132	27.3	37.9	13.6	21.2	36.5
	출신고 유형	특성화(직업계)고	217	32.7	31.3	10.6	25.3	36.2
		마이스터고	16	6.3	43.8	18.8	31.3	41.9
		일반고(직업반)	38	26.3	57.9	10.5	5.3	33.9
		일반고(진학반)	132	37.1	30.3	7.6	25.0	34.3
		기타 비직업계고	14	57.1	28.6	0.0	14.3	22.9
		고졸 검정고시	42	38.1	26.2	14.3	21.4	34.0
		중졸 이하	3	66.7	33.3	0.0	0.0	31.7
	현재 거주지 권역별	서울	58	29.3	39.7	15.5	15.5	35.7
		경기/인천/강원	94	35.1	27.7	12.8	24.5	35.4
		전라권/제주	90	26.7	41.1	8.9	23.3	36.1
		충청권	79	38.0	31.6	2.5	27.8	34.2
		부울경	69	46.4	27.5	10.1	15.9	31.9
		대구경북	72	29.2	31.9	11.1	27.8	36.8
비 취약 집단	전 체		240	33.3	35.4	7.5	23.8	36.2
	성별	남성	94	31.9	27.7	6.4	34.0	36.9
		여성	146	34.2	40.4	8.2	17.1	35.8
	연령별	20대 초반	183	36.6	32.8	8.2	22.4	35.5
		20대 후반	57	22.8	43.9	5.3	28.1	38.7
	출신고 유형	특성화(직업계)고	105	21.9	39.0	9.5	29.5	39.2
		마이스터고	14	0.0	64.3	7.1	28.6	43.2
		일반고(직업반)	16	31.3	37.5	18.8	12.5	36.2
		일반고(진학반)	90	45.6	27.8	4.4	22.2	33.9
		기타 비직업계고	7	71.4	28.6	0.0	0.0	23.9
		고졸 검정고시	7	71.4	28.6	0.0	0.0	25.7
		중졸 이하	1	100.0	0.0	0.0	0.0	21.0
	현재 거주지 권역별	서울	28	42.9	28.6	10.7	17.9	33.9
		경기/인천/강원	51	35.3	35.3	7.8	21.6	36.2
		전라권/제주	48	33.3	33.3	8.3	25.0	35.6
		충청권	39	28.2	43.6	5.1	23.1	37.5
		부울경	30	33.3	30.0	0.0	36.7	36.1
		대구경북	44	29.5	38.6	11.4	20.5	37.5

주 : 평균의 경우 상·하위 3% 극단치(1주 5시간 이하 및 61시간 이상)는 제외함.
자료 : 실태조사 원자료를 활용하여 저자 작성.

취업자의 근로시간을 취약/비취약 집단 간 살펴보면, 취약 집단의 평균 근로시간은 35.0시간, 비취약 집단은 36.2시간으로 비취약 집단이 약 1.2시간 더 길다. 구간별로도 취약 집단에서는 35시간 이하 근로자가 34.0%로 가장 큰 비중을 차지하는 반면, 비취약 집단에서는 36~40시간 구간이 33.3%로 가장 크다. 성별로 남성의 경우, 취약 집단의 평균 근로시간은 36.6시간, 비취약 집단은 36.9시간으로 큰 차이가 없지만. 여성의 경우, 취약 집단은 33.9시간, 비취약 집단은 35.8시간으로 비취약 집단의 근로시간이 약간(1.9시간) 더 길다. 연령대별로 20대 초반 취약 집단의 평균 근로시간은 34.5시간, 비취약 집단은 35.5시간으로 비취약 집단의 근로시간이 1시간 정도 길다. 20대 후반에서는 취약 집단이 36.5시간, 비취약 집단이 38.7시간으로 두 집단 간 격차가 더(2.2시간) 크다. 고교 유형별로 취약 집단은 마이스터고, 특성화고, 일반고(진학반), 일반고(직업반) 순으로 평균 근로시간이 높게 나타나고, 비취약 집단은 마이스터고, 특성화고, 일반고(직업반), 일반고(진학반)순으로 평균 근로시간이 높게 나타난다. 평균 근로시간이 주 40시간이 넘는 졸업 고교 유형은 마이스터고가 유일하고, 비취약 집단의 경우 특성화고 졸업자의 경우에도 평균 근로시간이 약 40시간에 가깝게 나타난다. 모든 고교 유형별 집단에서 취약 집단이 비취약 집단보다 평균 근로시간이 낮아, 앞서 경제활동상태 분포에서 확인하였듯, 취약 집단은 비취약 집단에 비해 상대적으로 경제활동참여율도 낮고 취업하였더라도 평균 근로시간이 낮아 노동시장 결착도가 외연(extensive margin)과 심도(intensive margin) 차원에서 모두 낮다. 지역별로 서울, 전라/제주지역을 제외하고는 취약 집단의 근로시간이 비취약 집단보다 더 길게 나타난다.

보고서에서는 표를 생략하였지만, 현재 취업 상태가 아닌 사람들의 이전 일자리의 주당 평균 근로시간을 취약/비취약 집단별로 살펴보면, 이전 일자리 평균 근로시간이 취업자의 현재 일자리 보다 훨씬 짧지만, 미취업자 집단에서도 비취약 집단의 이전일자리 평균 근로시간이 취약 집단보다 더 길게 나타난다(취약 집단 27.1시간, 비취약 집단 28.4시간).

취업자의 현재일자리 근속 기간을 살펴보면, 전체적으로 취약 집단의 평균 근무 기간은 17.6개월, 비취약 집단은 19.7개월로, 비취약 집단의 근무 기간이 2.1개월 가량 더 길다. 성별로 남성의 경우 취약 집단 평균 근무 기간은 15.4개월, 비취약 집단은 18.9개월로 비취약 집단의 근속기간이 3.5개월이나 더 길다. 여성의 근속기간의 경우, 취약 집단은 19.1개월, 비취약 집단은 20.8개월로 비취약 집단의 근속기간이 약간(1.7개월) 더 길다. 연령대별로 20대 초반에서는 취약 집단의 평균 근무 기간이 15.9개월, 비취약 집단이 20.2개월로 약 4.3개월 차이가 나고, 20대 후반에서는 취약 집단이 18.7개월, 비취약 집단이 23.8개월로, 비취약 집단의 근무 기간이 약 5.1개월 더 길어, 20대 초반보다 후반에서 취약/비취약 집단 간 근속기간 격차가 더 뚜렷하게 나타난다. 고교 유형별로 차이도 뚜렷한데, 취약 집단의 경우 특성화고, 마이스터고, 기타 비직업계고 졸업자이의 평균 근속기간이 상대적으로 높고, 비취약 집단에서는 마이스터고, 기타 비직업계고, 고졸 검정고시 출신이 상대적으로 근속기간이 길다. 하지만 취약/비취약 집단 간 평균 근속기간이 거의 동일한 특성화고의 경우를 제외하고(취약-19.5개월, 비취약-19.7개월), 모든 고교 유형별 집단에서 취약 집단에 비해 비취약 집단의 평균 근속기간이 월등히 길게 나타난다. 지역별로, 모든 지역에서 비취약 집단의 근속기간이 더 길게 나타난다.

〈표 3-34〉 근무 기간(취업자) : 취약/비취약 집단

(단위 : 명, %, 개월)

			사례수	6개월 미만	6개월~ 1년 미만	1년~ 2년 미만	2년 이상	평균
취약 집단	전 체		462	20.3	29.7	27.3	22.7	17.6
	성별	남성	185	22.2	35.1	25.9	16.8	15.4
		여성	277	19.1	26.0	28.2	26.7	19.1
	연령별	20대 초반	330	20.0	31.5	28.8	19.7	16.2
		20대 후반	132	21.2	25.0	23.5	30.3	21.1
	출신고 유형	특성화(직업계)고	217	20.3	27.2	24.4	28.1	19.7
		마이스터고	16	25.0	25.0	18.8	31.3	18.7
		일반고(직업반)	38	7.9	47.4	36.8	7.9	15.8
		일반고(진학반)	132	22.0	30.3	31.1	16.7	14.7
		기타 비직업계고	14	35.7	21.4	0.0	42.9	18.6
		고졸 검정고시	42	19.0	28.6	33.3	19.0	17.0
		중졸 이하	3	33.3	33.3	33.3	0.0	10.7
	현재 거주지 권역별	서울	58	20.7	22.4	29.3	27.6	19.1
		경기/인천/강원	94	18.1	27.7	31.9	22.3	17.8
		전라권/제주	90	16.7	37.8	24.4	21.1	17.5
		충청권	79	25.3	25.3	21.5	27.8	18.0
		부울경	69	20.3	40.6	21.7	17.4	15.2
		대구경북	72	22.2	22.2	34.7	20.8	18.2

〈표 3-34〉의 계속

			사례수	6개월 미만	6개월~ 1년 미만	1년~ 2년 미만	2년 이상	평균
비취약 집단	전 체		240	17.9	23.8	27.5	30.8	19.7
	성별	남성	94	17.0	28.7	27.7	26.6	18.9
		여성	146	18.5	20.5	27.4	33.6	20.2
	연령별	20대 초반	183	18.0	25.7	27.9	28.4	18.4
		20대 후반	57	17.5	17.5	26.3	38.6	23.8
	출신고 유형	특성화(직업계)고	105	16.2	23.8	31.4	28.6	19.5
		마이스터고	14	7.1	14.3	35.7	42.9	27.9
		일반고(직업반)	16	18.8	18.8	25.0	37.5	19.3
		일반고(진학반)	90	17.8	26.7	26.7	28.9	18.1
		기타 비직업계고	7	28.6	28.6	0.0	42.9	28.4
		고졸 검정고시	7	57.1	0.0	0.0	42.9	21.4
		중졸 이하	1	0.0	100.0	0.0	0.0	8.0
	현재 거주지 권역별	서울	28	25.0	17.9	25.0	32.1	17.0
		경기/인천/강원	51	21.6	23.5	25.5	29.4	19.9
		전라권/제주	48	18.8	20.8	29.2	31.3	20.5
		충청권	39	7.7	30.8	30.8	30.8	20.5
		부울경	30	13.3	36.7	23.3	26.7	16.6
		대구경북	44	20.5	15.9	29.5	34.1	21.8

자료 : 실태조사 원자료를 활용하여 저자 작성.

다음은 현재 미취업상태인 취약/비취약 집단의 지금까지 쉰 기간을 조사한 결과이다. 전체적으로 취약 집단의 평균 쉰 기간은 16.4개월, 비취약 집단은 14.4개월로, 두 집단 모두 평균 1년 이상의 기간동안 쉰 상태인 것으로 나타나는데, 그 기간은 취약 집단이 더 길다. 두 집단 모두에서 2년 이상 쉰 집단이 가장 큰 비중을 차지한다. 경제활동상태별로 구직상태인 청년보다 비경활상태인 청년이 지금까지 쉰 기간이 더 길게 나타난다. 성별로 남성, 여성 모두 취약 집단이 쉰 기간이 비취약 집단보다 더 높게 나타나는데, 남성은 취약/비취약 집단 간 격차가 거의 없지만, '쉰'기간은 전반적으로 여성보다 더 길게 나타난다. 연령대별로 20대 초반에서는 취약 집단의 평균 쉰 기간이 14.9개월, 비취약 집단은 13.5개월로 1.4개월가량 차이가 존재하고, 20대 후반에서는 취약 집단이 17.2개월, 비취약 집단이 15.3개월로, 전반적으로 '쉰'기간이 더 길고, 취약/비취약 집단 간 격차도 더 크다. 지역별로, 전라/제주권을 제외하고는 취약 집단의 쉰 기간이 더 길게 나타나는데, 전반적으로 서울의 고졸 청년의 쉰 기간이 상대적으로 짧은 편으로 나타난다.

〈표 3-35〉 미취업 청년의 지금까지 쉰 기간

(단위 : 명, %, 개월)

			사례수	6개월 미만	6개월~ 1년 미만	1년~ 2년 미만	2년 이상	평균
취약 집단	전 체		245	23.3	27.3	22.9	26.5	16.4
	경제활동상태	실업(구직)	33	18.2	45.5	24.2	12.1	13.0
		비경제활동	212	24.1	24.5	22.6	28.8	17.0
	성별	남성	77	14.3	32.5	22.1	31.2	17.7
		여성	168	27.4	25.0	23.2	24.4	15.8
	연령별	20대 초반	176	24.4	29.5	23.3	22.7	14.7
		20대 후반	69	20.3	21.7	21.7	36.2	20.7
	출신고 유형	특성화(직업계)고	86	22.1	31.4	14.0	32.6	16.8
		마이스터고	3	66.7	33.3	0.0	0.0	6.0
		일반고(직업반)	12	16.7	33.3	25.0	25.0	17.8
		일반고(진학반)	94	20.2	28.7	30.9	20.2	15.4
		기타 비직업계고	6	33.3	0.0	33.3	33.3	21.2
		고졸 검정고시	40	30.0	20.0	20.0	30.0	17.6
		중졸 이하	4	25.0	0.0	50.0	25.0	15.8
	현재 거주지 권역별	서울	35	28.6	31.4	22.9	17.1	13.3
		경기/인천/강원	48	16.7	27.1	33.3	22.9	15.7
		전라권/제주	31	32.3	22.6	16.1	29.0	15.0
		충청권	49	22.4	26.5	18.4	32.7	18.6
		부울경	45	24.4	31.1	20.0	24.4	15.9
		대구경북	37	18.9	24.3	24.3	32.4	19.2
비 취약 집단	전 체		51	27.5	25.5	33.3	13.7	14.4
	경제활동상태	실업(구직)	30	33.3	20.0	30.0	16.7	15.2
		비경제활동	21	19.0	33.3	38.1	9.5	13.1
	성별	남성	16	25.0	25.0	25.0	25.0	17.6
		여성	35	28.6	25.7	37.1	8.6	12.9
	연령별	20대 초반	35	25.7	28.6	34.3	11.4	13.5
		20대 후반	16	31.3	18.8	31.3	18.8	16.3
	출신고 유형	특성화(직업계)고	15	33.3	26.7	33.3	6.7	11.4
		마이스터고	1	0.0	0.0	0.0	100.0	33.0
		일반고(직업반)	1	0.0	0.0	100.0	0.0	13.0
		일반고(진학반)	29	24.1	27.6	37.9	10.3	13.9
		기타 비직업계고	2	50.0	0.0	0.0	50.0	28.5
		고졸 검정고시	3	33.3	33.3	0.0	33.3	18.3
		중졸 이하	0	0.0	0.0	0.0	0.0	0.0
	현재 거주지 권역별	서울	7	28.6	57.1	0.0	14.3	11.4
		경기/인천/강원	8	25.0	37.5	37.5	0.0	9.9
		전라권/제주	6	16.7	16.7	33.3	33.3	19.5
		충청권	12	33.3	16.7	33.3	16.7	15.2
		부울경	11	36.4	18.2	36.4	9.1	13.5
		대구경북	7	14.3	14.3	57.1	14.3	18.0

자료 : 실태조사 원자료를 활용하여 저자 작성.

취업자의 업종을 살펴보면, 취약 집단에서는 제조업(03) 비중이 31.4%로 가장 크며, 이어서 숙박 및 음식점업(09)이 16.9%로 높고, 도소매업(07)이 10.8%로 높게 나타난다. 비취약 집단에서도 제조업(03)이 27.9%로 가장 높게 나타나고, 숙박 및 음식점업(09)이 13.3%, 다음으로 도소매업(12.1%)으로 나타나고, 취약 집단보다 업종 분포가 다양하다. 성별로 취약 집단의 경우 남성, 여성 모두 제조업 취업자 비중이 가장 높은데, 남성보다 여성 취약 집단의 제조업 취업 비중이 더 높게 나타난다. 비취약 집단의 경우, 남성의 제조업 취업비중이 여성보다 높다. 연령대별로 고졸 청년은 취약/비취약 집단 모두 20대 초반에는 숙박 및 음식점업, 도소매업 취업 비중이 20대 후반에 비해 훨씬 높게 나타나지만, 20대 후반에서 크게 감소한다. 고교 유형별로 취약 집단의 경우 마이스터고, 일반고(직업반), 중졸 이하 출신의 경우 제조업 취업자 비중이 높고, 숙박, 음식점, 주점업 종사자 비중도 대체로 다음 순으로 높게 나타나는데, 이 업종 취업자 비중은 비취약 집단에 비해 높게 나타난다.

〈표 3-36〉 직장 업종(취업자) : 취약/비취약 집단 ①

(단위 : 명, %)

			사례수	01.	02.	03.	04.	05.	06.	07.	08.	09.	10.
취약 집단	전 체		462	4.3	0.9	31.4	2.2	0.9	2.4	10.8	2.8	16.9	3.0
	성별	남성	185	5.4	1.1	29.2	3.2	1.6	4.9	9.2	5.4	17.8	2.7
		여성	277	3.6	0.7	32.9	1.4	0.4	0.7	11.9	1.1	16.2	3.2
	연령별	20대 초반	330	2.1	0.6	30.9	2.7	0.9	2.1	11.5	3.3	19.7	3.3
		20대 후반	132	9.8	1.5	32.6	0.8	0.8	3.0	9.1	1.5	9.8	2.3
	출신고 유형	특성화(직업계)고	217	5.1	0.9	30.0	3.2	1.8	2.3	8.8	3.2	13.8	2.8
		마이스터고	16	0.0	0.0	56.3	12.5	0.0	6.3	0.0	0.0	18.8	0.0
		일반고(직업반)	38	0.0	2.6	57.9	0.0	0.0	2.6	15.8	0.0	10.5	2.6
		일반고(진학반)	132	5.3	0.0	24.2	0.8	0.0	2.3	12.9	2.3	23.5	3.0
		기타 비직업계고	14	0.0	0.0	21.4	0.0	0.0	0.0	21.4	0.0	14.3	21.4
		고졸 검정고시	42	4.8	2.4	28.6	0.0	0.0	2.4	11.9	7.1	19.0	0.0
		중졸 이하	3	0.0	0.0	66.7	0.0	0.0	0.0	0.0	0.0	0.0	0.0
	현재 거주지 권역별	서울	58	1.7	0.0	36.2	1.7	0.0	1.7	10.3	3.4	17.2	8.6
		경기/인천/강원	94	0.0	0.0	25.5	0.0	0.0	2.1	18.1	4.3	19.1	3.2
		전라권/제주	90	8.9	1.1	33.3	2.2	0.0	3.3	6.7	4.4	14.4	1.1
		충청권	79	3.8	0.0	34.2	5.1	2.5	2.5	8.9	0.0	13.9	0.0
		부울경	69	4.3	2.9	27.5	1.4	0.0	1.4	11.6	4.3	23.2	2.9
		대구경북	72	6.9	1.4	33.3	2.8	2.8	2.8	8.3	0.0	13.9	4.2

〈표 3-36〉의 계속

			사례수	01.	02.	03.	04.	05.	06.	07.	08.	09.	10.
비 취약 집단	전 체		240	5.8	1.3	27.9	2.5	0.8	3.8	12.1	1.3	13.3	5.0
	성별	남성	94	9.6	1.1	30.9	5.3	1.1	5.3	7.4	2.1	11.7	5.3
		여성	146	3.4	1.4	26.0	0.7	0.7	2.7	15.1	0.7	14.4	4.8
	연령별	20대 초반	183	3.8	0.5	28.4	2.2	1.1	3.3	14.2	1.6	15.8	5.5
		20대 후반	57	12.3	3.5	26.3	3.5	0.0	5.3	5.3	0.0	5.3	3.5
	출신고 유형	특성화(직업계)고	105	4.8	2.9	32.4	1.9	0.0	2.9	17.1	1.9	8.6	3.8
		마이스터고	14	7.1	0.0	50.0	14.3	0.0	0.0	0.0	0.0	0.0	0.0
		일반고(직업반)	16	6.3	0.0	12.5	0.0	6.3	6.3	6.3	0.0	25.0	6.3
		일반고(진학반)	90	6.7	0.0	23.3	2.2	1.1	5.6	11.1	1.1	16.7	5.6
		기타 비직업계고	7	0.0	0.0	14.3	0.0	0.0	0.0	0.0	0.0	14.3	14.3
		고졸 검정고시	7	14.3	0.0	28.6	0.0	0.0	0.0	0.0	0.0	28.6	14.3
		중졸 이하	1	0.0	0.0	0.0	0.0	0.0	0.0	0.0	0.0	100.0	0.0
	현재 거주지 권역별	서울	28	3.6	3.6	14.3	0.0	0.0	0.0	21.4	3.6	3.6	7.1
		경기/인천/강원	51	2.0	0.0	15.7	3.9	2.0	3.9	11.8	0.0	21.6	9.8
		전라권/제주	48	6.3	0.0	25.0	2.1	0.0	4.2	14.6	0.0	20.8	2.1
		충청권	39	7.7	0.0	43.6	2.6	0.0	2.6	2.6	2.6	7.7	0.0
		부울경	30	10.0	0.0	36.7	3.3	0.0	6.7	13.3	3.3	10.0	3.3
		대구경북	44	6.8	4.5	34.1	2.3	2.3	4.5	11.4	0.0	9.1	6.8

주 : 01. 농업, 임업 및 어업(축산업, 양식업 등) 02. 광업(석탄, 석유, 천연가스 등) 03. 제조업 04. 전기·가스·증기·공기조절 공급업 05. 수도, 하수 및 폐기물 처리, 원료 재생업 06. 건설업(건축, 실내 인테리어, 도배, 목공, 전기/창호 공사업 등) 07. 도매 및 소매업(백화점, 마트, 올리브영 등 포함) 08. 운수 및 창고업(퀵서비스, 배달, 택배, 철도/선박/항공 운송 등) 09. 숙박, 음식점, 주점업(호텔, 식당, 커피숍, 고시원 등) 10. 정보통신업(출판, 방송, 영상, 애니메이션, 컴퓨터 프로그래밍, 온라인게임 등) 11. 금융 및 보험업(은행, 증권 등) 12. 부동산업(부동산 중개, 임대, 분양대행 등) 13. 전문, 과학 및 기술서비스업(각종 연구개발, 변호사, 회계사, 컨설팅, 디자인 등) 14. 사업시설 관리, 사업지원 및 임대 서비스업(여행사, 경비 등) 15. 공공행정·국방·사회보장 행정(정부, 지자체, 공공기관 등) 16. 교육 서비스업(학교, 학원, 학습지교사 등) 17. 보건업 및 사회복지서비스업(병원, 사회복지시설 등) 18. 예술, 스포츠 및 여가관련 서비스업(노래방, 게임방 등) 19. 협회 및 단체, 수리 및 기타 개인 서비스업(자동차 세차, 미용, 애견, 세탁소, 예식장 등).

자료 : 실태조사 원자료를 활용하여 저자 작성.

〈표 3-37〉 직장 업종(취업자) : 취약/비취약 집단 ②

(단위 : 명, %)

			사례수	11.	12.	13.	14.	15.	16.	17.	18.	19.
취약 집단	전 체		462	2.2	0.2	0.6	2.6	3.2	1.5	4.8	4.1	5.2
	성별	남성	185	0.5	0.0	0.0	4.3	2.2	0.0	1.6	5.4	5.4
		여성	277	3.2	0.4	1.1	1.4	4.0	2.5	6.9	3.2	5.1
	연령별	20대 초반	330	1.8	0.3	0.6	2.4	3.0	1.2	4.5	4.2	4.5
		20대 후반	132	3.0	0.0	0.8	3.0	3.8	2.3	5.3	3.8	6.8
	출신고 유형	특성화(직업계)고	217	3.7	0.0	0.5	2.8	3.2	1.4	6.9	4.6	5.1
		마이스터고	16	0.0	0.0	0.0	0.0	0.0	0.0	0.0	0.0	6.3
		일반고(직업반)	38	0.0	0.0	0.0	0.0	0.0	0.0	0.0	0.0	7.9
		일반고(진학반)	132	0.8	0.0	1.5	3.0	5.3	1.5	3.0	5.3	5.3
		기타 비직업계고	14	0.0	7.1	0.0	7.1	0.0	0.0	0.0	0.0	7.1
		고졸 검정고시	42	2.4	0.0	0.0	2.4	2.4	2.4	7.1	4.8	2.4
		중졸 이하	3	0.0	0.0	0.0	0.0	0.0	33.3	0.0	0.0	0.0
	현재 거주지 권역별	서울	58	5.2	0.0	0.0	3.4	0.0	1.7	3.4	1.7	3.4
		경기/인천/강원	94	1.1	0.0	1.1	3.2	3.2	0.0	8.5	4.3	6.4
		전라권/제주	90	4.4	0.0	2.2	2.2	3.3	2.2	0.0	5.6	4.4
		충청권	79	1.3	1.3	0.0	2.5	3.8	2.5	5.1	5.1	7.6
		부울경	69	1.4	0.0	0.0	1.4	4.3	1.4	7.2	2.9	1.4
		대구경북	72	0.0	0.0	0.0	2.8	4.2	1.4	4.2	4.2	6.9
비 취약 집단	전 체		240	2.1	1.3	3.3	1.3	2.9	3.3	4.2	4.6	3.3
	성별	남성	94	1.1	0.0	4.3	2.1	2.1	1.1	1.1	6.4	2.1
		여성	146	2.7	2.1	2.7	0.7	3.4	4.8	6.2	3.4	4.1
	연령별	20대 초반	183	2.7	1.1	2.7	0.5	2.7	2.2	3.8	3.8	3.8
		20대 후반	57	0.0	1.8	5.3	3.5	3.5	7.0	5.3	7.0	1.8
	출신고 유형	특성화(직업계)고	105	3.8	1.0	4.8	0.0	2.9	1.0	2.9	4.8	2.9
		마이스터고	14	0.0	0.0	14.3	0.0	7.1	0.0	7.1	0.0	0.0
		일반고(직업반)	16	0.0	6.3	0.0	0.0	0.0	6.3	18.8	0.0	0.0
		일반고(진학반)	90	1.1	1.1	1.1	3.3	1.1	6.7	2.2	6.7	3.3
		기타 비직업계고	7	0.0	0.0	0.0	0.0	28.6	0.0	0.0	0.0	28.6
		고졸 검정고시	7	0.0	0.0	0.0	0.0	0.0	0.0	14.3	0.0	0.0
		중졸 이하	1	0.0	0.0	0.0	0.0	0.0	0.0	0.0	0.0	0.0
	현재 거주지 권역별	서울	28	3.6	0.0	0.0	3.6	7.1	7.1	3.6	7.1	10.7
		경기/인천/강원	51	0.0	3.9	7.8	0.0	3.9	3.9	2.0	2.0	5.9
		전라권/제주	48	6.3	0.0	4.2	0.0	2.1	2.1	2.1	4.2	4.2
		충청권	39	2.6	2.6	5.1	0.0	0.0	5.1	10.3	5.1	0.0
		부울경	30	0.0	0.0	0.0	6.7	3.3	0.0	3.3	0.0	0.0
		대구경북	44	0.0	0.0	0.0	0.0	2.3	2.3	4.5	9.1	0.0

주 : 01. 농업, 임업 및 어업(축산업, 양식업 등) 02. 광업(석탄, 석유, 천연가스 등) 03. 제조업 04. 전기 · 가스 · 증기 · 공기조절 공급업 05. 수도, 하수 및 폐기물 처리, 원료 재생업 06. 건설업(건축, 실내 인테리어, 도배, 목공, 전기/창호 공사업 등) 07. 도매 및 소매업(백화점, 마트, 올리브영 등 포함) 08. 운수 및 창고업(퀵서비스, 배달, 택배, 철도/선박/항공 운송 등) 09. 숙박, 음식점, 주점업(호텔, 식당, 커피숍, 고시원 등) 10. 정보통신업(출판, 방송, 영상, 애니메이션, 컴퓨터 프로그래밍, 온라인게임 등) 11. 금융 및 보험업(은행, 증권 등) 12. 부동산업(부동산 중개, 임대, 분양대행 등) 13. 전문, 과학 및 기술 서비스업(각종 연구개발, 변호사, 회계사, 컨설팅, 디자인 등) 14. 사업시설 관리, 사업 지원 및 임대 서비스업(여행사, 경비 등) 15. 공공행정 · 국방 · 사회보장 행정(정부, 지자체, 공공기관 등) 16. 교육 서비스업(학교, 학원, 학습지교사 등) 17. 보건업 및 사회복지 서비스업(병원, 사회복지시설 등) 18. 예술, 스포츠 및 여가관련 서비스업(노래방, 게임방 등) 19. 협회 및 단체, 수리 및 기타 개인 서비스업(자동차 세차, 미용, 애견, 세탁소, 예식장 등).

자료 : 실태조사 원자료를 활용하여 저자 작성.

취업자의 직종을 살펴보면, 취약 집단에서 가장 높은 비중을 차지하는 직종은 미용·여행·숙박·음식·경비·청소직(5)이며(26%), 다음으로 영업·판매·운전·운송직(6)이 24.7%, 경영·사무·금융·보험직(0)이 20.1%, 설치·정비·생산직(8), 13% 순으로 높게 나타난다. 비취약 집단의 경우, 경영·사무·금융·보험직(0)이 27.1%로 가장 높은 비중을 차지하고, 영업·판매·운전·운송직(6)이 19.2%, 미용·여행·숙박·음식·경비·청소직(5), 18.8%, 설치·정비·생산직(8)이 13.8% 순으로 높게 나타나, 두 집단 간 직종 분포의 차이가 뚜렷히 확인된다. 상대적으로 선호된다고 볼 수 있는 종류의 직종에 비취약 집단이 더 많이 분포되어 있다.

성별로, 남성, 여성 취약 집단은 전반적으로 미용·여행·숙박·음식·경비·청소직(5)과 영업·판매·운전·운송직(6) 비중이 높은 것이 공통적이지만, 남성은 상대적으로 설치·정비·생산직(8)에 많이 포진되어 있고, 여성은 경영·사무·금융·보험직(0)에 많이 포진되어 있다. 비취약 집단의 경우에도 전체적으로는 유사한 패턴이 나타나지만, 비취약 집단 남성은 미용·여행·숙박·음식·경비·청소직(5)과 영업·판매·운전·운송직(6) 비중이 취약 집단 남성보다 낮고, 설치·정비·생산직(8) 집중도가 더 높게 나타난다. 고교 유형별로 취약 집단의 경우, 특성화고 졸업자는 미용·여행·숙박·음식·경비·청소직(5)과 영업·판매·운전·운송직(6) 비중이 가장 높고(각각 24.9%, 22.6%), 다음으로 경영·사무·금융·보험직(0)과 설치·정비·생산직(8) 비중이 높게 나타나는 반면, 마이스터고 졸업자의 대부분은 설치·정비·생산직(8)에 종사하고 있다. 일반고 진학반, 직업반 졸업자의 경우 특성화고 졸업자와 유사한 직종분포를 나타내는데, 일반고(직업반) 출신의 경우 경영·사무·금융·보험직(0) 종사자 비중이 47.4%로 가장 높다는 점이 약간 다른 점이다. 비취약 집단의 경우에도 각 고교 유형별로 취약 집단의 취업자가 상대적으로 몰려있는 직종에 취업자가 많은데, 특성화고 졸업자의 경우 경영·사무·금융·보험직(0)종사자 비중이 39%로 높게 나타난다는 점이 약간 다르다.

보고서에는 표를 생략하였지만, 현재 취약/비취약 집단 미취업자의 이전 일자리 직종 분포의 전반적인 패턴도 취업자의 패턴과 유사하게 나타난다.

〈표 3-38〉 일자리 직종(취업자) : 취약/비취약 집단

(단위 : 명, %)

			사례수	0.	1.	2.	3.	4.	5.	6.	7.	8.	9.
취약 집단	전 체		462	20.1	2.4	2.6	5.0	3.9	26.0	24.7	1.7	13.0	0.6
	성별	남성	185	10.8	3.8	1.6	0.5	3.2	27.0	27.0	3.8	21.6	0.5
		여성	277	26.4	1.4	3.2	7.9	4.3	25.3	23.1	0.4	7.2	0.7
	연령별	20대 초반	330	20.9	2.1	2.4	5.2	3.6	26.7	25.8	1.2	11.8	0.3
		20대 후반	132	18.2	3.0	3.0	4.5	4.5	24.2	22.0	3.0	15.9	1.5
	출신고 유형	특성화(직업계)고	217	18.9	3.2	1.8	7.4	2.3	24.9	22.6	2.8	15.2	0.9
		마이스터고	16	6.3	12.5	0.0	0.0	0.0	12.5	12.5	0.0	56.3	0.0
		일반고(직업반)	38	47.4	0.0	0.0	2.6	0.0	13.2	26.3	0.0	10.5	0.0
		일반고(진학반)	132	16.7	0.8	3.8	2.3	6.8	32.6	26.5	1.5	8.3	0.8
		기타 비직업계고	14	14.3	7.1	0.0	0.0	21.4	28.6	28.6	0.0	0.0	0.0
		고졸 검정고시	42	21.4	0.0	4.8	7.1	2.4	26.2	31.0	0.0	7.1	0.0
		중졸 이하	3	0.0	0.0	33.3	0.0	0.0	33.3	33.3	0.0	0.0	0.0
	현재 거주지 권역별	서울	58	37.9	5.2	0.0	5.2	3.4	19.0	19.0	1.7	8.6	0.0
		경기/인천/강원	94	12.8	2.1	1.1	7.4	5.3	28.7	33.0	1.1	7.4	1.1
		전라권/제주	90	31.1	0.0	2.2	0.0	4.4	21.1	25.6	1.1	13.3	1.1
		충청권	79	13.9	5.1	3.8	6.3	2.5	30.4	19.0	2.5	15.2	1.3
		부울경	69	15.9	0.0	4.3	4.3	2.9	34.8	21.7	1.4	14.5	0.0
		대구경북	72	12.5	2.8	4.2	6.9	4.2	20.8	26.4	2.8	19.4	0.0
비 취약 집단	전 체		240	27.1	2.5	4.6	5.0	6.3	18.8	19.2	1.7	13.8	1.3
	성별	남성	94	14.9	4.3	3.2	1.1	8.5	13.8	18.1	4.3	28.7	3.2
		여성	146	34.9	1.4	5.5	7.5	4.8	21.9	19.9	0.0	4.1	0.0
	연령별	20대 초반	183	27.9	2.7	4.4	3.8	6.6	18.6	20.2	0.5	14.2	1.1
		20대 후반	57	24.6	1.8	5.3	8.8	5.3	19.3	15.8	5.3	12.3	1.8
	출신고 유형	특성화(직업계)고	105	39.0	2.9	2.9	4.8	2.9	11.4	20.0	1.0	13.3	1.9
		마이스터고	14	21.4	7.1	7.1	0.0	0.0	0.0	0.0	0.0	64.3	0.0
		일반고(직업반)	16	12.5	0.0	0.0	18.8	6.3	31.3	18.8	6.3	6.3	0.0
		일반고(진학반)	90	16.7	2.2	7.8	3.3	11.1	24.4	22.2	2.2	8.9	1.1
		기타 비직업계고	7	57.1	0.0	0.0	0.0	14.3	14.3	0.0	0.0	14.3	0.0
		고졸 검정고시	7	0.0	0.0	0.0	14.3	0.0	57.1	28.6	0.0	0.0	0.0
		중졸 이하	1	0.0	0.0	0.0	0.0	0.0	100.0	0.0	0.0	0.0	0.0
	현재 거주지 권역별	서울	28	39.3	3.6	7.1	3.6	3.6	17.9	17.9	0.0	7.1	0.0
		경기/인천/강원	51	25.5	2.0	2.0	2.0	11.8	25.5	19.6	0.0	11.8	0.0
		전라권/제주	48	31.3	0.0	4.2	2.1	2.1	18.8	20.8	4.2	14.6	2.1
		충청권	39	28.2	7.7	5.1	7.7	5.1	15.4	10.3	2.6	17.9	0.0
		부울경	30	23.3	0.0	3.3	6.7	0.0	13.3	26.7	3.3	20.0	3.3
		대구경북	44	18.2	2.3	6.8	9.1	11.4	18.2	20.5	0.0	11.4	2.3

주 : 0. 경영 · 사무 · 금융 · 보험직 1. 연구직 및 공학기술직 2. 교육 · 법률 · 사회복지 · 경찰 · 소방직 및 군인 3. 보건 · 의료직 4. 예술 · 디자인 · 방송 · 스포츠직 5. 미용 · 여행 · 숙박 · 음식 · 경비 · 청소직 6. 영업 · 판매 · 운전 · 운송직 7. 건설 · 채굴직 8. 설치 · 정비 · 생산직 9. 농림어업직

자료 : 실태조사 원자료를 활용하여 저자 작성.

〈표 3-39〉 직장 총 직원수(취업자) : 취약/비취약 집단

(단위 : 명, %)

				1~4명	5~9명	10~29명	30~99명	100명 이상			
								100~299명	300~499명	500명 이상	
취약 집단	전 체		462	25.1	26.0	18.2	10.8	6.9	2.6	10.4	19.9
	성별	남성	185	24.3	21.1	16.8	13.5	8.6	2.7	13.0	24.3
		여성	277	25.6	29.2	19.1	9.0	5.8	2.5	8.7	17.0
	연령별	20대 초반	330	26.4	27.6	17.6	10.0	5.5	2.7	10.3	18.5
		20대 후반	132	22.0	22.0	19.7	12.9	10.6	2.3	10.6	23.5
	출신고 유형	특성화(직업계)고	217	20.7	26.3	13.8	15.2	8.8	4.1	11.1	24.0
		마이스터고	16	12.5	12.5	12.5	6.3	18.8	0.0	37.5	56.3
		일반고(직업반)	38	18.4	34.2	39.5	0.0	2.6	2.6	2.6	7.9
		일반고(진학반)	132	29.5	26.5	18.2	10.6	4.5	1.5	9.1	15.2
		기타 비직업계고	14	42.9	21.4	28.6	0.0	0.0	0.0	7.1	7.1
		고졸 검정고시	42	35.7	21.4	21.4	4.8	7.1	0.0	9.5	16.7
		중졸 이하	3	66.7	33.3	0.0	0.0	0.0	0.0	0.0	0.0
	현재 거주지 권역별	서울	58	29.3	12.1	31.0	10.3	3.4	1.7	12.1	17.2
		경기/인천/강원	94	28.7	34.0	16.0	8.5	5.3	1.1	6.4	12.8
		전라권/제주	90	23.3	25.6	22.2	10.0	6.7	1.1	11.1	18.9
		충청권	79	24.1	21.5	8.9	15.2	8.9	5.1	16.5	30.4
		부울경	69	20.3	29.0	20.3	7.2	11.6	2.9	8.7	23.2
		대구경북	72	25.0	29.2	13.9	13.9	5.6	4.2	8.3	18.1
비 취약 집단	전 체		240	25.4	22.5	17.5	11.3	8.3	3.8	11.3	23.3
	성별	남성	94	27.7	22.3	11.7	8.5	8.5	3.2	18.1	29.8
		여성	146	24.0	22.6	21.2	13.0	8.2	4.1	6.8	19.2
	연령별	20대 초반	183	26.2	23.0	18.0	9.8	8.2	3.3	11.5	23.0
		20대 후반	57	22.8	21.1	15.8	15.8	8.8	5.3	10.5	24.6
	출신고 유형	특성화(직업계)고	105	24.8	19.0	14.3	15.2	9.5	6.7	10.5	26.7
		마이스터고	14	7.1	0.0	0.0	7.1	14.3	0.0	71.4	85.7
		일반고(직업반)	16	6.3	37.5	37.5	6.3	0.0	6.3	6.3	12.5
		일반고(진학반)	90	33.3	25.6	20.0	8.9	6.7	1.1	4.4	12.2
		기타 비직업계고	7	14.3	14.3	28.6	14.3	14.3	0.0	14.3	28.6
		고졸 검정고시	7	28.6	42.9	14.3	0.0	14.3	0.0	0.0	14.3
		중졸 이하	1	0.0	100.0	0.0	0.0	0.0	0.0	0.0	0.0
	현재 거주지 권역별	서울	28	32.1	10.7	25.0	14.3	7.1	7.1	3.6	17.9
		경기/인천/강원	51	19.6	25.5	21.6	5.9	9.8	5.9	11.8	27.5
		전라권/제주	48	35.4	31.3	12.5	6.3	6.3	2.1	6.3	14.6
		충청권	39	15.4	17.9	20.5	10.3	15.4	2.6	17.9	35.9
		부울경	30	23.3	26.7	10.0	10.0	6.7	6.7	16.7	30.0
		대구경북	44	27.3	18.2	15.9	22.7	4.5	0.0	11.4	15.9

자료: 실태조사 원자료를 활용 하여 저자 작성.

다음으로 취업자의 직장 규모를 살펴보면, 취약 집단에서는 직원 수 5~9명 규모의 직장이 26.0%로 가장 큰 비중을 차지하고, 그다음으로 1~4명 규모의 직장이 25.1%로 많다. 대규모(100명 이상) 직장에 소속된 비율은 19.9%로 나타난다. 비취약 집단에서는 5인 미만 사업체 취업비중이 25.4%로 가장 높고, 그다음으로 5~9인 규모 사업체가 22.5%로 나타나고, 100명 이상 사업체 취업 비중은 23.3%로 나타나 취약 집단보다 대규모 사업체 취업 비중은 더 높게 나타난다. 성별로 취약 집단, 비취약 집단 모두 남성의 100인 이상 사업체 취업 비중이 여성보다 더 높고, 성별격차가 뚜렷하다. 연령대별로 취약 집단은 20대 초반 100인 이상 사업체 취업자 비중이 18.5%로 비취약 집단(23%)보다 낮지만, 20대 후반에서는 취약 집단의 100인 이상 사업체 취업 비중이 23.5%, 비취약 집단 24.6%로 그 격차가 약간 작게 나타난다. 지역별로, 경기, 충청, 부울경 지역에서 취약 집단과 비취약 집단 간 100인 이상 사업체 취업 비중의 격차가 매우 뚜렷하게 나타난다(취약 집단 <비취약 집단). 고교 유형별로 마이스터고의 100인 이상 규모 사업체 취업자 비중이 가장 높은 편으로 나타나고, 모든 고교 유형에서 비취약 집단의 100인 이상 사업체 비중이 더 높게 나타난다.

보고서에는 생략하였지만, 현재 미취업자의 이전 일자리 사업체 규모를 살펴보면, 취업자의 경우와 비슷하게, 취약 집단의 이전 일자리가 100인 이상 사업체 일자리 였던 비중이 비취약 집단보다 약간 낮게 나타난다.

2) 결정요인 분석 - 정규직 취업, 근속기간, 취업자의 임금 수준, 취업직종의 평균 근속기간

앞서 고졸 비진학 청년의 졸업 이후 노동시장 이행 성과에 대한 기초통계 분석에 더해 일자리의 질과 관련된 주요 지표에 대해 결정요인 분석을 수행한 결과를 〈표 3-40〉~〈표 3-43〉에 요약하였다. 우선 취약/비취약 비진학 고졸 청년의 정규직 취업 확률(정규직 취업=1, 미취업/비정규직 취업=0)을 probit 모형으로 분석한 결과를 살펴보면, 비취약 고졸 청년 집단에서는 다른 조건이 동일할 때, 훈련/진로지도/취업지도 중 두 가지 이상의 정부지원 서비스를 경험한 청년의 정규직 취업 확률이 더 높게 나타난다. 또한 고교 유형별 차이도 나타나는데, 마이스터고 졸업자는 특성화고 졸업자에 비해 정

〈표 3-40〉 취약/비취약 비진학 고졸 청년의 정규직 취업 확률 결정요인 분석 결과(Probit)

	전체 N=1,109		비취약 집단 N=318		취약 집단 N=791	
	평균한계효과	표준오차	평균한계효과	표준오차	평균한계효과	표준오차
환경 취약만	0.056	0.043				
개인 취약만	-0.244***	0.038			-1.005***	0.161
이중취약	-0.121***	0.036			-0.535***	0.113
여성	0.000	0.029	-0.016	0.058	0.025	0.108
연령	0.011*	0.006	0.010	0.014	0.044*	0.024
교육연수	0.022	0.019	0.024	0.051	0.080	0.066
훈련/진로/취업지도 중 1가지	0.029	0.034	0.015	0.069	0.135	0.126
훈련/진로/취업지도 중 2가지 이상	0.042	0.032	0.114*	0.062	0.034	0.122
서울/수도권 거주	-0.046	0.032	-0.101	0.065	-0.074	0.126
고교-특성화고(준거)						
고교-마이스터고	0.342***	0.080	0.288**	0.131	0.972***	0.315
고교-일반계	-0.086***	0.030	-0.190***	0.054	-0.133	0.112
고교-없음	-0.148***	0.045	-0.472***	0.182	-0.310*	0.175
부모교육연수	-0.003	0.007	0.007	0.014	-0.032	0.028

주 : *, **, ***는 각각 10%, 5%, 1% 이하 수준에서 통계적으로 유의함을 의미함.
자료 : 실태조사 원자료를 활용하여 저자 작성.

규직 취업 확률이 더 높게 나타나고, 반면 일반계고 졸업자와 졸업고교가 없는 청년의 경우, 정규직 취업 확률이 낮게 나타난다. 취약 집단의 경우, 다른 조건이 동일할 때, 연령이 높을수록 정규직 취업 확률이 약간 더 높아지는 것으로 나타나고, 고교 유형별로 일반계고 졸업자의 경우 다른 유형의 고교 졸업자에 비해 정규직 취업 확률이 낮은 것으로 나타난다.

다음으로 취업상태인 고졸 비진학 청년으로 한정한 표본에서 현재 일자리의 근속기간(개월)의 결정요인을 분석한 결과를 살펴보면, 비취약 집단의 경우 연령이 높을수록 평균 근속기간이 긴 것으로 나타나고, 서울/수도권 거주자의 경우 근속기간이 상대적으로 짧게 나타난다. 고교 유형별로 마이스터고 졸업자는 다른 조건이 동일한 다른 유형의 고교 졸업자에 비해 평균 근속기간이 훨씬 길게(약 10.3개월) 나타난다.

〈표 3-41〉 취약/비취약 비진학 고졸 청년의 현재 일자리 근속기간 결정요인 분석 결과(OLS)

근속기간(개월)	전체 N=702		비취약 집단 N=240		취약 집단 N=462	
	계수값	표준오차	계수값	표준오차	계수값	표준오차
환경 취약만	-1.772	1.528				
개인 취약만	-0.565	2.75			1.449	2.802
이중취약	-2.712*	1.431			-0.844	1.502
여성	4.560***	1.249	3.769	2.355	5.116***	1.504
연령	1.409***	0.295	1.587***	0.523	1.344***	0.361
교육연수	0.321	0.685	0.41	1.73	0.3	0.755
훈련/진로/취업지도 중 1가지	-0.673	1.511	-2.052	2.91	-0.17	1.809
훈련/진로/취업지도 중 2가지 이상	-0.013	1.42	-2.767	2.369	1.237	1.85
서울/수도권 거주	-1.356	1.384	-3.885*	2.323	-0.194	1.755
고교-특성화고(준거)						
고교-마이스터고	6.377**	3.222	10.274**	4.652	3.174	4.465
고교-일반계	-3.463***	1.274	-2.833	2.277	-3.901**	1.607
고교-없음	-3.807	2.421	-2.253	7.44	-4.186	2.592
부모교육연수	0.019	0.316	0.254	0.534	-0.113	0.408

주 : *, **, ***는 각각 10%, 5%, 1% 이하 수준에서 통계적으로 유의함을 의미함.
자료 : 실태조사 원자료를 활용하여 저자 작성.

취약 집단의 경우, 다른 조건이 동일할 때, 여성, 연령이 높은 취약 청년의 평균 근속기간이 더 길게 나타난다. 그 외에는 고교 유형별 차이만 나타나는데, 다른 유형의 고교 졸업생에 비해 일반계고 졸업자의 경우 평균 근속기간이 짧게 나타난다.

다음으로 취업자의 평균 임금수준을 살펴보면, 비취약, 취약 집단 모두 여성 청년의 경우 평균 임금 수준이 낮고, 연령대가 높은 청년일수록 평균 임금 수준이 높게 나타났다. 하지만 연령 증가에 따른 임금 증가율의 차이는 취약 집단이 비취약 집단에 비해 거의 절반수준으로 나타나는 점으로 미루어 볼 때, 취약 집단의 경우 비취약 집단에 비해 연령/경험 증가에 따른 임금상승률이 높지 않은 일자리에 많이 포진되어 있을 가능성이 있다. 한편, 비취약 집단의 경우에만 서울/수도권 청년들의 평균 임금이 타지역 비취약 청년 평균 임금보다 낮고, 취약 집단에서는 이러한 패턴은 나타나지 않는다. 고교

〈표 3-42〉 취약/비취약 비진학 고졸 청년 현재 일자리 임금수준 결정요인 분석 결과(OLS)

임금수준(만 원)	전 체 N=702		비취약 집단 N=240		취약 집단 N=462	
	계수값	표준오차	계수값	표준오차	계수값	표준오차
환경 취약만	-4.005	8.637				
개인 취약만	-31.131*	16.25			-24.678	16.671
이중취약	-6.384	9.701			-3.181	8.966
여성	-23.445***	7.672	-34.239**	13.805	-18.526**	9.22
연령	7.111***	1.52	11.965***	3.343	5.695***	1.715
교육연수	5.366	5.158	4.124	14.119	6.957	5.198
훈련/진로/취업지도 중 1가지	-7.492	8.886	8.318	16.69	-13.087	10.46
훈련/진로/취업지도 중 2가지 이상	-2.061	7.912	5.33	13.366	-5.081	9.856
서울/수도권 거주	-4.608	9.356	-29.949*	16.539	6.744	11.137
고교-특성화고(준거)						
고교-마이스터고	63.787***	17.181	41.248**	19.918	77.189***	27.957
고교-일반계	-18.717**	7.527	-26.118*	15.136	-18.875**	8.819
고교-없음	-2.255	15.597	-7.957	58.025	0.065	15.17
부모교육연수	-0.254	1.929	3.833	3.566	-2.691	2.329

주 : *, **, ***는 각각 10%, 5%, 1% 이하 수준에서 통계적으로 유의함을 의미함.
자료 : 실태조사 원자료를 활용하여 저자 작성.

유형별로, 취약/비취약 집단 모두 마이스터고 졸업생의 평균 임금은 다른 조건이 동일할 때, 특성화고 졸업생(준거집단)보다 높고, 일반계고 졸업생의 경우, 특성화고 졸업생보다 낮게 나타난다.

마지막으로 취약/비취약 고졸 비진학 청년의 현재 직종(세분류 기준) 취업자의 평균 근속기간을 살펴보았다. 이를 통해 취약/비취약 고졸 비진학 청년이 평균 고용기간이 상대적으로 긴 안정적인 직종에 취업하였는지, 그렇지 못한지 집단 간 차이를 알아보고자 했다. 취업자 직종의 평균 근속기간은 직종 세분류 단위로 취업자 표본을 추출할 수 있는 지역별고용조사 나형을 활용하였고, 각 직종 세분류 카테고리별로 평균 근속기간을 계산하는데 충분한 표본 수를 확보하기 위하여 지역별 고용조사의 최신 2개년도 자료(2023, 2022년)를 통합하여 활용하였다. 지역별 고용조사에서 각 직종 세분류별 산출한 평균 근속기간 정보를 실태조사의 표본에 직종세분류를 기준[16]으로 연결하여 활용하였다.

분석 결과, 고용 안정성을 살펴보기 위해 분석한 정규직 취업 확률 분석 결과와 비슷한 결과가 나타난다. 비취약 집단의 경우, 다른 조건이 동일할 때 연령이 높은 표본일수록 취업자의 평균 근속기간이 상대적으로 긴 직종에 취업한 것으로 나타난다. 또한 일반계고 졸업자와 졸업 고교가 없는 집단의 경우 특성화고나 마이스터고 졸업자에 비해 취업한 직종의 취업자 평균 근속기간이 짧은 것으로 나타난다. 취약 집단의 경우, 다른 조건이 동일할 때, 환경 취약 특성만 가진 집단에 비해, 개인 취약 특성만 가진 집단이나 이중취약 집단의 경우 재직자의 평균 근속기간이 짧은 직종에 취업한 것으로 나타나고, 고교 유형별로, 마이스터고 졸업자는 특성화고 졸업자에 비해 재직자 평균 근속기간이 긴 직종, 일반계고 졸업자는 재직자 평균 근속기간이 더 짧은 직종에 취업한 것으로 나타난다.

〈표 3-43〉 취약/비취약 비진학 고졸 청년 취업 직종의 평균 근속기간(OLS)

평균근속기간(개월)	전 체 N=702		비취약 집단 N=240		취약 집단 N=462	
	계수값	표준오차	계수값	표준오차	계수값	표준오차
환경 취약만	-1.393	1.371				
개인 취약만	-4.896***	1.446			-3.700**	1.508
이중취약	-4.217***	1.262			-2.906**	1.251
여성	0.775	0.972	-0.75	1.892	1.372	1.148
연령	0.403*	0.212	0.749*	0.411	0.325	0.248
교육연수	-0.313	0.724	-0.522	2.252	-0.29	0.741
훈련/진로/취업지도 중 1가지	-0.597	1.137	-1.156	2.393	0.016	1.289
훈련/진로/취업지도 중 2가지 이상	0.284	1.183	0.924	2.382	0.22	1.369
서울/수도권 거주	1.063	1.199	0.889	2.655	0.948	1.344
고교-특성화고(준거)						
고교-마이스터고	6.646**	2.674	2.259	3.923	9.159**	3.769
고교-일반계	-3.444***	1.017	-6.749***	1.914	-2.215*	1.195
고교-없음	-1.398	1.722	-8.720**	3.738	0.102	1.894
부모교육연수	-0.333	0.251	-0.334	0.449	-0.367	0.311

주 : *, **, ***는 각각 10%, 5%, 1% 이하 수준에서 통계적으로 유의함을 의미함.
자료 : 실태조사 원자료를 활용하여 저자 작성.

16) 본 조사에서는 한국고용직업분류 세세분류를 기준으로 직종을 조사하였다. 한국고용직업분류 세세분류를 표준직업분류 세세분류-세분류로 변환하여 지역별 고용조사의 직종별 평균 근속기간과 연결해 주었다.

다. 구직활동과 경험 일자리

고졸 청년 중 취업 청년의 구직 경로를 취약/비취약 집단으로 구분하여 살펴보면, 전반적으로는 취약 집단과 비취약 집단 모두에서 구인공고를 통한 취업 경로가 가장 큰 비중을 차지하며, 지인/가족 경로가 그 뒤를 잇는다. 취약 집단의 경우, 구인공고를 통한 취업 비중이 59.5%, 지인/가족을 통한 경로가 22.5%로 나타나는 반면, 학교/선생님을 통한 취업(6.1%)과 정부나 직업소개소 등 다른 경로는 상대적으로 비중이 낮다. 비취약 집단의 경우, 구인공고를 통한 취업은 51.3%로 가장 높은 비중을 차지하지만 취약 집단보다는 약간 낮고, 지인/가족을 통해 취업한 비중은 24.2%로 약간 더 높다. 성별로, 남성은 취약/비취약 집단 간 구직 경로의 차이가 크지 않지만, 여성의 경우, 취약 집단에서는 구인공고를 통한 취업이 62.5%로 나타난 반

〈표 3-44〉 일자리 구한 경로(취업자) : 취약/비취약 집단

(단위 : 명, %)

			사례수	① 구인공고	② 지인/가족	③ 학교/선생님	④ 정부	⑤ 직업소개소	⑥ 기업	⑦ 기타
취약 집단	전 체		462	59.5	22.5	6.1	3.2	1.1	0.2	7.4
	성별	남성	185	50.3	30.3	7.0	3.2	1.6	0.0	7.6
		여성	277	65.7	17.3	5.4	3.2	0.7	0.4	7.2
	연령별	20대 초반	330	61.8	20.6	7.3	3.6	0.3	0.0	6.4
		20대 후반	132	53.8	27.3	3.0	2.3	3.0	0.8	9.8
	출신고 유형	특성화(직업계)고	217	58.5	21.2	10.1	2.8	1.4	0.0	6.0
		마이스터고	16	56.3	25.0	12.5	6.3	0.0	0.0	0.0
		일반고(직업반)	38	78.9	15.8	2.6	2.6	0.0	0.0	0.0
		일반고(진학반)	132	58.3	24.2	.8	3.8	1.5	.8	10.6
		기타 비직업계고	14	50.0	28.6	7.1	0.0	0.0	0.0	14.3
		고졸 검정고시	42	57.1	23.8	2.4	4.8	0.0	0.0	11.9
		중졸 이하	3	33.3	66.7	0.0	0.0	0.0	0.0	0.0
	현재 거주지 권역별	서울	58	79.3	10.3	3.4	1.7	3.4	0.0	1.7
		경기/인천/강원	94	60.6	25.5	1.1	1.1	0.0	0.0	11.7
		전라권/제주	90	47.8	27.8	8.9	6.7	0.0	0.0	8.9
		충청권	79	60.8	21.5	8.9	1.3	1.3	1.3	5.1
		부울경	69	59.4	18.8	8.7	5.8	1.4	0.0	5.8
		대구경북	72	55.6	26.4	5.6	2.8	1.4	0.0	8.3

〈표 3-44〉의 계속

			사례수	① 구인공고	② 지인/가족	③ 학교/선생님	④ 정부	⑤ 직업소개소	⑥ 기업	⑦ 기타
비취약집단	전 체		240	51.3	24.2	11.3	4.2	1.7	0.8	6.7
	성별	남성	94	38.3	38.3	11.7	2.1	2.1	1.1	6.4
		여성	146	59.6	15.1	11.0	5.5	1.4	0.7	6.8
	연령별	20대 초반	183	54.6	20.8	13.7	3.3	1.6	0.5	5.5
		20대 후반	57	40.4	35.1	3.5	7.0	1.8	1.8	10.5
	출신고 유형	특성화(직업계)고	105	49.5	17.1	17.1	6.7	1.9	1.0	6.7
		마이스터고	14	35.7	14.3	42.9	0.0	0.0	0.0	7.1
		일반고(직업반)	16	56.3	31.3	6.3	0.0	6.3	0.0	0.0
		일반고(진학반)	90	51.1	34.4	2.2	3.3	1.1	0.0	7.8
		기타 비직업계고	7	57.1	28.6	0.0	0.0	0.0	14.3	0.0
		고졸 검정고시	7	85.7	0.0	0.0	0.0	0.0	0.0	14.3
		중졸 이하	1	100.0	0.0	0.0	0.0	0.0	0.0	0.0
	현재 거주지 권역별	서울	28	78.6	7.1	7.1	3.6	0.0	0.0	3.6
		경기/인천/강원	51	47.1	31.4	9.8	3.9	0.0	0.0	7.8
		전라권/제주	48	43.8	25.0	12.5	8.3	2.1	0.0	8.3
		충청권	39	46.2	17.9	17.9	7.7	0.0	2.6	7.7
		부울경	30	46.7	36.7	6.7	0.0	3.3	3.3	3.3
		대구경북	44	54.5	22.7	11.4	0.0	4.5	0.0	6.8

주 : ① 구인공고(잡코리아, 알바몬, 등)를 보고 지원 ② 주변 지인/가족이 소개 ③ 학교, 학교 선생님이 연결해 줌 ④ 정부(고용센터, 워크넷 등)가 연결해 줌 ⑤ 직업소개소를 통해 연결 ⑥ 인턴십이나 교육·훈련 프로그램으로 참여한 기업에 취업 ⑦ 기타.
자료 : 실태조사 원자료를 활용하여 저자 작성.

면, 비취약집단 여성은 50.1%로 더 낮다. 연령대별로 취약 집단과 비취약 집단 모두 20대 초반의 경우 구직공고를 통한 취업 비중이 가장 높고, 20대 후반보다 높게 나타난다. 그런데 비취약 집단의 경우, 20대 초반 구직시 학교/선생님을 통해 취업하는 비중이 13.7%로 나타나지만, 취약 집단의 경우 학교/선생님을 통한 취업이 7.3%에 그치는 수준으로 나타난다. 고교 유형별로 특성화고와 마이스터고는 학교/선생님의 도움으로 취업하는 사람의 비중이 일반계고(직업반, 진학반) 졸업자 비중보다 높게 나타나는데 취약 집단보다 비취약 집단에서 이 비중이 높다. 마이스터고 졸업자 중에서도 취약 집단에 비해 비취약 집단이 학교/선생님을 통해 일자리를 구한 비중에서 크게 차이가 난다는 점은 특이하다(취약-12.5%, 비취약-42.9%).

지역별로 취약/비취약 집단 모두 서울 지역에서는 구인공고를 통한 취업 비중이 다른 지역보다 높다. 한편, 현재 취업상태가 아닌 표본의 이전 일자리 취업 당시 구직 경로도 취업자와 유사한 패턴이 나타난다.

다음으로 취약 집단과 비취약 집단의 경험 일자리 개수를 살펴보면, 취약 집단의 평균 경험 일자리 개수는 4.64개로 나타나고, 비취약 집단의 평균 경험 일자리 개수는 4.11개로 취약 집단보다 더 적다. 성별로 취약 집단에서는 평균 일자리 경험 개수가 남자는 4.84개, 여자는 4.52개로 여자가 약간 적고, 비취약 집단의 경우, 남자는 4.4개, 여자는 3.93개로 나타나 성별 격차가 조금 더 뚜렷하다. 연령대별로는 연령대가 더 높은 집단의 평균 일자리 개수가 더 많다. 고교 유형별로는 취약/비취약 집단 모두 일반고(진학반), 고졸 검정고시 출신이 상대적으로 경험 일자리 수가 많다.

〈표 3-45〉 경험 일자리 개수

			사례수	1개	2~3개	4~5개	6~9개	10개 이상	평균
취약 집단	전 체		707	15.1	28.1	27.2	19.9	9.6	4.64
	경제활동상태	취업	462	15.4	22.5	28.8	21.4	11.9	4.99
		실업(구직)	33	27.3	33.3	18.2	15.2	6.1	3.70
		비경제활동	212	12.7	39.6	25.0	17.5	5.2	4.02
	성별	남성	262	14.9	27.5	25.6	20.2	11.8	4.84
		여성	445	15.3	28.5	28.1	19.8	8.3	4.52
	연령별	20대 초반	506	19.6	29.6	25.9	18.8	6.1	4.13
		20대 후반	201	4.0	24.4	30.3	22.9	18.4	5.92
	출신고 유형	특성화(직업계)고	303	13.9	25.4	29.0	22.4	9.2	4.69
		마이스터고	19	31.6	36.8	31.6	0.0	0.0	2.74
		일반고(직업반)	50	46.0	24.0	14.0	10.0	6.0	3.22
		일반고(진학반)	226	11.5	33.2	30.1	16.8	8.4	4.52
		기타 비직업계고	20	10.0	20.0	20.0	35.0	15.0	6.15
		고졸 검정고시	82	7.3	25.6	23.2	28.0	15.9	5.54
		중졸 이하	7	28.6	42.9	0.0	0.0	28.6	6.71
	현재 거주지 권역별	서울	93	24.7	24.7	17.2	25.8	7.5	4.46
		경기/인천/강원	142	9.9	25.4	28.9	28.2	7.7	4.89
		전라권/제주	121	19.8	30.6	21.5	14.0	14.0	4.60
		충청권	128	17.2	24.2	29.7	19.5	9.4	4.73
		부울경	114	9.6	36.0	29.8	16.7	7.9	4.41
		대구경북	109	11.9	28.4	33.9	14.7	11.0	4.65

〈표 3-45〉의 계속

			사례수	1개	2~3개	4~5개	6~9개	10개 이상	평균
비취약 집단	전 체		291	17.5	35.1	24.4	16.2	6.9	4.11
	경제활동상태	취업	240	17.1	36.3	23.8	16.3	6.7	4.09
		실업(구직)	30	16.7	36.7	30.0	10.0	6.7	3.83
		비경제활동	21	23.8	19.0	23.8	23.8	9.5	4.67
	성별	남성	110	18.2	32.7	20.9	18.2	10.0	4.40
		여성	181	17.1	36.5	26.5	14.9	5.0	3.93
	연령별	20대 초반	218	20.2	39.0	22.9	13.3	4.6	3.65
		20대 후반	73	9.6	23.3	28.8	24.7	13.7	5.48
	출신고 유형	특성화(직업계)고	120	20.8	40.8	20.8	11.7	5.8	3.71
		마이스터고	15	40.0	40.0	6.7	6.7	6.7	2.73
		일반고(직업반)	17	23.5	23.5	41.2	11.8	0.0	3.65
		일반고(진학반)	119	11.8	30.3	27.7	22.7	7.6	4.63
		기타 비직업계고	9	11.1	55.6	11.1	11.1	11.1	3.67
		고졸 검정고시	10	10.0	20.0	30.0	20.0	20.0	5.90
		중졸 이하	1	0.0	0.0	100.0	0.0	0.0	4.00
	현재 거주지 권역별	서울	35	14.3	45.7	20.0	11.4	8.6	4.00
		경기/인천/강원	59	11.9	44.1	22.0	18.6	3.4	3.98
		전라권/제주	54	20.4	35.2	22.2	16.7	5.6	3.76
		충청권	51	23.5	35.3	25.5	15.7	0.0	3.31
		부울경	41	12.2	31.7	22.0	22.0	12.2	4.98
		대구경북	51	21.6	19.6	33.3	11.8	13.7	4.78

자료 : 실태조사 원자료를 활용하여 저자 작성.

고졸 청년의 가장 긴 일자리 기간을 살펴보면, 취약 집단에서는 일자리 지속 기간이 1년 이상~2년 미만인 비중이 35.2%로 가장 높으며, 그다음으로 2년 이상~3년 미만이 15.7%로 나타난다. 3년 이상 일자리를 유지한 비율은 17.0%이다. 비취약 집단에서는 1년 이상~2년 미만이 32.6%로 가장 높고, 2년 이상~3년 미만 비중이 22.7%, 3년 이상 일자리를 유지한 비율이 17.9%로 나타나, 비취약 집단에서 2년 이상 일자리를 유지한 비중(40.6%)이 취약 집단(32.7%)보다 높게 나타난다. 성별로 남성보다 여성이 1년 이상 일자리를 유지한 비중이 더 높게 나타나지만, 전체적인 패턴과 유사한 패턴이 나타난다. 연령대별로 20대 후반의 경우, 3년 이상 일자리 유지 비중이 높아지는데, 취약 집단의 경우에 그 비중이 약간 더 높다. 고교 유형별로는 마이스터고 졸업자가 가장 오래 근무한 일자리의 근속기간이 높은 구간에 많이 포진되어 있다.

〈표 3-46〉 가장 긴 일자리 기간

(단위 : 명, %)

			사례수	6개월 미만	6개월 이상~1년 미만	1년 이상~2년 미만	2년 이상~3년 미만	3년 이상
취약집단	전 체		707	10.6	21.5	35.2	15.7	17.0
	경제활동상태	취업	462	6.9	19.7	35.5	16.9	21.0
		실업(구직)	33	12.1	33.3	30.3	18.2	6.1
		비경제활동	212	18.4	23.6	35.4	12.7	9.9
	성별	남성	262	14.5	26.7	30.9	12.6	15.3
		여성	445	8.3	18.4	37.8	17.5	18.0
	연령별	20대 초반	506	13.8	24.3	37.9	14.0	9.9
		20대 후반	201	2.5	14.4	28.4	19.9	34.8
	출신고 유형	특성화(직업계)고	303	11.6	13.9	37.0	16.2	21.5
		마이스터고	19	15.8	15.8	15.8	21.1	31.6
		일반고(직업반)	50	12.0	36.0	30.0	4.0	18.0
		일반고(진학반)	226	7.5	28.3	34.5	18.1	11.5
		기타 비직업계고	20	10.0	10.0	40.0	20.0	20.0
		고졸 검정고시	82	13.4	26.8	36.6	13.4	9.8
		중졸 이하	7	14.3	14.3	42.9	0.0	28.6
	현재 거주지 권역별	서울	93	9.7	22.6	35.5	18.3	14.0
		경기/인천/강원	142	14.1	19.7	35.9	14.8	15.5
		전라권/제주	121	9.1	26.4	27.3	19.0	18.2
		충청권	128	12.5	17.2	32.8	12.5	25.0
		부울경	114	8.8	19.3	39.5	20.2	12.3
		대구경북	109	8.3	24.8	41.3	10.1	15.6
비 취약집단	전 체		291	10.0	16.8	32.6	22.7	17.9
	경제활동상태	취업	240	8.3	15.4	32.1	23.8	20.4
		실업(구직)	30	20.0	20.0	36.7	20.0	3.3
		비경제활동	21	14.3	28.6	33.3	14.3	9.5
	성별	남성	110	11.8	19.1	27.3	19.1	22.7
		여성	181	8.8	15.5	35.9	24.9	14.9
	연령별	20대 초반	218	11.5	17.9	35.3	21.6	13.8
		20대 후반	73	5.5	13.7	24.7	26.0	30.1
	출신고 유형	특성화(직업계)고	120	6.7	15.0	36.7	24.2	17.5
		마이스터고	15	13.3	6.7	26.7	13.3	40.0
		일반고(직업반)	17	11.8	11.8	29.4	35.3	11.8
		일반고(진학반)	119	10.9	21.8	31.9	21.8	13.4
		기타 비직업계고	9	11.1	22.2	22.2	0.0	44.4
		고졸 검정고시	10	30.0	0.0	20.0	20.0	30.0
		중졸 이하	1	0.0	0.0	0.0	100.0	0.0
	현재 거주지 권역별	서울	35	14.3	20.0	20.0	31.4	14.3
		경기/인천/강원	59	8.5	20.3	25.4	22.0	23.7
		전라권/제주	54	11.1	11.1	31.5	29.6	16.7
		충청권	51	11.8	15.7	45.1	11.8	15.7
		부울경	41	4.9	17.1	41.5	22.0	14.6
		대구경북	51	9.8	17.6	31.4	21.6	19.6

자료 : 실태조사 원자료를 활용하여 저자 작성.

라. 비경활 청년이 일을 구하지 않는 이유

비경제활동상태의 청년들이 현재 구직활동을 하지 않는 이유를 조사한 결과, 취약/비취약 집단 모두 '그냥 쉬고 있음' 비중이 각각 42.9%, 45%로 가장 높은 비중을 차지하고 있었다. 비경활 비중과 함께 고려하면 '쉬었음' 청년의 비중[17]은 고졸 비진학 취약 집단의 경우 12.6%에 해당되고, 비취약 청년은 5.7%에 해당되는데, 이는 2024년 7월 기준 20대 청년 쉬었음 비중인 5.4%보다 높은 수준이다.[18]

취약/비취약 집단별로 '쉬었음' 외 이유에 대한 선택 분포는 다르게 나타나는데 비취약 집단은 자격증/시험준비가 35%로 다음 순으로 높게 나타나고 그 외 이유로 심리적 장애, 교육/훈련중임, 몸이 아파서를 선택한 비중은 각각 5%, 7.5%, 5%로 낮게 나타난다. 반면, 비취약 집단의 경우 '그냥 쉬고 있음' 다음 순위로 현재 구직활동을 하지 않는 이유로 심리적 장애를 선택한 비중이 22.3%로 나타나고, 뒤이어 자격증/시험준비(12.4%), 몸이 아파서(9.9%) 순으로 나타나고, 교육/훈련 중임을 선택한 비중은 2.1%로 낮게 나타난다. 즉, 현재 비경활 상태인 집단 중 비취약 집단은 자격증/시험준비나 현재 교육/훈련 중인 비중이 42.5%에 달하지만, 취약 집단은 14.1%에 그친다.

취약 집단의 취약 유형별로는 이중취약 집단과 개인적 취약 특성만 있는 집단의 경우 심리적 장애 비중이 높게 나타난다. 취약환경 유형별로 대부분의 집단에서 그냥 쉬고 있다는 이유가 가장 많았지만, 저학력 가정과 홈리스 경험/가출청소년, 장애/질병 가정 출신 집단에서는 심리적 장애가 있어서 구직활동을 하지 못한다는 응답 비중이 상대적으로 높게 나타난다. 특히 장애/질병 가정에서 심리적 장애로 구직활동을 못하고 있다는 응답은 41.2%로 다른 응답 집단에 비해 압도적으로 많을 뿐 아니라 이는 전체보다 약 2배 정도 높은 수치이다. 반면, 장애/질병 가정에서 그냥 쉬고 있다는 응답은 17.6%에 불과하다.

---

17) '쉬었음' 청년 비중은 비경제활동 청년 중 비경제활동 이유가 '그냥 쉬었음'을 선택한 청년의 비중을 의미한다.

18) https://www.chosun.com/national/national_general/2024/08/18/77SP2ZC6TFD4VG2GEADU33LW4E/

〈표 3-47〉 구직활동을 하지 않는 이유(비경활)

(단위 : 명, %)

		사례수	① 그냥 쉬고 있음	② 심리적 장애	③ 자격증/시험준비	④ 몸이 아파서	⑤ 육아/가사 때문	⑥ 교육/훈련 중임	⑦ 가족을 돌봐야 함	⑧ 사업 준비	⑨ 취업 확정/대기
취약 집단 유형 1	비취약 집단	40	45.0	5.0	35.0	5.0	0.0	7.5	0.0	2.5	0.0
	취약 집단	282	42.9	22.3	12.4	9.9	3.2	2.1	2.8	2.1	2.1
취약 집단 유형 2	비취약 집단	40	45.0	5.0	35.0	5.0	0.0	7.5	0.0	2.5	0.0
	환경 취약 집단	15	40.0	0.0	26.7	6.7	6.7	0.0	6.7	13.3	0.0
	개인 취약 집단	89	44.9	18.0	20.2	6.7	2.2	2.2	0.0	1.1	4.5
	환경+개인 취약 집단	178	42.1	26.4	7.3	11.8	3.4	2.2	3.9	1.7	1.1
취약 환경 유형별 (중복 응답)	다문화 가정	11	36.4	36.4	9.1	0.0	0.0	0.0	9.1	9.1	0.0
	탈북민	4	25.0	75.0	0.0	0.0	0.0	0.0	0.0	0.0	0.0
	경제적 취약	171	42.1	25.7	8.8	11.7	2.9	2.3	3.5	2.3	0.6
	조손가정	33	42.4	24.2	6.1	15.2	6.1	3.0	0.0	0.0	3.0
	저학력 가정	54	33.3	35.2	9.3	11.1	3.7	0.0	3.7	1.9	1.9
	homeless 경험/가출청소년	42	42.9	38.1	2.4	14.3	2.4	0.0	0.0	0.0	0.0
	장애/질병 가정	34	17.6	41.2	8.8	14.7	2.9	5.9	5.9	0.0	2.9

자료 : 실태조사 원자료를 활용하여 저자 작성.

취약 집단의 성별로는 여성 청년이 남성에 비해 그냥 쉬었다와 심리적 장애 비중은 낮고 자격증/시험준비자 비중은 더 높게 나타난다. 연령대별로 큰 차이는 없지만, 20대 후반의 경우, 심리적 장애와 자격증/시험준비 비중이 20대 초반보다 약간 높게 나타난다. 고교 유형별로 표본수가 많은 특성화고와 일반고(진학반)을 위주로 살펴보면 특성화고 졸업자인 취약 집단의 과반이상(54.3%)가 그냥 쉬었다고 응답하였고, 다음 순으로 심리적 장애(15.2%)가 높았고, 일반고(진학반)의 경우, 그냥 쉬었다와 심리적 장애가 각각 37.6%, 26.7%로 높은 선택 비중을 보였지만, 이 집단의 경우 자격증/시험준비자 비중도 18.8%로 나타났다.

비취약 집단은 비경활 상태인 표본 수가 총 40개로 적어 세부 집단별 특이사항을 분석하지 않는다. 전체적으로 주목할 점은 취약 집단 비취약 집단 모두 비진학 고졸 청년 중 현재 구직활동을 하지 않는 청년의 대다수는 그냥 쉬고 있다는 점이고 이 비중이 40% 이상으로 매우 높다는 것이다.

〈표 3-48〉 구직활동을 하지 않는 이유(비경활) : 취약/비취약 집단

(단위 : 명, %)

			사례수	① 그냥 쉬고 있음	② 심리적 장애	③ 자격증/시험 준비	④ 몸이 아파서	⑤ 육아/가사 때문	⑥ 교육/훈련 중임	⑦ 가족을 돌봐야 함	⑧ 사업 준비	⑨ 취업 확정/대기
취약 집단	전 체		282	42.9	22.3	12.4	9.9	3.2	2.1	2.8	2.1	2.1
	성별	남성	94	51.1	23.4	9.6	7.4	0.0	4.3	1.1	3.2	0.0
		여성	188	38.8	21.8	13.8	11.2	4.8	1.1	3.7	1.6	3.2
	연령별	20대 초반	213	42.7	21.6	11.7	10.8	3.3	2.8	2.3	2.3	2.3
		20대 후반	69	43.5	24.6	14.5	7.2	2.9	0.0	4.3	1.4	1.4
	현재 거주지 권역별	서울	39	43.6	23.1	20.5	7.7	0.0	0.0	0.0	5.1	0.0
		경기/인천/강원	57	43.9	24.6	7.0	8.8	1.8	3.5	1.8	3.5	5.3
		전라권/제주	45	28.9	24.4	13.3	13.3	6.7	2.2	6.7	2.2	2.2
		충청권	50	46.0	28.0	6.0	10.0	2.0	2.0	4.0	0.0	2.0
		부울경	53	50.9	9.4	15.1	11.3	5.7	1.9	1.9	1.9	1.9
		대구경북	38	42.1	26.3	15.8	7.9	2.6	2.6	2.6	0.0	0.0
	출신고 유형	특성화(직업계)고	105	54.3	15.2	9.5	6.7	6.7	1.9	1.0	1.9	2.9
		마이스터고	3	0.0	66.7	33.3	0.0	0.0	0.0	0.0	0.0	0.0
		일반고(직업반)	17	23.5	29.4	23.5	5.9	0.0	0.0	5.9	0.0	11.8
		일반고(진학반)	101	37.6	26.7	18.8	9.9	1.0	1.0	2.0	3.0	0.0
		기타 비직업계고	7	0.0	28.6	0.0	42.9	0.0	14.3	0.0	0.0	14.3
		고졸 검정고시	41	51.2	24.4	2.4	9.8	2.4	4.9	4.9	0.0	0.0
		중졸 이하	8	12.5	12.5	0.0	37.5	0.0	0.0	25.0	12.5	0.0
비취약 집단	전 체		40	45.0	5.0	35.0	5.0	0.0	7.5	0.0	2.5	0.0
	성별	남성	15	46.7	6.7	33.3	6.7	0.0	6.7	0.0	0.0	0.0
		여성	25	44.0	4.0	36.0	4.0	0.0	8.0	0.0	4.0	0.0
	연령별	20대 초반	32	46.9	3.1	37.5	3.1	0.0	9.4	0.0	0.0	0.0
		20대 후반	8	37.5	12.5	25.0	12.5	0.0	0.0	0.0	12.5	0.0
	현재 거주지 권역별	서울	3	33.3	0.0	66.7	0.0	0.0	0.0	0.0	0.0	0.0
		경기/인천/강원	6	50.0	16.7	0.0	16.7	0.0	16.7	0.0	0.0	0.0
		전라권/제주	5	40.0	20.0	40.0	0.0	0.0	0.0	0.0	0.0	0.0
		충청권	11	54.5	0.0	36.4	0.0	0.0	9.1	0.0	0.0	0.0
		부울경	10	50.0	0.0	40.0	0.0	0.0	0.0	0.0	10.0	0.0
		대구경북	5	20.0	0.0	40.0	20.0	0.0	20.0	0.0	0.0	0.0
	출신고 유형	특성화(직업계)고	10	40.0	10.0	30.0	0.0	0.0	20.0	0.0	0.0	0.0
		일반고(직업반)	2	0.0	0.0	50.0	50.0	0.0	0.0	0.0	0.0	0.0
		일반고(진학반)	24	54.2	0.0	33.3	4.2	0.0	4.2	0.0	4.2	0.0
		기타 비직업계고	3	33.3	33.3	33.3	0.0	0.0	0.0	0.0	0.0	0.0
		고졸 검정고시	1	0.0	0.0	100.0	0.0	0.0	0.0	0.0	0.0	0.0

자료 : 실태조사 원자료를 활용하여 저자 작성.

2. 일자리 선호, 구직 선호

다음의 <표 3-49>는 고졸 청년의 취업 및 직장 계속 근로 시 중요하게 생각하는 조건에 대해 조사한 결과를 요약한다. 전반적으로 비취약 집단은 취약 집단에 비해 4점 이상으로 중요성을 평가한 항목이 9개 중 7개에 달했지만, 취약 집단은 4점 이상으로 평가한 항목이 5개에 불과해, 비취약 집단은 취업이나 근속을 결정할 때 다양한 조건을 종합적으로 중요하게 고려하는 반면, 취약 집단은 그러지 못하고 있는 것으로 짐작된다.

<표 3-49> 입사 및 직장근속 결정 요인(5점 평균) : 취약/비취약 집단

(단위 : 명, 점)

			사례수	1) 임금수준	2) 고용안정성	3) 업무내용	4) 잔업/야근 적음	5) 문화	6) 안전	7) 성장	8) 또래동료	9) 도심지 거리
취약 집단	전체		791	4.16	4.05	3.97	3.86	4.12	4.09	4.00	3.49	3.87
	경제활동상태	취업	462	4.22	4.08	3.94	3.81	4.07	4.05	4.02	3.48	3.84
		실업(구직)	47	4.15	4.13	4.21	3.89	4.06	4.02	3.96	3.40	3.79
		비경제활동	282	4.07	3.98	3.96	3.94	4.20	4.17	3.96	3.51	3.92
	성별	남성	297	4.07	4.01	3.89	3.76	3.90	4.00	4.00	3.49	3.76
		여성	494	4.22	4.07	4.01	3.92	4.25	4.14	4.00	3.49	3.93
	연령별	20대 초반	581	4.14	4.02	3.96	3.81	4.07	4.07	4.01	3.52	3.90
		20대 후반	210	4.21	4.11	3.98	4.02	4.24	4.15	3.97	3.39	3.79
	출신고 유형	특성화(직업계)고	337	4.16	4.10	4.03	3.91	4.09	4.09	4.10	3.52	3.88
		마이스터고	20	4.25	4.30	3.85	3.65	3.85	3.95	4.00	3.60	3.60
		일반고(직업반)	60	4.02	4.32	3.97	3.72	4.07	4.12	4.22	3.77	4.12
		일반고(진학반)	256	4.21	3.95	3.92	3.86	4.16	4.14	3.86	3.38	3.85
		기타 비직업계고	22	4.32	4.05	3.95	3.95	4.41	4.18	4.14	3.77	4.05
		고졸 검정고시	84	4.06	3.83	3.88	3.81	4.15	3.92	3.80	3.37	3.73
		중졸 이하	12	4.08	4.08	4.17	3.92	3.92	4.25	4.08	3.50	3.58
	현재 거주지 권역별	서울	105	4.12	4.08	3.97	4.01	4.14	4.12	4.08	3.46	4.10
		경기/인천/강원	160	4.11	3.91	4.03	3.79	4.09	4.01	3.93	3.55	3.78
		전라권/제주	142	4.23	4.15	3.97	3.80	4.17	4.08	4.07	3.61	3.93
		충청권	140	4.21	4.11	3.96	4.01	4.20	4.25	4.09	3.44	3.85
		부울경	129	4.12	4.02	3.88	3.84	3.92	4.02	3.93	3.40	3.77
		대구경북	115	4.17	4.03	3.97	3.77	4.19	4.07	3.90	3.43	3.82

〈표 3-49〉의 계속

			사례수	1) 임금수준	2) 고용안정성	3) 업무내용	4) 잔업/야근적음	5) 문화	6) 안전	7) 성장	8) 또래동료	9) 도심지거리
비취약집단	전체		318	4.18	4.07	4.08	4.01	4.13	4.17	4.07	3.56	3.89
	경제활동상태	취업	240	4.19	4.08	4.04	3.99	4.10	4.17	4.05	3.53	3.92
		실업(구직)	38	4.24	4.08	4.21	4.03	4.11	4.26	4.16	3.74	3.79
		비경제활동	40	4.08	3.98	4.18	4.10	4.35	4.10	4.13	3.63	3.83
	성별	남성	119	4.25	4.22	4.03	3.95	3.97	4.25	4.14	3.61	3.87
		여성	199	4.14	3.98	4.11	4.04	4.23	4.12	4.03	3.53	3.91
	연령별	20대 초반	241	4.22	4.11	4.15	4.04	4.19	4.21	4.15	3.60	3.92
		20대 후반	77	4.06	3.94	3.86	3.90	3.95	4.05	3.83	3.45	3.81
	출신고유형	특성화(직업계)고	125	4.18	4.09	4.09	4.07	4.22	4.16	4.14	3.55	3.95
		마이스터고	15	4.20	4.40	4.27	3.93	4.13	4.20	4.13	3.87	3.87
		일반고(직업반)	18	3.83	3.89	3.94	3.89	4.11	4.00	4.06	3.39	3.67
		일반고(진학반)	134	4.25	4.14	4.10	3.99	4.07	4.27	4.07	3.57	3.89
		기타 비직업계고	12	3.83	3.83	4.25	4.08	4.25	3.92	3.83	3.67	3.92
		고졸 검정고시	13	4.15	3.31	3.62	3.69	3.92	3.77	3.62	3.31	3.62
		중졸 이하	1	5.00	3.00	4.00	5.00	3.00	3.00	4.00	5.00	5.00
	현재 거주지 권역별	서울	39	4.18	3.92	4.15	4.10	4.03	4.15	4.10	3.67	4.15
		경기/인천/강원	62	4.18	4.00	4.16	3.98	4.21	4.11	4.00	3.31	3.92
		전라권/제주	57	4.19	4.00	4.11	4.04	4.21	4.05	4.18	3.51	3.82
		충청권	54	4.11	4.22	3.96	4.02	4.17	4.30	4.00	3.52	3.78
		부울경	51	4.18	4.12	4.12	3.80	3.92	4.22	4.20	3.59	3.84
		대구경북	55	4.25	4.13	3.98	4.11	4.18	4.20	3.98	3.85	3.91

주: 1) 임금 수준 2) 고용 안정성 3) 업무 내용 4) 잔업/야근 많지 않은 직장 5) 꼰대 문화, 상사 갑질 등 문화 6) 재해없는 안전한 직장 7) 계속 다니면 내가 성장할 수 있는 직장 8) 내 또래의 동료가 있는 직장 9) 도심지에서 너무 멀지 않은 직장.
자료: 실태조사 원자료를 활용하여 저자 작성.

구체적으로 취약 집단과 비취약 집단 모두 임금 수준을 가장 중요한 조건(취약 집단 4.16점, 비취약 집단 4.18점/5점 만점)으로 평가하였는데, 비취약 집단의 경우 그 다음 순서로 중요한 요소가 일터의 안전(4.17), 조직문화(4.13)이 중요하다고 평가한 반면, 취약 집단은 조직문화(4.12), 일터의 안전(4.09) 순으로 중요하게 평가하는 등 두 집단 간 취업, 근속결정 시 중요하게 고려하는 요소, 고려하는 요건의 수가 다른 편이라고 이해할 수 있다.

취업 및 근속시 고려하는 요인을 1, 2순위로 선택하게 하였을 때도 유사한 패턴을 확인할 수 있는데 취약 집단, 비취약 집단 모두 임금수준을 선택한

〈표 3-50〉 입사 및 직장근속 결정 요인 중요 순위(1+2순위) : 취약/비취약 집단

(단위 : 명, %)

			사례수	1) 임금수준	2) 문화	3) 고용안정성	4) 업무내용	5) 잔업/야근적음	6) 도심지거리	7) 성장	8) 안전	9) 또래동료
취약집단	전 체		791	51.5	27.9	28.4	21.0	18.0	14.7	21.2	11.4	5.9
	경제활동상태	취업	462	55.2	25.1	28.1	21.2	18.2	13.9	23.2	8.9	6.3
		실업(구직)	47	46.8	27.7	29.8	31.9	17.0	14.9	17.0	6.4	8.5
		비경제활동	282	46.1	32.6	28.7	18.8	17.7	16.0	18.8	16.3	5.0
	성별	남성	297	52.5	23.9	26.9	20.5	17.8	14.1	26.6	10.8	6.7
		여성	494	50.8	30.4	29.4	21.3	18.0	15.0	18.0	11.7	5.5
	연령별	20대 초반	581	51.3	25.3	29.1	23.2	14.6	16.2	21.9	11.7	6.7
		20대 후반	210	51.9	35.2	26.7	14.8	27.1	10.5	19.5	10.5	3.8
	출신고유형	특성화(직업계)고	337	38.9	11.3	9.8	8.3	12.2	3.6	8.0	1.8	6.2
		마이스터고	20	45.0	10.0	0.0	5.0	10.0	5.0	25.0	0.0	0.0
		일반고(직업반)	60	35.0	23.3	11.7	5.0	11.7	5.0	3.3	3.3	1.7
		일반고(진학반)	256	44.9	9.8	10.2	8.2	9.8	5.5	2.7	1.6	7.4
		기타 비직업계고	22	40.9	4.5	4.5	4.5	22.7	9.1	4.5	0.0	9.1
		고졸 검정고시	84	39.3	4.8	8.3	8.3	16.7	4.8	8.3	2.4	7.1
		중졸 이하	12	58.3	16.7	0.0	8.3	0.0	8.3	0.0	0.0	8.3
	현재거주지권역별	서울	105	52.4	25.7	32.4	22.9	14.3	20.0	20.0	9.5	2.9
		경기/인천/강원	160	51.9	30.0	25.6	24.4	16.9	15.0	20.0	11.3	5.0
		전라권/제주	142	55.6	26.8	31.0	18.3	14.8	12.7	21.1	9.9	9.9
		충청권	140	49.3	28.6	31.4	19.3	22.9	9.3	20.7	10.7	7.9
		부울경	129	49.6	27.9	24.0	20.9	17.1	17.1	26.4	14.0	3.1
		대구경북	115	49.6	27.8	27.0	20.0	21.7	15.7	19.1	13.0	6.1
비취약집단	전 체		318	55.0	24.2	26.4	26.4	16.4	11.0	24.8	12.9	2.8
	경제활동상태	취업	240	56.7	24.6	25.8	25.4	16.3	12.1	25.8	11.7	1.7
		실업(구직)	38	57.9	15.8	21.1	26.3	23.7	5.3	26.3	13.2	10.5
		비경제활동	40	42.5	30.0	35.0	32.5	10.0	10.0	17.5	20.0	2.5
	성별	남성	119	58.8	19.3	31.9	26.9	11.8	8.4	23.5	15.1	4.2
		여성	199	52.8	27.1	23.1	26.1	19.1	12.6	25.6	11.6	2.0
	연령별	20대 초반	241	53.5	26.1	25.7	28.6	15.4	10.0	26.1	11.6	2.9
		20대 후반	77	59.7	18.2	28.6	19.5	19.5	14.3	20.8	16.9	2.6
	출신고유형	특성화(직업계)고	125	46.4	4.8	9.6	8.8	12.8	3.2	12.8	0.0	1.6
		마이스터고	15	33.3	20.0	13.3	13.3	6.7	6.7	6.7	0.0	0.0
		일반고(직업반)	18	44.4	5.6	5.6	16.7	5.6	5.6	11.1	0.0	5.6
		일반고(진학반)	134	44.0	14.9	10.4	4.5	11.2	2.2	8.2	.7	3.7
		기타 비직업계고	12	25.0	0.0	25.0	25.0	8.3	8.3	8.3	0.0	0.0
		고졸 검정고시	13	53.8	0.0	7.7	0.0	0.0	7.7	7.7	15.4	7.7
		중졸 이하	1	100.0	0.0	0.0	0.0	0.0	0.0	0.0	0.0	0.0
	현재거주지권역별	서울	39	51.3	10.3	20.5	28.2	28.2	15.4	28.2	12.8	5.1
		경기/인천/강원	62	51.6	30.6	17.7	33.9	17.7	12.9	27.4	8.1	0.0
		전라권/제주	57	59.6	35.1	21.1	29.8	17.5	1.8	21.1	12.3	1.8
		충청권	54	57.4	27.8	40.7	22.2	9.3	7.4	22.2	11.1	1.9
		부울경	51	52.9	9.8	27.5	23.5	13.7	11.8	31.4	19.6	9.8
		대구경북	55	56.4	25.5	30.9	20.0	14.5	18.2	20.0	14.5	0.0

주: 1) 임금 수준 2) 사내 조직문화 3) 고용 안정성 4) 업무 내용 5) 잔업/야근 많지 않은 직장 6) 도심지에서 너무 멀지 않은 직장 7) 계속 다니면 내가 성장할 수 있는 직장 8) 재해없는 안전한 직장 9) 내 또래의 동료가 있는 직장.

자료: 실태조사 원자료를 활용하여 저자 작성.

비중이 가장 높고, 다음으로 고용 안정성, 사내 조직문화 순으로 선택 비중이 높게 나타난다. 하지만 취약 집단은 비취약 집단에 비해 업무 내용, 성장가능성, 안전을 중요하게 고려한다고 응답한 비중이 약간 낮고, 비취약 집단은 취약 집단에 비해 고용 안정성을 중요하게 선택한 비중이 약간 낮다. 즉, 취약 집단에 비해 비취약 집단 고졸 청년이 취업/근속을 결정할 때 상대적으로 업무 내용이나, 성장가능성, 일터의 안전 등을 조금 더 고려하고 고용 안정성은 상대적으로 덜 중요하게 여기는 차이점을 알 수 있다.

3. 미래 전망 : 희망 직업

실태조사에서 고졸 청년들이 현재 가진 직업(취업자)이 본인들의 희망 직업과 일치하는지 여부를 조사하였다. 취약 집단과 비취약 집단 모두 절반 정도의 표본은 현재 가진 직업이 본인의 희망 직업과 일치한다고 응답하였는데, 취약 집단(50.6%)보다 비취약 집단(51.3%)에서 '일치' 응답 비중이 약간 더 높다. 성별로, 취약 집단에서는 여성 고졸 청년이, 비취약 집단에서는 남성 고졸 청년이 현재 일자리가 희망 직업과 일치한다는 긍정 응답 비중이 높게 나타나고, 성별 격차가 작지 않다. 연령대별로 취약 집단은 20대 후반의 '희망 직업-현 직업 일치' 응답 비중이 20대 초반보다 약간 더 높게 나타나지만, 비취약 집단은 그 반대로 나타난다. 이 결과로 구체적인 사실을 유추할 수 없다. 하지만, 추측해보건대 만약 취약 집단 중 취업자의 경우 상대적으로 조기에 노동시장에 '정착'하려고 하는 경향, 혹은 평생 직업을 선택할 때 덜 까다롭게 선택하거나 쉽게 만족하는 경향이 있다면 이를 반영하는 것일 수 있다. 이 경우, 반대로 비취약 집단의 경우 시간이 지날수록 본인의 직업 선호가 구체화되면서 현재 가진 직업 말고 다른 직업을 추구하고자 하는 경향이 나타나는 것일 수 있다.

고교 유형별로는 취약/비취약 집단 모두 일반고(진학반), 일반고(직업반) 출신이 현재 직업이 희망 직업인 비중이 상대적으로 높게 나타난다. 지역별로, 전반적으로 취약/비취약 집단 모두 경기/수도권에서 현지 직업이 희망 직업과 일치하는 비중이 높게 나타나고, 충청권의 경우 취약/비취약 집단 간 희망 직업 일치 비중의 격차가 매우 크다. 취약 집단의 40.5%만이 현재 직업이 희망 직업과 일치한다고 응답한 반면, 비취약 집단의 61.5%가 희망 직업과 현재 직업이 일치한다고 응답하였다.

〈표 3-51〉 현재 직업과 희망 직업 일치 여부(취업자) : 취약/비취약 집단

(단위 : 명, %)

			사례수	현재 일하고 있는 주된 일자리와 같은 직업		현재 일하고 있는 주된 일자리와 다른 직업	
				빈도	비율	빈도	비율
취약 집단	전 체		462	234	50.6	228	49.4
	성별	남성	185	85	45.9	100	54.1
		여성	277	149	53.8	128	46.2
	연령별	20대 초반	330	161	48.8	169	51.2
		20대 후반	132	73	55.3	59	44.7
	출신고 유형	특성화(직업계)고	72	41	56.9	31	43.1
		마이스터고	217	108	49.8	109	50.2
		일반고(직업반)	16	10	62.5	6	37.5
		일반고(진학반)	38	25	65.8	13	34.2
		기타 비직업계고	132	59	44.7	73	55.3
		고졸 검정고시	14	8	57.1	6	42.9
		중졸 이하	42	23	54.8	19	45.2
	현재 거주지 권역별	서울	58	31	53.4	27	46.6
		경기/인천/강원	94	54	57.4	40	42.6
		전라권/제주	90	46	51.1	44	48.9
		충청권	79	32	40.5	47	59.5
		부울경	69	30	43.5	39	56.5
		대구경북	72	41	56.9	31	43.1
비 취약 집단	전 체		240	123	51.3	117	48.8
	성별	남성	94	58	61.7	36	38.3
		여성	146	65	44.5	81	55.5
	연령별	20대 초반	183	95	51.9	88	48.1
		20대 후반	57	28	49.1	29	50.9
	출신고 유형	특성화(직업계)고	44	22	50.0	22	50.0
		마이스터고	105	54	51.4	51	48.6
		일반고(직업반)	14	9	64.3	5	35.7
		일반고(진학반)	16	9	56.3	7	43.8
		기타 비직업계고	90	44	48.9	46	51.1
		고졸 검정고시	7	4	57.1	3	42.9
		중졸 이하	7	2	28.6	5	71.4
	현재 거주지 권역별	서울	28	13	46.4	15	53.6
		경기/인천/강원	51	29	56.9	22	43.1
		전라권/제주	48	19	39.6	29	60.4
		충청권	39	24	61.5	15	38.5
		부울경	30	16	53.3	14	46.7
		대구경북	44	22	50.0	22	50.0

자료 : 실태조사 원자료를 활용하여 저자 작성.

다음으로 모든 표본의 희망 직업을 조사한 결과를 살펴보자. 취업자 중 현재 직업이 희망 직업과 일치하는 집단은, 현재의 직업을 희망 직업으로 보았고, 그 외 집단(비취업자 포함)의 경우 가지고 싶은 직업을 직접 질문하였다. 취약 집단과 비취약 집단 모두 가장 선호도가 높은 직종은 경영 · 사무 · 금융 · 보험직(0)으로, 취약 집단의 22.8%, 비취약 집단의 23.9%가 희망 직종으로 선택하였다. 취약 집단에서 다음으로 선호도가 높은 직종은 미용 · 여행 · 숙박 · 음식 · 경비 · 청소직(5), 20.7%, 예술 · 디자인 · 방송 · 스포츠직(4), 18.3% 순으로 높게 나타났고, 비취약 집단도 동일한 순위로 나타났다. 그렇지만 취약/비취약 집단 간 차이는 취약 집단에 비해 비취약 집단의 직업 선호가 더 넓게 분포되어 있다는 점이다. 같은 고졸 청년층이라도 취약 집단에 비해 비취약 집단의 진로 탐색이나 고민을 더 많이 하였거나 커리어정보에 대한 접근성이 더 높았을 가능성이 있다.

성별로 희망 직업 분포가 다르게 나타나는데, 여성 취약 집단은 경영 · 사무 · 금융 · 보험직(25.9%), 미용 · 여행 · 숙박 · 음식 · 경비 · 청소직(22.9%)을 선택한 비중이 20%를 초과하여 특정 업종에 선호가 집중되어 있지만, 남성 취약 청년은 경영 · 사무 · 금융 · 보험직(17.5%), 미용 · 여행 · 숙박 · 음식 · 경비 · 청소직(17.2%) 외에도 설치 · 정비 · 생산직(14.5%) 등 제조업 관련 직종을 선호하는 비중도 높게 나타난다. 비취약 집단의 경우에도 성별 직업선호 분포가 취약 집단과 유사하게 나타나는데, 취약 집단 여성에 비해 비취약 집단 여성이 희망 직업으로 경영 · 사무 · 금융 · 보험직을 선택한 비중이 더 높게 나타나고, 비취약 청년이 희망 직업으로 설치 · 정비 · 생산직을 선택한 비중이 더 높게 나타난다는 차이가 있다. 연령대별로, 20대 초반에 비해 후반대 청년의 희망 직종 분포가 더 넓게 나타난다. 20대 초반에 비해 20대 후반이 갈수록 직업정보나 본인의 적성 등에 관한 정보가 많아지기 때문에 더 다양한 희망 직업 분포가 나타나는 것일 수 있다.

〈표 3-52〉 희망하는 직업 : 취약/비취약 집단

(단위 : 명, %)

			사례수	⓪	①	②	③	④	⑤	⑥	⑦	⑧	⑨
취약집단	전 체		791	22.8	5.2	6.8	6.2	18.3	20.7	10.6	1.5	7.5	0.4
	경제활동상태	취업	462	23.6	5.4	5.8	5.2	14.5	21.0	14.3	1.3	8.7	0.2
		실업(구직)	47	29.8	4.3	6.4	4.3	17.0	23.4	4.3	4.3	6.4	0.0
		비경제활동	282	20.2	5.0	8.5	8.2	24.8	19.9	5.7	1.4	5.7	0.7
	성별	남성	297	17.5	8.4	6.1	1.7	16.8	17.2	13.8	3.4	14.5	0.7
		여성	494	25.9	3.2	7.3	8.9	19.2	22.9	8.7	0.4	3.2	0.2
	연령별	20대 초반	581	23.6	5.0	6.7	6.2	19.1	19.3	10.7	1.5	7.4	0.5
		20대 후반	210	20.5	5.7	7.1	6.2	16.2	24.8	10.5	1.4	7.6	0.0
	출신고 유형	특성화(직업계)고	337	20.5	4.5	5.3	6.2	16.9	24.3	12.2	2.1	7.4	.6
		마이스터고	20	15.0	15.0	5.0	0.0	10.0	10.0	5.0	0.0	40.0	0.0
		일반고(직업반)	60	45.0	1.7	1.7	10.0	13.3	8.3	11.7	1.7	6.7	0.0
		일반고(진학반)	256	22.3	6.6	9.4	3.9	21.5	21.1	8.6	1.6	5.1	0.0
		기타 비직업계고	22	13.6	9.1	13.6	4.5	27.3	9.1	13.6	0.0	9.1	0.0
		고졸 검정고시	84	23.8	2.4	8.3	8.3	20.2	21.4	9.5	0.0	6.0	0.0
		중졸 이하	12	8.3	8.3	0.0	33.3	0.0	8.3	16.7	0.0	16.7	8.3
	현재 거주지 권역별	서울	105	35.2	8.6	10.5	1.9	21.9	12.4	3.8	0.0	5.7	0.0
		경기/인천/강원	160	19.4	7.5	5.6	7.5	22.5	18.1	14.4	1.9	2.5	0.6
		전라권/제주	142	22.5	4.2	6.3	6.3	13.4	19.7	12.0	3.5	11.3	0.7
		충청권	140	25.7	6.4	5.0	5.7	19.3	22.9	6.4	1.4	7.1	0.0
		부울경	129	23.3	2.3	9.3	4.7	14.7	21.7	14.0	0.8	8.5	0.8
		대구경북	115	12.2	1.7	5.2	10.4	18.3	29.6	11.3	0.9	10.4	0.0
비취약집단	전 체		318	23.9	7.2	8.8	4.4	17.0	17.9	10.1	0.6	9.1	0.9
	경제활동상태	취업	240	22.9	7.5	5.8	4.2	15.8	18.3	12.9	0.8	10.4	1.3
		실업(구직)	38	31.6	5.3	21.1	2.6	26.3	13.2	0.0	0.0	0.0	0.0
		비경제활동	40	22.5	7.5	15.0	7.5	15.0	20.0	2.5	0.0	10.0	0.0
	성별	남성	119	16.8	8.4	6.7	0.0	14.3	12.6	15.1	1.7	21.8	2.5
		여성	199	28.1	6.5	10.1	7.0	18.6	21.1	7.0	0.0	1.5	0.0
	연령별	20대 초반	241	25.3	7.5	7.5	5.0	16.6	18.7	9.1	0.4	9.1	0.8
		20대 후반	77	19.5	6.5	13.0	2.6	18.2	15.6	13.0	1.3	9.1	1.3
	출신고 유형	특성화(직업계)고	125	30.4	4.8	3.2	3.2	15.2	19.2	10.4	.8	11.2	1.6
		마이스터고	15	26.7	13.3	6.7	0.0	6.7	6.7	0.0	0.0	40.0	0.0
		일반고(직업반)	18	16.7	11.1	11.1	5.6	11.1	22.2	16.7	0.0	5.6	0.0
		일반고(진학반)	134	17.2	9.0	14.9	3.7	21.6	16.4	10.4	.7	5.2	.7
		기타 비직업계고	12	41.7	0.0	0.0	16.7	25.0	8.3	0.0	0.0	8.3	0.0
		고졸 검정고시	13	23.1	7.7	7.7	15.4	0.0	30.8	15.4	0.0	0.0	0.0
		중졸 이하	1	0.0	0.0	0.0	0.0	0.0	100.0	0.0	0.0	0.0	0.0
	현재 거주지 권역별	서울	39	43.6	5.1	5.1	5.1	20.5	7.7	10.3	0.0	2.6	0.0
		경기/인천/강원	62	16.1	4.8	8.1	4.8	22.6	21.0	12.9	0.0	9.7	0.0
		전라권/제주	57	26.3	5.3	5.3	5.3	15.8	22.8	10.5	0.0	7.0	1.8
		충청권	54	24.1	9.3	5.6	3.7	14.8	18.5	5.6	1.9	16.7	0.0
		부울경	51	21.6	11.8	13.7	3.9	15.7	11.8	5.9	2.0	11.8	2.0
		대구경북	55	18.2	7.3	14.5	3.6	12.7	21.8	14.5	0.0	5.5	1.8

주: ⓪ 경영 · 사무 · 금융 · 보험직 ① 연구직 및 공학기술직 ② 교육 · 법률 · 사회복지 · 경찰 · 소방직 및 군인 ③ 보건 · 의료직 ④ 예술 · 디자인 · 방송 · 스포츠직 ⑤ 미용 · 여행 · 숙박 · 음식 · 경비 · 청소직 ⑥ 영업 · 판매 · 운전 · 운송직 ⑦ 건설 · 채굴직 ⑧ 설치 · 정비 · 생산직 ⑨ 농림어업직.

자료: 실태조사 원자료를 활용하여 저자 작성.

다음으로 취약/비취약 청년 간 희망 월급 수준을 살펴보면, 취약 집단은 전체 평균 304만 원, 비취약 집단은 316.3만 원으로 비취약 집단이 약간 더 높게 나타난다. 경제활동상태별로, 취약 집단의 경우 취업자〉비경제활동자〉실업/구직자 순으로 희망임금이 높고, 비경제활동자와 실업/구직자의 희망임금 수준은 비슷한 수준인 반면, 비취약 집단 집단에서는 비경제활동 상태인 표본의 희망임금이 가장 높게 나타난다. 만약 고졸 청년층 경제활동 참여율을 높이기 위한 정책을 사용한다면, 취약 집단을 유인하는 것이 비취약 집단을 유인하는것보다 문턱이 낮음을 알 수 있다.

희망 직업을 가지고 10년간 근무할 경우 향후 희망하는 경력 10년차 임금 수준의 경우에도 현재 희망 임금의 패턴과 비슷하게 나타난다. 취약, 비취약 집단 모두 평균 500만 원 후반대 임금을 경력10년차 임금으로 희망하지만, 취약 집단의 희망 임금이 비취약 집단보다 약간 낮고, 경제활동상태별로 비취약 집단의 현재 비경제활동 집단의 경력10년차 희망 임금이 가장 높게 나타난다. 성별로는 남성이, 연령대별로는 20대 후반이 취약/비취약 집단 모두에서 상대적으로 더 높은 경력10년차 희망 임금을 나타낸다.

희망 근로시간의 경우, 취약 집단(평균 34.3시간)이 비취약 집단(평균 35.8시간)보다 낮게 나타난다. 인구학적 특성으로 구분한 하위 집단에서도 취약 집단의 평균 희망 근로시간이 비취약 집단의 평균 희망 근로시간보다 대체로 낮게 나타난다.

〈표 3-53〉 희망 월급 : 취약/비취약 집단

(단위 : 명, %, 만 원)

			사례수	200만 원 미만	200만~300만 원 미만	300만~400만 원 미만	400만~500만 원 미만	500만~800만 원 미만	800만 원 이상	평균
취약 집단	전 체		765	4.1	38.0	41.8	6.8	8.6	0.7	304.0
	경제활동상태	취업	447	2.7	36.2	42.7	8.9	8.9	0.4	311.0
		실업(구직)	47	8.5	42.6	40.4	4.3	2.1	2.1	282.7
		비경제활동	271	5.5	40.2	40.6	3.7	9.2	0.7	296.1
	성별	남성	281	5.3	24.9	46.6	9.6	12.8	0.7	325.9
		여성	484	3.3	45.7	39.0	5.2	6.2	0.6	291.2
	연령별	20대 초반	563	5.2	37.8	41.4	6.4	8.5	0.7	300.9
		20대 후반	202	1.0	38.6	43.1	7.9	8.9	0.5	312.6

〈표 3-53〉의 계속

			사례수	200만 원 미만	200만~300만 원 미만	300만~400만 원 미만	400만~500만 원 미만	500만~800만 원 미만	800만 원 이상	평균
취약집단	출신고 유형	특성화(직업계)고	337	3.9	44.2	35.9	5.3	6.5	4.2	296.1
		마이스터고	20	0.0	20.0	40.0	15.0	15.0	10.0	385.8
		일반고(직업반)	60	3.3	41.7	48.3	5.0	1.7	0.0	291.8
		일반고(진학반)	256	3.9	30.9	43.4	7.4	10.9	3.5	309.6
		기타 비직업계고	22	0.0	18.2	54.5	4.5	18.2	4.5	353.3
		고졸 검정고시	84	4.8	32.1	41.7	8.3	8.3	4.8	301.6
		중졸 이하	12	16.7	25.0	33.3	8.3	8.3	8.3	259.5
	현재 거주지 권역별	서울	102	2.9	32.4	40.2	8.8	15.7	0.0	320.9
		경기/인천/강원	155	5.2	36.1	45.8	5.2	7.1	0.6	297.1
		전라권/제주	137	1.5	31.4	51.8	8.0	6.6	0.7	315.3
		충청권	133	2.3	41.4	40.6	6.8	7.5	1.5	306.2
		부울경	127	6.3	38.6	38.6	6.3	9.4	0.8	301.7
		대구경북	111	6.3	49.5	30.6	6.3	7.2	0.0	283.8
비 취약 집단	전 체		304	2.6	39.8	36.2	8.6	11.8	1.0	316.3
	경제 활동 상태	취업	228	3.1	36.8	38.2	8.8	11.8	1.3	319.3
		실업(구직)	38	2.6	60.5	26.3	7.9	2.6	0.0	274.5
		비경제활동	38	0.0	36.8	34.2	7.9	21.1	0.0	340.5
	성별	남성	111	1.8	23.4	41.4	15.3	16.2	1.8	353.5
		여성	193	3.1	49.2	33.2	4.7	9.3	0.5	294.9
	연령별	20대 초반	230	3.0	40.4	36.1	9.1	10.9	0.4	310.3
		20대 후반	74	1.4	37.8	36.5	6.8	14.9	2.7	335.1
	출신고 유형	특성화(직업계)고	125	4.0	44.0	32.8	8.0	6.4	4.8	294.7
		마이스터고	15	0.0	13.3	46.7	20.0	20.0	0.0	363.3
		일반고(직업반)	18	0.0	27.8	50.0	11.1	5.6	5.6	311.8
		일반고(진학반)	134	1.5	35.8	35.8	6.0	15.7	5.2	331.9
		기타 비직업계고	12	0.0	41.7	33.3	8.3	0.0	16.7	286.0
		고졸 검정고시	13	7.7	46.2	7.7	15.4	23.1	0.0	336.2
		중졸 이하	1	0.0	0.0	0.0	0.0	0.0	100.0	
	현재 거주지 권역별	서울	37	2.7	45.9	29.7	8.1	10.8	2.7	324.1
		경기/인천/강원	58	0.0	41.4	39.7	3.4	15.5	0.0	319.8
		전라권/제주	54	5.6	37.0	35.2	11.1	9.3	1.9	310.4
		충청권	53	3.8	35.8	41.5	9.4	9.4	0.0	308.2
		부울경	49	2.0	40.8	32.7	14.3	10.2	0.0	311.2
		대구경북	53	1.9	39.6	35.8	5.7	15.1	1.9	325.9

주 : 상위 3% 극단치는 제외함.
자료 : 실태조사 원자료를 활용하여 저자 작성.

〈표 3-54〉 희망 근로 시간(일주일) : 취약/비취약 집단

(단위 : 명, %, 시간)

			사례수	35시간 이하	36~40시간 이하(40시간 포함)	41~45시간 이하	46시간 이상	평균
취약 집단	전 체		791	34.6	39.8	8.1	17.4	34.3
	경제활동상태	취업	462	31.2	43.3	6.5	19.0	35.1
		실업(구직)	47	31.9	46.8	4.3	17.0	34.2
		비경제활동	282	40.8	33.0	11.3	14.9	33.0
	성별	남성	297	29.6	33.3	11.1	25.9	36.3
		여성	494	37.7	43.7	6.3	12.3	33.1
	연령별	20대 초반	581	36.5	38.6	6.9	18.1	33.9
		20대 후반	210	29.5	43.3	11.4	15.7	35.4
	출신고 유형	특성화(직업계)고	337	35.3	39.2	6.2	19.3	33.8
		마이스터고	20	15.0	35.0	20.0	30.0	40.5
		일반고(직업반)	60	23.3	61.7	8.3	6.7	35.4
		일반고(진학반)	256	34.8	39.8	9.4	16.0	34.6
		기타 비직업계고	22	36.4	31.8	4.5	27.3	32.4
		고졸 검정고시	84	42.9	28.6	9.5	19.0	33.5
		중졸 이하	12	41.7	50.0	8.3	0.0	35.3
	현재 거주지 권역별	서울	105	36.2	44.8	8.6	10.5	33.8
		경기/인천/강원	160	38.1	33.8	11.3	16.9	34.9
		전라권/제주	142	31.0	45.1	6.3	17.6	34.7
		충청권	140	37.9	37.1	5.7	19.3	32.7
		부울경	129	28.7	44.2	8.5	18.6	35.3
		대구경북	115	35.7	35.7	7.8	20.9	34.1
비 취약 집단	전 체		318	29.6	42.8	9.7	17.9	35.8
	경제활동상태	취업	240	27.9	43.8	7.9	20.4	36.6
		실업(구직)	38	39.5	31.6	15.8	13.2	32.0
		비경제활동	40	30.0	47.5	15.0	7.5	34.6
	성별	남성	119	29.4	37.8	8.4	24.4	35.9
		여성	199	29.6	45.7	10.6	14.1	35.8
	연령별	20대 초반	241	31.5	41.1	10.8	16.6	35.2
		20대 후반	77	23.4	48.1	6.5	22.1	37.8
	출신고 유형	특성화(직업계)고	125	27.2	44.8	7.2	20.8	36.5
		마이스터고	15	20.0	53.3	6.7	20.0	37.2
		일반고(직업반)	18	33.3	38.9	11.1	16.7	37.1
		일반고(진학반)	134	29.9	39.6	12.7	17.9	35.7
		기타 비직업계고	12	33.3	50.0	16.7	0.0	35.8
		고졸 검정고시	13	46.2	46.2	0.0	7.7	28.0
		중졸 이하	1	100.0	0.0	0.0	0.0	30.0
	현재 거주지 권역별	서울	39	25.6	43.6	12.8	17.9	36.7
		경기/인천/강원	62	22.6	48.4	14.5	14.5	37.6
		전라권/제주	57	33.3	47.4	8.8	10.5	34.8
		충청권	54	37.0	37.0	7.4	18.5	33.2
		부울경	51	35.3	31.4	9.8	23.5	34.4
		대구경북	55	23.6	47.3	5.5	23.6	38.2

주 : 평균의 경우 상·하위 3% 극단치(1주 5시간 이하 및 60시간 이상)는 제외함.
자료 : 실태조사 원자료를 활용하여 저자 작성.

〈표 3-55〉 10년 후 희망 월급 : 취약/비취약 집단

(단위 : 명, %, 만 원)

			사례수	200만 원 미만	200만~300만 원 미만	300만~400만 원 미만	400만~500만 원 미만	500만~800만 원 미만	800만 원 이상	평균
취약 집단	전 체		767	1.3	4.6	16.4	17.7	41.7	18.3	561.7
	경제활동상태	취업	453	0.9	3.5	17.2	16.8	41.3	20.3	580.9
		실업(구직)	47	2.1	6.4	10.6	23.4	51.1	6.4	503.1
		비경제활동	267	1.9	6.0	16.1	18.4	40.8	16.9	539.4
	성별	남성	289	2.4	3.1	8.0	16.6	45.0	24.9	626.5
		여성	478	0.6	5.4	21.5	18.4	39.7	14.2	522.5
	연령별	20대 초반	561	1.6	4.8	16.2	17.6	42.6	17.1	551.5
		20대 후반	206	0.5	3.9	17.0	18.0	39.3	21.4	589.5
	출신고 유형	특성화(직업계)고	337	1.5	5.3	18.7	16.6	36.8	21.1	543.5
		마이스터고	20	0.0	0.0	5.0	40.0	35.0	20.0	570.5
		일반고(직업반)	60	0.0	6.7	8.3	15.0	60.0	10.0	547.5
		일반고(진학반)	256	.8	2.3	14.1	18.8	42.2	21.9	587.3
		기타 비직업계고	22	0.0	0.0	9.1	13.6	36.4	40.9	646.2
		고졸 검정고시	84	1.2	8.3	20.2	11.9	39.3	19.0	555.5
		중졸 이하	12	16.7	0.0	16.7	16.7	33.3	16.7	456.4
	현재 거주지 권역별	서울	105	0.0	2.9	11.4	11.4	45.7	28.6	646.0
		경기/인천/강원	153	1.3	4.6	15.0	20.9	40.5	17.6	555.5
		전라권/제주	141	0.7	2.8	13.5	17.7	49.6	15.6	561.0
		충청권	133	1.5	4.5	18.0	18.0	37.6	20.3	567.8
		부울경	124	1.6	4.8	19.4	16.1	41.1	16.9	544.8
		대구경북	111	2.7	8.1	21.6	20.7	35.1	11.7	502.9
비취약 집단	전 체		308	1.3	1.3	20.8	17.2	38.0	21.4	586.7
	경제활동상태	취업	232	1.7	1.7	21.1	17.2	36.2	22.0	591.2
		실업(구직)	38	0.0	0.0	26.3	13.2	44.7	15.8	528.8
		비경제활동	38	0.0	0.0	13.2	21.1	42.1	23.7	617.1
	성별	남성	112	0.9	0.0	8.9	16.1	43.8	30.4	655.5
		여성	196	1.5	2.0	27.6	17.9	34.7	16.3	547.4
	연령별	20대 초반	232	1.7	1.7	20.7	17.2	38.8	19.8	569.2
		20대 후반	76	0.0	0.0	21.1	17.1	35.5	26.3	640.0
	출신고 유형	특성화(직업계)고	125	2.4	2.4	28.0	16.0	32.8	18.4	534.6
		마이스터고	15	0.0	0.0	13.3	0.0	60.0	26.7	592.7
		일반고(직업반)	18	0.0	0.0	5.6	22.2	50.0	22.2	579.4
		일반고(진학반)	134	.7	.7	14.2	20.1	37.3	26.9	631.0
		기타 비직업계고	12	0.0	0.0	33.3	8.3	33.3	25.0	630.0
		고졸 검정고시	13	0.0	0.0	23.1	7.7	30.8	38.5	595.8
		중졸 이하	1	0.0	0.0	0.0	0.0	0.0	100.0	
	현재 거주지 권역별	서울	38	0.0	0.0	23.7	21.1	26.3	28.9	652.8
		경기/인천/강원	58	0.0	1.7	13.8	15.5	43.1	25.9	601.4
		전라권/제주	57	1.8	0.0	31.6	12.3	31.6	22.8	634.2
		충청권	53	3.8	1.9	17.0	22.6	37.7	17.0	526.0
		부울경	49	0.0	4.1	16.3	16.3	46.9	16.3	557.1
		대구경북	53	1.9	0.0	22.6	17.0	39.6	18.9	560.2

주 : 상위 3% 극단치(3,000만 원 이상)는 제외함.

자료 : 실태조사 원자료를 활용하여 저자 작성.

4. 학교 이후 직업훈련과 교육 경험

가. 기초통계 분석

20대 고졸 청년의 학교 졸업 이후 정부지원 직업훈련이나 교육경험 여부를 살펴보면, 취약 집단의 경험률은 27.8%, 비취약 집단의 경험률은 28.9%로 비취약 집단이 근소하게 높다. 경제활동상태별로는 실업(구직)상태의 경우, 취약/비취약 집단 모두에서 경험률이 36%대로 높게 나타난다. 성별로는 남성보다 여성 고졸 청년의 경험률이 취약/비취약 집단 모두에서 더 높게 나타나며, 연령대별로도 20대 후반의 경우 취약/비취약 집단 모두 20대 초반보다 경험률이 더 높게 나타난다. 졸업 고교 유형별로는 취약 집단의 직업훈련 경험률이 비취약 집단보다 약간 높게 나타나는 특성화고(취약-32%, 비취약-29.6%)를 제외하고는 모든 졸업 고교 유형별 집단에서 비취약 집단의 정부 지원 교육훈련 프로그램 경험률이 높게 나타난다.

지역별로, 서울과 경기/수도권의 경우 취약 집단의 직업훈련 경험률이 약간 더 높게 나타나지만, 그 외 지역의 경우 비취약 집단의 직업훈련 경험률이 더 높게 나타나는데, 특히 충청권의 경우 취약/비취약 집단 간 격차가 상대적으로 크게 나타난다. 직업훈련을 경험한 집단의 직업훈련기간을 살펴보면, 취약 집단의 경우 3개월 미만, 3~6개월 미만이 각각 34.1%, 35%로 6개월 미만 훈련 경험자 비중이 69.1%이고 6개월 이상 훈련 경험자 비중이 30.9%로 나타나고, 비취약 집단의 경우 3개월 미만 훈련 경험자 비중이 41.3%, 3~6개월 훈련 경험자 비중이 27.2%으로, 6개월 미만 훈련 경험자 비중은 68.5%, 6개월 이상의 훈련 경험자 비중은 31.5%로 나타난다. 취약 집단은 '중기간'(3~6개월) 훈련 경험자 비중이 높고, 비취약 집단은 '단기간'(3개월 미만) 훈련 경험자 비중이 높은 것이 차이점이다.

다음으로 고졸 청년이 학교나 정부로부터 진로지도나 교육을 받아본 경험을 조사해본 결과, 취약 집단의 경험률은 48.2%, 비취약 집단의 경험률은 51.6%로 비취약 집단의 경우 3.4%p 더 높았다. 경제활동상태별로, 취약 집단은 '취업자'의 경우 경험 비중이 가장 높게 나타나고(50.2%), 비취약 집단은 실업/구직자의 경우가 가장 높게(60.5%) 나타난다. 성별로는 취약/비취약집

〈표 3-56〉 정부 지원 직업훈련 및 교육 경험 : 취약/비취약 집단

(단위 : 명, %)

			사례수	있다		없다	
				빈도	비율	빈도	비율
취약 집단	전 체		791	220	27.8	571	72.2
	경제 활동 상태	취업	462	134	29.0	328	71.0
		실업(구직)	47	17	36.2	30	63.8
		비경제활동	282	69	24.5	213	75.5
	성별	남성	297	73	24.6	224	75.4
		여성	494	147	29.8	347	70.2
	연령별	20대 초반	581	135	23.2	446	76.8
		20대 후반	210	85	40.5	125	59.5
	출신고 유형	특성화(직업계)고	337	108	32.0	229	68.0
		마이스터고	20	1	5.0	19	95.0
		일반고(직업반)	60	9	15.0	51	85.0
		일반고(진학반)	256	60	23.4	196	76.6
		기타 비직업계고	22	8	36.4	14	63.6
		고졸 검정고시	84	30	35.7	54	64.3
		중졸 이하	12	4	33.3	8	66.7
	현재 거주지 권역별	서울	105	22	21.0	83	79.0
		경기/인천/강원	160	47	29.4	113	70.6
		전라권/제주	142	36	25.4	106	74.6
		충청권	140	42	30.0	98	70.0
		부울경	129	39	30.2	90	69.8
		대구경북	115	34	29.6	81	70.4
비 취약 집단	전 체		318	92	28.9	226	71.1
	경제 활동 상태	취업	240	71	29.6	169	70.4
		실업(구직)	38	14	36.8	24	63.2
		비경제활동	40	7	17.5	33	82.5
	성별	남성	119	32	26.9	87	73.1
		여성	199	60	30.2	139	69.8
	연령별	20대 초반	241	65	27.0	176	73.0
		20대 후반	77	27	35.1	50	64.9
	출신고 유형	특성화(직업계)고	125	37	29.6	88	70.4
		마이스터고	15	3	20.0	12	80.0
		일반고(직업반)	18	7	38.9	11	61.1
		일반고(진학반)	134	34	25.4	100	74.6
		기타 비직업계고	12	5	41.7	7	58.3
		고졸 검정고시	13	6	46.2	7	53.8
		중졸 이하	1	0	0.0	1	100.0
	현재 거주지 권역별	서울	39	6	15.4	33	84.6
		경기/인천/강원	62	18	29.0	44	71.0
		전라권/제주	57	19	33.3	38	66.7
		충청권	54	20	37.0	34	63.0
		부울경	51	13	25.5	38	74.5
		대구경북	55	16	29.1	39	70.9

자료 : 실태조사 원자료를 활용하여 저자 작성.

〈표 3-57〉 직업훈련 및 교육 기간 : 취약/비취약 집단

(단위 : 명, %)

			사례수	3개월 미만	3개월 이상~ 6개월 미만	6개월 이상~ 12개월 미만	1년 이상
취약 집단	전 체		220	34.1	35.0	21.4	9.5
	경제 활동 상태	취업	134	34.3	34.3	23.1	8.2
		실업(구직)	17	52.9	29.4	11.8	5.9
		비경제활동	69	29.0	37.7	20.3	13.0
	성별	남성	73	38.4	37.0	16.4	8.2
		여성	147	32.0	34.0	23.8	10.2
	연령별	20대 초반	135	31.9	34.8	23.0	10.4
		20대 후반	85	37.6	35.3	18.8	8.2
	출신고 유형	특성화(직업계)고	108	36.1	25.9	23.1	14.8
		마이스터고	1	100.0	0.0	0.0	0.0
		일반고(직업반)	9	0.0	55.6	44.4	0.0
		일반고(진학반)	60	36.7	40.0	18.3	5.0
		기타 비직업계고	8	37.5	50.0	12.5	0.0
		고졸 검정고시	30	26.7	50.0	20.0	3.3
		중졸 이하	4	50.0	25.0	0.0	25.0
	현재 거주지 권역별	서울	22	22.7	45.5	22.7	9.1
		경기/인천/강원	47	31.9	27.7	27.7	12.8
		전라권/제주	36	44.4	22.2	27.8	5.6
		충청권	42	33.3	40.5	19.0	7.1
		부울경	39	35.9	41.0	10.3	12.8
		대구경북	34	32.4	38.2	20.6	8.8
비 취약 집단	전 체		92	41.3	27.2	22.8	8.7
	경제 활동 상태	취업	71	43.7	22.5	23.9	9.9
		실업(구직)	14	28.6	50.0	14.3	7.1
		비경제활동	7	42.9	28.6	28.6	0.0
	성별	남성	32	37.5	21.9	34.4	6.3
		여성	60	43.3	30.0	16.7	10.0
	연령별	20대 초반	65	44.6	26.2	21.5	7.7
		20대 후반	27	33.3	29.6	25.9	11.1
	출신고 유형	특성화(직업계)고	37	35.1	37.8	13.5	13.5
		마이스터고	3	66.7	0.0	0.0	33.3
		일반고(직업반)	7	42.9	14.3	42.9	0.0
		일반고(진학반)	34	44.1	20.6	32.4	2.9
		기타 비직업계고	5	20.0	20.0	40.0	20.0
		고졸 검정고시	6	66.7	33.3	0.0	0.0
		중졸 이하	0	0.0	0.0	0.0	0.0
	현재 거주지 권역별	서울	6	50.0	33.3	16.7	0.0
		경기/인천/강원	18	55.6	22.2	11.1	11.1
		전라권/제주	19	36.8	15.8	42.1	5.3
		충청권	20	25.0	30.0	25.0	20.0
		부울경	13	15.4	46.2	30.8	7.7
		대구경북	16	68.8	25.0	6.3	0.0

자료 : 실태조사 원자료를 활용하여 저자 작성.

〈표 3-58〉 학교 및 정부의 진로지도 경험 : 취약/비취약 집단

(단위 : 명, %)

			사례수	있다		없다	
				빈도	비율	빈도	비율
취약 집단	전 체		791	381	48.2	410	51.8
	경제 활동 상태	취업	462	232	50.2	230	49.8
		실업(구직)	47	19	40.4	28	59.6
		비경제활동	282	130	46.1	152	53.9
	성별	남성	297	130	43.8	167	56.2
		여성	494	251	50.8	243	49.2
	연령별	20대 초반	581	281	48.4	300	51.6
		20대 후반	210	100	47.6	110	52.4
	출신고 유형	특성화(직업계)고	337	186	55.2	151	44.8
		마이스터고	20	9	45.0	11	55.0
		일반고(직업반)	60	15	25.0	45	75.0
		일반고(진학반)	256	115	44.9	141	55.1
		기타 비직업계고	22	15	68.2	7	31.8
		고졸 검정고시	84	37	44.0	47	56.0
		중졸 이하	12	4	33.3	8	66.7
	현재 거주지 권역별	서울	105	41	39.0	64	61.0
		경기/인천/강원	160	79	49.4	81	50.6
		전라권/제주	142	55	38.7	87	61.3
		충청권	140	69	49.3	71	50.7
		부울경	129	71	55.0	58	45.0
		대구경북	115	66	57.4	49	42.6
비 취약 집단	전 체		318	164	51.6	154	48.4
	경제 활동 상태	취업	240	126	52.5	114	47.5
		실업(구직)	38	23	60.5	15	39.5
		비경제활동	40	15	37.5	25	62.5
	성별	남성	119	45	37.8	74	62.2
		여성	199	119	59.8	80	40.2
	연령별	20대 초반	241	122	50.6	119	49.4
		20대 후반	77	42	54.5	35	45.5
	출신고 유형	특성화(직업계)고	125	67	53.6	58	46.4
		마이스터고	15	11	73.3	4	26.7
		일반고(직업반)	18	8	44.4	10	55.6
		일반고(진학반)	134	68	50.7	66	49.3
		기타 비직업계고	12	3	25.0	9	75.0
		고졸 검정고시	13	6	46.2	7	53.8
		중졸 이하	1	1	100.0	0	0.0
	현재 거주지 권역별	서울	39	21	53.8	18	46.2
		경기/인천/강원	62	31	50.0	31	50.0
		전라권/제주	57	30	52.6	27	47.4
		충청권	54	28	51.9	26	48.1
		부울경	51	22	43.1	29	56.9
		대구경북	55	32	58.2	23	41.8

자료 : 실태조사 원자료를 활용하여 저자 작성.

단 모두 여성이 남성에 비해 경험률이 큰 폭으로 높게 나타난다. 연령대별로는 흥미롭게도 취약 집단은 20대 초반이 20대 후반보다 진로지도 경험률이 근소하지만 높게 나타나는 반면, 비취약 집단의 경우, 20대 후반 집단의 진로지도 경험률이 더 높다. 졸업 고교 유형별로는 특성화고를 제외하고(취약-55.2%, 비취약-53.6%) 모든 고교 유형별 집단에서 취약 집단보다 비취약 집단의 학교/정부의 진로지도 경험 비중이 높게 나타나고 그 격차는 작지 않다.

지역별로 살펴보면, 비취약 집단은 지역별로 고르게 경험자 비중이 나타나지만, 취약 집단의 경우, 지역별 진로지도 경험률의 차이가 크게 나타난다. 서울, 전라/제주권의 경우 진로지도 경험률이 각각 39%, 38.7%로 경험률이 50%내외인 다른 지역에 비해 훨씬 낮다. 취약/비취약 집단 모두 대구/경북지역의 경우 진로지도 경험률이 가장 높게 나타난다(각각 57.4%, 58.2%).

다음으로 학교나 고용센터 등을 통해 취업지원을 받아본 경험을 조사해 본 결과, 취약 집단은 34.9%, 비취약 집단은 39.3%로 비취약 집단이 더 높게 나타난다(격차 4.4%p). 경제활동상태별로 취약 집단의 경우 취업자가 경험률이 39%로 가장 높게 나타나고 다음으로 실업/구직자가 29.8%, 비경활자가 29.1% 순으로 높게 나타나고, 비취약 집단의 경우 취업자의 경험률이 42.9%, 실업/구직자가 36.8%, 비경활자가 20%로 나타나, 실업/구직자 집단에서 취약/비취약 집단 간 격차(7%p)가 가장 크게 난다. 성별로는 취약/비취약 집단 모두 여성의 고용센터나 학교 취업지원 이용경험률이 더 높게 나타나고, 연령대별로는 20대 초반보다 20대 후반의 경우 경험률이 더 높게 나타난다. 각 연령별 집단에서도 취약 집단이 비취약 집단보다 경험률이 현저히 낮게 나타난다. 고교 유형별로 졸업자 수가 많은 특성화고와 일반계(진학반)을 기준으로 취약 집단보다 비취약 집단의 고용센터/학교이 취업지원 경험 비중이 더 높게 나타나고 두 집단 간 격차는 작지 않다.

지역별로 서울의 경험률이 취약/비취약 집단 모두 가장 낮게 나타난다. 또한 취약 집단의 고용센터나 학교 취업지원 경험률은 전라/제주권과 충청권에서 가장 낮은데, 비취약 집단의 경험률은 이 두 지역이 높은 편으로, 해당 지역에서 취약/비취약 집단 간 고용센터/학교 취업지원 경험률 격차가 크게 나타난다.

〈표 3-59〉 고용센터 및 학교의 취업지원 경험 : 취약/비취약 집단

(단위 : 명, %)

			사례수	있다		없다	
				빈도	비율	빈도	비율
취약 집단	전 체		791	276	34.9	515	65.1
	경제 활동 상태	취업	462	180	39.0	282	61.0
		실업(구직)	47	14	29.8	33	70.2
		비경제활동	282	82	29.1	200	70.9
	성별	남성	297	88	29.6	209	70.4
		여성	494	188	38.1	306	61.9
	연령별	20대 초반	581	193	33.2	388	66.8
		20대 후반	210	83	39.5	127	60.5
	출신고 유형	특성화(직업계)고	337	159	47.2	178	52.8
		마이스터고	20	10	50.0	10	50.0
		일반고(직업반)	60	11	18.3	49	81.7
		일반고(진학반)	256	59	23.0	197	77.0
		기타 비직업계고	22	9	40.9	13	59.1
		고졸 검정고시	84	24	28.6	60	71.4
		중졸 이하	12	4	33.3	8	66.7
	현재 거주지 권역별	서울	105	29	27.6	76	72.4
		경기/인천/강원	160	56	35.0	104	65.0
		전라권/제주	142	46	32.4	96	67.6
		충청권	140	50	35.7	90	64.3
		부울경	129	52	40.3	77	59.7
		대구경북	115	43	37.4	72	62.6
비 취약 집단	전 체		318	125	39.3	193	60.7
	경제 활동 상태	취업	240	103	42.9	137	57.1
		실업(구직)	38	14	36.8	24	63.2
		비경제활동	40	8	20.0	32	80.0
	성별	남성	119	37	31.1	82	68.9
		여성	199	88	44.2	111	55.8
	연령별	20대 초반	241	92	38.2	149	61.8
		20대 후반	77	33	42.9	44	57.1
	출신고 유형	특성화(직업계)고	125	64	51.2	61	48.8
		마이스터고	15	6	40.0	9	60.0
		일반고(직업반)	18	6	33.3	12	66.7
		일반고(진학반)	134	42	31.3	92	68.7
		기타 비직업계고	12	3	25.0	9	75.0
		고졸 검정고시	13	4	30.8	9	69.2
		중졸 이하	1	0	0.0	1	100.0
	현재 거주지 권역별	서울	39	11	28.2	28	71.8
		경기/인천/강원	62	23	37.1	39	62.9
		전라권/제주	57	25	43.9	32	56.1
		충청권	54	25	46.3	29	53.7
		부울경	51	18	35.3	33	64.7
		대구경북	55	23	41.8	32	58.2

자료 : 실태조사 원자료를 활용하여 저자 작성.

나. 결정요인 분석-훈련/진로교육/취업지원 경험 확률

앞서 고교 졸업 이후 정부로부터 직업훈련, 진로교육, 취업지원을 받은 경험에 대해 조사한 결과를 주요 집단별로 구분하여 살펴보았다. 훈련/진로교육/취업지원 이용 경험은 취약/비취약 고졸 비진학 청년의 정책 접근성뿐만 아니라 졸업 이후 추가적인 교육/개발을 경험하였는지를 알아볼 수 있는 지표이므로, 여러 조건을 동시에 고려하여 좀 더 상세한 분석을 수행하였다.

우선 아래의 〈표 3-60〉은 고졸 비진학 청년의 취약/비취약 유형별로 고교 졸업 이후 정부에서 지원하는 직업훈련/진로교육/취업지도 중 최소 한 가지의 서비스를 이용해보았을 확률을 추정한 결과이다. 분석 결과, 비취약 집단과 취약 집단 모두, 여성 고졸 비진학 청년의 경우 한 가지 이상의 서비스를 이용해보았을 확률이 높게 나타나고, 취약 청년의 경우 연령이 높을수록 그

〈표 3-60〉 취약/비취약 비진학 고졸 청년의 졸업 이후 정부지원 훈련/진로교육/취업지도 경험 확률 분석 결과(probit)

	전 체 N=1,109		비취약 집단 N=318		취약 집단 N=791	
	평균한계효과	표준오차	평균한계효과	표준오차	평균한계효과	표준오차
환경 취약만	-0.018	0.042				
개인 취약만	-0.042	0.046			-0.017	0.050
이중취약	-0.083**	0.037			-0.065	0.041
여성	0.134***	0.030	0.224***	0.052	0.095***	0.036
연령	0.023***	0.007	0.013	0.013	0.026***	0.008
교육연수	0.009	0.019	-0.021	0.048	0.014	0.020
서울/수도권 거주	-0.045	0.036	-0.076	0.063	-0.028	0.042
고교-특성화고(준거)						
고교-마이스터고	0.025	0.077	0.215	0.136	-0.077	0.113
고교-일반계	-0.153***	0.031	-0.069	0.058	-0.183***	0.038
고교-없음	-0.102*	0.053	-0.052	0.134	-0.122**	0.058
부모교육연수	0.000	0.008	0.002	0.014	-0.002	0.010

주 : *, **, ***는 각각 10%, 5%, 1% 이하 수준에서 통계적으로 유의함을 의미함.
자료 : 실태조사 원자료를 활용하여 저자 작성.

〈표 3-61〉 취약/비취약 비진학 고졸 청년의 졸업 이후 정부지원 훈련/진로교육/취업지도 경험 횟수 분석 결과(OLS)

	전체 N=1,109		비취약 집단 N=318		취약 집단 N=791	
	계수값	표준오차	계수값	표준오차	계수값	표준오차
환경 취약만	-0.097	0.095				
개인 취약만	-0.129	0.103			-0.01	0.11
이중취약	-0.185**	0.084			-0.094	0.09
여성	0.286***	0.068	0.426***	0.128	0.229***	0.08
연령	0.051***	0.015	0.018	0.033	0.062***	0.018
교육연수	0.021	0.042	-0.015	0.099	0.028	0.047
서울/수도권 거주	-0.075	0.08	-0.288**	0.139	0.021	0.097
고교-특성화고(준거)						
고교-마이스터고	-0.033	0.175	0.142	0.263	-0.149	0.239
고교-일반계	-0.414***	0.071	-0.259*	0.137	-0.469***	0.084
고교-없음	-0.231*	0.126	-0.259	0.322	-0.243*	0.138
부모교육연수	-0.025	0.017	-0.005	0.032	-0.035*	0.021

주 : *, **, ***는 각각 10%, 5%, 1% 이하 수준에서 통계적으로 유의함을 의미함.
자료 : 실태조사 원자료를 활용하여 저자 작성.

확률이 높은 것으로 나타난다. 고교유형별 차이는 취약 집단에서만 나타나는데, 특성화고/마이스터고 졸업자에 비해, 다른 조건이 동일한 일반계고 졸업자나 졸업 고교가 없는 청년의 경우 서비스를 이용한 경험이 있을 확률이 낮은 것으로 나타났다.

세 가지 유형의 서비스 중 받은 서비스의 개수를 종속변수로 두고 OLS로 분석한 결과는 〈표 3-61〉에 있다. 이 경우 한 가지 이상 서비스 이용 확률 분석 결과와 유사한 패턴이 나타난다.

다음으로 서비스의 각 유형별 경험 확률을 분석한 결과를 〈표 3-62〉~〈표 3-64〉에 정리하였다. 우선 고교 졸업 이후 정부지원 직업훈련을 받은 경험을 분석한 결과, 비취약 집단의 경우, 서울/수도권 청년의 경험률이 낮게 나타난다. 취약 집단의 경우 여성 청년의 경험률은 다른 조건이 동일한 청년에 비해 높게 나타나고, 고교 유형별로 마이스터고 졸업자와 일반계고 졸업자의 경우 다른 조건이 동일할 때 특성화고 졸업자에 비해 직업훈련 경험률이 상대적으로 낮게 나타난다.

진로지도의 경우, 취약/비취약 집단 모두 여성 청년의 경우, 경험률이 높게 나타나고, 고교 유형별로 비취약 집단에서는 마이스터고 졸업생의 경험률이 다른 유형의 고교 졸업생에 비해 높게 나타나는 반면, 취약 집단에서는 마이스터고/특성화고 졸업생에 비해 일반계고 졸업생과 졸업 고교가 없는 청년의 진로지도 경험률은 낮게 나타난다.

마지막으로, 취업지도(자소서 쓰기, 면접 훈련 등) 경험 확률을 살펴보면, 취약/비취약 집단 모두 여성의 경험률이 상대적으로 높게 나타나며, 취약 집단의 경우, 연령대가 높을수록 경험률이 높게 나타난다. 고교 유형별로 취약/비취약 집단 모두 일반계고 졸업생과 졸업고교 없는 유형의 경우, 다른 조건이 동일할 때 다른 유형 고교 졸업생에 비해 취업지도 경험률이 낮게 나타난다.

〈표 3-62〉 취약/비취약 비진학 고졸 청년의 정부지원 직업훈련 경험 확률 분석 결과 (Probit)

	전체 N=1,109		비취약 집단 N=318		취약 집단 N=791	
	평균한계 효과	표준오차	평균한계 효과	표준오차	평균한계 효과	표준오차
환경 취약만	-0.008	0.040				
개인 취약만	-0.030	0.044			-0.014	0.048
이중취약	-0.066*	0.035			-0.060	0.038
여성	0.054*	0.028	0.042	0.055	0.056*	0.033
연령	0.034***	0.006	0.018	0.013	0.038	0.007
교육연수	0.007	0.017	0.001	0.042	0.008	0.018
서울/수도권 거주	-0.054*	0.032	-0.166**	0.065	-0.010	0.039
고교-특성화고(준거)						
고교-마이스터고	-0.178***	0.064	-0.106	0.131	-0.250***	0.063
고교-일반계	-0.087***	0.029	-0.038	0.056	-0.103***	0.034
고교-없음	0.054	0.053	0.091	0.122	0.042	0.058
부모교육연수	-0.007	0.007	0.000	0.014	-0.011	0.009

주 : *, **, ***는 각각 10%, 5%, 1% 이하 수준에서 통계적으로 유의함을 의미함.
자료 : 실태조사 원자료를 활용하여 저자 작성.

〈표 3-63〉 취약/비취약 비진학 고졸 청년의 졸업 이후 정부지원 진로교육 경험 확률 분석 결과(Probit)

	전 체 N=1,109		비취약 집단 N=318		취약 집단 N=791	
	평균한계 효과	표준오차	평균한계 효과	표준오차	평균한계 효과	표준오차
환경 취약만	-0.044	0.044				
개인 취약만	-0.027	0.049			0.028	0.053
이중취약	-0.051	0.039			-0.012	0.042
여성	0.118***	0.031	0.243***	0.055	0.068*	0.037
연령	0.001	0.007	0.000	0.014	0.003	0.008
교육연수	0.017	0.020	-0.012	0.051	0.027	0.022
서울/수도권 거주	-0.002	0.037	-0.036	0.067	0.015	0.044
고교-특성화고(준거)						
고교-마이스터고	0.088	0.086	0.299**	0.145	-0.038	0.118
고교-일반계	-0.104***	0.033	-0.035	0.061	-0.127***	0.039
고교-없음	-0.097*	0.055	-0.097	0.137	-0.106*	0.060
부모교육연수	-0.004	0.008	0.018	0.015	-0.014	0.010

주 : *, **, ***는 각각 10%, 5%, 1% 이하 수준에서 통계적으로 유의함을 의미함.
자료 : 실태조사 원자료를 활용하여 저자 작성.

〈표 3-64〉 취약/비취약 비진학 고졸 청년의 졸업 이후 정부지원 취업지도 경험 확률 분석 결과(Probit)

	전 체 N=1,109		비취약 집단 N=318		취약 집단 N=791	
	계수값	표준오차	계수값	표준오차	계수값	표준오차
환경 취약만	-0.054	0.042				
개인 취약만	-0.081*	0.046			-0.022	0.049
이중취약	-0.075**	0.037			-0.019	0.039
여성	0.111***	0.030	0.000**	0.014	0.100***	0.035
연령	0.015**	0.007	-0.006	0.046	0.020***	0.007
교육연수	-0.001	0.018	-0.099	0.067	-0.004	0.019
서울/수도권 거주	-0.018	0.035			0.015	0.041
고교-특성화고(준거)						
고교-마이스터고	0.046	0.091	-0.044	0.137	0.118	0.115
고교-일반계	-0.227***	0.031	-0.177***	0.056	-0.243***	0.036
고교-없음	-0.186***	0.052	-0.259*	0.137	-0.180***	0.056
부모교육연수	-0.015*	0.008	-0.025*	0.014	-0.011	0.009

주 : *, **, ***는 각각 10%, 5%, 1% 이하 수준에서 통계적으로 유의함을 의미함.
자료 : 실태조사 원자료를 활용하여 저자 작성.

5. 취약 특성으로 인한 어려움

다음으로 취약 집단이 응답한 각자의 취약 특성으로 인해 인적자본 축적, 노동시장 이행, 진로 계획 및 실행에 어려움이 있었는지를 조사하였다.

(인적자본 축적) 우선 교육이나 직업훈련을 받고 배울 때 어려움 정도를 살펴보면, 취약 집단의 60.1%가 청소년기 또는 현재 교육이나 직업훈련을 받고 배울 때 어려움이 있다(약간 어려웠다+매우 어려웠다)고 응답하였다. 경제활동상태별로는 현재 비경제활동자 68.4%, 실업(구직)자 61.7%, 취업자 54.8% 순으로 높게 나타나 취약 집단 중 현재 비경제활동 응답자들이 어려움을 가장 많이 느꼈던 것으로 나타난다. 연령대별로는 20대 초반(44.4%)보다는 20대 후반(53.8%)에서, 취약 집단 유형별로는 환경+개인적인 취약 특성을 모두 가진 집단이 가장 많이 어려움을 느꼈다는 응답을 하였고, 취약환경 유형별로는 저학력 가정출신 청년이 가장 어렵다고 응답하였다.

출신고 유형 중에서는 중졸 이하(83.3%), 일반고(직업반)(73.3%), 기타 비직업계고(27.7%) 출신이 어려움을 느꼈다는 응답 비중이 가장 높고, 마이스터고 출신의 경우 어려움을 느꼈다고 응답한 비중이 45%로 가장 낮았다.

〈표 3-65〉 (청소년기/현재) 교육이나 직업훈련을 받고 배울 때 어려움 정도

(단위 : 명, %)

		사례수	어렵지 않았다	어려웠다		
					약간 어려웠다	매우 어려웠다
전 체		791	39.9	60.1	46.9	13.1
경제활동상태	취업	462	45.2	54.8	43.5	11.3
	실업(구직)	47	38.3	61.7	46.8	14.9
	비경제활동	282	31.6	68.4	52.5	16.0
성별	남성	297	41.1	58.9	43.4	15.5
	여성	494	39.3	60.7	49.0	11.7
연령별	20대 초반	581	41.7	58.3	44.4	13.9
	20대 후반	210	35.2	64.8	53.8	11.0
취약 집단 유형2	환경 취약 집단	215	48.4	51.6	44.2	7.4
	개인 취약 집단	155	45.8	54.2	43.9	10.3
	환경+개인 취약 집단	421	33.5	66.5	49.4	17.1

〈표 3-65〉의 계속

		사례수	어렵지 않았다	어려웠다		
					약간 어려웠다	매우 어려웠다
취약환경 유형별 (중복응답)	다문화 가정	36	50.0	50.0	47.2	2.8
	탈북민	6	16.7	83.3	66.7	16.7
	경제적 취약	554	36.1	63.9	49.6	14.3
	조손가정	95	34.7	65.3	47.4	17.9
	저학력 가정	135	30.4	69.6	50.4	19.3
	homeless 경험/가출 청소년	113	33.6	66.4	39.8	26.5
출신고 유형	특성화(직업계)고	337	45.7	54.3	45.4	8.9
	마이스터고	20	55.0	45.0	40.0	5.0
	일반고(직업반)	60	26.7	73.3	48.3	25.0
	일반고(진학반)	256	37.5	62.5	51.2	11.3
	기타 비직업계고	22	27.3	72.7	50.0	22.7
	고졸 검정고시	84	36.9	63.1	38.1	25.0
	중졸 이하	12	16.7	83.3	58.3	25.0
현재 거주지 권역별	서울	105	37.1	62.9	50.5	12.4
	경기/인천/강원	160	40.6	59.4	46.3	13.1
	전라권/제주	142	36.6	63.4	46.5	16.9
	충청권	140	40.7	59.3	47.1	12.1
	부울경	129	43.4	56.6	46.5	10.1
	대구경북	115	40.9	59.1	45.2	13.9

자료 : 실태조사 원자료를 활용하여 저자 작성.

(노동시장 이행) 다음으로 본인의 취약 특성으로 인해 구직 시 원하는 일자리를 구하는 것에 어려움을 느꼈다고 응답한 비중은 67.3%로 교육이나 훈련을 받을 때(인적자본 축적) 어려움을 느꼈다는 응답 비중(60%)보다 7.3%p 높게 나타난다. 현재 경제활동상태별로 비경제활동 청년(83%), 실업/구직자(76.6%), 취업자 순(56.7%)으로 어려움을 느꼈다고 응답한 비중이 높게 나타난다.

취약 집단 유형별로는 환경적인 취약 특성만 가진 집단보다(49.3%) 대비 개인적인 취약 특성만 가진 집단(72.9%)이 훨씬 더 어려움을 느꼈다고 응답한 비중이 높고, 환경/개인 취약 특성 모두 가진 집단의 경우 어려움을 표시한 응답 비중이 74.3%로 가장 높다. 성별, 연령대별로 차이는 크지 않다. 환경 취약 집단의 경우 취약환경 유형별로는 탈북민 청년 전원이 어려움을 표시하였고, 다음으로는 저학력 가정 출신 청년의 어려움 표시 정도가 75.6%로 높게 나타난다.

출신고 유형 중에서는 중졸 이하(91.7%)와 일반고(직업반) 출신(90%)의 경우 원하는 일자리를 구하는데 어려움이 있었다고 응답한 경우가 거의 대부분인 것으로 나타나는 반면 마이스터고와 특성화(직업계)고 출신 취약 집단은 어려움 응답 비중이 각각 55%, 59.6%로 나타나 출신 고교 유형에 따라 상당한 차이가 있음을 알 수 있다.

〈표 3-66〉 원하는 일자리를 구할 때 어려움 정도

(단위 : 명, %)

		사례 수	어렵지 않았다	어려웠다		
					약간 어려웠다	매우 어려웠다
전 체		791	32.7	67.3	39.9	27.3
경제활동 상태	취업	462	43.3	56.7	35.9	20.8
	실업(구직)	47	23.4	76.6	44.7	31.9
	비경제활동	282	17.0	83.0	45.7	37.2
성별	남성	297	33.7	66.3	36.7	29.6
	여성	494	32.2	67.8	41.9	25.9
연령별	20대 초반	581	32.5	67.5	39.9	27.5
	20대 후반	210	33.3	66.7	40.0	26.7
취약 집단 유형2	환경 취약 집단	215	50.7	49.3	34.4	14.9
	개인 취약 집단	155	27.1	72.9	46.5	26.5
	환경+개인 취약 집단	421	25.7	74.3	40.4	34.0
취약 환경 유형별 (중복 응답)	다문화 가정	36	44.4	55.6	44.4	11.1
	탈북민	6	0.0	100.0	66.7	33.3
	경제적 취약	554	31.8	68.2	39.0	29.2
	조손가정	95	31.6	68.4	46.3	22.1
	저학력 가정	135	24.4	75.6	44.4	31.1
	homeless 경험/가출 청소년	113	34.5	65.5	26.5	38.9
출신고 유형	특성화(직업계)고	337	40.4	59.6	36.2	23.4
	마이스터고	20	45.0	55.0	45.0	10.0
	일반고(직업반)	60	10.0	90.0	43.3	46.7
	일반고(진학반)	256	31.3	68.8	43.0	25.8
	기타 비직업계고	22	31.8	68.2	45.5	22.7
	고졸 검정고시	84	23.8	76.2	41.7	34.5
	중졸 이하	12	8.3	91.7	33.3	58.3
현재 거주지 권역별	서울	105	31.4	68.6	37.1	31.4
	경기/인천/강원	160	36.9	63.1	39.4	23.8
	전라권/제주	142	29.6	70.4	36.6	33.8
	충청권	140	32.1	67.9	44.3	23.6
	부울경	129	32.6	67.4	44.2	23.3
	대구경북	115	33.0	67.0	37.4	29.6

자료 : 실태조사 원자료를 활용하여 저자 작성.

거주지역별로는 전라권의 경우, 어려움 응답 비중이 70%로 가장 높게 나타난다.

(노동시장 참여 유지/근속) 다음으로 본인의 취약 특성으로 인해 현재의 직장 생활을 유지하는 데 어려움 여부를 조사한 결과, 어려움이 있다/있었다는 응답은 57.3%로 나타났다. 경제활동상태별로, 비경제활동 응답자의 73.0% 및 실업(구직)자의 61.7%가 어려움을 경험했던 반면, 취업자의 경우 현재 직장 생활을 유지하는데 어려움이 있다는 응답은 절반에 약간 못 미치는 47.2%로 나타난다. 현재 취업상태인 고졸 취약 청년의 거의 절반 수준이 취약 특성으로 인해 일자리를 유지하는 데 어려움을 느끼고 있다는 점은 주목할 필요가 있다. 성별로는 남성(51.9%)보다 여성(60.5%)이, 연령대별로는 20대 초반(57.8%)이 20대 후반(55.7%)이 어려움을 느꼈다는 응답 비중이 높다. 취약 특성 유형별로는 성장기 환경요소적 취약 특성만 가진 집단(39.1%)보다 환경적, 개인적(64.4%) 취약 특성을 모두 가진 집단과 개인적 취약 특성을 가진 집단(63.2%)의 경우 현재의 직장 생활 유지에 어려움이 있다고 응답하였다. 개인적 취약 특성이 현재 혹은 최근, 그리고 본인이 가진 취약 특성을 반영하고 있기 때문에 이러한 결과가 나타나는 것으로 보인다. 취약환경 유형 중에서는 저학력 가정(63.7%)에서, 출신고 유형 중에서는 일반고(직업반) 졸업생(88.3%)의 경우 어려움을 표시한 비중이 가장 높게 나타난다. 지역별로는 전라권/제주 거주자의 경우 취약 특성으로 인해 일자리를 유지하는데 어려움이 있다고 응답한 비중이 66.2%로 가장 높고, 부산·울산·경남은 48.1%로 가장 낮게 나타난다.

〈표 3-67〉 현재(비취업자는 이전)의 직장 생활을 유지하는 데 어려움 정도

(단위 : 명, %)

		사례수	어렵지 않았다	어려웠다		
					약간 어려웠다	매우 어려웠다
전 체		791	42.7	57.3	38.4	18.8
경제활동 상태	취업	462	52.8	47.2	35.5	11.7
	실업(구직)	47	38.3	61.7	44.7	17.0
	비경제활동	282	27.0	73.0	42.2	30.9

〈표 3-67〉의 계속

		사례수	어렵지 않았다	어려웠다		
					약간 어려웠다	매우 어려웠다
성별	남성	297	48.1	51.9	36.7	15.2
	여성	494	39.5	60.5	39.5	21.1
연령별	20대 초반	581	42.2	57.8	37.3	20.5
	20대 후반	210	44.3	55.7	41.4	14.3
취약 집단 유형2	환경 취약 집단	215	60.9	39.1	28.8	10.2
	개인 취약 집단	155	36.8	63.2	40.6	22.6
	환경+개인 취약 집단	421	35.6	64.4	42.5	21.9
취약 환경 유형별 (중복 응답)	다문화 가정	36	61.1	38.9	25.0	13.9
	탈북민	6	16.7	83.3	66.7	16.7
	경제적 취약	554	42.4	57.6	37.9	19.7
	조손가정	95	46.3	53.7	35.8	17.9
	저학력 가정	135	36.3	63.7	42.2	21.5
	homeless 경험/가출 청소년	113	45.1	54.9	33.6	21.2
현재 거주지 권역별	서울	105	36.2	63.8	44.8	19.0
	경기/인천/강원	160	46.9	53.1	36.3	16.9
	전라권/제주	142	33.8	66.2	43.7	22.5
	충청권	140	42.9	57.1	37.9	19.3
	부울경	129	51.9	48.1	32.6	15.5
	대구경북	115	43.5	56.5	36.5	20.0

자료 : 실태조사 원자료를 활용하여 저자 작성.

(노동 생애/진로 계획 수립) 다음으로 본인이 가진 취약 특성으로 인해 미래의 직업 목표를 계획하는 데 어려움 정도를 조사한 결과, 취약 집단의 77.2%가 미래 직업 목표를 계획하는 데 어려움이 있다고 응답하였다. 경제활동상태별로 비경제활동 청년(87.6%), 실업/구직자(85.1%), 취업자(70.1%) 순으로 높게 나타났다. 성별로는 여성(80.4%)이 남성(72.1%)에 비해 어려움을 표시한 비중이 높게 나타나고, 연령대별로는 20대 초반이 20대 후반보다 어려움 응답 비중이 약간 더 높게 나타난다.

취약 집단 유형별로는 환경적 개인적 취약 특성을 모두 가진 집단의 어려움 응답 비중이 82.9%로 가장 높고 다음으로 개인적 취약 특성을 가진 집단(77.4%), 환경적 취약 집단(66%) 순으로 높게 나타났다. 환경 취약 집단 유형 중에서는 저학력 가정(80.7%) 출신이 가장 어려움을 응답한 비중이 높게 나타났고, 출신고 유형 중에서는 중졸 이하(100%), 일반고(직업반)(91.7%)의 경우 어려움 응답 비중이 매우 높게 나타난다.

〈표 3-68〉 귀하의 미래 직업 목표를 계획하는 데 어려움 정도

(단위 : 명, %)

		사례수	어렵지 않았다	어려웠다		
					약간 어려웠다	매우 어려웠다
전 체		791	22.8	77.2	45.6	31.6
경제활동 상태	취업	462	29.9	70.1	44.6	25.5
	실업(구직)	47	14.9	85.1	61.7	23.4
	비경제활동	282	12.4	87.6	44.7	42.9
성별	남성	297	27.9	72.1	42.8	29.3
	여성	494	19.6	80.4	47.4	33.0
연령별	20대 초반	581	22.2	77.8	45.6	32.2
	20대 후반	210	24.3	75.7	45.7	30.0
취약 집단 유형2	환경 취약 집단	215	34.0	66.0	45.6	20.5
	개인 취약 집단	155	22.6	77.4	44.5	32.9
	환경+개인 취약 집단	421	17.1	82.9	46.1	36.8
취약 환경 유형별 (중복 응답)	다문화 가정	36	30.6	69.4	50.0	19.4
	탈북민	6	0.0	100.0	66.7	33.3
	경제적 취약	554	21.3	78.7	45.8	32.9
	조손가정	95	27.4	72.6	40.0	32.6
	저학력 가정	135	19.3	80.7	43.0	37.8
	homeless 경험/가출 청소년	113	23.0	77.0	40.7	36.3
출신고 유형	특성화(직업계)고	337	28.2	71.8	40.9	30.9
	마이스터고	20	45.0	55.0	50.0	5.0
	일반고(직업반)	60	8.3	91.7	53.3	38.3
	일반고(진학반)	256	20.3	79.7	50.8	28.9
	기타 비직업계고	22	27.3	72.7	36.4	36.4
	고졸 검정고시	84	15.5	84.5	44.0	40.5
	중졸 이하	12	0.0	100.0	50.0	50.0
현재 거주지 권역별	서울	105	22.9	77.1	45.7	31.4
	경기/인천/강원	160	26.3	73.8	40.0	33.8
	전라권/제주	142	19.7	80.3	49.3	31.0
	충청권	140	19.3	80.7	48.6	32.1
	부울경	129	28.7	71.3	43.4	27.9
	대구경북	115	19.1	80.9	47.8	33.0

자료 : 실태조사 원자료를 활용하여 저자 작성.

〈표 3-69〉 목표달성을 위해 노력하는 데 어려움 정도

(단위 : 명, %)

		사례수	어렵지 않았다	어려웠다		
					약간 어려웠다	매우 어려웠다
전 체		791	23.4	76.6	44.5	32.1
경제활동 상태	취업	462	29.7	70.3	42.2	28.1
	실업(구직)	47	17.0	83.0	59.6	23.4
	비경제활동	282	14.2	85.8	45.7	40.1
성별	남성	297	26.3	73.7	42.4	31.3
	여성	494	21.7	78.3	45.7	32.6
연령별	20대 초반	581	22.9	77.1	44.9	32.2
	20대 후반	210	24.8	75.2	43.3	31.9
취약 집단 유형2	환경 취약 집단	215	36.3	63.7	44.7	19.1
	개인 취약 집단	155	23.2	76.8	44.5	32.3
	환경+개인 취약 집단	421	16.9	83.1	44.4	38.7
취약 환경 유형별 (중복 응답)	다문화 가정	36	38.9	61.1	41.7	19.4
	탈북민	6	0.0	100.0	50.0	50.0
	경제적 취약	554	21.5	78.5	43.9	34.7
	조손가정	95	21.1	78.9	41.1	37.9
	저학력 가정	135	17.0	83.0	43.7	39.3
	homeless 경험/가출 청소년	113	19.5	80.5	46.0	34.5
출신고 유형	특성화(직업계)고	337	27.9	72.1	40.9	31.2
	마이스터고	20	40.0	60.0	60.0	0.0
	일반고(직업반)	60	10.0	90.0	43.3	46.7
	일반고(진학반)	256	21.5	78.5	49.2	29.3
	기타 비직업계고	22	31.8	68.2	50.0	18.2
	고졸 검정고시	84	17.9	82.1	40.5	41.7
	중졸 이하	12	0.0	100.0	41.7	58.3
현재 거주지 권역별	서울	105	21.0	79.0	48.6	30.5
	경기/인천/강원	160	25.0	75.0	41.9	33.1
	전라권/제주	142	20.4	79.6	45.1	34.5
	충청권	140	21.4	78.6	45.0	33.6
	부울경	129	29.5	70.5	41.1	29.5
	대구경북	115	22.6	77.4	47.0	30.4

자료 : 실태조사 원자료를 활용하여 저자 작성.

(진로 계획 실현) 마지막으로 취약 특성으로 인해 본인이 희망하는 진로나 목표 달성을 위해 노력(인적자본 투자 등)하는 데 어려움 정도를 조사하였다. 조사 결과, 고졸 취약 청년의 76.6%가 목표 달성을 위해 노력하는 데 어려움이 있다고 응답했다. 경제활동상태별로는 비경제활동의 85.8%, 실업(구직)자의 83.0%가 미래 목표 실현을 위한 노력을 하는 것이 어렵다고 응답

하였고, 취업자는 70.3%로 상대적으로는 낮았지만 여전히 매우 높은 수준으로 어려움을 나타냈다.

취약 집단 유형별로 환경적, 개인적 취약 특성을 가진 집단(83.1%), 개인적 취약 특성만 가진 집단(76.8%), 환경적 취약 특성만 가진 집단(63.7%) 순으로 높게 나타나고, 취약 환경 유형으로 구분하면 탈북민(100%)와 저학력 가정(83.0%) 출신의 경우 어려움을 나타낸 비중이 가장 높게 나타났다. 출신 고교 유형별로는 중졸 이하(100%)와 일반고(직업반) 출신(90.0%)의 경우 어려움을 나타낸 비중이 매우 높게 나타난다.

요약하면 고졸 취약 청년의 경우, 본인의 취약 특성으로 인해 미래의 진로 계획을 세우는 데(77.2%), 미래의 목표 달성을 위해 노력(인적자본 투자)하는 데(76.6%), 원하는 일자리를 구하고 취업할 때(67.3%), 교육이나 훈련을 받을 때(60%), 일자리를 유지하는 데(57.3%) 순으로 어려움을 느꼈다고 응답한 비중이 높게 나타났다. 본인의 취약 특성으로 인해 일자리를 유지하는 데 어려움을 느꼈다고 응답한 비중이 가장 낮긴 하지만 고졸 취약 청년의 경우 본인의 취약 특성으로 인해 일자리 유지/근속이 어렵다고 응답한 비중이 절반 이상에 달한다는 점은 주목할 필요가 있다. 세부 집단별로 환경/개인 취약 특성을 모두 가진 집단과 개인적 취약 특성을 가진 집단의 경우 노동시장 이행 전, 이행 과정, 이행 이후 전 과정에서 어려움을 느낀 비중이 가장 높게 나타난다. 특히, 취약환경 유형 중에 탈북민, 저학력 가정 출신, 출신 고교 유형 중, 중졸 이하 집단과 일반계고 직업반 출신 청년은 대다수(90% 이상)가 노동시장 이행 전, 이행 과정, 이행 이후 전 과정에서 어려움을 느꼈다고 응답한 점은 주목할 필요가 있다.

제5절 고졸 취약 청년의 정책 수요

본 조사의 마지막 파트에서는 고졸 청년의 정책 수요를 조사하였다. 정책 수요는 크게 두 파트로 나누어 조사하였는데, 우선은 20대 고졸 청년들이 필요하다고 생각하는 정부의 지원 사항을 전반적으로 조사하였다. 다음으로는 취약 집단 고졸 청년에게는 진로지도, 기초 소양 교육, 취약점 해소/완화, 체계적인 직업훈련, 직업알선, 사후지도가 모두 종합적으로 필요할 것이라는 가정하에, 미국의 고졸/취약 집단 대상 통합 직업훈련 프로그램인 Job Corp 프로그램과 유사한 프로그램에 대한 수요와 구체적인 프로그램 세부 요소별 중요성을 조사해보았다.

1. 전반적인 정책 수요

우선 전반적인 정책 수요를 항목별 5점 만점을 기준으로 조사한 결과는 〈표 3-70〉과 같다. 구체적으로 정부 지원 사항으로 제시한 내용은 다음과 같다.

① 평소에 진로 고민 등을 상담할 수 있는 멘토지원(멘토 지원), ② 내 적성에 맞는 직업을 알려줄 수 있는 진로상담(진로상담), ③ 내 상황에 맞는 국가의 지원정책에 대한 정보를 잘 전달해 주면 좋겠다(정책정보 제공), ④ 내가 원하는 직업을 가질 때까지 내 가족에게 돌봄서비스를 지원해주면 좋겠다(돌봄서비스), ⑤ 내가 원하는 직업을 가질 때까지 내 가족의 생계비용을 주면 좋겠다(생계비 지원), ⑥ 내가 원하는 직업을 가질 수 있게 필요한 능력을 개발시켜주면 좋겠다(직업능력 개발), ⑦ 내가 적극적으로 사회생활을 할 수 있게 심리상담이나 심리치료를 받을 수 있게 도와주면 좋겠다(심리상담, 치료), ⑧ 내가 일할 수 있는 일자리를 구해주면 좋겠다(일자리 알선), ⑨ 내가 교육/훈련/자격증취득/시험준비 등 취업을 준비하는 동안 나의 숙식(살 곳, 식사)을 해결해주면 좋겠다(숙식지원), ⑩ 내가 살아가는 데 필요한 생활코칭(건강, 안전, 법/권리, 돈 관리 등)을 해주면 좋겠다(생활코칭).

조사 결과를 살펴보면, 전반적으로 근소한 차이이기는 하지만 취약 집단이 비취약 집단보다 대부분의 항목에서 정책 필요성을 높게 평가했다. 취약 집단이 가장 중요성을 높게 평가한 정책 지원 사항은 '자신에게 필요한 정책에 관한 정보 제공'(4.0점)이었다. 다음으로 직업능력 개발(3.94점), 일자리 알선(3.8점), 직업훈련 동안 가족 생계비 지원(3.77점), 생활에 필요한 기본 지식 교육(3.65점), 훈련/교육/자격증 취득준비 기간 동안에 숙식지원(3.62점) 심리상담이나 치료(3.58점, 진로상담(3.52점) 순으로 높게 나타나고, 취업 준비/구직기간 동안 가족 돌봄 지원(3.15점), 멘토 지원(3.26점)은 수요가 상대적으로 낮았다. 한 가지 주목할 점은 [그림 3-1]에서 나타나듯 가족생계비 지원의 경우 취약 집단 내에서도 상대적으로 필요성 점수가 낮지만 비취약 집단에 비해 크게 높은 항목이라는 점에서, 이런 제도적 보조장치에 대한 강한 수요가 있는 집단이 취약 집단에는 존재한다는 점이다.

한편, 비취약 집단 고졸 청년의 경우에도 정책정보제공이 3.91점으로 가장 높은 점수를 받았고, 다음으로 직업능력 개발(3.91), 일자리 알선(3.72), 생활코칭(3.61점), 진로상담(3.56점) 순으로 높게 나타났다.

정책 수요 점수가 취약/비취약 집단 전체에서는 평균 4점 이상의 필요성이 나타나는 경우가 거의 없지만, 대체로 3점 이상의 점수가 양 집단 모두에서 나타내고 있어, 다양한 특성을 가진 고졸 청년층에서 각 정책에 대하여 특별히 수요가 높은 집단들이 있을 수 있다는 점을 고려할 필요가 있다.

취약 집단의 경제활동상태별로는, 취업자의 경우 취업집단 전체의 정책수요와 비슷한 패턴이 관찰되고, 실업자와 비경제활동자의 경우, '일자리 알선'(각각 4.15점, 4.00점)을 가장 필요성이 높은 정부지원으로 평가하였다. 성별로는 여성 취약 고졸 청년이 전반적으로 정책 필요성을 더 높게 평가했고, 연령대별로는 항목별로 20대 초반과 20대 후반의 중요성 평가점수가 약간 다르게 나타나는데 중요성 점수의 상대적 순위는 동일하다.

고교 유형별로 지원 사항의 상대적 중요도는 유사했지만, 취약 집단 중 특성화고 졸업자, 일반고(직업반)졸업자, 기타 비직업계고 졸업자와 중졸 이하 집단의 경우 '정책정보제공'의 필요성을 각각 4.02점, 4.02점, 4.27점 .4.33점으로 필요성을 높게 평가했고, 일반고(직업반), 기타 비직업계고 졸업자의 경우 직업능력 개발의 필요성을 각각 4.17점, 4.05점으로 높게 평가했고, 일반고 직업반은 일자리 알선도 4.03점으로 높게 평가했다. 기타 비직업계고 졸업자의 경우 생계비지원에 대해서도 4점으로 높게 평가했다.

지역별로 특이한 사항은, 서울을 제외하고 경기/인천/강원, 전라/제주권, 대구/경북 지역의 정보정책제공에 대한 수요가 다른 지역에 비해 높게 나타나고, 서울의 경우 훈련/교육/자격증 취득준비 기간 동안 숙식지원, 생활코칭, 가족 생계비 지원에 대한 수요가 타 지역보다 상대적으로 높게 나타난다.

비취약 집단의 경우, 실업/구직 집단의 정책정보제공 수요가 높게 나타나고, 지역별로 서울, 충청권에서 직업능력 개발에 대한 수요가 높게 나타난다.

[그림 3-1] 정부 지원 사항별 필요성 평가 : 취약/비취약 집단

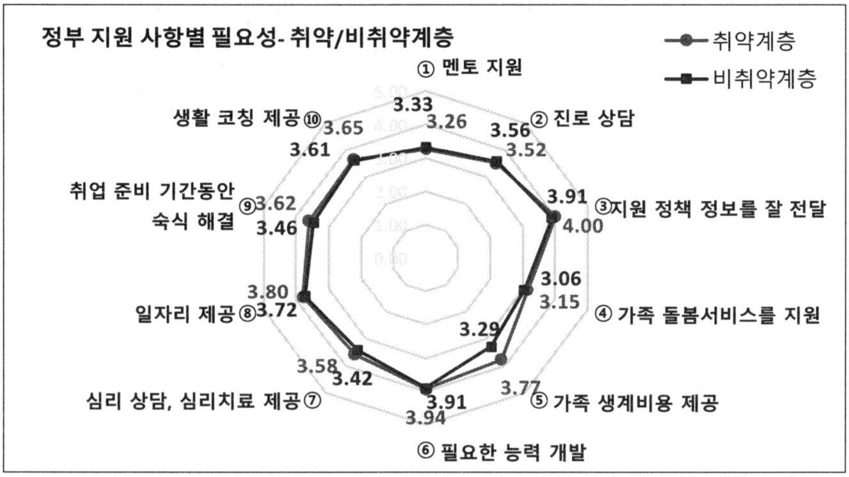

주 : ① 평소에 진로 고민 등을 상담할 수 있는 멘토 지원.
② 내 적성에 맞는 직업을 알려줄 수 있는 진로 상담.
③ 내 상황에 맞는 국가의 지원 정책에 대한 정보를 잘 전달해 주면 좋겠다.
④ 내가 원하는 직업을 가질 때까지 내 가족에게 돌봄서비스를 지원해주면 좋겠다.
⑤ 내가 원하는 직업을 가질 때까지 내 가족의 생계비용을 주면 좋겠다.
⑥ 내가 원하는 직업을 가질 수 있게 필요한 능력을 개발시켜주면 좋겠다.
⑦ 내가 적극적으로 사회생활을 할 수 있게 심리 상담이나 심리치료를 받을 수 있게 도와주면 좋겠다.
⑧ 내가 일할 수 있는 일자리를 구해주면 좋겠다.
⑨ 내가 교육/훈련/자격증취득/시험준비 등 취업을 준비하는 동안 나의 숙식을 해결해주면 좋겠다.
⑩ 내가 살아가는 데 필요한 생활 코칭(건강, 안전, 법/권리, 돈 관리 등)을 해주면 좋겠다.
※ 필요도 : 5점 척도('전혀 필요하지 않다' 1점, '필요하지 않은 편이다' 2점, '보통' 3점, '필요한 편이다' 4점, '매우 필요하다' 5점)의 평균.

자료 : 실태조사 원자료를 활용하여 저자 작성.

〈표 3-70〉 삶의 계획 및 실행에 필요한 정부 지원 사항 : 취약/비취약 집단

(단위 : 명, 점)

			사례수	① 멘토 지원	② 진로 상담	③ 정책 정보 제공	④ 가족 돌봄 지원	⑤ 생계비 지원	⑥ 직업 능력 개발	⑦ 심리 상담 치료	⑧ 일자리알선	⑨ 숙식 지원	⑩ 생활 코칭
취약집단	전 체		791	3.26	3.52	4.00	3.15	3.77	3.94	3.58	3.80	3.62	3.65
	경제활동상태	취업	462	3.21	3.48	4.02	3.19	3.80	3.93	3.50	3.65	3.59	3.68
		실업(구직)	47	3.36	3.62	4.06	3.09	3.70	3.91	3.49	4.15	3.70	3.40
		비경제활동	282	3.33	3.57	3.98	3.07	3.73	3.98	3.73	4.00	3.66	3.63

〈표 3-70〉의 계속

			사례수	① 멘토 지원	② 진로 상담	③ 정책 정보 제공	④ 가족 돌봄 지원	⑤ 생계비 지원	⑥ 직업 능력 개발	⑦ 심리 상담 치료	⑧ 일자리알선	⑨ 숙식 지원	⑩ 생활 코칭
취약 집단	성별	남성	297	3.17	3.36	3.88	3.11	3.67	3.84	3.39	3.69	3.61	3.44
		여성	494	3.32	3.62	4.08	3.17	3.83	4.01	3.70	3.87	3.63	3.77
	연령별	20대 초반	581	3.28	3.52	4.00	3.10	3.72	3.94	3.57	3.80	3.61	3.64
		20대 후반	210	3.20	3.50	4.01	3.26	3.90	3.95	3.63	3.82	3.66	3.66
	출신고 유형	특성화(직업계)고	337	3.29	3.51	4.02	3.07	3.78	3.95	3.57	3.84	3.68	3.64
		마이스터고	20	3.10	3.35	3.85	2.85	3.05	3.90	3.05	3.30	3.45	3.30
		일반고(직업반)	60	3.60	3.97	4.02	3.68	3.92	4.17	3.85	4.03	4.13	4.22
		일반고(진학반)	256	3.17	3.43	3.97	3.07	3.72	3.88	3.55	3.75	3.48	3.53
		기타 비직업계고	22	3.14	3.45	4.27	3.32	4.00	4.05	3.55	3.64	3.32	3.50
		고졸 검정고시	84	3.21	3.51	3.94	3.21	3.81	3.99	3.70	3.79	3.57	3.79
		중졸 이하	12	3.42	3.75	4.33	3.83	4.17	3.83	3.50	3.83	3.75	3.42
	현재 거주지 권역별	서울	105	3.17	3.51	3.89	3.23	3.90	4.01	3.64	3.88	3.74	3.88
		경기/인천/강원	160	3.36	3.48	4.07	2.94	3.51	3.96	3.66	3.76	3.57	3.69
		전라권/제주	142	3.43	3.70	4.14	3.43	3.99	4.03	3.63	3.90	3.64	3.61
		충청권	140	3.04	3.40	3.93	3.09	3.71	3.89	3.56	3.81	3.55	3.56
		부울경	129	3.15	3.41	3.92	2.98	3.74	3.88	3.50	3.67	3.69	3.50
		대구경북	115	3.39	3.63	4.03	3.25	3.84	3.90	3.50	3.82	3.57	3.70
비 취약 집단	전 체		318	3.33	3.56	3.91	3.06	3.29	3.91	3.42	3.72	3.46	3.61
	경제활동상태	취업	240	3.31	3.54	3.91	3.06	3.24	3.93	3.47	3.67	3.45	3.62
		실업(구직)	38	3.29	3.68	4.11	3.08	3.61	3.97	3.18	3.87	3.58	3.58
		비경제활동	40	3.48	3.55	3.75	3.08	3.28	3.70	3.33	3.88	3.40	3.58
	성별	남성	119	3.22	3.45	3.72	3.13	3.31	3.90	3.45	3.62	3.45	3.51
		여성	199	3.39	3.62	4.03	3.03	3.27	3.91	3.40	3.77	3.47	3.66
	연령별	20대 초반	241	3.38	3.61	3.95	3.10	3.30	3.95	3.44	3.77	3.54	3.67
		20대 후반	77	3.17	3.38	3.78	2.96	3.23	3.77	3.35	3.55	3.22	3.42
	출신고 유형	특성화(직업계)고	125	3.29	3.55	3.94	2.98	3.26	3.82	3.48	3.60	3.41	3.61
		마이스터고	15	3.60	4.20	4.27	3.60	3.40	4.20	4.00	3.87	3.60	4.07
		일반고(직업반)	18	3.78	3.72	3.78	3.33	3.33	4.06	3.50	4.11	3.67	3.72
		일반고(진학반)	134	3.28	3.51	3.90	3.06	3.28	3.99	3.30	3.75	3.40	3.54
		기타 비직업계고	12	3.42	3.25	3.58	2.75	3.17	3.67	3.25	3.75	3.58	3.50
		고졸 검정고시	13	3.15	3.54	3.85	3.23	3.54	3.69	3.38	3.77	4.00	3.69
		중졸 이하	1	3.00	2.00	5.00	3.00	3.00	2.00	4.00	3.00	4.00	4.00

〈표 3-70〉의 계속

		사례수	① 멘토 지원	② 진로 상담	③ 정책 정보 제공	④ 가족 돌봄 지원	⑤ 생계비 지원	⑥ 직업 능력 개발	⑦ 심리 상담 치료	⑧ 일자리 알선	⑨ 숙식 지원	⑩ 생활 코칭
현재 거주지 권역별	서울	39	3.62	3.79	4.03	3.38	3.49	4.03	3.44	3.95	3.59	3.69
	경기/인천/강원	62	2.95	3.23	3.84	2.81	2.95	3.71	3.08	3.52	3.42	3.69
	전라권/제주	57	3.44	3.53	3.89	3.07	3.16	3.77	3.44	3.77	3.39	3.51
	충청권	54	3.41	3.87	4.17	3.15	3.28	4.11	3.69	3.67	3.41	3.54
	부울경	51	3.27	3.37	3.75	2.92	3.45	3.88	3.41	3.75	3.35	3.65
	대구경북	55	3.40	3.65	3.84	3.16	3.51	4.02	3.51	3.75	3.65	3.58

주 : ① 평소에 진로 고민 등을 상담할 수 있는 멘토 지원.
② 내 적성에 맞는 직업을 알려줄 수 있는 진로 상담.
③ 내 상황에 맞는 국가의 지원 정책에 대한 정보를 잘 전달해 주면 좋겠다.
④ 내가 원하는 직업을 가질 때까지 내 가족에게 돌봄서비스를 지원해주면 좋겠다.
⑤ 내가 원하는 직업을 가질 때까지 내 가족의 생계비용을 주면 좋겠다.
⑥ 내가 원하는 직업을 가질 수 있게 필요한 능력을 개발시켜주면 좋겠다.
⑦ 내가 적극적으로 사회생활을 할 수 있게 심리 상담이나 심리치료를 받을 수 있게 도와주면 좋겠다.
⑧ 내가 일할 수 있는 일자리를 구해주면 좋겠다.
⑨ 내가 교육/훈련/자격증취득/시험준비 등 취업을 준비하는 동안 나의 숙식을 해결해주면 좋겠다.
⑩ 내가 살아가는 데 필요한 생활 코칭(건강, 안전, 법/권리, 돈 관리 등)을 해주면 좋겠다.
※ 필요도 : 5점 척도('전혀 필요하지 않다' 1점, '필요하지 않은 편이다' 2점, '보통' 3점, '필요한 편이다' 4점, '매우 필요하다' 5점)의 평균.

자료 : 실태조사 원자료를 활용하여 저자 작성.

2. 통합적 직업훈련 프로그램(한국형 job corp) 참여 의향

다음으로 통합적 직업훈련 프로그램에 대한 수요를 조사한 결과를 〈표 3-71〉에 요약하였다. 구체적으로는 조사 대상에게 주거/식사, 훈련수당을 지원하고 지역내 괜찮은 일자리를 구할 때까지(6개월 이상) 교육, 직업훈련, 생활교육 등을 제공하는 프로그램이 있다면 참여할 의향이 있는지를 질문하였다.

조사 결과, 취약 집단의 평균 참여 의향점수는 3.54점, 비취약 집단은 3.48점으로 '보통-어느 정도 참여하고 싶다' 수준의 응답을 나타내고 있다. 참여 의향 점수 4점 이상의 비중은 취약 집단은 60.6%, 비취약 집단은 55.7%로 나타나고, 참여 의향이 매우 높은 집단은 취약 집단에서 16.9%, 비취약 집단에서 17.3%로 나타나, 취약 집단 비취약 집단 모두에서 20대 고졸 청년 중 참여 의향이 매우 높은 집단이 어느 정도 존재함을 알 수 있다.

경제활동상태별로 취약 집단의 경우, 비경제활동자와 취업자 중 참여희망자 비중이 각각 62.1%, 60.4%로 높게 나타나고, 비취약 집단의 경우, 실업/구직자 중 참여 의향이 있는 자의 비중이 63.2%로 높게 나타나고, 취업자와 비경제활동자는 참여 의향이 상대적으로 낮게 나타난다.

성별로는 취약 집단, 비취약 집단 모두 여성 고졸 청년 집단에서 참여 의향이 있는 사람의 비중이 남성보다 높게 나타난다. 연령대별로는 취약/비취약 집단 모두 20대 초반이 20대 후반보다 상대적으로 참여 의향을 가진 사람 비중이 높다. 고교 유형별로는 취약/비취약 집단 모두에서 일반고(직업반) 졸업자와 고졸 검정고시 출신의 참여 의향이 높다. 특이하게도 마이스터고 졸업자, 검정고시 졸업자, 중졸 이하 집단에서는 취약 집단보다 비취약 집단의 프로그램 참여 의향이 약간 더 높게 나타난다. 거주 지역별로는 취약/비취약 집단 모두 서울 거주자의 참여 의향이 매우 높게 나타난다(취약-71.4%, 비취약-69.2%).

〈표 3-71〉 직업훈련 프로그램 참여 의향 : 취약/비취약 집단

(단위 : 명, %, 점)

			사례수	① 전혀 없음	② 별로 없음	③ 보통	④ 약간 있음	⑤ 매우 많음	(④+⑤) 참여 희망	5점 평균 (점)
취약 집단	전 체		791	6.8	10.0	22.6	43.6	16.9	60.6	3.54
	경제활동상태	취업	462	7.4	10.6	21.6	42.9	17.5	60.4	3.53
		실업(구직)	47	4.3	10.6	31.9	36.2	17.0	53.2	3.51
		비경제활동	282	6.4	8.9	22.7	46.1	16.0	62.1	3.56
	성별	남성	297	9.4	9.4	29.3	35.4	16.5	51.9	3.40
		여성	494	5.3	10.3	18.6	48.6	17.2	65.8	3.62
	연령별	20대 초반	581	7.4	9.6	22.0	44.8	16.2	60.9	3.53
		20대 후반	210	5.2	11.0	24.3	40.5	19.0	59.5	3.57
	출신고 유형	특성화(직업계)고	337	4.7	10.1	23.7	46.0	15.4	61.4	3.57
		마이스터고	20	20.0	5.0	15.0	40.0	20.0	60.0	3.35
		일반고(직업반)	60	5.0	8.3	6.7	58.3	21.7	80.0	3.83
		일반고(진학반)	256	8.2	11.3	27.3	38.7	14.5	53.1	3.40
		기타 비직업계고	22	4.5	9.1	31.8	31.8	22.7	54.5	3.59
		고졸 검정고시	84	8.3	8.3	15.5	42.9	25.0	67.9	3.68
		중졸 이하	12	16.7	8.3	16.7	41.7	16.7	58.3	3.33
	현재 거주지 권역별	서울	105	8.6	4.8	15.2	60.0	11.4	71.4	3.61
		경기/인천/강원	160	5.6	11.9	20.6	46.3	15.6	61.9	3.54
		전라권/제주	142	5.6	9.2	22.5	41.5	21.1	62.7	3.63
		충청권	140	5.7	10.7	24.3	40.7	18.6	59.3	3.56
		부울경	129	12.4	11.6	20.9	38.8	16.3	55.0	3.35
		대구경북	115	3.5	10.4	32.2	36.5	17.4	53.9	3.54

〈표 3-71〉의 계속

			사례수	① 전혀 없음	② 별로 없음	③ 보통	④ 약간 있음	⑤ 매우 많음	(④+⑤) 참여 희망	5점 평균 (점)
비 취약 집단	전 체		318	7.5	10.1	26.7	38.4	17.3	55.7	3.48
	경제활동상태	취업	240	8.3	9.6	26.7	38.8	16.7	55.4	3.46
		실업(구직)	38	5.3	10.5	21.1	34.2	28.9	63.2	3.71
		비경제활동	40	5.0	12.5	32.5	40.0	10.0	50.0	3.38
	성별	남성	119	10.9	6.7	29.4	41.2	11.8	52.9	3.36
		여성	199	5.5	12.1	25.1	36.7	20.6	57.3	3.55
	연령별	20대 초반	241	7.9	9.5	26.1	38.2	18.3	56.4	3.49
		20대 후반	77	6.5	11.7	28.6	39.0	14.3	53.2	3.43
	출신고 유형	특성화(직업계)고	125	6.4	6.4	30.4	40.0	16.8	56.8	3.54
		마이스터고	15	6.7	6.7	20.0	40.0	26.7	66.7	3.73
		일반고(직업반)	18	0.0	11.1	22.2	38.9	27.8	66.7	3.83
		일반고(진학반)	134	10.4	14.2	26.9	34.3	14.2	48.5	3.28
		기타 비직업계고	12	8.3	16.7	8.3	41.7	25.0	66.7	3.58
		고졸 검정고시	13	0.0	0.0	23.1	61.5	15.4	76.9	3.92
		중졸 이하	1	0.0	0.0	0.0	0.0	100.0	100.0	5.00
	현재 거주지 권역별	서울	39	2.6	5.1	23.1	46.2	23.1	69.2	3.82
		경기/인천/강원	62	11.3	16.1	29.0	32.3	11.3	43.5	3.16
		전라권/제주	57	5.3	10.5	31.6	42.1	10.5	52.6	3.42
		충청권	54	1.9	11.1	27.8	42.6	16.7	59.3	3.61
		부울경	51	13.7	3.9	29.4	27.5	25.5	52.9	3.47
		대구경북	55	9.1	10.9	18.2	41.8	20.0	61.8	3.53

자료 : 실태조사 원자료를 활용하여 저자 작성.

다음으로 통합적 직업훈련 프로그램을 참여하기 위해서 충족되어야 할 조건을 5점 만점과 순위로 응답하도록 한 결과를 [그림 3-2]와 〈표 3-72〉, 〈표 3-73〉에 요약하였다. [그림 3-2]에서 요약한 결과를 살펴보면, 취약 집단의 경우 훈련수당, 식사제공, 실생활에 도움이 되는 교육훈련 제공, 적성과 희망에 맞는 직업분야로 연결, 안정적이고 소득이 괜찮은 일자리로 연결을 비취약 집단에 비해 중요하게 평가했다.

구체적으로, 취약 집단은 괜찮은 일자리 연결(4.25점), 적성에 맞는 직업 연결(4.24점), 훈련수당 지급(4.24점), 식사제공(4.19점), 실생활 교육 제공(4.13점) 순으로 높게 평가하였고, 주거제공(3.66점)과 애로사항해결(3.66점)은 상대적으로 낮지만 '필요한 편이다'에 가깝게 응답하였다. 비취약 집단의 경우에도 각 항목별 필요성을 대체로 취약 집단보다는 낮게 응답하였지만 비슷한 수준으로 응답하였다. 비취약 고졸 청년의 경우, '적성에 맞는 직업 연결(4.23점)', '괜찮은 일자리 연결(4.18점)', '훈련수당 지급(4.15점)' 순으로 높게 응답하여 가장 중요한 조건은 취약/비취약 집단 모두에서 계속 이어갈 수 있는 괜찮은 일자리, 적성에 맞는 직업으로 연결이 가장 중요하고 훈련기간 동안 손실되는 임금 기회비용(과 생계비)을 보충해줄 수 있는 훈련수당이 중요한 것으로 나타난다.

직업훈련 참여 시 필요한 조건 중 1, 2순위를 응답하도록 한 결과에서는 취약/비취약 집단 모두 1순위는 훈련수당 지급을 선택하였는데, 취약 집단의 선택 비중은 44.1%, 비취약 집단은 38.7%로 취약 집단이 높게 나타난다. 다음 순위로는 두 집단 모두 괜찮은 일자리 연결, 적성/희망에 맞는 직업 연결 순으로 높게 나타나, 필요성 점수 응답 순위와 유사하게 나타난다.

[그림 3-2] 직업훈련 프로그램 참여시 조건별 필요성 : 취약/비취약 집단

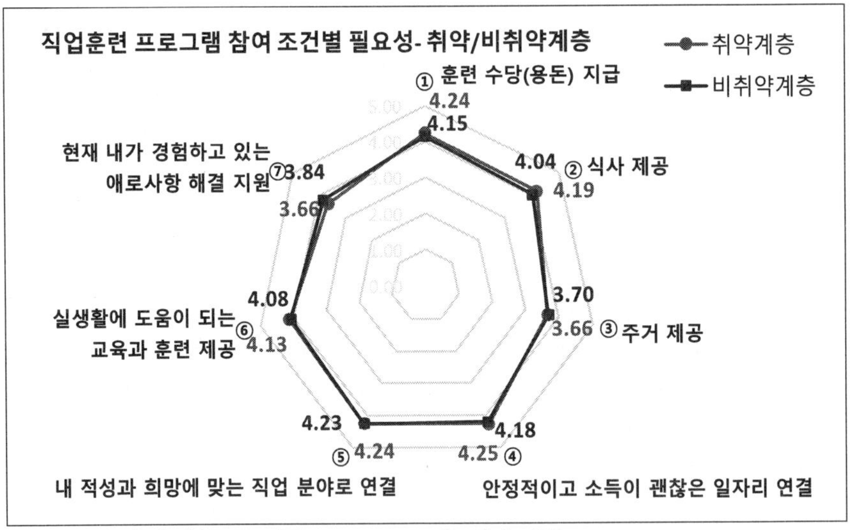

주 : ① 훈련 수당(용돈) 지급. ② 식사 제공.
③ 주거 제공(살 곳). ④ 안정적이고 소득이 괜찮은 일자리 연결.
⑤ 내 적성과 희망에 맞는 직업 분야로 연결.
⑥ 실생활에 도움이 되는 교육과 훈련 제공.
⑦ 현재 내가 경험하고 있는 애로사항 해결 지원.
※ 필요도 : 5점 척도('전혀 필요하지 않다' 1점, '필요하지 않은 편이다' 2점, '보통' 3점, '필요한 편이다' 4점, '매우 필요하다' 5점)의 평균.

자료 : 실태조사 원자료를 활용하여 저자 작성.

〈표 3-72〉 직업훈련 프로그램 참여시 조건별 필요도 : 취약/비취약 집단

(단위 : 명, 점)

			사례수	① 훈련 수당 지급	② 식사 제공	③ 주거 제공	④ 일자리 연결	⑤ 적성에 맞는 직업 연결	⑥ 실생활 교육 제공	⑦ 애로 사항 해결
취약 집단	전 체		791	4.24	4.19	3.66	4.25	4.24	4.13	3.66
	경제활동상태	취업	462	4.28	4.24	3.75	4.25	4.23	4.14	3.61
		실업(구직)	47	4.06	4.13	3.51	4.21	4.26	4.15	3.66
		비경제활동	282	4.21	4.11	3.54	4.25	4.26	4.11	3.73
	성별	남성	297	4.23	4.28	3.78	4.20	4.22	4.03	3.54
		여성	494	4.25	4.13	3.59	4.28	4.25	4.19	3.73
	연령별	20대 초반	581	4.21	4.18	3.67	4.21	4.22	4.13	3.66
		20대 후반	210	4.32	4.19	3.62	4.34	4.30	4.12	3.64
	출신고 유형	특성화(직업계)고	337	4.32	4.20	3.67	4.28	4.26	4.16	3.64
		마이스터고	20	3.85	3.75	3.70	3.95	4.00	3.75	2.90
		일반고(직업반)	60	3.73	4.30	4.02	4.30	4.30	4.17	4.23
		일반고(진학반)	256	4.27	4.17	3.51	4.17	4.18	4.07	3.60
		기타 비직업계고	22	4.36	4.50	3.77	4.55	4.50	4.50	3.45
		고졸 검정고시	84	4.24	4.10	3.77	4.31	4.33	4.23	3.69
		중졸 이하	12	4.42	4.25	3.75	4.00	4.00	3.75	3.83
	현재 거주지 권역별	서울	105	4.14	4.32	3.85	4.22	4.21	4.17	3.72
		경기/인천/강원	160	4.31	4.26	3.63	4.36	4.39	4.28	3.69
		전라권/제주	142	4.19	4.26	3.89	4.25	4.26	4.19	3.84
		충청권	140	4.27	4.20	3.57	4.32	4.20	4.10	3.55
		부울경	129	4.28	3.97	3.37	4.07	4.08	3.91	3.55
		대구경북	115	4.23	4.09	3.67	4.21	4.27	4.09	3.57
비 취약 집단	전 체		318	4.15	4.04	3.70	4.18	4.23	4.08	3.84
	경제활동상태	취업	240	4.18	4.05	3.75	4.19	4.24	4.07	3.85
		실업(구직)	38	4.24	4.13	3.47	4.32	4.45	4.18	4.00
		비경제활동	40	3.88	3.88	3.63	4.00	3.98	4.08	3.65
	성별	남성	119	4.11	3.98	3.71	4.10	4.24	4.08	3.78
		여성	199	4.18	4.08	3.69	4.23	4.23	4.09	3.88
	연령별	20대 초반	241	4.18	4.12	3.80	4.24	4.25	4.10	3.93
		20대 후반	77	4.05	3.78	3.38	4.01	4.16	4.05	3.56
	출신고 유형	특성화(직업계)고	125	4.10	4.00	3.59	4.15	4.23	4.04	3.82
		마이스터고	15	4.27	4.33	4.07	4.40	4.40	4.27	4.00
		일반고(직업반)	18	3.94	3.94	3.89	4.39	4.39	4.17	3.94
		일반고(진학반)	134	4.18	4.04	3.72	4.14	4.15	4.08	3.79
		기타 비직업계고	12	4.33	4.00	3.50	4.33	4.50	4.25	4.00
		고졸 검정고시	13	4.31	4.23	3.92	4.15	4.31	4.15	4.15
		중졸 이하	1	5.00	5.00	5.00	5.00	5.00	3.00	4.00

〈표 3-72〉의 계속

		사례수	① 훈련 수당 지급	② 식사 제공	③ 주거 제공	④ 일자리 연결	⑤ 적성에 맞는 직업 연결	⑥ 실생활 교육 제공	⑦ 애로 사항 해결
현재 거주지 권역별	서울	39	4.36	4.28	3.79	4.23	4.28	4.00	4.00
	경기/인천/강원	62	4.13	3.97	3.65	4.15	4.21	4.15	3.74
	전라권/제주	57	4.12	3.96	3.54	4.05	4.18	4.02	3.77
	충청권	54	4.09	4.11	3.76	4.20	4.30	4.15	4.00
	부울경	51	4.08	3.94	3.63	4.20	4.22	4.20	3.71
	대구경북	55	4.18	4.05	3.85	4.29	4.22	3.98	3.89

주 : ① 훈련 수당(용돈) 지급. ② 식사 제공.
③ 주거 제공(살 곳). ④ 안정적이고 소득이 괜찮은 일자리 연결.
⑤ 내 적성과 희망에 맞는 직업 분야로 연결.
⑥ 실생활에 도움이 되는 교육과 훈련 제공.
⑦ 현재 내가 경험하고 있는 애로사항 해결 지원.
※ 필요도 : 5점 척도('전혀 필요하지 않다' 1점, '필요하지 않은 편이다' 2점, '보통' 3점, '필요한 편이다' 4점, '매우 필요하다' 5점)의 평균.
자료 : 실태조사 원자료를 활용하여 저자 작성.

〈표 3-73〉 직업훈련 프로그램 참여시 조건의 순위(복수응답) : 취약/비취약 집단

(단위 : 명, %)

조건	취약 집단				비취약 집단			
	1순위		종합순위 (1+2순위)		1순위		종합순위 (1+2순위)	
	빈도	비율	빈도	비율	빈도	비율	빈도	비율
훈련 수당(용돈) 지급	349	44.1	457	57.8	123	38.7	159	50.0
안정적이고 소득이 괜찮은 일자리 연결	138	17.4	326	41.2	67	21.1	150	47.2
내 적성과 희망에 맞는 직업 분야로 연결	105	13.3	239	30.2	50	15.7	124	39.0
주거 제공(살 곳)	78	9.9	180	22.8	37	11.6	72	22.6
식사 제공	65	8.2	181	22.9	17	5.3	55	17.3
실생활에 도움이 되는 교육과 훈련 제공	33	4.2	125	15.8	14	4.4	53	16.7
현재 내가 경험하고 있는 애로사항 해결 지원	23	2.9	74	9.4	10	3.1	23	7.2
전 체	791				318			

자료 : 실태조사 원자료를 활용하여 저자 작성.

〈표 3-74〉는 만약 통합 직업훈련 프로그램에 참여한다면 적정한 한달 훈련수당 수준이 얼마인지를 조사한 결과를 요약하고 있다. 고졸 청년 중 취약 집단은 평균 79.2만 원 수준, 비취약 집단은 평균 70.9만 원 수준으로 응답하여 취약 고졸 청년이 필요로 하는 훈련수당 수준이 약간 높게 나타난다. 취약 집단이 비취약 집단에 비해 생계/부양 등 어려움 등으로 인해 인적자본 투자할 여유가 부족한 점이 상대적으로 높은 요구 훈련수당으로 나타나는 듯 하다. 세부 집단별로는 각 집단 간 평균적인 시장 임금 수준의 차이를 반영하듯 요구 훈련수당의 차이가 나타난다. 취업자 집단에서 비취업자 집단 보다 평균 요구 훈련수당이 더 높게 나타나고, 여성 청년보다 남성 청년, 20대 초반보다 20대 후반이, 서울 지역 청년이 다른 지역 청년보다 요구 훈련수당이 평균적으로 더 높게 나타난다.

〈표 3-74〉 직업훈련 프로그램 참여시 적정 훈련수당

(단위 : 명, %, 만 원)

			사례수	50만 원 미만	50만~70만 원 미만	70만~100만 원 미만	100만~150만 원 미만	150만 원 이상	평균
취약 집단	전 체		747	22.2	28.9	11.0	21.4	16.5	79.2
	경제 활동 상태	취업	444	19.6	29.1	10.4	20.5	20.5	84.4
		실업(구직)	43	16.3	39.5	14.0	18.6	11.6	73.2
		비경제활동	260	27.7	26.9	11.5	23.5	10.4	71.2
	성별	남성	277	17.3	26.7	9.0	31.0	15.9	83.6
		여성	470	25.1	30.2	12.1	15.7	16.8	76.5
	연령별	20대 초반	548	24.6	28.8	9.9	21.4	15.3	76.9
		20대 후반	199	15.6	29.1	14.1	21.6	19.6	85.4
	출신고 유형	특성화(직업계)고	330	20.6	28.8	10.3	21.2	19.1	80.6
		마이스터고	18	27.8	16.7	11.1	27.8	16.7	77.2
		일반고(직업반)	51	13.7	25.5	3.9	11.8	45.1	109.5
		일반고(진학반)	249	25.7	28.5	11.6	22.9	11.2	71.9
		기타 비직업계고	22	27.3	31.8	9.1	22.7	9.1	68.9
		고졸 검정고시	82	14.6	31.7	13.4	18.3	22.0	81.1
		중졸 이하	11	36.4	9.1	18.2	18.2	18.2	75.7
	현재 거주지 권역별	서울	101	20.8	26.7	5.0	20.8	26.7	91.4
		경기/인천/강원	150	26.7	30.7	14.7	17.3	10.7	70.0
		전라권/제주	130	18.4	27.7	10.8	25.4	17.7	82.7
		충청권	132	18.9	30.3	9.1	26.5	15.2	79.4
		부울경	123	27.7	25.2	13.0	18.7	15.4	75.9
		대구경북	111	19.8	32.4	11.7	19.8	16.2	79.5

〈표 3-74〉의 계속

			사례수	50만 원 미만	50만~70만 원 미만	70만~100만 원 미만	100만~150만 원 미만	150만 원 이상	평균
비 취약 집단	전 체		304	23	33.6	10.2	23.7	9.5	70.9
	경제활동상태	취업	231	23	32.0	8.2	25.1	11.7	73.5
		실업(구직)	37	18.9	45.9	10.8	21.6	2.7	63.0
		비경제활동	36	27.8	30.6	22.2	16.7	2.8	62.6
	성별	남성	112	14.3	34.8	12.5	22.3	16.1	80.9
		여성	192	28.1	32.8	8.9	24.5	5.7	65.1
	연령별	20대 초반	231	23.8	34.2	8.7	23.8	9.5	70.2
		20대 후반	73	20.5	31.5	15.1	23.3	9.6	73.1
	출신고 유형	특성화(직업계)고	120	25.8	25.8	9.2	24.2	15.0	74.5
		마이스터고	15	13.3	33.3	6.7	26.7	20.0	80.0
		일반고(직업반)	17	17.6	23.5	11.8	41.2	5.9	74.7
		일반고(진학반)	129	25.6	38.0	10.1	19.4	7.0	65.3
		기타 비직업계고	12	0	41.7	25.0	25.0	8.3	82.5
		고졸 검정고시	13	7.7	53.8	7.7	30.8	0.0	70.8
		중졸 이하	1	0	100.0	0.0	0.0	0.0	50.0
	현재 거주지 권역별	서울	39	25.7	38.5	2.6	25.6	7.7	70.1
		경기/인천/강원	59	20.4	42.4	5.1	27.1	5.1	67.1
		전라권/제주	55	20	29.1	12.7	27.3	10.9	75.0
		충청권	50	30	26.0	8.0	28.0	8.0	66.0
		부울경	49	26.6	30.6	18.4	8.2	16.3	73.7
		대구경북	52	17.3	34.6	13.5	25.0	9.6	73.7

주 : 상위 3% 극단치(210만 원 이상)는 제외함.
자료 : 실태조사 원자료를 활용하여 저자 작성.

마지막으로, 통합 직업훈련 프로그램이 생긴다면 포함되어야 할 교육항목별 필요성에 대하여 5점 만점 기준 평가와 1, 2순위를 선택하도록 하였다. 응답자가 평가하도록 한 항목은 ① 직업이론, ② 사업체 현장에서 현장실습, 일 경험, ③ 기초 학습(국어), ④ 기초 학습 (산수), ⑤ 기초 학습 (영어), ⑥ 한국어, ⑦ 검정고시 준비, ⑧ 성격코칭, ⑨ 심리상담/심리치료, ⑩ 진로지도/교육, ⑪ 면접, 자소서, 이력서 작성 방법, ⑫ 회사 취업 후 적응할 때까지 멘토링, ⑬ 사회생활에 필요한 지식(시간관리, 일할 때 태도, 의사소통법 등), ⑭ 생활 교육(건강관리/운동, 법/권리, 돈관리하는 법, 생활안전 등), ⑮ 자격증 취득 교육, ⑯ 대학 진학 및 학위과정 연결 등 16가지 항목으로 구성된다.

취약 집단/비취약 집단 모두 사업체 현장에서 현장실습과 일 경험을 가장 중요하게 평가했다(취약-4.1점, 비취약-4.2점). 다음으로 두 집단 모두 면접, 자소서, 이력서 작성 등 취업준비 교육(취약-4.03, 비취약-4.11), 자격증 취득 교육(취약-3.99, 비취약-4.02)을 중요하게 평가하여 취약/비취약 집단 모두 양질의 일자리로 이행하기 위해 필요한 경험과 훈련, 취업준비 지원을 가장 중요하게 생각하는 것으로 나타난다. 생활교육과 사회생활에 필요한 지식(시간관리, 일 태도, 의사소통법 등)에 대한 수요도 두 집단 모두에서 3.7점 이상으로 낮지 않게 응답되었다.

각 교육에 대한 우선순위 응답에서도 유사한 결과가 나타난다. 취약 집단과 비취약 집단 모두 일 경험과 실습, 취업준비교육, 자격증 취득교육을 1순위나 2순위로 응답한 비중이 높았고, 그 외에도 취약 집단의 경우 기초영어 학습(1+2순위 합계 10.1%), 심리상담/치료(12.1%), 사회생활에 필요한 지식(13.5%), 생활교육(13.8%), 회사 적응 때까지 멘토링(13.9%)도 높게 응답되었고, 비취약 집단의 경우에도 회사 적응 때까지 멘토링(104%), 사회생활에 필요한 지식(16.7%), 생활교육(10.7%)에 대한 수요가 적지 않게 나타났다.

[그림 3-3] 직업훈련 프로그램 참여시 교육 분야별 필요성 : 취약/비취약 집단

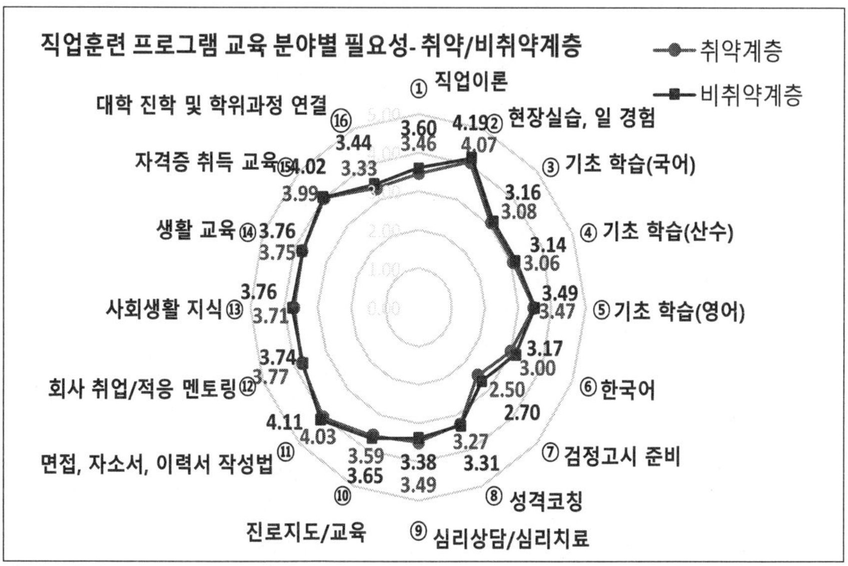

자료 : 실태조사 원자료를 활용하여 저자 작성.

〈표 3-75〉 직업훈련 프로그램 참여시 교육항목별 필요성

(단위 : 명, 점)

			사례수	①	②	③	④	⑤	⑥	⑦	⑧	⑨	⑩	⑪	⑫	⑬	⑭	⑮	⑯
취약집단	전 체		791	3.46	4.1	3.08	3.06	3.47	3.00	2.50	3.27	3.49	3.59	4.03	3.77	3.71	3.75	3.99	3.33
	경제활동상태	취업	462	3.46	4.2	3.11	3.12	3.46	3.09	2.58	3.27	3.46	3.61	4.01	3.75	3.69	3.77	4.03	3.34
		실업(구직)	47	3.34	4.0	3.11	3.06	3.70	2.98	2.45	3.17	3.40	3.53	4.06	3.72	3.66	3.66	3.98	3.15
		비경제활동	282	3.48	3.9	3.04	2.98	3.45	2.85	2.39	3.27	3.56	3.58	4.06	3.81	3.73	3.73	3.94	3.35
	성별	남성	297	3.51	4.0	3.01	3.04	3.32	2.99	2.52	3.27	3.34	3.56	3.98	3.68	3.65	3.69	3.91	3.28
		여성	494	3.43	4.1	3.12	3.08	3.56	3.00	2.49	3.27	3.58	3.61	4.06	3.83	3.74	3.79	4.05	3.37
	연령별	20대 초반	581	3.47	4.1	3.12	3.10	3.51	2.99	2.49	3.27	3.51	3.59	4.03	3.77	3.72	3.77	3.99	3.32
		20대 후반	210	3.43	4.1	2.99	2.98	3.36	3.02	2.53	3.27	3.42	3.59	4.03	3.77	3.66	3.70	4.00	3.37
	출신고유형	특성화(직업계)고	337	3.46	4.08	3.09	3.08	3.51	3.03	2.41	3.27	3.45	3.57	4.08	3.79	3.68	3.74	4.05	3.34
		마이스터고	20	3.40	4.10	2.90	3.00	3.35	2.95	2.50	3.35	3.40	3.50	3.75	3.55	3.45	3.90	3.65	3.45
		일반고(직업반)	60	3.53	4.13	3.17	3.10	3.37	3.33	3.25	3.40	3.70	3.70	3.88	3.93	3.87	4.08	4.07	3.57
		일반고(진학반)	256	3.48	4.07	3.04	3.02	3.38	2.85	2.43	3.19	3.49	3.64	4.08	3.75	3.77	3.66	3.95	3.29
		기타 비직업계고	22	3.32	4.14	3.41	3.50	3.68	3.18	2.64	3.45	3.55	3.45	3.95	3.68	3.91	3.95	4.14	3.55
		고졸 검정고시	84	3.40	4.00	3.01	2.96	3.65	2.99	2.45	3.31	3.51	3.52	3.94	3.75	3.55	3.74	4.00	3.23
		중졸 이하	12	3.58	4.08	3.58	3.42	3.58	3.33	3.17	3.33	3.33	3.42	3.58	3.75	3.50	3.58	3.42	3.17
	현재거주지권역별	서울	105	3.37	4.2	3.28	3.19	3.57	3.21	2.74	3.32	3.50	3.67	3.91	3.68	3.80	3.84	4.04	3.67
		경기/인천/강원	160	3.51	4.1	3.08	3.06	3.54	2.95	2.53	3.46	3.74	3.69	4.06	3.76	3.83	3.85	4.05	3.44
		전라권/제주	142	3.56	4.2	3.15	3.04	3.44	3.10	2.59	3.27	3.47	3.61	4.12	3.92	3.77	3.72	4.06	3.29
		충청권	140	3.45	4.0	3.09	3.14	3.46	2.92	2.27	3.13	3.32	3.45	3.99	3.77	3.70	3.77	3.89	3.21
		부울경	129	3.30	3.8	2.80	2.78	3.33	2.72	2.36	3.03	3.27	3.42	4.01	3.55	3.37	3.46	3.88	3.10
		대구경북	115	3.55	4.1	3.13	3.21	3.50	3.15	2.58	3.38	3.59	3.72	4.08	3.94	3.75	3.88	4.06	3.34
비취약집단	전 체		318	3.60	4.2	3.16	3.14	3.49	3.17	2.70	3.31	3.38	3.65	4.11	3.74	3.76	3.76	4.02	3.44
	경제활동상태	취업	240	3.58	4.2	3.23	3.19	3.54	3.25	2.79	3.37	3.45	3.65	4.13	3.76	3.78	3.83	4.04	3.48
		실업(구직)	38	3.68	4.2	2.74	2.92	3.34	2.87	2.55	3.11	3.16	3.68	4.26	3.92	3.87	3.50	4.08	3.34
		비경제활동	40	3.68	4.0	3.13	3.05	3.33	2.98	2.33	3.10	3.20	3.60	3.90	3.45	3.58	3.65	3.83	3.25
	성별	남성	119	3.66	4.2	3.30	3.29	3.52	3.27	2.91	3.54	3.44	3.69	4.03	3.68	3.78	3.82	3.91	3.50
		여성	199	3.57	4.2	3.08	3.05	3.47	3.11	2.58	3.17	3.35	3.62	4.17	3.77	3.75	3.73	4.08	3.40

〈표 3-75〉의 계속

			사례수	①	②	③	④	⑤	⑥	⑦	⑧	⑨	⑩	⑪	⑫	⑬	⑭	⑮	⑯
비 취약 집단	연령별	20대 초반	241	3.68	4.2	3.22	3.17	3.54	3.22	2.77	3.36	3.44	3.65	4.15	3.78	3.81	3.83	4.10	3.47
		20대 후반	77	3.38	4.2	2.96	3.04	3.32	3.00	2.49	3.13	3.18	3.64	4.01	3.60	3.60	3.55	3.77	3.32
	출신고 유형	특성화(직업계)고	125	3.58	4.18	3.34	3.22	3.55	3.22	2.75	3.32	3.43	3.66	4.10	3.70	3.81	3.77	3.99	3.47
		마이스터고	15	3.67	4.53	3.80	3.60	3.93	3.33	2.87	3.80	3.80	3.93	4.47	4.27	4.13	4.13	4.00	3.80
		일반고(직업반)	18	3.50	4.17	3.17	3.28	3.67	3.56	2.39	3.67	3.50	3.72	3.89	3.50	3.44	3.83	3.94	3.44
		일반고(진학반)	134	3.65	4.20	3.04	3.04	3.39	3.11	2.71	3.23	3.32	3.62	4.09	3.74	3.75	3.75	4.06	3.39
		기타 비직업계고	12	3.67	4.00	2.92	2.92	3.50	3.00	2.58	3.25	3.25	3.50	4.00	3.83	3.67	3.50	3.92	3.00
		고졸 검정고시	13	3.46	4.00	2.23	2.77	3.15	2.69	2.46	2.85	3.00	3.46	4.38	3.85	3.38	3.54	4.08	3.62
		중졸 이하	1	3.00	5.00	3.00	3.00	3.00	3.00	3.00	4.00	3.00	4.00	5.00	3.00	5.00	5.00	3.00	3.00
	현재 거주지 권역별	서울	39	3.82	4.3	3.23	2.97	3.51	3.21	2.95	3.38	3.38	3.77	4.13	3.67	3.87	3.79	4.08	3.56
		경기/인천/강원	62	3.40	4.2	3.05	2.97	3.37	3.03	2.47	3.15	3.27	3.39	4.16	3.56	3.74	3.84	4.03	3.50
		전라권/제주	57	3.61	4.0	3.23	3.35	3.51	3.16	2.81	3.25	3.30	3.54	4.09	3.75	3.74	3.72	3.84	3.42
		충청권	54	3.83	4.4	3.44	3.41	3.65	3.46	2.94	3.44	3.61	3.85	4.17	3.74	3.87	3.80	4.17	3.52
		부울경	51	3.59	4.2	2.92	2.88	3.29	3.10	2.43	3.25	3.22	3.59	4.08	3.80	3.63	3.71	3.80	3.20
		대구경북	55	3.45	4.1	3.11	3.20	3.60	3.09	2.69	3.40	3.51	3.82	4.05	3.91	3.75	3.73	4.18	3.44

주: ① 직업이론 ② 사업체 현장에서 현장실습, 일 경험
③ 기초 학습(국어) ④ 기초 학습(산수)
⑤ 기초 학습(영어) ⑥ 한국어
⑦ 검정고시 준비 ⑧ 성격코칭
⑨ 심리상담/심리치료 ⑩ 진로지도/교육
⑪ 면접, 자소서, 이력서 작성 방법 ⑫ 회사 취업 후 적응할 때까지 멘토링
⑬ 사회생활에 필요한 지식(시간관리, 일할 때 태도, 의사소통법 등)
⑭ 생활 교육(건강관리/운동, 법/권리, 돈관리하는 법, 생활안전 등)
⑮ 자격증 취득 교육 ⑯ 대학 진학 및 학위과정 연결
※ 필요도: 5점 척도('전혀 필요하지 않다' 1점, '필요하지 않은 편이다' 2점, '보통' 3점, '필요한 편이다' 4점, '매우 필요하다' 5점)의 평균.

자료: 실태조사 원자료를 활용하여 저자 작성.

〈표 3-76〉 필요한 교육 분야

(단위 : 명, %)

교육 분야	취약 집단				비취약 집단			
	1순위		종합순위 (1+2순위)		1순위		종합순위 (1+2순위)	
	빈도	비율	빈도	비율	빈도	비율	빈도	비율
직업이론	29	3.7	56	7.1	19	6.0	32	10.1
사업체 현장에서 현장실습, 일 경험	211	26.7	332	42.0	102	32.1	154	48.4
기초 학습(국어)	13	1.6	21	2.7	6	1.9	11	3.5
기초 학습(산수)	10	1.3	22	2.8	6	1.9	11	3.5
기초 학습(영어)	45	5.7	80	10.1	13	4.1	25	7.9
한국어	17	2.1	31	3.9	6	1.9	17	5.3
검정고시 준비	12	1.5	21	2.7	4	1.3	6	1.9
성격코칭	18	2.3	33	4.2	7	2.2	13	4.1
심리상담/심리치료	50	6.3	96	12.1	5	1.6	18	5.7
진로지도/교육	18	2.3	49	6.2	8	2.5	13	4.1
면접, 자소서, 이력서 작성 방법	140	17.7	277	35.0	55	17.3	105	33.0
회사 취업 후 적응할 때까지 멘토링	33	4.2	110	13.9	9	2.8	33	10.4
사회생활에 필요한 지식(시간관리, 일할 때 태도, 의사소통법 등)	50	6.3	107	13.5	19	6.0	53	16.7
생활 교육(건강관리/운동, 법/권리, 돈관리하는 법, 생활안전 등)	32	4.0	109	13.8	13	4.1	34	10.7
자격증 취득 교육	96	12.1	195	24.7	40	12.6	96	30.2
대학 진학 및 학위과정 연결	17	2.1	43	5.4	6	1.9	15	4.7
전 체	791				318			

주 : ① 직업이론 ② 사업체 현장에서 현장실습, 일 경험
③ 기초 학습(국어) ④ 기초 학습(산수)
⑤ 기초 학습(영어) ⑥ 한국어
⑦ 검정고시 준비 ⑧ 성격코칭
⑨ 심리상담/심리치료 ⑩ 진로지도/교육
⑪ 면접, 자소서, 이력서 작성 방법 ⑫ 회사 취업 후 적응할 때까지 멘토링
⑬ 사회생활에 필요한 지식(시간관리, 일할 때 태도, 의사소통법 등)
⑭ 생활 교육(건강관리/운동, 법/권리, 돈관리하는 법, 생활안전 등)
⑮ 자격증 취득 교육 ⑯ 대학 진학 및 학위과정 연결
※ 필요도 : 5점 척도('전혀 필요하지 않다' 1점, '필요하지 않은 편이다' 2점, '보통' 3점, '필요한 편이다' 4점, '매우 필요하다' 5점)의 평균.

자료 : 실태조사 원자료를 활용하여 저자 작성.

제6절 소 결

이 장에서는 고졸 비진학 청년 중 취약 청년과 비취약 청년의 인적자본 축적, 노동시장 이행 과정 · 결과에 대해서 조사하여 살펴보았다. 표본 구성은 성장 환경적 측면에서 여러 가지 취약 특성을 경험하였거나 현재 본인이 경험하고 있는 노동시장 이행에 어려움을 야기할 수 있는 취약 특성을 가진 고졸 비진학 청년을 '취약 집단'으로 정의하여 전국 20대 남녀 고졸 비진학 청년 중 약 800여 명의 고졸 비진학 취약 청년 표본을 구축하고, 비교를 위해 취약 특성이 없는 고졸 비진학 청년 400여 명을 비교 표본을 구축하였다. 이로써 조사는 고졸 비진학 청년을 전체적으로 대표하기보다는 20대 고졸 비진학 청년 중 취약 특성을 가진 청년을 대표하는 표본과 20대 고졸 비진학 청년 중 취약 특성이 없는 청년을 대표하는 표본을 가지도록 설계되었다. 특히 고졸 비진학 청년을 직업계고 졸업생으로 한정하지 않고 모든 고교 형태의 졸업생 중 진학하지 않는(1년 이내 군입대 예정자, 대학 입학예정자, 대학 입시 준비자 등 제외) 청년, 고졸 미만 청년을 포함하여 전반적으로 우리나라 20대 노동시장에서 상대적으로 '저학력'에 해당될 수 있는 청년을 취약/비취약 집단으로 구분하여 전체적으로 표집하였다. 조사내용은 취약 특성에 관한 실태를 다각도로 살펴보고, 노동시장 이행 성과, 학교에서 노동시장으로 이행하고 노동시장에 정착하는 데 본인의 취약 특성이 어떤 영향을 끼쳤는지와 정책수요에 대해 파악할 수 있는 문항으로 구성하였다.

주요 조사 결과를 조사 파트별로 요약하면 다음과 같다.

1. 비진학 고졸 취약 청년의 특성

고졸 비진학 청년 중 취약 청년의 경우 비취약 고졸 비진학 청년에 비해 학력 수준이 상대적으로 낮고(비취약 집단에서 대졸 중퇴자 비중 더 높음), 고교 유형도 비취약 집단에 비해 마이스터고 일반고(진학반) 출신자 비중이 약간 낮게 나타난다. 현재의 경제활동상태 분포에서는 가장 뚜렷한 차이가 나타나는데, 취약 집단은 비취약 집단에 비해 취업률과 실업률 모두 낮고 비경제활동률이 매우 높아 경제활동 참여가 매우 저조한 것으로 나타난다(비경활률 취약-35.6%, 비취약-12.6%)

또한 성장기 가정경제수준을 조사한 결과 취약 집단은 대부분의 응답자가 '하'층으로, 비취약 집단은 대부분이 '중간'집단으로 응답하여 상당한 차이를 나타냈는데, 부모님의 학력 수준도 취약 집단의 부모님 학력이 비취약 집단에 비해 낮아 두 집단 간 성장 환경의 차이가 뚜렷하였다.

취약 청년의 취약 특성 유형을 크게 고교시절 환경적 취약 특성(환경적 취약)과 현재(과거) 개인이 경험하는 취약 특성(개인적 취약) 유무로 구분해 본 결과, 비진학 고졸 취약 청년 표본의 과반 이상이(53.2%) 환경적 취약 특성과 본인 개인의 취약 특성을 모두 가진 이중 취약자로 나타났다. 특히 현재 비경제활동상태인 집단에서 이중 취약 집단 비중이 63.1%에나 달하여 높은 수준을 나타냈고, 고교 유형별로도 차이가 컸는데, 일반계-직업반 출신 취약 청년의 73.3%, 검정고시 출신(71.4%)의 경우 이중 취약자 비중 가장 높게 나타났다.

환경적 취약 특성의 세부 유형별로는 경제적 취약 가정(70%), 저학력 가정(17.1%), 홈리스/가출경험 청년(14.3%), 질병 장애가 있어 일상생활이 어려운 가족이 있었던 청년(13.8%), 조손가정 출신(12%)이 상대적으로 구성 비중이 높은 유형이었다. 개인적 취약 특성 중 높은 비중을 차지하는 유형은 정서적으로 어려움이 있는 청년(공황장애, 우울, 자살충동 등)으로 전체 취약 집단의 34.8%를 차지하였다. 다음으로 비중이 높은 집단은 NEET족(30.5%), 직접 돌보아야 하는 가족이 있는 청년(14.7%), 중독 청년(13.0%), 은둔 청년(11.8%), 소년소녀가장(11.5%), 기초생활수급자 청년(11.4%) 순으로 높게 나타났다. 한편, 성별로 개인 취약 특성을 가진 청년의 양상 조금 다르게 나타났는데, 여성은 정서적 장애(39.3%, 남-27.3%), 니트족 비중(여-33.4%, 남 25.6%)이 남성에 비해 훨씬 높게 나타나고, 남성은 고르게 분포가 나타나지만 여성에 비해 상대적으로 자립준비청년, 가족부양청년 비중이 더 높다.

환경 취약 유형별로 개인 취약 특성을 가진 청년들의 개인 취약 유형 분포는 대체로 유사하지만, 저학력 가정 출신 청년과 홈리스 경험 청년의 경우 정서적 장애를 가진 비중이 각각 43.7%, 52.2%로 매우 높게 나타났고, 청소년기에 장애/질병으로 일상생활을 하지 못하는 가족이 있었던 청년(장애/질병 가정)의 34.9%는 여전히 돌보아야 하는 가족이 있는 것으로 나타났다.

경제활동상태별로는 취업자인 개인 취약 특성을 가진 청년은 개인 취약 특성을 평균 1.91개 가지고 있고, 실업(구직)자는 1.35개를 가지고 있는데, 반면 비경제활동상태인 취약 청년은 개인 취약 특성을 평균 2.47개 가지고 있어 비경제활동상태인 취약 청년이 개인 취약 경험을 특히 많이 보유하고 있는 것으로 나타난다. 환경 취약 유형의 경우에도 비경활상태의 취약 표본이 환경 취약 유형을 중복적으로 더 많이 가지고 있는 경우가 많아, 고졸 비진학 청년층에서 개인 혹은 환경적 취약 특성이 많을수록 노동시장 이행이 더 어려울 가능성을 있음을 알 수 있다.

취약 집단이 취약 특성과 관련하여 정부의 도움을 받은 경험을 조사해 본 결과, 환경적 취약 특성과 관련하여 도움을 받은 비중은 52.8%로 과반 이상이지만 개인적 취약 특성과 관련하여 도움을 받은 경험은 26.6%에 그친다. 개인적 취약 특성과 관련하여 정부의 도움을 받은 경험이 있는 소수의 청년이 도움받았던 기관 중 청소년 자립지원관, 청소년 상담복지센터, 고용복지플러스센터가 가장 높은 비중을 차지하여 이들이 이전에 청소년 지원기관을 주로 이용하였거나 성인이 되고 나서 고용복지센터를 이용하였던 것을 알 수 있다. 한편, 전반적으로 비경제활동상태인 취약 청년은 도움받은 경험이 취업상태나 실업 상태의 청년보다 더 낮게 나타난다.

조사에서는 고졸 청년들의 기초역량과 여러 가지 정보를 교환하거나 정서적, 물질적 지원을 해줄 수 있는 사회적 자본 수준에 대해서도 조사하였다. 노동시장 이행과 정착에 필요하다고 판단한 기초역량은 미국의 Job Corp 서비스에서 지원하는 기초역량 교육 분야를 참조하여 크게 네 가지(기초적인 산수, 듣기 문해력, 읽기 문해력, 대인관계/사회성[19])로 구분였다.

---

19) 구체적으로 각 역량에 관한 질문은 다음과 같다. ① 나는 평소 기초적인 산수(덧셈, 뺄셈, 곱셈, 나눗셈)를 하는 데 어려움이 있다. ② 나는 평소 다른 사람이 말로 지시나 설명하는 것을 이해하는 데 어려움을 느끼는 경우가 있다. ③ 나는 평소 글로 된 지시나 설명을 읽고 이해하는 데 어려움을 느끼는 경우가 있다. ④ 나는 직장이나 사회생활을 하면서 별 어려움 없이 다른 사람과 잘 지내는 편이다. 질문에 따라 '긍정' 혹은 '부정' 응답이 어려움을 나타내도록 설계되어 있지만, 통계표를 작성할 재코딩하여 어려움 경험 비중을 파악하였다.

네 가지 기초 역량 중 하나 이상에 대하여 어려운 경험이 있었던 청년의 비중은 비취약 집단, 취약 집단이 각각 17.6%, 30%로 나타나 두 집단 모두 적지 않은 비중으로 어려움을 경험한 청년이 존재하고 있었고, 취약 집단의 경우 거의 3명 중 한 명꼴로 기초역량 관련 어려움을 겪었다. 취약 집단의 유형별로는 이중취약 집단 기초역량 부족자 비중이 가장 높고(33.3%), 다음으로 개인 취약 특성만 가진 집단(24.7%), 환경 취약 특성만 가진 집단(16.7%) 순으로 높게 나타난다. 취약환경 유형별로는 일상생활이 어려운 질병/장애 가족이 있는 가정 출신(38.5%), 저학력 가정 출신(34.8%), 홈리스/가출 경험 청년(33.6%)의 기초역량 부족 응답 비중이 높게 나타났다.

어려움 유형별로 취약/비취약 집단 모두 대인관계/사회생활 어려움 비중이 가장 높고(비취약-14.8%, 취약-22.1%), 산수, 문해력 관련 기초 역량은 비취약 집단 중 어려움을 표시한 사람이 거의 없지만, 취약 집단에서는 적지 않은 비중으로 기초역량이 부족하다고 응답하였다(산수-6.4%, 듣기 문해력-14.5%, 읽기 문해력-12%). 구체적인 취약 환경 유형별로는 탈북민, 홈리스 경험자, 장애/질병 가족있는 가정 출신, 조손가정, 저학력 가정 출신 청년이 대인관계/사회성 어려움을 경험한 비중이 높게 나타나고, 이들의 경우 그 외 기초 역량도 부족하다고 응답한 비중이 높게 나타났다. 또한 취약 집단의 경우 비경제활동상태인 고졸 청년이 전반적으로 4개 유형의 기초역량 부족자 비중이 높게 나타났다.

추가로 고졸 비진학 청년 집단의 사회적 자본 수준에 관하여도 조사하였다. 조사 결과 고졸 비진학 청년은 일반적으로 사회적 자본 수준이 대졸 이상 청년에 비해 낮다고 알려져 있는데, 고졸 비진학 청년 집단 내에서도 취약 집단이 비취약 집단에 비해 사회적 자본 수준이 조사에서 고려한 모든 영역(연락하는 친구 수, 갑자기 돈을 빌릴 수 있는 사람, 몸이 아플 때 도움받을 수 있는 사람, 스트레스/우울 등을 나눌 수 있는 사람, 경제적 사회적 문제에 처했을 때 상담받을 수 있는 사람 수)에서 눈에 띄게 낮은 점이 확인되었다. 취약 집단 중에서도 개인/환경 이중 취약 집단과 개인 취약 특성이 있는 집단, 장애/질병 가족이 있었던 가정 출신, 홈리스 출신, 저학력, 조손가정 출신의 경우 사회적 자본이 낮고, 취약 집단 중 비경제활동상태인 사람도 사회적 자본 수준이 낮게 나타났다. 고교 유형별로 고교를 졸업하지 않은 중졸 이하, 고졸 검정고시 출신과 일반계고-직업반 출신이 상대적으로 사회적 자본 수준이 낮은 것으로 나타났다.

2. 노동시장 이행과 성과

고졸 비진학 취약 청년과 비취약 청년의 경제활동 참여율을 살펴보면, 취약 집단은 경제활동 참여율이 64.3%로 저조하고 비취약 청년의 경우 82.4%로 낮지 않은 편으로 나타났다. 하지만 비취약 집단의 경우 실업률이 11.9%로 나타나는데, 이는 우리나라 20대 청년의 일반적인 실업률 수준(2024년 9월 기준, 20대 청년 실업률은 5.1%)에 비해 매우 높은 수준이다.

고졸 비진학 청년 중 취업자의 고용 형태를 살펴보면, 취약 집단이 비취약 집단에 비해 정규직 취업 비중이 낮게 나타난다(취약-45.9%, 비취약-49.4%). 그런데 막 첫 일자리를 시작하는 대졸 청년에 비해 경력 축적 등 안정적 일자리 안착을 위한 기간이 더 길었을 비취약 고졸 청년의 정규직 취업 비중의 경우에도 전체 20대 청년 정규직 취업 비중(50% 후반대)에 비해 훨씬 낮은 것으로 나타난다.[20] 선행연구에서 언급한 최세림(2021) 연구에 따르면 현재의 고졸 청년 실업률, 정규직 취업자 비중은 10여년 전 고졸 청년에 비해 심각하게 악화된 수준이라고 보고하였는데 이와 일맥상통한 결과가 실태조사에서도 나타난다. 즉, 노동시장 정착 애로, 지연 문제는 취약/비취약 집단에서 모두 심각하게 나타나고 있으며, 취약 집단의 경우 그 정도가 더 심각하다고 볼 수 있다.

일자리의 평균 임금의 경우에도 취약 집단이 비취약 집단보다 낮게 나타난다(비취약 집단이 16.1% 더 높음). 취업자의 근로시간은 취약 집단의 평균 근로시간은 35.0시간, 비취약 집단은 36.2시간으로 비취약 집단이 약 1.2시간 더 길다. 앞서 취약/비취약 집단 간 경제활동상태 분포의 격차에서 확인하였듯, 취약 집단은 비취약 집단에 비해 상대적으로 경제활동참여율도 낮고 취업하였더라도 평균 근로시간이 낮아 노동시장 결착도가 외연(extensive margin)과 심도(intensive margin) 차원에서 모두 낮음이 확인되었다.

---

20) (2023년 기준 57% 수준) 한겨레 뉴스 https://www.hani.co.kr/arti/economy/economy_general/1166916.html(검색일 : 2024. 9. 25).

마찬가지로 취업자의 현재 일자리 근속기간, 가장 오래 일한 일자리의 근속기간의 경우에도 취약 집단에 비해 비취약 집단이 더 길게 나타나고, 미취업상태인 취약/비취약 집단의 지금까지 쉰 기간은 취약 집단이 비취약 집단에 비해 더 길다. 취업자의 업종과 직종 분포를 살펴보면, 비취약 집단이 취약 집단에 비해 분포가 더 넓고, 사업체 규모도 100인 이상 사업체 취업 비중이 더 높다. 비취약 집단은 취약 집단에 비해 구직 단계에서 적성/진로 탐색, 양질의 일자리 탐색의 기회가 상대적으로 많았을 가능성을 알 수 있다.

한편, 노동시장 이행 성과를 나타내는 주요 지표에 대해 여러 조건을 동시에 통제하여 변수별 상대적 중요성을 알아보는 결정요인 분석을 수행해 본 결과, 취약/비취약 집단 모두, 대체로 다른 조건이 동일할 때, 일반계고 졸업자와 졸업 고교가 없는 청년(검정고시/중졸 이하)의 경우 특히 취업 확률, 정규직 취업 확률, 임금 수준, 근속기간, 취업 직종의 고용 안정성(평균 근속기간)이 낮게 나타난다. 취약 집단의 경우 개인 취약 특성만 가진 집단과 이중취약 집단의 경우 상대적으로 노동시장 성과가 좋지 않게 나타나고, 교육연수가 상대적으로 긴 경우(예 : 전문대 중퇴)나 연령이 상대적으로 높은 경우에는 미약한 수준이지만 고용지표가 상대적으로 양호하게 나타났다. 또한 취약/비취약 집단 모두 정부의 직업훈련/진로교육/취업지도 중 두 가지 이상 서비스를 경험한 집단의 경우에도 상대적으로 고용지표가 양호하게 나타나긴 하지만, 서비스 이용 관련 결정요인 분석 결과, 취약 집단에 비해 비취약 집단의 서비스 경험 확률이 높게 나타나고, 다른 조건이 동일할 때 취약/비취약 집단 모두 일반계고 졸업생과 졸업 고교가 없는 집단은 상대적으로 경험 확률이 낮게 나타났다.

구직 경로는, 전반적으로는 취약 집단과 비취약 집단 모두에서 구인공고를 통한 취업 경로가 가장 큰 비중을 차지하고 다음 순위로 지인/가족을 통한 구직 경로로 나타나는데, 취약 집단은 구인공고를 통한 취업 비중이 59.5% 상대적으로 높고, 비취약 집단은 지인/가족을 통한 경로, 선생님/학교를 통한 경로 선택 비중이 상대적으로 높게 나타난다. 특히, 20대 초반 비취약 집단의 경우, 20대 초반 구직시 학교/선생님을 통해 취업하는 비중이 13.7%로 나타나지만, 취약 집단의 경우 학교/선생님을 통한 취업이 7.3%에 그치는 수준으로 나타나 차이가 뚜렷하다.

한편, 비경제활동상태의 청년들이 현재 구직활동을 하지 않는 이유를 조사한 결과, 취약/비취약 집단 모두 '그냥 쉬고 있음' 비중이 각각 42.9%, 45%로 가장 높았다. 이는 취약/비취약 고졸 비진학 청년 표본 전체를 기준으로 볼 때 '쉬었음' 비중 12.6%, 5.7%에 해당되는 수준으로 두 집단 모두 일반 청년층에서 '쉬었음' 비중보다 높게 나타난다. 하지만 현재 비경활 상태인 집단 중 비취약 집단은 자격증/시험준비나 현재 교육/훈련 중인 비중이 42.5%에 달하지만, 취약 집단은 14.1%에 그쳐 차이가 있다. 취약 집단의 취약 유형별로는 이중 취약 집단과 개인적 취약 특성만 있는 집단의 경우 심리적 장애 비중이 높게 나타나는데, 취약 환경 유형별로 특히 저학력 가정과 홈리스 경험/가출청소년, 장애/질병 가정 출신 집단의 경우 심리적 장애 응답 비중이 매우 높은 편으로 나타났다.

다음으로 비진학 고졸 청년의 취업 및 직장 계속 근로 시 중요하게 생각하는 조건에 대해 조사한 결과, 전반적으로 비취약 집단은 취약 집단에 비해 4점 이상으로 중요성을 평가한 항목이 9개 중 7개에 달했지만, 취약 집단은 4점 이상으로 평가한 항목이 5개에 불과해, 비취약 집단은 취업이나 근속을 결정할 때 다양한 조건을 종합적으로 중요하게 고려하는 반면, 취약 집단은 그러지 못하고 있는 것으로 추정되었다.

취약 집단과 비취약 집단 모두 임금 수준을 가장 중요한 조건(취약 집단 4.16점, 비취약 집단 4.18점/5점 만점)으로 평가하였는데, 비취약 집단의 경우 그다음 순서로 중요한 요소가 일터의 안전(4.17), 조직문화(4.13)이 중요하다고 평가한 반면, 취약 집단은 조직문화(4.12), 일터의 안전(4.09) 순으로 중요하게 평가하는 등 두 집단 간 취업, 근속결정 시 중요하게 고려하는 요소, 고려하는 요건의 수가 다른 편이었다.

모든 표본의 희망 직업을 조사한 결과를 살펴보면, 현재 취업자의 직종 분포와 마찬가지로 희망 직업의 분포의 경우에도 취약 집단에 비해 비취약 집단의 직업 선호가 더 넓게 분포되어 있어, 같은 고졸 청년층이라도 취약 집단에 비해 비취약 집단의 진로 탐색이나 고민을 더 많이 하였거나 커리어 정보에 대한 접근성이 더 높았을 가능성을 확인할 수 있었다.

추가적으로, 취약/비취약 청년 간 희망 월급 수준을 살펴보면, 취약 집단은 전체 평균 304만 원, 비취약 집단은 316.3만 원으로 비취약 집단이 약간 더 높게 나타나지만 취약/비취약 집단 전체에서 취약 집단 중 비경제활동상태인 집단의 희망 임금 수준이 가장 낮게 나타났다. 이로 미루어 볼 때 고졸 청년층 경제활동 참여 활성화 정책을 사용한다면, 취약 집단을 유인하는 것이 비취약 집단을 유인하는 것보다 문턱이 낮음을 알 수 있다.

한편, 20대 고졸 청년의 학교 졸업 이후 정부지원 직업훈련, 교육, 진로지도, 취업지원 경험 여부를 조사한 결과, 모든 유형의 지원에서 비취약 집단의 경험률이 근소하게 높다.

3. 취약 특성으로 인한 노동시장 이행의 애로사항

취약 집단이 응답한 각자의 취약 특성으로 인해 인적자본 축적, 노동시장 이행, 진로 계획 및 실행에 어려움이 있었는지를 조사한 결과, 대체로 모든 단계에서 취약 집단은 본인의 취약 특성으로 인해 어려움을 경험하였던 것으로 나타난다.

구체적으로 고졸 취약 청년의 경우, 본인의 취약 특성으로 인해 미래의 진로 계획을 세우는 데(77.2%), 미래의 목표 달성을 위해 노력(인적자본 투자)하는 데(76.6%), 원하는 일자리를 구하고 취업할 때(67.3%), 교육이나 훈련을 받을 때(60%), 일자리를 유지하는 데(57.3%) 순으로 어려움을 느꼈다고 응답한 비중이 높게 나타났다.

본인의 취약 특성으로 인해 일자리를 유지하는 데 어려움을 느꼈다고 응답한 비중이 가장 낮긴 하지만 고졸 취약 청년의 경우 본인의 취약 특성으로 인해 일자리 유지/근속이 어렵다고 응답한 비중이 절반 이상에 달한다는 점이 주목할 만하다. 세부 집단별로 환경/개인 취약 특성을 모두 가진 집단과 개인적 취약 특성을 가진 집단의 경우 노동시장 이행 전, 이행 과정, 이행 이후 전 과정에서 어려움을 느낀 비중이 가장 높게 나타난다. 특히, 취약 환경 유형 중에 탈북민, 저학력 가정 출신, 출신 고교 유형 중, 중졸 이하 집단과 일반계고 직업반 출신 청년은 대다수(90% 이상)가 노동시장 이행 전, 이행 과정, 이행 이후 전 과정에서 어려움을 느꼈다고 응답하였다.

4. 정책 수요

고졸 비진학 청년의 정책 수요를 알아보기 위해 다양한 정책에 대해 필요성을 조사한 결과, 전반적으로 근소한 차이이기는 하지만 취약 집단이 비취약 집단보다 대부분의 항목에서 정책 필요성을 높게 평가했다. 취약 집단이 가장 중요성을 높게 평가한 정책 지원 사항은 '자신에게 필요한 정책에 관한 정보 제공' (4.0점)이었고 다음으로 직업능력 개발(3.94점), 일자리 알선(3.8점), 직업훈련 동안 가족 생계비 지원(3.77점), 생활에 필요한 기본 지식 교육(3.65점), 훈련/교육/자격증공부 등 동안 숙식지원(3.62점) 심리상담이나 치료(3.58점, 진로상담(3.52점) 순으로 높게 나타났고, 취업 준비/구직기간 동안 가족 돌봄 지원(3.15점), 멘토 지원(3.26점)은 수요가 상대적으로 낮았다. 하지만 가족 생계비 지원의 경우 비취약 집단에 비해 필요도 점수가 크게 높게 나타났다는 점에서 이런 제도적 보조장치에 대한 강한 수요가 있는 집단이 취약 집단 내에 존재함을 알 수 있다.

다음으로 생활지원/교육훈련/기초교육 등을 전체적으로 지원하는 통합적 직업훈련 프로그램(한국형 job corp-주거/식사, 훈련 수당을 지원하고 지역내 괜찮은 일자리를 구할 때까지(6개월 이상) 교육, 직업훈련, 생활교육 등을 제공하는 프로그램)에 대한 참여 의향을 조사한 결과, 취약 집단의 60.6%, 비취약 집단의 55.7%가 참여 의향을 나타냈고, 취약, 비취약 집단 각각 16.9%, 17.3%의 경우 참여 의향이 매우 높은 수준이었다. 세부 집단별로는 취약 집단-비경제활동 청년, 비취약 집단 실업자, 여성 청년, 20대 초반 청년, 일반고(직업반) 졸업자, 고졸 검정고시 출신자, 서울 지역 청년의 참여 의향이 높은 편으로 나타났다.

추가로 통합적 직업훈련 프로그램 참여를 위한 선결 조건을 조사한 결과 훈련수당 지급과 괜찮은 일자리 연결, 적성/희망에 맞는 직업 연결이 가장 중요한 것으로 나타났고, 적정 훈련수당 수준은, 취약 집단은 평균 79.2만 원, 비취약 집단은 평균 70.9만 원 수준으로 나타났다.

마지막으로, 통합 직업훈련 프로그램이 생긴다면 포함되어야 할 교육 항목을 조사한 결과, 가장 중요한 교육 항목은 사업체 현장에서 현장실습과 일경험으로 나타났고, 다음으로 면접, 자소서, 이력서 작성 등 취업준비 교육,

자격증 취득 교육을 중요하게 평가하여 취약/비취약 집단 모두 양질의 일자리로 이행하기 위해 필요한 경험과 훈련, 취업준비 지원을 가장 중요하게 생각하는 것으로 나타났다. 또한 두 집단 모두 생활교육과 사회생활에 필요한 지식(시간관리, 일 태도, 의사소통법 등)에 대한 수요도 두 집단 모두에서 3.7점 이상으로 낮지 않게 응답하였다. 따라서 고졸 비진학 청년의 노동시장 이행을 위한 정책 수요는 단순히 취업뿐만 아니라 일자리에서도 근속하고 계속해서 노동생애를 이어나가기 위해 필요한 기초적인 스킬에 대한 수요까지 포괄적임을 알 수 있다.

제 4 장
청소년기 빈곤 노출과 청년기 노동 이행 궤적

제1절 연구 배경

저소득층의 노동을 통한 경제적 자립은 적극적 노동시장 정책의 핵심으로 (근로)빈곤층의 괜찮은 일자리로의 진입은 빈곤 탈피 연구의 주된 관심사였다(김교성 · 반정호, 2004). 노동을 통한 빈곤 탈피는 빈곤 가정에서 아동과 청소년기를 보낸 청년에게도 가능한 경로인가? 빈곤 가정에서 성장한 청년은 교육수준과 취업에 필요한 네트워크가 취약하며, 이러한 취약성은 노동 생애 전반에 걸쳐 누적되며 작용할 가능성이 크다. 오늘날 자산 이전을 통한 사회계층 간의 불평등이 커지고 있어, 부모 세대의 자산뿐 아니라 빈곤도 대물림될 가능성이 클 수밖에 없다.

실제, 아동기와 청소년기에 경험한 빈곤은 성인기에도 영향을 미치는 것으로 알려져 있다(Lesner, 2018). 빈곤의 세대 간 연구에 관한 국내의 관심은 주로 빈곤은 대물림되는 것인지, 탈피되는 것인지였다(노혜진, 2012; 강지나, 2015; 최하영 외, 2022). 부모의 교육수준과 소득이 자녀의 노동시장 내 지위와 임금 수준에 긍정적 영향을 미친다는 연구 결과(최필선 · 민인식, 2015)는 부모 세대의 안정적인 사회경제적 지위가 자녀 세대에도 대물림 되고 있음을 보여준다. 특히, 어린 시절 빈곤에 노출된 청년의 성인기 초기 노동시장 임금이 낮고(변금선, 2013), 노동시장 진입과 이탈을 빈번하게 경험한다는 점(노혜진, 2012)은 빈곤 가구 출신 청년의 불안정 노동시장 이행이 빈곤 대물림과 연결되어 있다는 것을 보여준다.

최근 청년의 노동시장 이행에 관한 연구는 현재 시점에 빈곤한 청년에 주로 관심을 두고 있어(최상미 외, 2019; 김수정, 2020), 성장기 빈곤 노출 청년의 노동시장 참여 특성 연구는 매우 제한적이다. 사례연구를 바탕으로 빈곤에 탈피한 청년의 자립 과정을 분석한 연구(최하영 외, 2022)가 존재할 뿐이다. 이에 본 연구에서는 빈곤 가구에서 성장기(아동-청소년)기를 보낸 청년의 노동시장 진입 및 이행 궤적 특성을 종사상 지위로 구분하여 분석하고자 한다. 다음의 질문을 다루고자 한다. 빈곤 가구 청년은 어떠한 일자리를 통해 노동시장에 진입하는가? 이들의 이후 일자리 이행 경로는 어떠한가? 이러한 궤적은 부모 세대 빈곤이 대물림되지 않고, 탈피할 수 있는 경로인가?

본 연구는 기존 연구와 두 가지 차별성을 가진다. 첫째, 빈곤 가구 청년의 10년간의 노동 이행을 특정 시점의 일자리로 상태로 분석하지 않고, 연속선상에서 종사상 지위가 정규직 임금근로, 비정규직 임금근로, 고용원 있는 자영업자, 1인 자영업자, 무급가족종사자, 비취업자 간 어떻게 변화했는지 동적 연속성의 특징에 주목한다. 이는 빈곤 가구 청년이 특정 시점에 어떤 종사상 지위를 가지는 데 성공했느냐는 단편적인 분석이 아닌, 장기적인 측면에서 노동시장 진입 이후 어떤 종사상 지위 변화를 가지며 노동 궤적을 그리는지 개별적 특성을 보여줄 수 있다. 둘째, 빈곤 노출 경험을 균등화 소득 기준에 따른 저소득 가구 경험 여부와 기초보장 수급 경험 여부 두 가지로 구분하여 포함한다. 현재까지 양적 연구는 주로 저소득 가구를, 질적 연구는 주로 기초보장 수급 가구만을 대상으로 하고 있다. 하지만 본 연구에서는 두 집단의 빈곤 노출 수준이 다를 수 있음을 가정하여 두 변수를 구분하여 포함한다.

한국복지패널 1~18차(2006~2023년) 자료를 이용하여, 19세 청년의 10년간의 노동시장 이행 궤적을 사건배열과 군집 분석으로 유형화하여 빈곤 노출 청년과 빈곤 비노출 청년 간의 노동시장 이행 궤적 특성 차이를 살펴본다. 다항로짓 분석을 통해 개인의 인적자본(교육, 훈련, 노동시장 경력) 특성과 가구 특성이 노동시장 이행 궤적 유형에 어떠한 영향을 미치는지 분석한다.

제2절 선행연구

노혜진(2012)은 한국패널 1~11차 자료를 이용하여, 빈곤 가구와 고소득 가구 청년의 10년간의 노동시장 진입 과정 유형화를 통해 빈곤이 세대 간 이전되는지를 분석하였다. 사건배열과 군집분석 결과 빈곤 가구 출신 청년은 진입과 이탈 반복형이 30%로 가장 큰 비중을 차지하였다. 다음으로 미취업에서 정규직으로 이동형 28.0%, 미취업형 25%, 정규직 중심형 17.2% 순으로 나타났다. 반면 고소득 가구 청년은 미취업형 36%로 가장 큰 비중을 차지하며, 다음으로 미취업에서 정규직으로의 이동형 35%, 정규직 중심형 28% 순으로 나타났다. 고소득 가구 청년의 경우 노동시장 진입 초기부터 종사상 지위 특성이 명확하며 전문직이나 사무직 근로자로 진입하였지만, 빈곤 가구 출신 청년은 노동시장 진입과 이탈을 반복할 뿐 아니라 직종의 이동도 빈번하여 불안정한 고용 지위를 보였다. 두 집단 간의 노동시장 진입 과정 특성의 이러한 차이가 결국 생애 소득 격차로 이어진다고 해석하였다.

변금선(2013)은 한국노동패널 2~12차(1999~2009년) 자료를 이용하여, 2008년 현재 20~26세인 청년의 고용 상태, 근로 시간, 근로소득, 임금에 17세 시점 빈곤 경험이 미치는 영향을 분석하였다. 만 17세 시점의 빈곤 경험이 청년기의 고용 상태, 근로 시간, 근로소득에 미치는 영향은 확인되지 않았다. 하지만, 빈곤 경험 청년의 평균 시간당 임금이 비빈곤 가구 청년보다 14.4% 낮았다. 이를 통해 성장기 빈곤 경험이 청년기 노동시장 성취에 부정적 성과로 이어지는 것을 확인하였으며, 부모 세대의 빈곤이 자녀 세대에도 이어질 수 있다고 해석하였다. 빈곤 가구 아동에 대한 교육지원과 진로지도 서비스를 확대할 필요가 있음을 강조하였다.

최하영 · 이소민 · 이은형(2022)은 어린 시절 빈곤을 경험한 청년 4인을 대상으로 자립 과정과 빈곤 탈피 이후의 삶을 탐색적으로 분석하였다. 어린 시절 빈곤 경험은 청년기 자립과 탈수급 과정에서 빈곤 탈출의 촉진제로 작용한 것으로 나타났다. 특히, 삶의 방향성과 정체성 확립에 긍정적으로 작용하였다. 하지만 선택 기회가 제한적일 수밖에 없었으며, 다양한 아르바이트로 생계를 꾸리면서 시간 빈곤을 경험하기도 하였다. 동시에 심리적 위축이나 사회적 스티그마에 대한 두려움도 가지고 있었다. 어린 시절 빈곤은 성인이 된 이후 가족 부양책임으로 이어졌다. 빈곤 가구 청년의 성공적인 자립을 위해 청소년기부터 청년기를 아우르는 진로 설계와 취업 지원, 빈곤 가구 청년의 부모에 대한 부양 부담 완화, 그리고 심리 및 정서 지원 프로그램 확대의 필요성을 강조하였다.

제3절 연구방법

1. 분석자료 및 방법론

한국복지패널 1차(2006년)부터 18차(2023년)[21)]까지 총 18년의 자료를 활용한다. 분석 대상자는 조사 기간 만 19세에서 28세까지 도달하여 10년간의 노동시장 참여 정보를 가지고 있어 추적이 가능한 청년으로 청소년기 빈곤 경험을 한 청년과 일반가구 출신 청년이 모두 포함되어 있다. 다만 한국복지패널은 저소득층을 전체 가구 대비 과표집하고 있어, 본 연구의 표본 청년들은 전체적으로는 우리나라의 소득 기준 중간 가구보다는 조금 낮은 소득 구간의 가구 출신 청년이라고 볼 수 있다.

본 연구는 만 19세 이전 빈곤 노출 경험이 초기 성인기 노동시장 이행 궤적에 미치는 영향을 보는 것이다. 이에 표본의 빈곤노출 경험 청년은 만 19세 이전 아동·청소년기에 자신이 속한 가구의 저소득 가구 경험과 기초생활보장 제도의 수급 경험을 빈곤 노출 경험을 기준으로 구성하였다. 저소득 가구는 한국복지패널에서 제공하는 균등화 소득 기준(공공부조 이전의 균등화 경상소득의 중위 60%)에 따른 일반 가구와 저소득층 가구 변수를 이용하였다. 기초생활보장 수급 여부 변수 중 일반수급, 조건부수급을 하였거나,

---

21) 한국복지패널의 웨이브 연도는 실태조사 결과가 발표된 해를 기준 나타낸다. 하지만 각 웨이브의 실제 조사는 전년도에 이루어져 분석에 사용된 조사 시기는 2005~2022년으로 측정된다.

가구원 중 일부 수급 가구 또는 특례 가구 중 한 번이라도 수급 경험이 있는 경우를 기초생활보장 수급 경험이 있는 것으로 처리하였다. 분석에 필요한 10년간의 경제활동상태, 개인 및 가구 특성 정보를 가진 680명의 청년이 만들어 낸 6,435개의 관측치를 분석 대상으로 한다.

청소년기에 빈곤 노출 경험에 따라 초기 청년기 노동시장 이행이 어떠한 궤적을 그리는지 살펴보기 위해 사건배열 분석(sequence analysis)과 군집분석(cluster analysis)을 사용한다. 사건배열 분석은 특정 시간 동안 개별 관측 대상자의 노동시장 내 종사상 지위가 어떻게 변화는지를 연속적인 배열로 묘사한다. 개별 관측자들이 만들어 낸 전체 배열 들의 주요 특성을 대표적인 몇 가지 형태로 요약하여 보여주는 것이 군집 분석이다. 사건배열과 군집분석을 순차적으로 이용해 성인기에 진입하여 10년간 경험하는 청년의 노동시장 내 종사상 지위 변화를 대표적인 정규직 임금근로자, 비정규직 임금근로자, 고용원이 있는 자영업자, 1인 자영업자 동의 유형으로 그룹화하여 시각적으로 보여준다.

STATA의 SADI 패키지를 이용하여 최적일치법(Optimal Matching Algorithm : OMA)으로 청년들이 만들어 낸 배열들 간의 유사성 측정하였다. 군집분석은 워즈(Wards) 알고리즘을 이용하여 동질적인 노동시장 이행 궤적을 생성하였다. 적정 군집 수는 Calinski-Harabasz index를 이용하여 4개(Pseudo F= 142.92)로 선정하였다. 이어서 다항로짓 분석을 이용하여 청소년기 빈곤 노출 경험, 노동시장 경력 및 가구 특성이 성인기 진입 이후 10년간 노동시장 이행 궤적 유형에 어떠한 영향을 미치는지 분석하였다.

2. 변수 측정

종속변수는 청년기 진입 이후 10년간의 종사상 지위 변화이다. 종사상 지위 정보는 1년을 단위로 측정되며, 임금근로자는 정규직과 비정규직으로 구분한다. 비임금근로자는 고용원 있는 자영업자, 고용원이 없는 1인 자영업자, 그리고 무급가족종사자로 구분한다. 취업자로서 지위가 없는 실업자, 비경제활동상태는 비취업 상태로 구분한다. 이에 종사상 지위는 1. 정규직 임금근로자, 2. 비정규직 임금근로자, 3. 고용원 있는 자영업자, 4.1인 자영업자, 5. 무급가족종사자, 6. 비취업자로 코딩한다.

〈표 4-1〉 분석 대상자 기술통계

(단위 : %, 평균)

변수		%	변수		%
성별	남성	38.4	가처분소득		5,605만 원
	여성	61.5	빈곤 노출 경험	저소득	41.3
연령		23.8		기초보장수급	13.1
코호트	1980년대생	49.5	어머니 교육수준	중졸 이하	26.6
	1990년대생	50.4		고졸	46.6
교육수준	고졸 이하	25.1		대졸 이상	21.3
	전문대졸	24.4		모름	5.3
	4년대졸	47.5	아버지 교육수준	중졸 이하	30.4
	석사 이상	2.7		고졸	51.8
가구원 수		3.42명		대졸 이상	11.7
혼인여부	기혼	5.6		모름	51.8
	미혼	94.3	최근 어려움	없음	43.8
주거형태	자가	51.9		경제적 어려움	20.8
	전세	15.2		가구원 실업취업	11.2
	월세 등	32.7		가구원 그 외 문제	9.6
지역	서울	22.6		가구원 건강	14.4
	광역시	29.4	자격증	없음	80.0
	시	37.4		기술사 · 기사	1.4
	군구	8.7		기능사	8.9
	도농복합군	1.7		그 외 자격증	9.2
직업훈련 상담 경험		8.4	현재까지 일자리 수		4.8개
			노동시장 총 경력		87개월
관측치			6,435		

주 : 여부인 경우 더미변수를 나타내는 것으로, 기초통계량의 수치는 1로 코딩된 경우의 수치를 나타냄.

자료 : 「한국복지패널」 1~18차 2006~2023년.

다항로짓 분석에 사용된 주요 설명변수는 다음과 같이 구성된다. 빈곤 노출 경험으로 저소득 가구 노출 여부, 기초보장 수급 경험 여부를 각각 변수로 포함한다. 개인 특성으로 성별, 출생 코호트, 연령, 교육수준을 포함한다. 노동시장 경력으로 현재까지 경험한 일자리 수, 노동시장에서 일한 총 근무 경력, 그리고 직업훈련 및 상담 경험 여부를 포함한다. 가구 특성으로 혼인 상태, 가구가처분소득, 거주지역, 주거 형태, 어머니 교육수준, 아버지 교육수준, 최근 근심 및 어려움 여부를 포함한다.

제4절 분석 결과

1. 청년기 진입 이후 노동시장 지위 분포

가. 전체 청년

본 연구는 청년기에 진입한 19세부터 10년간의 종사상 지위 변화를 추적하여 노동시장 이행 궤적의 특성을 분석하는 것이다. 본 분석에 앞서 전체 표본 청년들의 19세 이후부터 10년간의 노동시장 지위 분포를 살펴보고자 한다.

다음의 그림은 전체 청년의 19세 이후 10년간의 노동시장 지위 분포를 나타낸다. 이는 개별 청년의 노동시장 지위 변화의 궤적을 보여주는 것이 아닌 시점별 전체 청년의 노동시장 지위 분포를 보여준다. 한국복지패널의 전체 청년 기준, 19세 시점에 청년의 80%가 학업이나 다른 이유로 노동시장에서 지위를 가지지 않은 비취업 상태로 나타나, 가장 큰 비중을 차지하였다. 다음으로 비정규직 임금근로자가 18% 정도, 그리고 2% 정도가 정규직 임금근로자로 일하는 것으로 나타났다. 비정규직이나 정규직 취업청년의 경우 고졸 비진학 청년일 가능성이 높다. 이들의 규모는 저소득 가구 출신 청년을 약간 과표집한 복지패널 기준 약 20% 정도임을 알 수 있다. 연령이 증가함에 따라 비취업에서 취업자의 비중이 커진다. 특히, 전문대 졸업 연령

[그림 4-1] 청년기 진입 후 10년간 전체 청년의 노동시장 지위 분포

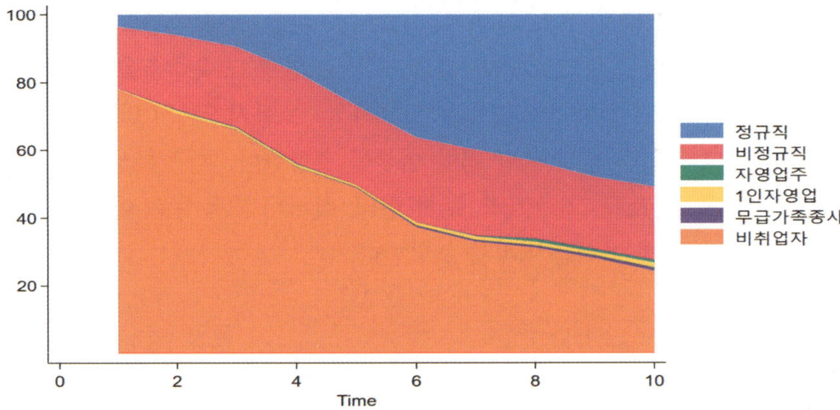

주 : 가로의 시간은 19세 이후부터 10년간의 기간을 나타냄.
자료 : 「한국복지패널」 1~18차 2006~2023년을 이용하여 저자 작성.

인 만 22세 이후부터 급격하게 정규직 임금근로자의 비중이 증가하면서, 비취업자의 비중이 줄어든다. 비정규직 임금근로자의 비중은 청년기 진입 이후 10년간 비슷한 수준을 유지하며 큰 차이를 보이지 않는다. 다만, 20대 중반이 넘어가면서 비임금근로로의 진입도 관측된다. 1인 자영업자의 비중은 아주 적지만 19세부터 관측이 되었으나, 20대 중반 이후 고용원이 있는 자영업자와 무급가족종사자가 등장하기 시작하여 전체 비임금근로자에서 차지하는 비중이 증가하는 경향을 보인다.

성인기 초기에는 비취업자이거나, 취업자여도 불안정한 임금근로자의 비중이 크지만 연령이 증가함에 따라 대학 졸업자 등의 영향으로 정규직으로 진입하는 비중이 늘고, 비임금근로자로의 진입도 생겨난다. 하지만, 전체에서 비정규직 임금근로자의 비중은 전체 청년기 동안 변함없이 유지되는 경향을 보인다. 이는 청년층의 18% 정도는 비정규직 임금근로 궤적에 노출되어 있음을 의미한다.

나. 저소득 노출 청년

19세 이전 저소득에 노출된 경험 여부에 따라 구분하여 보면 비취업, 비정규직과 임금근로자로서의 비중과 노동시장 진입 시기에 차이를 보인다.

10년간 분포에 있어 어린 시절 저소득에 노출된 청년의 43.4%가 비취업 상태이고, 저소득 노출 경험이 없는 청년은 41.2%로 저소득 노출 청년의 비취업 상태의 비중이 다소 높다. 저소득에 노출된 청년은 비정규직 임금근로자의 비중이 24.1%로 저소득 비노출 청년의 21.1%보다 다소 높지만, 저소득 비노출 청년은 정규직 임금근로 비중은 34.5%로 저소득 노출 청년 30.6%보다 다소 높게 난다.

초기 성인기 동안 종사상 지위 분포뿐만 아니라 노동시장에 본격적으로 진입하는 시기도 차이를 보였다. 저소득 노출 청년은 19세부터 비정규직 임금근로자로 노동시장 진입이 상대적으로 많아 고졸 비진학 청년 비중이 높을 것으로 예상되고, 22세를 기점으로 취업의 비중이 증가하기 시작하여 25세에는 비정규직 일자리의 비중이 큰 폭으로 증가하였다. 하지만, 저소득 비노출 청년의 초기 성인기 동안 비정규직 일자리의 비중이 일정하게 유지된다는 점이 대조적이다. 저소득에 노출되지 않은 청년의 경우 25세 후부터 정규직 임금근로자로의 진입이 증가하기 시작하며, 전체 종사상 지위에서 정규직 임금근로자의 비중이 커지기 시작한다. 즉, 25세 전후를 기점으로 저소득 노출 청년은 비정규직 임금근로자의 비중이 커지지만, 저소득 비노출 청년은 정규직 임금근로자의 비중이 커져 취업자로서 일자리 안정성의 격차가 커졌다. 4년제 대학 졸업 시점을 기준으로 저소득에 노출되지 않은 청년의 정규직 진입이 많아지는 것을 알 수 있다.

[그림 4-2] 저소득 노출 청년의 청년기 진입 후 10년간 노동시장 지위 변화 분포

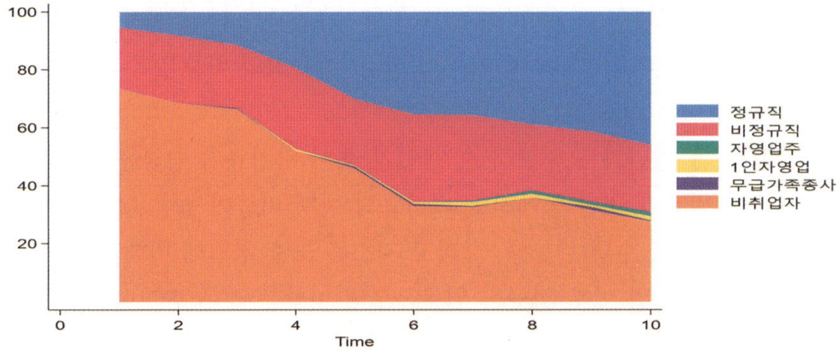

주 : 가로의 시간은 19세 이후부터 10년간의 기간을 나타냄.
자료 : 「한국복지패널」 1~18차 2006~2023년을 이용하여 저자 작성.

[그림 4-3] 저소득 비노출 청년의 청년기 진입 후 10년간 노동시장 지위 변화 분포

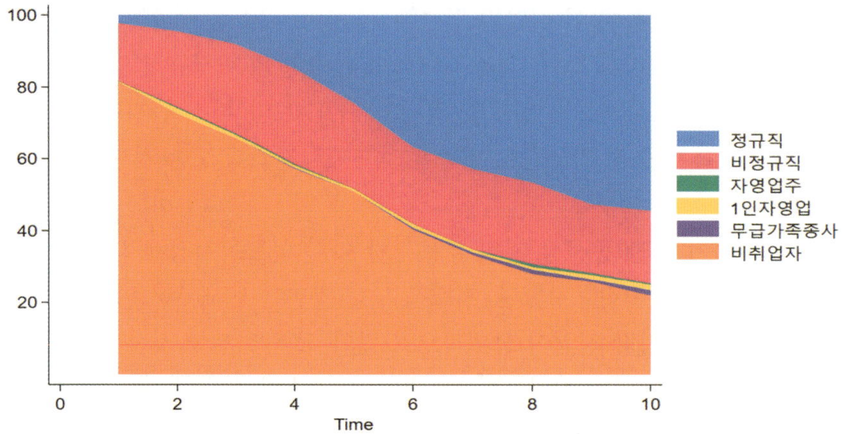

주 : 가로의 시간은 19세 이후부터 10년간의 기간을 나타냄.
자료 : 「한국복지패널」 1~18차 2006~2023년을 이용하여 저자 작성.

다. 기초생활보장 수급 노출 청년

수급 경험 여부별로 구분하여 보면, 기초생활보장 수급을 경험한 청년의 취업 비중이 가장 높게 나타난다. 특히, 19세의 약 38%가 취업상태로 나타나 고졸 비진학 청년의 비중이 높은 것으로 나타나며, 비취업의 비중이 다른 청년들에 비해 상대적으로 낮은 편이다. 성인기 진입부터 비정규직 임금근로자로 일하는 비중이 높다. 하지만, 3년 뒤인 22세 시점에는 비정규직 임금근로자의 비중이 줄고, 비취업의 비중이 늘어 비정규직에서 비취업 상태로 전환된 경우가 상당한 것을 알 수 있다. 이후 25세부터 다시 비정규직 및 정규직 임금근로의 비중이 증가하기 시작한다. 정규직의 비중은 수급 노출 경험이 없는 청년에 비해 적다.

저소득 노출 청년과도 비교하면, 성인기 초기 비정규직 임금근로자 비중이 커, 고졸 비진학 청년 중에서도 비정규직 이행 비중이 높은 것으로 추측된다. 전체 청년과 수급 비노출, 그리고 저소득 노출 청년에 비해 수급 노출 청년의 성인기 진입 이후 정규직 임금근로의 비중은 적은 편이다. 즉, 기초생활보장 수급 경험이 있는 청년은 성인기 진입 후 취업을 많이 하지만 일자리의 안정성은 상대적으로 낮은 경향이 있음을 알 수 있다.

[그림 4-4] 수급 노출 청년의 청년기 진입 후 10년간 노동시장 지위 변화 분포

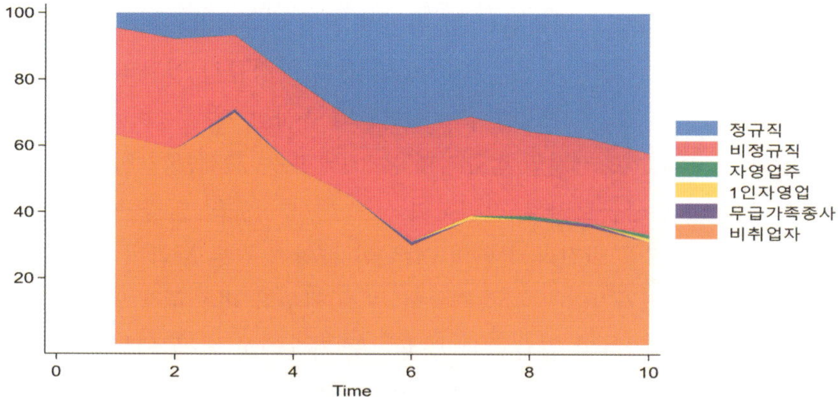

주 : 가로의 시간은 19세 이후부터 10년간의 기간을 나타냄.
자료 : 「한국복지패널」 1~18차 2006~2023년을 이용하여 저자 작성.

[그림 4-5] 수급 비노출 청년의 청년기 진입 후 10년간 노동시장 지위 변화 분포

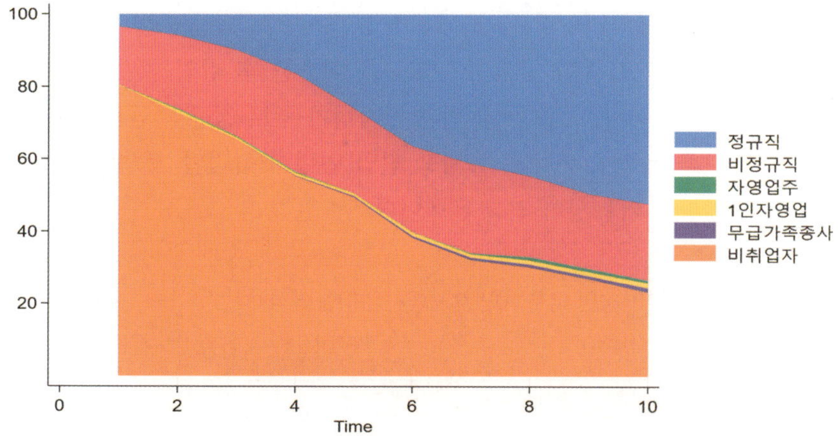

주 : 가로의 시간은 19세 이후부터 10년간의 기간을 나타냄.
자료 : 「한국복지패널」 1~18차 2006~2023년을 이용하여 저자 작성.

2. 청년기 노동시장 이행 궤적 유형

가. 전체 청년

사건배열 분석과 군집 분석을 이용하여, 19세 청년들의 10년간의 노동시

장 이행 궤적의 특성을 요약하면 다음과 같이 4가지로 유형화된다.

첫 번째, '노동시장 미진입형'으로 청년기 진입 이후 10년간 지속해서 비취업상태를 주로 유지하는 경우이다. 몇몇 경우 비정규직 일자리나 정규직 일자리를 단기간으로 하기도 하지만 10년간의 종사상 지위는 비취업상태로 요약된다. 두 번째, '조기진입 정규직형'은 19세 또는 22세를 기점으로 노동시장에 정규직 임금근로자로 진입하여, 지속해서 정규직 임금근로자로 일하는 유형이다. 고졸 비진학 청년의 경우 이 유형에 일부 포함될 것으로 보인다. 세 번째, '조기진입 불안정고용형'은 19세부터 비정규직 임금근로자로 노동시장에 진입하여 일하지만, 이후에도 지속해서 비정규직 지위를 이어가는 경우이다. 이 경우 초기부터 지속적으로 취업한 유형임을 미루어 볼 때, 고졸 비진학 청년층이 다수를 구성하고 있을 것으로 보인다. 이 유형은 정규직 임금근로자로 일하기도 하지만 다시 비정규직 또는 비취업상태로 이동을 경험하여 지속해서 안정적 지위를 가지지 않는 특성이 있다. 네 번째, '장기준비 정규직진입형'은 24세부터 본격적으로 노동시장에 진입하는 경우로, 아마도 고교 졸업 이후 고등교육을 이수한 후 취업하는 유형이 대다수를 차지할 것이다. 이들은 첫 번째 일자리가 주로 정규직 임금근로자인 경우이다. 다른 유형에 비해 노동시장 진입 연령이 늦지만, 불안정한 일자리 궤적을 경험할 가능성이 적은 유형이다.

[그림 4-6] 전체 청년의 성인 이후 10년간 노동시장 이행 궤적

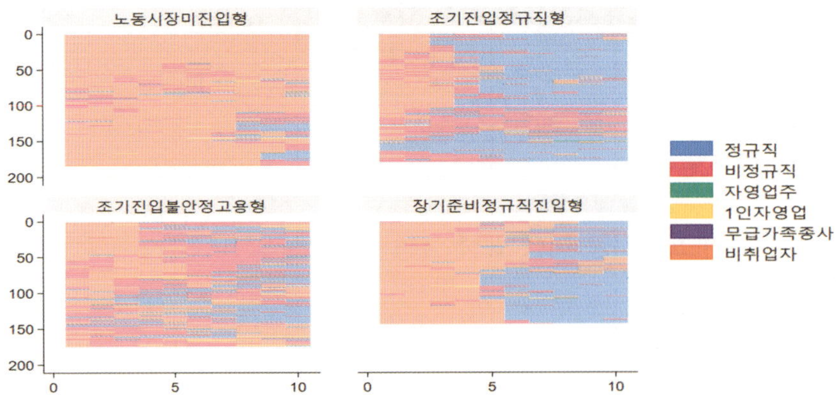

주 : 가로의 시간은 19세 이후부터 10년간의 기간을 나타냄.
자료 : 「한국복지패널」 1~18차 2006~2023년을 이용하여 저자 작성.

복지패널 특성상 중간 소득보다 약간 낮은 소득의 가구 출신을 대표한다고 볼 수 있는, 전체 청년을 기준으로 볼 때, 유형별 비중을 보면 노동시장 미진입형이 27.1%로 가장 많고, 다음으로, 조기진입 정규직형 26.3%, 조기진입 불안정고용형 25.5%, 장기준비 정규직진입형 21.0%의 순으로 나타난다.

나. 빈곤 노출 청년

청소년기 시절 저소득 가구 경험이 있거나, 기초생활보장 수급 경험이 있는 경우를 빈곤 노출 경험으로 정의하여 구분하여 보았다. 빈곤에 노출된 청년의 노동시장 이행 궤적 유형의 비중은 조기진입 불안정고용형이 32.1%로 가장 많고, 다음으로 노동시장 미진입형 27.7%, 장기준비 취업형 20.9%, 조기진입 정규직형 18.8%의 순으로 나타난다. 어린 시절 빈곤 노출 경험이 있는 청년의 다수가 성인이 된 이후 10년간 노동시장에 진입하지 않은 미취업 상태이거나, 고교 졸업후 교육과정을 추가로 이수하지 않고 조기에 진입하여 불안정 고용 궤적을 가지는 유형인 것을 알 수 있다.

[그림 4-7] 청소년기 빈곤에 노출된 청년의 성인 이후 10년간 노동시장 이행 궤적

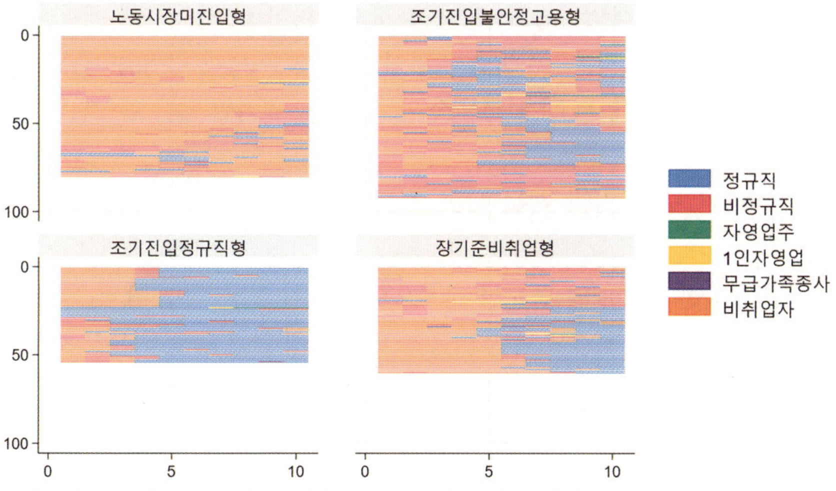

주 : 가로의 시간은 19세 이후부터 10년간의 기간을 나타냄.
자료 : 「한국복지패널」 1~18차 2006~2023년을 이용하여 저자 작성.

[그림 4-8] 청소년기 빈곤 노출 경험이 없는 청년의 성인 이후 10년간 노동시장 이행 궤적

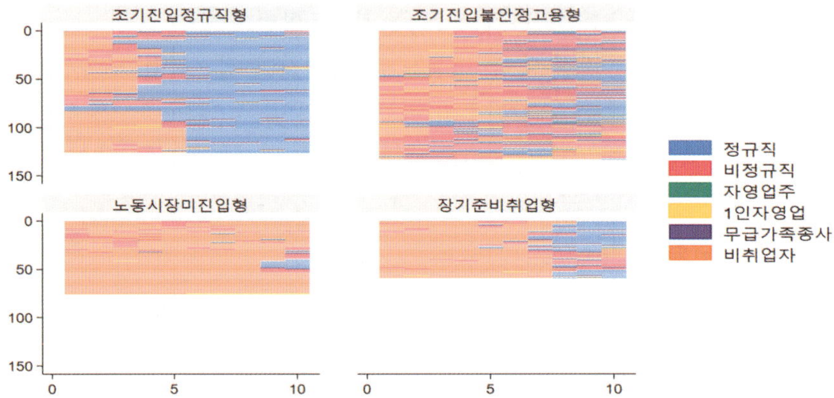

주 : 가로의 시간은 19세 이후부터 10년간의 기간을 나타냄.
자료 : 「한국복지패널」 1~18차 2006~2023년을 이용하여 저자 작성.

19세 이전 빈곤 노출 경험이 없는 청년의 노동시장 이행 궤적은 조기진입 불안정고용형 33.7%, 조기진입 정규직형 31,9%이 큰 비중을 차지하고 다음으로 노동시장 미진입형 19.2%, 장기준비 취업형 14.9% 의 순으로 나타난다. 빈곤 노출 경험이 있는 청년의 이행 궤적의 다수가 미취업이거나 불안정 고용이었다면, 빈곤 노출 경험이 없는 청년의 노동 궤적은 노동시장에 빨리 진입한 후 정규직 근로자가 되거나 불안정 일자리를 지속해서 유지하는 경로가 주를 이루었다. 조기진입 후 불안정형이 두 집단 모두에서 가장 큰 비중을 차지하지만, 빈곤 노출 경험이 있는 경우 오랜 비취업 상태가 많고, 빈곤 노출 경험 없는 경우 정규직 임금근로자 궤적이 많은 편이다.

3. 청년기 노동 이행 궤적 유형 결정요인

앞서 살펴본 사건배열과 군집 분석으로 청년기 노동 이행 궤적은 4가지 유형으로 요약되었다. 청소년기 빈곤 노출 경험에 따른 유형화 분포를 통해 빈곤 경험 청년과 빈곤 경험이 없는 청년들의 10년간의 종사상 지위 분포와 경로에 차이가 있음을 탐색적으로 확인해 보았다.

다항로짓 분석을 이용하여 4가지 노동 이행 궤적 유형에 청소년기의 빈곤 노출 경험, 개인과 가족 특성, 그리고 노동시장 경력 특성이 미치는 영향을

분석해 보고자 한다. 다항로짓 분석 결과는 해석의 편의성을 위해 평균한계효과(average marginal effects)로 나타낸다.

〈표 4-2〉는 노동 이행 궤적 중 각 유형에 속할 확률을 평균한계효과로 나타낸 것이다. 남성 청년과 비교하면 여성 청년은 노동시장 미진입형이 될 가능성이 2.3%p 감소하며, 장기준비 정규직진입형이 될 가능성은 4.0%p 감소한다. 하지만, 여성 청년은 남성 청년보다 조기진입 불안정고용형이 될 가능성이 6.2%p 높다. 연령이 높을수록 조기진입 정규직형에 속할 가능성이 높게 나타났다. 최근 출생 코호트일수록 노동시장에 일찍 진입하여 정규직 궤적이나 불안정 궤적을 가질 가능성이 높았다. 구체적으로 1980년대생에 비해 1990년대생이 조기진입 정규직형이 될 가능성이 6.8%p 증가하였고, 조기진입 불안정고용형이 될 가능성은 6.4%p 증가하였다. 하지만 노동시장 미진입형과 장기준비 정규직진입형이 될 가능성은 1990년대생일수록 줄어들었다. 교육수준이 높을수록 노동시장 진입은 늦지만, 정규직 진입 궤적의 가능성은 높았다. 고졸자와 비교하면, 전문대 졸업자는 장기준비 정규직진입형이 될 가능성이 9.8%p, 4년제 대학 졸업자는 19.9%p, 석사 이상 학위 소지자는 12.0%p 증가하였다. 즉, 높은 교육수준은 노동시장 진입에 긍정적으로 작용하여, 노동시장 미진입형이 될 가능성을 유의미하게 감소시켰다. 현재 가구의 가구원 수가 많을수록 조기진입 정규직형이 될 가능성은 1.0%p 증가하지만, 장기준비 정규직진입형이 될 가능성은 2.3%p 감소한다. 가구원 수가 많을수록 노동시장에 조기 진입할 가능성이 증가한다. 가구의 가처분소득이 많을수록 조기진입 정규직형이 될 가능성이 증가하고, 노동시장 미진입형 가능성은 줄어든다. 서울에 거주할수록 조기진입 불안정고용형이 될 가능성이 증가하였다. 서울에 비해 광역시에 거주하면 조기진입 불안정고용 궤적을 가질 가능성이 3.0%p 줄어들고, 도농군에 거주하면 24.2%p 감소한다. 서울에 비해 작은 도시에 거주할수록 노동시장 미진입형, 조기진입 정규직형, 장기준비 정규직진입형이 될 가능성이 증가하였다.

19세 이전에 저소득 가구 노출 경험이 있는 청년의 경우 조기진입 정규직형이 될 가능성이 3.8%p 증가하였으며, 노동시장 미진입형이 될 가능성은 2.6%p 감소하였다. 저소득 경험이 노동시장 진입형이 되는 데 긍정적 영향을 미치며, 조기에 취업하여 정규직 임금근로자 궤적을 가지는 데 긍정적으로 작용하는 것을 알 수 있다. 이와 반대로, 기초생활보장 수급에 노출된 경험을 가진 경우 조기진입 정규직형이 될 가능성이 3.5%p 감소하였으며, 장기준비 정규직진입형이 될 가능성은 5.3%p 감소하였다. 하지만 기초생활보장 수급 경험은 조기진입 불안정고용형이 될 가능성을 10.9%p 증가시켰다. 청년기 이전 기초생활보장 수급에 노출된 경험은 청년기의 노동시장 내 지위에서 정규직 임금근로의 일자리 진입 가능성을 낮추고, 불안정한 일자리에 조기 진입할 위험을 증가시키는 것을 알 수 있다. 즉, 청년기의 불안정 노동시장 이행 궤적의 위험은 기초생활보장 수급 경험이 있는 청년에서 높은 것을 알 수 있다.

아버지의 교육수준이 높은 경우 장기준비 정규직진입형이 될 가능성을 증가시켰지만, 어머니의 경우 반대로 가능성을 감소시켰다. 현재 주거가 자가인경우 장기준비 정규직진입형이 될 가능성이 증가하지만, 성인기 초기에 노동시장에 진입하여 정규직이나 불안정 고용 궤적을 가질 가능성은 감소시켰다. 가구의 자산을 가늠하게 해주는 거주 형태는 자가일수록 노동시장 진입을 장기적으로 준비할 여력에 긍정적 영향을 미치지만, 전세나 월세의 경우 노동시장에 빨리 진입하는 데 긍정적으로 작용하는 것을 알 수 있다.

최근 1년간 경험한 경제 및 가구원 관련 어려움이 노동시장 이행 궤적 유형화에 미치는 영향을 보면, 경제적 어려움이 있을수록 노동시장 미진입형이 될 가능성이 증가하였다. 가구원의 실업이나 취업의 어려움이 있는 경우 노동시장에서 정규직 임금근로자의 노동 궤적을 가질 가능성은 낮고, 노동시장 미진입형이 될 가능성은 증가하였다. 가구원의 실업 문제가 있는 경우 조기진입 정규직형이 될 가능성이 3.5%p 감소하였고, 장기준비 정규직진입형이 될 가능성이 2.9%p 감소하였다. 1년 이내 직업훈련이나 취업 상담 경험은 장기준비 정규직진입형이 될 가능성을 감소시켰다. 또한, 자격증이 있는 경우 장기준비 정규진입형의 가능성을 줄였지만, 조기진입 정규직형이 될 가능성은 증가시켰다. 일반 자격증은 조기진입 정규직형이 될 가능성을 5.6%p 증가시켰지만, 장기준비 정규직진입형이 될 가능성은 3.6%p 감소시켰다. 기술사와 기사 자격증이 있는 경우에는 조기진입 불안정고용형이 될 가능성을 16.4%p 증가시켰지만, 그 외 일반 자격증은 오히려 3.5%p 감소시켰다. 기술사와 기사 자격증 소지자의 경우 프리랜서 형태로 근무자가 가능한 일자리인 경우가 많아, 지위가 불안정하지만, 노동시장에 조기 진입할 가능성을 증가시키는 것으로 해석할 수 있다.

노동시장에서 축적한 경력이 노동시장 이행 궤적 유형화에 미치는 영향을 보면, 현재까지 경험한 일자리 수가 많을수록 노동시장에 조기 진입하여 정규직이나 불안정 일자리 궤적을 가질 가능성이 증가하였다. 하지만, 장기 준비 후 정규직으로 진입하는 궤적을 가질 가능성은 감소하였다. 노동시장에서 현재까지 축적한 경력이 길수록 정규직 임금근로자 궤적을 가질 가능성이 증가하였다. 축적한 경력이 1개월 길어질수록 조기진입 정규직형이 될 가능성은 0.3%p 증가하지만, 조기진입 불안정고용형이 될 가능성은 0,03%p 감소하였다. 즉, 노동시장에서 축적한 경력이 길수록 정규직 궤적의 가능성이 크고, 여러 일자리를 가졌을수록 노동시장 진입 초기부터 정규직 또는 불안정 임금근로자 궤적 중 하나를 가질 가능성이 컸다.

〈표 4-2〉 노동 이행 유형별 다항 로짓 분석의 평균한계효과(average marginal effects)

	노동시장 미진입형	조기진입 정규직형	조기진입 불안정고용형	장기준비 정규직진입형
성별(r : 남성)				
여성	-0.0239** (-2.83)	0.00189 (0.19)	0.0624*** (5.62)	-0.0404*** (-3.92)
연령	-0.00183 (-1.36)	0.00350* (2.02)	-0.00112 (-0.59)	-0.000546 (-0.33)
코호트(r : 1980년대생)				
1990년대생	-0.0933*** (-11.09)	0.0688*** (6.51)	0.0642*** (5.60)	-0.0398*** (-3.98)
교육수준(r : 고졸 이하)				
전문대졸	-0.149*** (-11.65)	0.0185 (1.43)	0.0320* (2.07)	0.0988*** (7.67)
4년대졸	-0.0841*** (-7.62)	-0.0493*** (-3.89)	-0.0653*** (-4.51)	0.199*** (17.80)
석사이상	-0.102*** (-4.74)	-0.00309 (-0.09)	-0.0145 (-0.40)	0.120*** (4.22)
가구원 수	0.00227 (0.53)	0.0109* (2.22)	0.0101 (1.83)	-0.0233*** (-4.49)
미혼	-0.0248 (-1.51)	0.0214 (1.12)	-0.0266 (-1.20)	0.0299 (1.51)
ln가처분소득	-0.0208* (-2.55)	0.0247* (2.30)	-0.00803 (-0.69)	0.00413 (0.41)

〈표 4-2〉의 계속

	노동시장 미진입형	조기진입 정규직형	조기진입 불안정고용형	장기준비 정규직진입형
지역(r : 서울)				
광역시	0.00879 (0.84)	0.0317* (2.41)	-0.0309* (-2.07)	-0.00954 (-0.75)
시	0.0510*** (4.85)	0.0171 (1.41)	-0.0526*** (-3.76)	-0.0154 (-1.25)
군구	0.0469** (3.10)	-0.0147 (-0.80)	-0.137*** (-7.01)	0.105*** (5.32)
도농복합군	0.0427 (1.58)	0.118*** (3.61)	-0.242*** (-10.22)	0.0813* (2.24)
저소득 가구 노출 경험	-0.0269** (-2.92)	0.0385*** (3.54)	-0.0208 (-1.72)	0.00923 (0.82)
기초보장 수급 경험	-0.0210 (-1.53)	-0.0350* (-2.29)	0.109*** (5.75)	-0.0530** (-3.13)
어머니 교육수준(r : 중졸 이하)				
고졸	-0.0187 (-1.61)	0.0345** (2.71)	0.0736*** (5.29)	-0.0894*** (-6.25)
대졸 이상	0.0105 (0.73)	0.0159 (0.89)	0.0509** (2.66)	-0.0773*** (-4.38)
모름	-0.159** (-3.23)	-0.0460 (-0.63)	-0.159*** (-5.58)	0.364** (2.71)
아버지 교육수준(r : 중졸 이하)				
고졸	-0.000863 (-0.08)	-0.0131 (-1.01)	-0.0446** (-3.14)	0.0586*** (4.35)
대졸 이상	-0.0416** (-2.70)	-0.0521* (-2.55)	0.0266 (1.12)	0.0672** (3.28)
모름	-0.00596 (-0.19)	-0.0577 (-1.10)	0.242*** (4.06)	-0.178*** (-10.14)
주거형태(r : 자가)				
전세	0.0114 (0.98)	0.0307* (2.25)	-0.00232 (-0.16)	-0.0398** (-2.91)
월세 등	0.0103 (1.04)	-0.00919 (-0.77)	0.0431** (3.20)	-0.0442*** (-3.66)
직업훈련 상담 경험	0.00150 (0.11)	0.0137 (0.83)	0.0251 (1.37)	-0.0403* (-2.42)

〈표 4-2〉의 계속

	노동시장 미진입형	조기진입 정규직형	조기진입 불안정고용형	장기준비 정규직진입형
최근 어려움(r : 없음)				
경제적 어려움	0.0327** (2.91)	-0.00926 (-0.73)	0.00107 (0.07)	-0.0245 (-1.81)
가구원의 실업·취업	0.0406** (3.23)	-0.0350* (-2.17)	0.0244 (1.34)	-0.0299* (-1.96)
가구원의 그 외 문제	0.00616 (0.47)	0.0111 (0.67)	0.00710 (0.39)	-0.0243 (-1.56)
가구원 건강	0.0257* (2.19)	0.0126 (0.89)	-0.0297 (-1.94)	-0.00862 (-0.60)
자격증(r : 없음)				
기술사·기사	-0.117*** (-4.15)	-0.0177 (-0.49)	0.164*** (3.49)	-0.0297 (-0.81)
기능사	0.0714*** (4.17)	0.00780 (0.50)	-0.0244 (-1.36)	-0.0548** (-3.24)
그 외 자격증	0.0151 (1.06)	0.0567*** (3.75)	-0.0356* (-2.15)	-0.0362* (-2.20)
현재까지 일자리 수	-0.0342*** (-13.14)	0.0251*** (11.94)	0.0291*** (11.59)	-0.0199*** (-7.30)
노동시장 총 경력(월)	-0.00398*** (-32.09)	0.00370*** (26.63)	-0.000337* (-2.21)	0.000615*** (4.45)
N	1,734	1,700	1,650	1,351

주 : p〈0.05, ** p〈0.01, *** p〈0.001. ( ) 안은 표준 오차.
자료 :「한국복지패널」 1~18차 2006~2023년을 이용하여 저자 작성.

제5절 소 결

본 장은 한국복지패널 1-18차 자료를 이용하여, 19세 청년이 성인기에 진입한 이후 10년간 어떠한 일자리를 가지는지 노동시장 이행 궤적 특성을 분석하고, 아동·청소년기 빈곤 노출 경험에 따른 이행 궤적 차이를 살펴보았다. 19세부터 28세까지 청년의 노동시장 내 종사상 지위를 정규직, 비정규직 임금근로자, 고용원 있는 자영업자, 1인 자영업자, 무급가족종사자, 비취업자로 구분하여 노동시장 이행 궤적을 유형화하고, 개인과 가구, 그리고 어린 시절 빈곤 노출 경험이 노동시장 이행 궤적 유형화에 미치는 영향을 살펴보았다.

성인기 진입 이후 10년간 노동시장 지위 분포를 보면, 19세 청년의 80%가 학업이나 다른 이유로 비취업 상태이며, 비정규직 임금근로자 18%, 정규직 임금근로자가 2%로 나타났다. 성인기 초기에는 비취업자이거나, 취업자여도 불안정한 임금근로자의 비중이 크지만, 대학교 졸업 시기를 기점으로 정규직으로 진입하는 비중이 늘고, 비임금근로자로의 진입도 생겨났다. 하지만, 비정규직 임금근로자의 비중은 전체 청년기 동안 변함없이 유지되는 경향을 보여 청년층의 18% 정도는 성인기 진입 후 10년간 비정규직 임금근로 궤적에 노출되어 있음을 보여주었다.

아동 · 청소년기에 저소득을 경험한 청년은 저소득 노출 경험이 없는 청년과 비교하면. 비취업과 비정규직 임금근로자의 비중이 다소 높았지만, 정규직 임금근로 비중은 다소 낮았다. 4년제 대학 졸업 시기인 25세 전후를 기점으로 저소득 노출 청년은 비정규직 임금근로자의 비중이 커지지만, 저소득 비노출 청년은 정규직 임금근로자의 비중이 커져 취업자로서 일자리 안정성의 격차가 커졌다. 기초생활보장 수급 경험이 있는 청년의 경우 비정규직 일자리를 통한 노동시장 진입 시기가 빠른 편이며, 초기 성인기 동안 정규직의 비중이 적어 불안정 노동 궤적에 가장 많이 노출되는 경향을 보였다. 청소년 시기 빈곤 노출에 따라 노동시장의 진입 시기, 그리고 일자리 궤적의 안정성에 차이가 있음을 보여준다.

사건배열과 군집분석을 이용한 19세 청년들의 10년간의 노동시장 이행 궤적은 4가지로 유형화된다. 첫 번째, '노동시장 미진입형'으로 청년기 진입 이후 10년간 지속해서 비취업 상태를 주로 유지하는 경우로 전체의 27.1%이다. 몇몇 경우 비정규직 일자리나 정규직 일자리를 단기간으로 하기도 하지만 10년간의 종사상 지위는 비취업상태로 요약된다. 두 번째, '조기진입 정규직형'은 19세 또는 22세를 기점으로 노동시장에 정규직 임금근로자로 진입하여, 지속해서 정규직 임금근로자로 일하는 유형으로 26.3%를 차지한다. 세 번째, '조기진입 불안정고용형'은 19세부터 비정규직 임금근로로 노동시장에 진입하여 일하지만, 이후에도 지속해서 비정규직 지위를 이어가는 경우로 25.5%를 차지한다. 정규직 임금근로자로 일하기도 하지만 다시 비정규직 또는 비취업상태로 이동을 경험하여 지속해서 안정적 지위를 가지지 않는 특성이 있다. 네 번째, '장기준비 정규직진입형'은 24세부터 본격적으로 노동시장에 진입하는 경우로, 최초 일자리가 주로 정규직 임금근로자인 경우로 21.0%를 차지한다. 다른 유형에 비해 노동시장 진입 연령이 늦지만, 불안정한 일자리 궤적을 경험할 가능성이 적은 유형이다. 빈곤 노출 경험이 있는 청년은 미취업 또는 불안정 고용 궤적이 주를 이루었지만, 빈곤 노출 경험이 없는 청년의 노동 궤적은 정규직 임금근로자 궤적이 많은 편이었다. 빈곤 노출 경험 청년이 고졸 비진학 청년으로 노동시장에 이행하고 불안정 고용 궤적을 가질 확률이 높음을 함의한다. 한편, 2010년대 빈곤 가구 출신 청년은 주로 노동시장 진입과 이탈을 반복하거나, 비정규직에서 정규직으로 이동하는 특징을 가진 것으로 알려졌다(노혜진, 2012). 2020년대 빈곤 가구 출신 청년은 비정규직과 정규직 일자리, 그리고 비취업 상태를 오가며 주로 비정규직화된 노동 궤적을 가지거나, 비취업 상태로 초기 성인기를 보낼 가능성이 높다는 본 연구 결과는 빈곤 가구 자녀의 불안정 노동궤적화가 고착되었으며, 노동을 통한 빈곤 탈피의 가능성이 줄어들었음을 시사한다.

다항로짓 분석 결과, 19세 이전 저소득 가구 노출 경험은 성인이 된 직후 정규직 임금근로 일자리로 진입할 가능성을 유의미하게 증가시켰지만, 노동시장 미진입형이 될 가능성은 줄였다. 이와 반대로, 기초생활 수급에 노출된 경험은 조기진입 정규직형과 장기준비 정규직진입형이 될 가능성은 감소시켰지만, 조기진입 불안정고용형이 될 가능성은 증가시켰다. 즉, 어린 시절 기초생활보장 수급 경험은 고교 졸업 이후 추가적인 인적자본 축적 없이 불안정한 일자리를 지속하는 궤적을 가질 위험을 증가시키며, 초기 성인기 동안 정규직 일자리 진입 가능성을 낮추는 것을 알 수 있다. 이러한 결과는 기초생활보장 수급 경험이 성인이 된 직후 경제적 자립을 위해 취업자가 되는 데 긍정적이지만, 불안정한 지위로 시작된 이들의 일자리는 성인기 전반에 걸쳐 불안정 노동 궤적으로 이어질 가능성이 높다는 것을 의미한다.

교육수준, 자격증 취득, 그리고 노동시장에서 축적한 경력의 인적자본은 안정적인 노동 궤적을 가지는 데 유의미한 영향을 미쳤다. 교육수준이 높을수록 노동시장 진입은 늦어졌지만, 정규직 진입 궤적의 가능성은 높아졌다. 노동시장에서 축적한 근무 경력이 길수록 정규직 궤적의 가능성이 컸다. 하지만, 여러 일자리를 가졌을수록 정규직 또는 불안정 임금근로자 궤적 중 하나를 가질 가능성이 커져 하나의 일자리에서 오래 근무한 경력이 정규직 궤적을 가지는 데 긍정적인 것을 알 수 있다. 자격증은 장기준비 정규진입형의 가능성을 줄였지만, 조기진입 정규직형이 될 가능성은 증가시켰다. 자격증 중 전문 기술을 요구하는 기술사와 기사 자격증은 조기진입 불안정고용형이 될 가능성을 증가시켰지만, 그 외 일반 자격증은 불안정한 고용 궤적을 가질 가능성을 줄였다. 기술사와 기사 자격증 소지자의 경우 프리랜서 형태로 근무자가 가능한 일자리인 경우가 많아, 지위는 불안정하지만 조기에 노동시장에서 취업 활동이 가능하게 하는 것으로 해석할 수 있다.

남성 청년과 비교하면 여성 청년은 노동시장 미진입형, 장기준비 정규직 진입형이 될 가능성은 낮았지만, 조기진입 불안정고용형이 될 가능성 높았다. 연령이 증가할수록, 최근 출생 코호트일수록 조기진입 정규직형이 될 가능성이 증가하였다. 현재 가구의 가구원 수가 많을수록, 가구의 가처분소득이 많을수록 노동시장에 조기 진입할 가능성이 증가하였다. 대도시에 거주할수록 조기진입 불안정고용형이 될 가능성이 증가하였고, 중소 도시에 거주할수록 노동시장 미진입형, 조기진입 정규직형, 장기준비 정규직진입형이 될 가능성이 증가하였다. 거주하는 집이 자가일 경우 장기준비 정규직진입형이 될 가능성을 증가시키고, 불안정 고용 궤적을 가질 가능성은 감소시켰다. 가구원의 실업이나 취업 어려움에 문제를 겪을수록 정규직 임금근로자의 노동 궤적을 가질 가능성이 감소하였다.

이러한 결과들을 종합하면, 초기 성인기 동안 비정규직 임금근로 궤적에 노출될 위험은 아동・청소년기에 빈곤에 노출 경험이 있는 경우, 특히 기초생활보장 수급 경험이 있는 경우 높았다. 성인기 초기 10년간 비정규직, 비취업, 그리고 정규직 상태를 오가는 불안정한 노동 궤적이 고착화되어 빈곤의 대물림 가능성이 커졌다. 어린 시절 빈곤에 노출된 청소년이 성인이 된 직후 처음 시작한 비정규직 일자리가 청년기 전반에 걸쳐 불안정한 노동 궤적으로 이어지고 있어, 장기적인 커리어 계획을 세우고 노동시장에 진입하도록 지원할 필요가 있다. 교육, 자격증, 그리고 노동시장 경력이 안정적 노동시장 이행 궤적에 미친 긍정적 영향은 불안정한 지위로 일을 시작한 청년이 안정적인 지위로 이동하는데 직업훈련과 재교육이 효과적일 수 있음을 시사한다.

제 5 장
고졸 취약 청년의 노동시장 이행에 관한 질적 연구[22)]

제1절 서 론

앞선 세 장에서는 고졸 비진학 취약 청년과 고용애로계층의 일정 비중을 차지할 가능성이 높은 청소년기 빈곤 경험 청년의 노동시장 이행에 관하여 정량적인 방법으로 그 실태를 살펴보았다. 이 장에서는 앞선 데이터 분석의 결과들이 실제 고졸 취약 청년들의 경험과 일치하는지, 그리고 정책이 현장에서 잘 작동하고 있는지, 어떤 지원 정책이 필요한지를 현장 전문가를 대상으로 심층 인터뷰하여 점검해 보고자 한다.

구체적으로 본 연구는 현장 전문가를 대상으로 초점집단면접(Focused Group Interview : FGI을 실시하였다. 초점집단면접은 탐구하고자 하는 현상 속에 숨겨있는 통찰을 파악하기 위해 집단의 상호작용을 활용하는 질적 연구방법 중 하나로, 토론 주제를 바탕으로 참여자들이 서로의 경험과 견해에 대해 이야기를 나누는 것이다(Ho, 2006).

FGI 대상을 특정 유형별 고졸 비진학 취약 청년으로 설정하지 않고 고졸 비진학 청년을 대상으로 복지나 고용을 연계하는 일선 전문가를 선정한 이유는 본 연구는 각기 다른 유형의 취약 청년에 대한 세분화된 정책제언을 도출하기보다는 다양한 취약 특성을 가진 고졸 비진학 청년에게 각자의 취

---

22) 이 장의 FGI 수행을 위해 도움을 준 박은혜, 심혜선 박사께 감사를 드린다.

약 유형을 고려하되 공통적으로 제공할 수 있는 정책 프로그램을 모색하는 것이 주목적이기 때문이다. 또한 각 취약 집단 유형별로, 개인별로 매우 다양한 노동시장 이행 경험을 가질 수 있어 소수를 면접하는 FGI를 통해서는 '요약된' 혹은 '일반화된' 고졸 비진학 취약 청년의 경험에 관한 통찰을 얻기 어렵지만, 다양한 취약 특성을 가진 청년들을 직접 대면하고 상담하는 경험을 이미 축적한 현장 전문가들은 이들이 가진 공통적인 특징이나 공통적인 정책 수요에 대한 이해를 가지고 있다. 따라서 각자 다수의 다양한 고졸 비진학 청년을 상담/지원한 경험이 있는 현장 전문가를 다수 면접함으로써 이 계층의 청년에 대해 어느 정도 '일반화된' 시사점을 얻을 수 있다고 판단하였다.

제2절 현장 전문가 초점집단면접(FGI) 개요

1. 조사 설계

초점집단면접은 고졸 취약 청년의 특성에 대해 잘 알고 취업 관련 지원을 하고 있는 현장 전문가 10명을 대상으로 하였다. 청년 취업 지원기관에 근무하는 센터장과 팀장급 실무자 외에 특성화 고등학교 취업담당 교사, 교육복지사 등을 포함하였다. 특성화 고등학교는 교과 과정 중 특정한 과목을 집중적으로 학습하는 실업계 고등학교로, 공업, 조리, 미용 등의 학과가 설치되어 있어 대체로 3년 과정 후 취업을 하게 된다. 이에 고졸 청년의 취업 특성을 비교적 잘 알고 있는 취업 담당교사와 교육복지사를 섭외하였다. 청년 일자리 지원기관의 경우, 고졸 청년 취업을 상담하거나 지원한 경험이 최소 2년 이상 있는 센터장과 팀장급 실무자, 전문상담사를 대상으로 조사 참여자를 선정하였다.

먼저, 고졸 취약 청년의 전반적인 실태를 파악하기 위해 수도권과 비수도권으로 나누고 수도권 지역은 서울특별시와 경기도 OO특례시를 선정하였고 비수도권 지역은 광역시를 중심으로 지원기관을 섭외하였다. 특성화 고등학교와 고졸 청년 취업 지원기관에 공문으로 협조를 요청한 후, 조사개요에 대해 설명하고 자발적으로 참여 의사를 밝힌 연구 참여자를 모집하였다. 일차적으로 연구 참여에 동의한 대상자들에게 연구 설명문과 동의서를 메일로 보내고 수락 메일을 받은 후 면접내용을 안내하는 형식으로 이루어졌다.

초점집단면접은 2024년 10월 22일과 24일 2회에 걸쳐 온라인 줌(ZOOM)을 활용하여 약 90분간 진행되었다. 면접이 시작되기 전에 연구자는 참여자들에게 조사 목적과 내용을 다시 한 번 설명하고, 개인정보 보호 및 비밀보장에 대해 안내하였다. 이후 참여자들에게 녹음에 대한 동의를 구한 뒤 면접을 진행하였다.

초점집단면접에서 수집된 자료는 전사한 후에 귀납적 주제분석방법을 적용하여 분석하였다. 주제분석방법(thematic analysis)은 수집된 자료를 지속적으로 비교하고 대조하는 것을 통해 반복적인 패턴을 발견하고 범주화를 통해 주제를 도출하는 분석방법이다(Braun and Clarke, 2006). 이를 위해 먼저 전사한 자료를 읽고 전체적인 스토리를 파악한 후 의미단위를 구분하고 의미단위의 개념을 코드로 생성하였다. 이 코드들을 지속적으로 비교, 대조하며 패턴을 찾아 범주화하여 범주들의 이름을 명명하고 주제를 도출하였다.

2. 조사 내용

초점집단면접은 반구조화된 질문지를 사용하여 고졸 취약 청년의 특성과 고졸 취약 청년의 노동시장 이행 과정 경험, 그리고 정책에 관한 논의로 구성하였다. 고졸 취약 청년의 특성으로는 개인적인 특성과 가정환경 특성, 원하는 취업 요건 등이 포함되었으며, 노동시장 이행 과정에서는 단계별로 나누어 살펴보았다. 정책 파트에서는 현 지원정책의 문제점 및 개선방안을 중심으로 질문하였다. 면접조사에 앞서 사전 질문지를 배포하여 성별, 연령, 학력, 직장 및 직급, 경력과 관련 자격증 등 일반적인 배경에 대한 정보를 확인하였다.

〈표 5-1〉 초점집단면접 면접 내용

	내 용
고졸 취약 청년의 특성	1) 고졸 취업희망 청년들의 특성은 무엇입니까? - 고졸 취업청년들의 실태 및 지원서비스 이용 현황 - 개인적인 특성, 가정환경에서의 특성 등 - 원하는 취업 요건(직종, 임금, 복지, 근로환경 등)
노동시장 이행 과정에서의 경험	2) 고졸 취약 청년들의 노동시장 이행 과정에서의 경험은 어떠합니까? - 취업준비, 구직활동, 취업 후 적응 단계별 3) 현 지원서비스는 무엇이고 적절하게 지원되고 있습니까? 4) 어려움을 해소하기 위해 어떠한 지원이 필요합니까?
취업 지원정책의 문제점 및 개선방안	5) 성공적인 노동시장 이행을 위해 요구되는 정책 및 서비스는 무엇입니까?

자료 : 저자 작성.

3. 초점집단면접의 참여자 특성

연구 참여에 동의한 최종 참여자는 지원기관 센터장 3명, 팀장급 실무자 5명, 취업 담당교사와 교육복지사가 각 1명이었다. 조사 참여자의 특성을 살펴보면, 성별은 여성이 7명이고 남성이 3명이었으며, 이들의 평균연령은 42.2세이고(SD=8.9) 이 중 30대가 3명, 40대가 4명, 50대가 3명이었다. 학력은 학사가 7명, 석사가 2명, 박사가 1명이었고 소지한 자격증은 사회복지사가 6명으로 가장 많았고 다음으로는 직업상담사 소지자 3명, 심리상담 관련 자격 3명, 그리고 정교사가 2명이었다. 취업 지원 관련 경력은 평균 8년 8개월이었고 길게는 22년의 경력부터 짧게는 2년까지의 경력이 포함되었다. 조사참여자의 일반적 특성은 〈표 5-2〉와 같다.

〈표 5-2〉 초점집단면접 참여자 특성

	이름	성별	연령	학력	직장	직급	경력	자격증
그룹 1	A	남	32	학사	OO특성화고	취업담당 부장	6년 10개월	중등학교 정교사
	B	여	40	석사	OO청년내일센터	팀장	18년	사회복지사
	C	여	43	학사	OO경제진흥원	팀장	2년 6개월	-
	D	여	41	학사	OO청년일자리 카페	전문 상담사	2년	직업상담사, 심리상담사 등

〈표 5-2〉의 계속

	이름	성별	연령	학력	직장	직급	경력	자격증
그룹 2	E	여	53	석사	OO특성화고	교육 복지사	16년 6개월	사회복지사, 정교사
	F	남	50	학사	OO청소년상담 복지센터/ 직업전문학교	차장	22년	상담심리사, 직업심리사 등
	G	남	32	학사	OO청년일자리 센터	선임 매니저	7년	사회복지사
	H	여	44	학사	OO청년일자리 센터	센터장	4년 1개월	사회복지사
	I	여	31	학사	OO청년내일센터	센터장	8년	사회복지사, 미술심리상담사
	J	여	56	박사	OO청년일자리 스테이션 OO	센터장	8년	사회복지사, 직업상담사 등

자료 : 저자 작성.

제3절 고졸 취약 청년의 특성과 노동시장 이행에 관한 FGI 결과

고졸 취약 청년을 대상으로 취업 관련 지원을 한 경험이 있는 현장 전문가를 대상으로 한 초점집단면접의 노동시장 이행 관련 주제 분석 결과는 다음의 〈표 5-3〉과 같이 요약될 수 있다. 상세한 설명은 도출된 각 주제별로 후술한다.

〈표 5-3〉 노동시장 이행 관련 초점집단면접 주제분석 결과

주제	범주	개념
고졸 취약 청년의 특성	개인 특성	자기인식의 부족 성공 경험의 부재
	가족 특성	경제적으로 어려운 가정형편 모델링이나 멘토가 없는 취약한 가족구조

〈표 5-3〉의 계속

주제	범주	개념
고졸 취약 청년의 노동시장 이행 과정 경험	취업 전 준비	취업에 대한 막연한 생각과 짧은 준비 기간 취업 지원 프로그램에 대한 낮은 흥미와 참여도 취업 관련 정보 부족 사회적 관계망 부족 빈약한 이력서와 자기소개서, 쓸모없는 자격증 이상과 현실의 괴리
	취업 후 적응	불안정한 고용형태 아르바이트와 비슷한 낮은 임금 단순반복 업무로 경력개발의 한계 고졸 학력과 나이에 대한 차별적 대우 접근성 낮고 열악한 근무환경 낮은 직무기초능력으로 어려운 업무 수행 쉽게 그만두는 성향과 적극적 문제해결 부족 직장 내 대인관계와 의사소통의 어려움

자료 : 저자 작성.

1. 고졸 취약 청년의 특성

고졸 취약 청년의 특성은 개인적 특성과 가족 특성으로 나누어 분석하였다. 일반적으로 청년은 다양한 특성을 가지고 있지만 고졸 취약 청년의 경우 개인적 특성에는 자기인식의 부족과 성공 경험의 부재가 공통적으로 분석되었고 가족 특성으로는 경제적으로 어려운 가정형편과 취업과 관련해 모델링이나 멘토가 없는 취약한 가족구조가 도출되었다.

가. 개인적 특성

1) 자기인식의 부족

현장 전문가들은 많은 청년들의 공통점이기도 하지만 특히 고졸 취약 청년들은 내가 무엇을 좋아하고 무엇을 하고 싶은지, 무엇을 잘 하는지 등에 대한 자기 인식이 부족하다고 하였다. 자신에 대한 인식은 진로 탐색의 출발점이자 가장 기본적인 요소로, 자신의 성격이나 흥미, 가치관, 강점 등을 이해하고 이를 바탕으로 적절한 진로를 선택할 때, 삶의 목적이나 가치에 부합한 직업을 찾을 가능성이 높아진다. 대학이나 특성화고는 이미 전공이 정해져 있지만, 일반계 고졸 청년과 학교 밖 청소년의 경우는 전공이 없고 진로 탐색의 기회도 부족해 진로 탐색을 위한 자기 인식에 더 어려움을 겪고 있었다. 자신에 대한 이해가 부족한 상황에서 청년들이 현장에서 선호하는 프로그램 중 하나가 바로 자기탐색 프로그램이다.

> "대학생들도 특성화고도 마찬가지 좀 정해진 전공들이 있는 반면에 고졸 일반계든 아니면 학교 밖 아이들이든 사실 전공이나 이런 곳에 정해져 있지 않은 선에서 내가 뭘 잘하는지, 뭘 좋아하는지, 이런 거 자체부터가 어렵기 때문에 내가 무슨 일을 할 수 있을지가 이제 고민이 되는 상황일 것 같아요." (참석자 B)

> "취약 청년분들이 자꾸 노동시장에서 떨어져 나가게 되는 이유 중 하나는 자기 탐색이 기본적으로 좀 많이 부족하신 것 같아요. (센터에서) 가장 좀 많이 희망을 하시는 게 이제 자기 탐색 … 내가 이 일을 할 때 과연 내가 잘할 수 있을지, 내가 이 일을 같이 지금 계속 진행해서 가는 게 맞는지 그리고 내가 이런 일들을 진행을 했을 때 나의 커리어는 어떻게 쌓아나가야 되는지…" (참석자 G)

2) 성공 경험의 부재

현장 전문가들은 고졸 취약 청년들의 공통적인 특성으로 성취감과 성공 경험의 부재를 지적했다. 이들은 어떤 일에서 성취감을 느껴본 경험이 부족하기 때문에 목표를 설정하고 도전하며 끈기 있게 일을 추진하기보다 조금이라도 잘못되면 쉽게 무너지고 포기하는 경향이 있다. 이러한 성취 경험의 부족은 취업 준비 과정에서도 어려움을 초래한다. 성공적인 경험은 과업을 잘 수행할 수 있다는 자신감, 즉 자아효능감에 긍정적인 영향을 미치며, 이러한 높은 자아 효능감은 성공적인 진로로 이어질 가능성을 높일 수 있다. 따라서 취약 청년들이 성취감을 경험할 수 있도록 다양한 지원과 환경을 마련하는 것이 중요하다.

> "대부분이 공부에 크게 흥미가 없고요. 사실은 학교에서나 아니면 사회적으로 지금까지 자라오면서 본인이 성공했던 경험들이 많이 없어요. 그래서 뭔가

를 크게 도전을 해보고 거기에서 내가 성취감을 이뤄냈다거나 도전을 통해서 뭔가를 이뤄냈다라는 게 있으면 학생들이 앞으로도 자신의 목표를 그리고 계속 그쪽으로 방향을 설정하고 나갈 텐데 사실 그런 부분이 조금 부족해서 금방 무너지고 포기하고 이런 게 조금 취업하는 데 조금 어려움이 되지 않나 그렇게 생각을 하고 있습니다." (참여자 A)

"이제 능력 같은 경우에는 학생들이 아무래도 취업을 하고자 희망하는 학생들은 대학을 가고자 하는 학생들보다는 그래도 성취도라든지 흥미도가 떨어지게 마련이에요. 그래서 학생들이 본인은 사실 노력을 안 했는데 좋은 곳에 취업을 하고 싶어 하고요." (참여자 D)

나. 가족 특성

고졸 취약 청년은 대체로 가정의 경제적인 어려움으로 인해 진학보다는 취업을 우선시할 수밖에 없고, 부모가 없거나 한부모, 조부모에게 돌봄을 받는 등 취약한 가족 구조에서 자라온 경우가 많았다. 이들은 취업과 관련된 롤모델이나 멘토가 부족한 열악한 환경에 놓여 있었다.

1) 경제적으로 어려운 가정형편

고졸 취약 청년은 대체로 경제적으로 어려운 가정 환경에서 자라면서 진로 선택에 있어 많은 제약을 받는다. 많은 고졸 청년들이 대학 진학 대신 취업을 선택하게 되는데, 이는 당장의 생계를 유지하기 위한 필수적인 선택이다. 한 현장 전문가는 자녀의 소득 때문에 수급 자격이 박탈되는 경우가 있어, 일부 부모는 자녀의 취업을 원치 않기도 한다고 하였다. 자녀가 독립할 수 있도록 일정 기간 자녀의 수입을 예외로 두는 등의 제도적인 보완이 필요하다고 피력하였다. 또한 가정환경 때문에 어쩔 수 없는 선택을 해야 하는 상황에서 우울감을 호소하는 청년들도 있었다.

"대부분의 특성화 고등학교에는 조금 뭐랄까 좀 집안 형편이 어려운 학생들이 사실은 조금 많이 와요. 어떻게 보면 당장 물론 대학교나 이런 것들도 그 학생들을 위해서 등록금을 제공을 한다든가 그런 게 있지만 이 학생들은 당장 지금 졸업해서 나의 생활을 이어나가는 게 굉장히 중요한 학생들이기 때문에 그런 거에 의해서 취업 쪽으로 지금 눈길을 돌리고 있는 상황이 조금씩 그게 좀 제일 큰 것 같습니다.” (참여자 A)

“부모님들하고 이야기를 해보면은 아이가 취업을 하면 이 아이의 소득으로 인해서 기초생활수급 자격이 떨어진대요. 그러면 결국 부모님 입장에서는 수입이 줄기 때문에 이 아이가 돈을 벌어온다 하더라도 크게 가게에 보탬이 되기보다는 자기 생활을 하기 때문에 결국 부모 입장에서는 수입이 줄어드는 상황이라 아이가 직장생활을 계속하는 걸 원치 않으시는 경우가 되게 많이 있었어요.” (참여자 E)

“본인들도 대학교도 가고 싶고 좋은 직장을 가고 싶은데 아이들이 경제적 형편 물론 여러 가지 사유 때문에 이제 많이 포기를 한 거죠. 근데 어쩔 수 없이 먹고는 살아야 되니까 직장을 가는데… 가정 형편이 어려워서 자기가 희망하지 않는데도 어쩔 수 없이 갈 수밖에 없다. 그래서 많이 우울해하고 심리적으로 되게 좀 안 좋죠.” (참여자 F)

2) 취업 모델링도 멘토도 없는 취약한 가족구조

어려운 가정형편과 함께 취약한 가족구조도 고졸 취약 청년들의 공통점으로 도출되었다. 많은 고졸 취약 청년들이 한부모 가정에서 자라거나 조부모에게 돌봄을 받거나, 부모가 없는 상태에서 자립을 준비 중인 청년들로 이루어져 있었다. 이러한 취약한 가족구조는 진로를 선택할 때 좋은 모델링이 될 만한 사람도, 격려하고 도움을 줄 만한 멘토도 없는 막막한 상황인 경우가 많았다. 이로 인해 고졸 취약 청년들은 진로와 취업을 선택할 때 큰 어려움을 겪으며, 막막한 상황에서 스스로 결정을 내려야 하는 경우가 많다.

“대부분이 아무래도 가족의 형태도 저희가 생각하는 그런 일반적인 가정의 형태보다는 조부모와 함께 살거나 아니면 부모님이 안 계시거나 그리고 또 아예 고아원에서 있는 그런 학생들도 있어서… 그래서 가족의 형태도 저희가 생각했을 때보다는 단촐한 그런 형태를 띠고 있는 것으로 보통 나타나고 있습니다.” (참여자 A)

“일단은 그중에서도 이제 자립 청년들도 꽤 있으세요. 그래서 어떻게 직장을

구해야 할지 되게 막막해 하셨던 그런 기억이 납니다.” (참여자 D)

“그들이 일함에 있어서 내가 어딘가에 물어볼 수 있는 곳, 의지할 수 있는 곳, 나를 지지할 수 있는 이런 사람들 꼭 한 명 정도는 주변에 있어야 되는데 그럴 만한 상황들이 사실은 안 돼요.” (참여자 J)

2. 고졸 취약 청년의 노동시장 이행과정

고졸 취약 청년의 노동시장 이행과정은 취업 전 준비와 취업 후 적응으로 나누어 분석하였다.

가. 취업 전 준비

취업 전 준비는 취업에 대한 막연한 생각과 짧은 취업 준비 과정, 취업 지원 프로그램에 대한 낮은 흥미와 참여도, 취업 관련 정보 부족, 사회적 관계망 부족, 빈약한 이력서와 자기소개서, 개수는 많지만 정작 취업에 도움이 되는 자격증은 없는 쓸모없는 자격증, 이상과 현실의 괴리가 공통적으로 분석되었다.

1) 취업에 대한 막연한 생각과 짧은 취업 준비 과정

고졸 취약 청년은 자신의 적성이나 관심사를 명확히 이해하지 못하고 진로나 직업에 대해 막연한 상태로 시간을 보내는 경우가 많다. 특히 졸업 시점에서도 방향성이 부족한 경우가 흔하다. 많은 고졸 청년들은 고등학교 1~2학년 시기에 진로 탐색이나 경험을 충분히 쌓지 못하고, 졸업 직전이나 필요에 따라 급하게 준비에 나선다. 이로 인해 차분하고 장기적인 준비 과정을 경험하기 어렵고, 체계적인 준비의 기회도 제한적이다. 결과적으로 대졸 청년에 비해 장기적이고 심도 있는 취업 준비 과정을 거칠 기회가 상대적으로 부족한 실정이다.

“진로나 적성 이런 부분들에 대해서 자기가 뭘 잘하고 이런 걸 찾지 못한 막연함이 좀 있는 것 같거든요.” (참여자 C)

"취업에 대해서 막연해 하고 자신이 취업을 할지 진학을 할지도 스스로 결정을 하지 못한 상태에서 대부분 1~2년을 그냥 시간을 죽이면서 보내는 경우가 많구요. 취업하기 직전에 뭐랄까 필요에 의해서 짧게만 좀 하는 느낌이에요. 아무래도 자기가 차근차근 뭘 좋아하고 뭘 잘하는지를 1, 2학년 때부터 경험해보고 부족한 거는 채워 넣고 하면 방향성이 생기고 목표가 생기는데…" (참여자 A)

"대부분 이제 대졸 학생들이 스무 살 때부터 대학에서 차분차분 준비를 하잖아요. 고졸 학생들은 그런 부분이 없기 때문에 아무래도." (참여자 D)

한편, 일부 청년들은 취업 준비 과정에서 소극적인 태도를 보이는 경우도 있다. 이들은 "될 대로 되라"는 식의 수동적인 자세로 임하며, 자신의 미래를 적극적으로 설계하지 못하는 모습을 보인다. 이에 대해 현장 전문가들은 이러한 태도가 전반적인 취업 준비 과정에 부정적인 영향을 미칠 수 있다고 지적한다.

"센터에 찾아오는 고졸 취약 청년은 좀 약간 될 대로 되라 약간 편하게 마음을 좀 놓고 오시는 분들이 많은 것 같아요." (참여자 G)

2) 취업 지원 프로그램에 대한 낮은 흥미와 참여도

대학 진학 대신 취업을 선택한 학생들 중 상당수는 학업에 대한 흥미와 성취도가 낮아 취업 준비에 어려움을 겪는다. 이러한 성향은 교육과 프로그램 참여 동기를 떨어뜨리고 결과적으로 자기 계발을 제한하는 결과를 초래한다.

학교와 지자체에서 다양한 취업 지원 프로그램을 제공하지만, 학생들의 낮은 관심과 소극적인 태도로 인해 참여율이 저조한 상황이다. 개인의 동기 부족과 학습 및 취업 준비에 대한 체념적인 태도는 제도적 지원과 기회를 충분히 활용하지 못하게 하며, 사회 진출을 위한 필수 직무 능력을 함양하는 데도 어려움을 초래한다.

"대부분이 공부에 크게 흥미가 없고요. 아무래도 취업을 하고자 희망하는 학생들은 대학을 가고자 하는 학생들보다 성취도라든지 흥미도가 떨어지게 마련이에요. 학생들을 취업에 성공시키기 위해 1학년 때부터 다양한 프로그램들을 학교에서 제공함에도 학생들이 당장 흥미를 별로 못 느끼기 때문에 참여도가 굉장히 많이 떨어지고…" (참여자 A)

"저희가 교육들을 진행해 보면 특성화고 아이들이 특히 좀 그런 것 같아요. 한 반에 절반 정도는 엎드려 잔다든지… 자기가 마음만 먹으면 얼마든지 열심히 취업 준비를 해서 사회에 나가서 좋은 직장을 얻고 노력을 하면서 할 수 있는 제도들은 많이 마련되어 있다고 생각하는데 아이들이 어쨌든 많이 나약하고 좀 그런 게 있지 않나 그런 생각입니다." (참여자 C)

3) 취업 관련 정보 부족

고졸 취약 청년은 SNS 등을 활용해 정보를 빠르게 찾는 능력을 가지고 있지만, 자신에게 필요한 정보를 선별하는 능력은 부족한 것으로 나타났다. 즉 단순히 정보를 소비하는 데 그치지 않고, 자신의 필요를 이해하고 주체적으로 탐색하거나 적합한 정보를 필터링하는 능력이 부족한 것으로 보인다. 한편, 이러한 문제는 취업 관련 정보가 청년들에게 효과적으로 전달되지 못하고 있음을 시사한다.

"정보에 대한 접근성이 취약 청년분들이 가장 많이 떨어진다고 많이 느꼈거든요. 아무리 요즘에 청년분들이 SNS든 뭐든 해가지고 정보를 빠르게 찾아본다고 하지만 자신이 받는 필요한 것들을 찾는 능력이 많이 떨어지는구나를 좀 많이 느꼈고요. 이제 어떤 청년분이 저희 센터를 오실 때도 "이런 센터 처음 알았어요. 이런 프로그램 있는지 처음 알았어요." 그러시더라고요." (참여자 G)

"청년들이 받을 수 있는 여러 가지 지원 혜택이나 사업들이 많은 거에 비해서 청년들이 그런 각 개별 사업들에 대한 인지도는 그렇게 높지 않은 것 같아요. 사실 관심 있는 아이들은 이런 청년 정책들에 대해서 찾아보고 하면 알 수 있는데 찾아보는 것조차도 하지 않는다는." (참여자 C)

한편, 현장 전문가들은 정보에 접근하기 어려운 구조적인 문제도 지적하고 있다. 특히, 학교라는 공식적인 정보 전달 경로에서 벗어난 학교 밖 청소년들은 정보 사각지대에 놓이게 되는 경우가 많다.

"고졸 청년들이 사실 이런 (취업관련)정보들을 찾는 것도 참 어려운 것 같아

요. 특히 학교 밖 청소년들은 사실 학교를 뛰쳐나오면서 아무런 정보가 없을 거란 말이죠." (참여자 B)

현장 경험 부족과 정보의 부족으로 인해 취업에 대한 현실적인 정보도 부족한 상황이다.

"내가 고등학교를 졸업하고 취업을 하면 월급 한 300만 원은 금방 받을 수 있겠지 쉽게 생각하는 것 같더라고요. 그런데 현장에서는 고졸 취업한 청년들한테 300만 원 주는 곳은 없거든요." (참여자 C)

4) 사회적 관계망 부족

코로나19로 인한 비대면 환경의 장기화로 청년들의 사회적 활동과 교류가 감소함에 따라 의사소통 기술과 대인관계 능력이 전반적으로 약화된 것으로 보인다. 특히 대졸 청년들은 대학 생활 중 동아리, 인턴십, 교환학생 등의 활동을 통해 다양한 사회적 네트워크를 구축하고 확장할 기회를 얻는 반면, 고졸 취약 청년들은 이러한 기회를 상대적으로 적게 경험하는 것으로 나타났다. 사회적 관계망은 일자리 탐색과 취업 성공에 중요한 역할을 하지만, 고졸 청년들을 이를 활용할 기회가 부족한 상황이다.

"코로나 이후 대인관계 능력이 많이 떨어졌다는 점을 강조하고 싶어요. 일자리에서도 보통 대인관계를 통해서 가는 학생들도 많이 있더라고요. 학생들과 상담하다 보면 이제 그런 커뮤니케이션이 전혀 이루어지지 않아서 직장을 구하는 데 도움을 받기 어렵다는 이야기를 들었습니다. 대졸 학생들은 대학에서 경험하는 다양한 활동이 있는데 고졸 학생들 경우에는 그런 부분이 없기 때문에 사회적 관계망 형성이 어렵다는 부분이 있어요." (참여자 D)

5) 빈약한 이력서와 자기소개서, 쓸모없는 자격증

빈약한 이력서와 자기소개서, 비효율적인 자격증 준비는 고졸 청년들이 취업 과정에서 직면하는 큰 문제이다. 이는 제한된 경험과 준비 과정의 비효율성에서 비롯되며 고졸 청년들의 취업 경쟁력을 크게 저하시키는 것으로 나타났다.

고졸 청년들은 대졸 청년들에 비해 인턴십 등의 직무 경험이나 특별 활동의 기회가 부족하다. 이로 인해 이력서와 자기소개서에서 내용이 빈약하고, 경험의 질적 부족이 드러난다. 실제로 직무에 도움이 될 만한 경험이 부족해 기업이 관심을 가질 만한 내용을 포함시키는 데 어려움을 겪고 있다.

"자기소개서인지 일기인지 모를 정도로 그런 필력이라든지 자신을 소개해야 되는 것도 정말 할 줄 모르고 그런 경력 칸이나 경험 칸이 정말 너무 텅 비어 있어서 이거를 소개시켜 주는 저희가 기업에 미안할 정도로…" (참여자 A)

"요즘에 기업 같은 경우에도 채용할 때 관련 업무의 인턴 경험이라든지 일 경험이라든지 이런 것들이라도 있어야 기업에서 선호를 하세요." (참여자 C)

"자소서 컨설팅을 할 경우 일단 대부분 (대졸 지원자의 경우)자기 경험에 대해서 얘기할 때 인턴십을 했다든가 해외 경험이 있다든가 이런 부분이 많은데 (고졸 취업 지원자의 경우) 그 부분에서 주어지지 않는 경우가 굉장히 좀 많이 있어요. 그래서 그런 부분을 어떤 부분으로 이제 더 들어가게 해서 직무에 맞게 쓰게 해서 이제 취업을 시켜야 될지에 대한 고민이 있습니다." (참여자 D)

이러한 경향은 일반계 고등학교 졸업생과 학교 밖 청소년들에게 특히 두드러지는 것으로 나타났다.

"이력서 같이 써주면서 느꼈던 거는 두 줄 이상 나가기가 어렵구나. 학교 졸업 그 뒤부터 경력 사항이 아무것도 없는 거에요. 대학교 다니는 아이들은 인턴 경험을 한다거나 일 경험을 해본다거가 이런 것들이 있을 수 있을 테고 학교 다니는 아이들도 실습을 나간다거나 좀 이런 경험이 있겠지만… 그렇지 않은 일반계고나 아니면 학교밖의 아이들한테는 그런 것조차 쓸 수 있는 이력서 칸에 쓸 수 있는 칸이 없더라구요." (참여자 B)

한편, 현장 전문가들은 고졸 청년들이 취득한 자격증이 구직 시장에서 경쟁력을 제공하지 못한다는 점을 지적하고 있다. 즉 장기적인 학습과 훈련이 필요한 전문 기술 자격증 준비가 부족하고, 단기간에 취득할 수 있는 자격증에 의존하는 경향이 있다는 것이다. 이로 인해 자격증의 개수는 많지만, 실질적으로 취업에 도움이 되는 자격증은 부족하다.

"취업 준비를 하려면 사실은 학력이 필요하지 않은 어떤 기술을 배우려고 하면 오랜 시간이 좀 필요해요. 자격증을 많이 따는데 단기간에 딸 수 있는 자격증은 그렇게 어떤 전문적 기술이 동반되지 않는 자격증들이거든요. 그러니까 사실 효용성이 없다는 얘기죠." (참여자 F)

6) 이상과 현실의 괴리

이상과 현실의 괴리는 고졸 청년들이 취업 과정에서 자주 겪는 문제로 자신의 기대와 실제 능력 간의 불일치, 사회적 구조의 장벽, 타인과의 비교로 인한 자존감 하락에서 비롯되는 것으로 보인다.

고졸 청년들은 자신의 능력과 준비 상태에 비해 지나치게 높은 직업적 목표를 설정하거나 이로 인해 좌절감을 느끼고 취업 자체를 포기하는 경우가 많다.

"자기 능력치는 이 바닥인데. 원하는 바는 더 높고 그러니 자기가 사회에 나왔을 때 벽에 부딪칠 거잖아요. 한두 번 그러니까 현실이랑 자기가 생각했던 이상이랑은 또 괴리가 있는 것에 대해서 좌절감을 느끼게 되면 몇 번 이제 그런 좌절감을 느끼다가 취업에 대해서 쉽게 포기하고 또 포기하고 그러니까 요즘에 취업자체를 포기하고 쉬는 청년들이 점점 많이 늘어나고 있어요." (참여자C)

한편, 고졸 청년들은 노동시장 진입 단계에서부터 높은 벽을 느끼며, 현장 전문가들은 그 원인으로 사회적 구조와 기회의 부족을 지적하고 있다. 이처럼 고졸 청년들은 취업을 준비하는 과정에서 현실의 높은 벽과 자신의 한계를 실감하게 된다.

"고졸 취약계층은 '사회 진입 단계에서부터 높은 벽이 있다'라고 생각이 들었습니다." (참여자 I)

"본인들이 중소기업까지만 희망을 하고 그 이상은 못 가지 않을까 그렇게 생각하시는 분들이 굉장히 좀 많은 것 같습니다." (참여자 G)

또한 SNS와 같은 매체를 통해 타인의 성공사례를 접하면서 자신과 비교하게 되고, 이로 인해 상대적 박탈감과 자존감 저하를 경험하기도 한다. 이러한 감정은 취업 준비와 도전 의지를 약화시키는 요인으로 작용한다.

"SNS 이런 게 워낙 발달하다 보니까 다른 사람들이랑 비교하는 사고방식이 좀 더 많아지는 것 같아요." (참여자 C)

나. 취업 후 적응

취업 후 적응으로는 불안정한 고용형태, 아르바이트와 비슷한 낮은 임금, 단순반복 업무로 인한 경력개발의 한계, 고졸 학력과 나이에 대한 차별적 대우, 접근성 낮고 열악한 근무환경, 낮은 직무기초능력으로 어려운 업무 수행, 쉽게 그만두는 회피 성향과 적극적 문제해결 부족, 직장 내 대인관계와 의사소통의 어려움이 도출되었다.

1) 불안정한 고용형태

고졸 청년들은 양질의 안정적인 일자리에 접근하기 어려운 현실에 직면해 있다. 대체로 단순 업무나 비정규직, 임시직으로 진입하며, 이러한 일자리는 고용 유지 기간이 짧고 이직률이 높다. 대졸자에 비해 경험과 기술이 부족해 취업 기회가 제한되며, 직업 전문학교에서 기술을 배워도 사회구조나 고용환경으로 인해 진입 장벽이 높다. 즉, 자격증이나 기술을 보유해도 고졸이라는 학력적 제약 때문에 취업의 기회가 줄어들며 이로 인해 많은 청년들은 낮은 진입 장벽의 업종에 진입하고 비정규직을 선택하게 된다. 또한 대졸자 중심의 채용 기준은 고졸 청년들이 스스로 한계를 설정하게 하여 취업 선택의 폭을 더욱 좁힌다.

"양질의 일자리가 부족하다는 게 문제인 것 같아요." (참여자 A)

"아이들이 취업을 나갈 수 있는 양질의 취업처가 별로 없어요. 상업계열 학생들은 금융권이나 공단, 공기업 등 안정적인 직업군을 선호하는데 실제로 특성과 고등학교 아이들이 그런 공단이나 금융권에 취업하는 건 정말 너무 어려워요. 대부분 상업과 회계과 아이들은 휴대폰 매장, 콜센터 그리고 호텔 조리과에 들어가는 아이들은 극히 일부 한 명 정도 있고요." (참여자 E)

"고졸 친구들은 사실 대졸 취업 친구들에 비하면 경험도 없을거고 어떤 기술이 있는 것도 아니고 경력이 있는 것도 아닐 거고 그러다 보니까 이제 단순 업무라든지 비정규직의 임시직 쪽으로 취업을 많이 하게 되죠. 그런 일자리로 좀 더 내몰리게 되고 그런 일자리는 이제 안정적인 일자리가 아니다 보니까 쉽게 그만두고 이직하는 그런 것도 높고요.” (참여자 C)

“고졸로 취업을 원하시는 분들은 일단 그 진입 장벽 자체가 낮다, 그냥 서비스직 이런 분들도 많았고.” (참여자 I)

한편 경제적 여건이 어려운 청년들은 장기적인 기술 교육 대신 빠르게 진입할 수 있는 낮은 임금 직종으로 유입되는 경우가 많다.

“아무리 직업전문학교에서 기술을 배웠다고 한들 괜찮은 직장을 갈 수가 없는거죠. 아이들 상담을 해보면 자기도 대학 가고 좋은 회사 가고 싶은데 그게 참 어렵다 가정 형편도 그렇고 근데 어쩔 수 없이 먹고는 살아야 되니까 직장을 가는데 그것도 이제 우리가 흔히 말하면 기피 업종, 몸으로 일을 할 수밖에 없는 그런 직종에 가고 있죠.” (참여자 F)

2) 아르바이트와 비슷한 낮은 임금

낮은 임금의 문제는 고졸 청년들이 노동시장에 진입할 때 흔히 마주하는 현실로 최저임금 수준의 급여, 업무 강도 대비 낮은 보상, 직무에 대한 낮은 만족도로 인해 취업 대신 아르바이트를 선호하는 경향을 강화하고 있다. 이로 인해 장기적으로 직업적 성장 기회와 경제적 안정성을 얻기 어려운 상황이 조성된다.

“저는 굳이 노동시장 안 가고 싶어요. 어차피 가봤자 최저 시급인데 최저 시급 받을 바에는 아예 책임을 안 져도 되고 그냥 여유 시간을 내 마음대로 활용할 수 있는 편의점 알바를 한다든가 카페 알바를 한다든가 이런 쪽이 더 편한 것 같아요. 하는 친구들이 있어요. 생활임금 수준이기도 하고 그렇게 9시간 감정노동까지 해야 되고 눈치도 봐야 되고 할 거면 차라리 편의점에서 혼자 일하는 게 청년분들한테 훨씬 편한 거죠.” (참여자 J)

한편, 기술을 익혀야 하는 직종에서는 도제 시스템을 핑계로 급여를 낮게 책정하며, 청년들이 이 분야에서 꾸준히 일하기 어렵게 만든다.

“헤어숍이나 네일숍 이런 데는 일은 힘든데 또 이렇게 무슨 도제 교육처럼 너에게 기술을 가르쳐주니 대신 급여는 되게 조금 주는 시스템이기 때문에 아이들이 이걸 유지하는 게 어려워하는 거고요.” (참여자 E)

3) 단순반복 업무로 경력개발의 한계

단순 업무의 반복은 고졸 청년들이 취업 후 겪는 문제로, 직무 다양성과 경력 개발 기회의 부족을 초래하며, 자기 성장 동기를 약화시킨다. 고졸 청년들은 복잡하거나 창의적인 업무를 맡기 어려워 주로 반복적인 업무에 배치되며. 이는 직업적 역량을 쌓기 어렵게 만든다. 결과적으로 직업 만족도가 낮아지고, 자기 효능감과 성취감이 감소하면서 성장 욕구가 좌절됨에 따라 장기적인 커리어 발전에 장애 요인이 되고 있다.

“막상 이제 자기가 원하는 자기개발을 하고 싶은데 자기가 이제 고졸인 것을 확인하면 자기에게 많은 업무를 주지 않는다. 그래서 스펙을 쌓기가 좀 어렵다. 이런 말을 많이 했어요.” (참여자 D)

“대부분의 고졸들이 취업할 수 있는 직무 자체가 단순 반복 업무가 굉장히 많아요.” (참여자 A)

“일을 할 때 자기 성장이 굉장히 중요한데 지금 우리 사회에서 가지고 있는 일자리들이 그런 것들을 충족시키지 못하기 때문에.” (참여자 I)

4) 고졸 학력과 나이에 대한 차별적 대우

고졸 청년들은 노동시장에서 종종 학벌과 나이에 따른 차별적 대우를 받으며, 이는 자존감에 부정적인 영향을 미친다. 많은 기업에서는 고졸자를 아예 채용하지 않거나, 채용된 경우에도 초기 교육을 다시 해야 하는 불만을 표출하기도 한다. 또한 고졸 청년들의 어린 나이는 직장에서 무시당하는 원인이 되며, 권위적인 조직 문화는 이러한 차별을 더욱 악화시킨다. 이로 인해 고졸 청년들은 자존감이 떨어지고, 반복적인 차별적 대우로 이직을 고려하게 된다.

“학벌 콤플렉스 이런 걸 조금 많이 느끼고 남모를 무시가 있다.. 심한 경우에는 우울증으로 가는 경우도 꽤 있었어요.” (참여자 D)

"고졸 청년분들이 노동시장에서 일을 했을 때 제일 큰 문제는 차별적 시선인 것 같습니다. 어떤 회사에서는 고졸자를 아예 안 받는 데도 있고 혹은 고졸자가 들어왔을 때 처음부터 다시 알려줘야 되는데 우리가 무슨 회사지 교육 기관이냐 이런 회사들도 있거든요. 그런 식의 차별들이 청년분들의 자존감을 떨어뜨리고 결국에 또 이직하게 되는 원인이 되는 것 같습니다." (참여자 G)

"정말 그냥 설거지 시키거나 아니면 쓰레기 버리고 오기 이런 게 조금 매번 많았어요." (참여자 A)

"나이에 의한 무시가 많은 것 같아요. 아무래도 어리다 보니까 '니가 뭘 알아?' 그런 식으로 직장에서 하는 경우가 많다고 하더라구요. 한국은 아직은 경력 이런 거보다는 아무래도 나이에 의해서 이런 누르는 게 조금 많다 보니까 나이에 대한 무시가 조금 많은 것 같고." (참여자 A)

5) 접근성 낮고 열악한 근무환경

고졸 청년들은 졸업 후 주로 중소기업이나 소기업에 취업하며, 이들 기업은 종종 교통이 불편한 산업단지에 위치해 있어, 자차가 없는 청년들에게는 출퇴근이 큰 어려움이 된다. 또한 청년들이 노동시장에 진입하려면 교통 문제뿐만 아니라 월세, 보증금 등의 생활비 부담을 해결 할 수 있는 방법이 부족해 경제적 어려움을 겪고 있다.

"고등학교 졸업한 친구들이 가장 많이 가는 곳이 중소기업 아니면 소기업이에요. 소기업 같은 경우는 거의 산업단지 안에 있는데 그 단지 안에 교통이 그닥 좋은 곳들이 거의 없는 것 같아요. 그러다 보니까 자차가 있는 친구들이나 취업을 한다거나 이런 부분들이 있죠." (참여자 J)

"청년들이 어쨌든 노동시장에 진입을 한다면 집에서 가까운 데만 갈 수는 없잖아요. 먼 데도 갈 수 있고 그렇다고 한다면 가장 안타까운 건 그 한 달 월급이 나와야 월세를 낼 거 아니에요. 원룸에 산다면 보증금 500에 30이든 40이든 그거를 막아낼 수 있는 어떤 게 있다면 참 좋을 것 같아요." (참여자 F)

6) 낮은 직무기초능력으로 어려운 업무 수행

고졸 청년들은 대졸 청년들에 비해 기본적인 업무 스킬, 즉 컴퓨터 사용,

보고서 작성, 비즈니스 매너 등을 배우지 못한 채 직장에 진입하는 경우가 많다. 이러한 스킬 부족은 직무 수행에 어려움을 주며, 실무 능력 향상에 어려움을 겪게 만든다. 또한, 특성화 고등학교를 졸업한 경우 학습 능력이 떨어져 직장에서 요구하는 업무를 제대로 수행하지 못하는 경우가 많다. 이로 인해 직장에서의 심리적 위축과 이직을 초래하기도 한다.

"업무 스킬인데요. 기본적인 배움이나 컴퓨터나 어쨌든 이런 것들을 배우고 들어가는 대졸 청년들에 반해 약간 고졸은 이런 컴퓨터 업무 스킬에 대해 배우지 못하고 들어갔기 때문에 계획서 쓰는 것들 보고서 쓰는 것들 이런 자료 작성하는 거가 진짜 어려울 것 같아요." (참여자 B)

"특성화 고등학교 아이들의 특성상 학습능력이 좀 떨어지기 때문에 일반 취업을 나가도 그 직장에서 원하는 업무 수행을 제대로 하지 못하기 때문에 그걸 견디지 못해서 그만두는 경우도 되게 많더라구요." (참여자 E)

"일을 하면서 필요한 스킬들을 충분히 배우지 못하고 일자리로 내던져지다 보니까 일을 하면서 심리적인 위축이 굉장히 강하고. 진짜 전화받는 방법, 메일 쓰는 방법, 명함을 주고받는 방법 그런 우리가 말하는 일반적인 비즈니스 매너 같은 것들을 가르쳐주는 게 되게 필요하다라고 생각이 들고…" (참여자 I)

7) 쉽게 그만두는 성향, 적극적 문제해결 부족

고졸 청년들은 직장에서 작은 갈등이나 부정적인 피드백에 대해 쉽게 상처를 받거나 그만두는 경향이 있다. 문제가 발생했을 때 많은 고졸 청년들은 적극적으로 문제를 해결하기보다는 회피하거나 도망치는 태도를 보인다. 많은 고졸 청년들은 학교나 가정에서 보호받는 환경에서 성장하면서, 끈기 있게 문제를 해결하는 능력이나 자기 주도적인 태도를 발전시키는 데 어려움을 겪는다.

"누군가가 당연히 업무상으로 조금 뭐라고 한 부분에 대해서도 크게 상처를 받거나 '나는 여기서 못 하겠어' 라고 금방 그만두는 경우가 굉장히 많이 있습니다. 요즘 학생들 같은 경우에는 아무래도 학교나 가정 속에서 너무 보호를 받는 상황이다 보니까 뭔가 끈기 있게 해나가는 게 조금 어렵지 않나 싶어요." (참여자 A)

"이제 문제가 생겼을 때 그 문제 해결을 어떻게 할 거냐라는 건데 고등학교 졸업하고 바로 갔을 때 약간 아이가 해결하기보다는 부모가 대신 해결하는 모습도 있었고 문제 해결을 하기보다는 그냥 회피해버리고 도망 나오는 상황들도 있어서 제가 직접 그 회사에 찾아가서 그 아이를 다시 일할 수 있게 좀 설득하는 과정이 있었어요." (참여자 B)

8) 직장 내 대인관계와 의사소통의 어려움

고졸 청년들은 직장에서 의사소통과 사회적 상황에 적응하는 데 어려움을 겪는다. 이들은 자신의 상황을 적절히 전달하거나, 직장 내 커뮤니케이션에 필요한 기본적인 생활 스킬이 부족해 문제를 해결하는 데 어려움을 겪는다. 예를 들어, 일상적인 업무 외에도 업무를 처리하는 방식이나 직장 내 예절 등에서 어려움을 겪는다. 이로 인해 직장 내 관계 형성에 어려움이 생기고, 의사소통이 원활하지 않아 업무 수행에 차질을 빚을 수 있다.

"사회 적응력 부족이 어려운 것 같습니다." (참여자 G)

"예를 들면 몸이 좀 아팠을 때 상사에게 어떻게 얘기를 해야 하고 내가 뭔가 부재하는 상황에 대해서 어떻게 처리를 해나가야 하고 이런 커뮤니케이션적인 부분이나 아니면 생활 스킬이라고 해야 될까요? 어딘가에 구멍이 굉장히 많이 뚫려있는 것 같다 이런 얘기를 많이 하시더라구요. 아 … 이런 것까지 알려줘야 되나…" (참여자 H)

"나의 의사 전달 그리고 그들이 말하는 걸 알아듣고 소통하는 거 이런 부분들이 굉장히 안 되고…" (참여자 J)

제4절 정책적 애로사항에 관한 FGI 결과

다음으로 현장 전문가의 경험으로 볼 때 체감하는 현재 정책의 한계점과 필요한 정책 지원 내용에 대해 집중적으로 논의한 결과를 세부 주제별로 요약하고자 한다. 정책 논의를 통해 파악한 주제분석 결과는 〈표 5-4〉와 같다.

〈표 5-4〉 정책 현황과 개선방향 관련 초점집단면접 주제분석 결과

주제	범주	개념
성공적인 노동시장 이행을 위한 정책	지원 서비스 차원	개별 맞춤형 단계별 서비스 지원 강화
		취업과 일상생활을 포괄하는 통합적인 접근 필요
		고용유지를 위한 지속적인 지원
		효과적인 지원서비스 확대 및 매뉴얼화
		청년 감수성 반영한 일자리 정책 및 서비스 개발
	지원 체계 차원	전문적 역량을 갖춘 인력 배치
		컨트롤 타워 구축 및 원스톱 서비스 강화
		통합적인 지원을 위한 유관기관 간 협력체계 구축
		생애주기별 노동시장 이행을 위한 지속적인 지원 필요
		취업 관련 정보와 지원센터에 대한 적극적인 홍보
		고졸 청년을 위한 양질의 일자리 확보
		고졸 취업 청년에 대한 사회적 인식 변화

자료 : 저자 작성.

고졸 취약 청년의 성공적인 노동시장 이행을 위한 정책 현황과 정책 개선 방향에 대해서는 현재의 정책 지원서비스 차원과 지원체계 차원으로 구분하여 분석하였다.

1. 지원서비스 차원

현장 전문가의 성공적인 노동시장 이행을 위한 제언 중 지원서비스 차원에서는 개별 맞춤형 단계별 서비스 지원 강화, 취업과 일상생활을 포괄하는 통합적인 접근, 고용유지를 위한 지속적인 지원, 효과적인 지원서비스 확대 및 매뉴얼화, 청년감수성을 반영한 일자리 정책 및 서비스 개발이 도출되었다.

가. 개별 맞춤형 단계별 서비스 지원 강화

현장 전문가들은 취약한 상황에 놓여 있는 고졸 청년들에게 각각의 상황에 맞는 개별 맞춤형 단계별 서비스의 지원이 강화되어야 한다고 하였다. 현장

경험으로 보았을 때 일괄적인 지원보다는 일대일이나 세분화된 그룹을 대상으로 각 청년의 욕구와 상황에 맞춰 단계별로 세심하게 서비스를 지원하였을 때 가장 효과가 있었고 청년들의 만족도도 가장 높았다고 하였다. 개별 맞춤형 단계별 서비스는 지원기관의 입장에서는 전문인력 확보의 어려움이 있지만 개별 맞춤형으로 서비스를 제공할 경우 불필요한 서비스를 생략하고 자원을 효율적으로 사용할 수 있어 시간과 비용을 절약할 수 있다는 장점 또한 있다. 따라서 취업 지원서비스의 효과를 극대화하기 위해서는 개별 취약 청년의 맞춤형 단계별 서비스 지원이 강화되어야 한다는 함의를 도출하였다.

"일단 저는 이제 맞춤형 서비스가 좀 필요하다고 생각해요. 왜냐면 청년들이 원하고 또 각기 다른 성향이 있는데 그거를 전체적으로 포괄해 주는 것보다 좀 이렇게 개별 맞춤 서비스로 진행하는 게 좋긴 하거든요. 그래서 그런 서비스를 좀 더 특화시키는 게 더 좋지 않을까라는 저 나름의 생각을 가지고 있습니다." (참여자 D)

"저희 센터에서는… 파트를 나누어서 교육을 좀 세분화해서 진행을 하거든요. 그렇게 했을 때 청년분들의 만족도가 굉장히 높습니다. 나한테 맞춤형이라는 얘기를 되게 많이 하세요. 저는 결국에는 이 모든 질문의 답은 교육인 것 같아요. 그래서 그 교육이 진짜 세심하게 좀 분야별로 잘 나눠져 있어야 이런 구직을 단념하지 않고 취업 시장에서 벽을 느끼지 않지 않을까라고 생각이 들었었습니다." (참여자 I)

"저희도 센터 내에서 1대 1 취업 상담을 진행을 하고 있어요. 개별 상담사들이랑 이제 한 5회 정도까지 이렇게 만나면서 세밀하게 그 친구들에 대한 상담을 진행하다 보면 개인적인 얘기부터 시작해 고민 이런 얘기까지 다 상세하게 하게 되거든요. 진짜 자기가 원하는 것들에 대한 이제 고민 해소를 하면서 전문가의 자문도 받아서 어떻게 이 진로를 설정하는 방법들을 차근차근 이렇게 해주는 게 정말 도움이 많이 되는 것 같더라고요." (참여자 C)

나. 취업과 일상생활을 포괄하는 통합적인 접근 필요

고졸 취약 청년에게는 취업 지원뿐만 아니라 일상생활 전반에 걸친 통합적인 지원이 필요하다. 이들은 취업과 관련된 어려움 외에도 가족 관계, 경제적 문제 등 다양하고 복합적인 문제를 겪고 있기 때문에 단순히 일자리 지원만으로는 한계가 있다. 또한 가정형편으로 원치 않은 취업을 선택한 경우 우울감이 높다고 보고한 것과 관련해 한 전문가는 취업 지원과 함께 심리상담과 같은 정신적 지원 서비스의 필요성을 강조하였다. 이처럼 고졸 취약 청년을 위한 통합적인 접근은 그들의 전반적인 삶의 질을 향상시키는 데도 도움이 될 것으로 보인다.

"취약 청년분들 같은 경우에는 그냥 일자리 하나 문제뿐만 아니라 굉장히 다 복합적인 삶의 어떤 어려움 속에 처해 계신 분들이 대부분이었고 취업이라는 한 가지 과제가 해결된다 하더라도 누적된 어떤 가족 관계 이슈라든지 또 이렇게 여러 번의 어떤 실패 경험으로 인해서 금융 쪽에 이제 여러 가지 어려움을 겪고 계신 경우도 많이 있었고…" (참여자 H)

"고졸 취약 청년분들이 약간 심리적인 상담 그런 것도 같이 필요해서 들어가야 되지 않을까 그런 것들도 같이 챙겨줘야 되지 않을까 하는 생각을 하게 되었습니다." (참여자 G)

다. 고용유지를 위한 지속적인 지원

앞서 살펴보았듯이 취약 청년은 경제적, 사회적 여건이 불리하여 안정적으로 직업을 유지하기가 어렵다. 몇몇 지원센터에서는 취약 청년을 포함해 취업 청년에게 사후관리를 실시하고 있었다. 한 현장 전문가는 지속적인 지원의 필요성을 역설하며 네트워크를 형성하거나 직무적으로도 도움을 주어서 고용을 유지하고 성장해 나갈 수 있도록 지원해야 한다고 하였다. 또한 고졸 취업 청년은 생계 문제로 원하는 취업이나 대학을 포기하는 경우가 많아 취업 후라도 전문성 향상이나 경력개발을 위해 일과 학습을 같이 할 수 지원이나 일-대학 병행 지원이 필요하다고 하였다. 고용유지를 위한 지속적인 지원은 취약 청년 개인적으로도 안정적인 고용을 도모할 수 있고 사회적으로는 실업으로 인한 사회적 비용을 줄이고 생산성을 높이는 데 기여하여 사회 전반의 지속가능한 발전을 위한 투자라고 볼 수 있어 고용유지를 위한 지속적인 지원의 중요성은 높다.

"이들은 커뮤니케이션을 못한다. 그러기 위해서는 다양한 네트워킹을 형성해줘야 되고 공유 활동을 할 수 있는 장을 만들어줘야 되고요. 또한 직무적으로는 그들을 백업해 줄 수 있는 멘토들을 해줘야 되는데 이것 또한 그걸 잘 이용한 청년들은 잘 성장해 나가고 있고 그걸 이용하지 못한 친구들은 도태되어서 그냥 떨어져 나간다는 거죠." (참여자 J)

"저희는 프로그램 종료 후에 한 3개월간 사후관리가 필수로 들어가 있어서 프로그램 종료 후에 어떻게 지내는지 취업은 했는지 그런 사후관리를 계속 진행을 하고 있고요. 그 외에 심리상담은 계속 원하면 계속 저희는 무기까지는 진행을 하고 있습니다." (참석자 B)

"이제 프로그램 종료한 후에 그분들께서 원하시면 사후관리를 진행하는 걸로 저희도 그렇게 진행이 되고 있습니다. 특별하게 이제 그 사후관리 프로그램이 있지는 않아요. 그리고 그 프로그램 신청을 해서 이제 그거에 대한 대응으로 처리를 하는 그런 방식으로 진행이 되고 있습니다." (참여자 D)

"대부분 이제 대학을 원하지 않더라도 일을 하면서도 대학을 가고 싶어 하는 청년들도 꽤 많이 있었거든요. 그래서 기존에 대학을 졸업하신 분보다 또 대학 등록금을 조금 더 완화시켜준다든가 이런 쪽으로 더 진행을 하면 어떨까 이런 생각도 좀 해보았습니다." (참여자 A)

라. 효과적인 지원서비스 확대 및 매뉴얼화

현장 전문가들은 멘토링과 중소·중견기업 탐방 프로그램을 효과적인 지원서비스로 지목하였다. 멘토링 프로그램의 경우 기업의 인사담당자를 모시기도 하지만 지원센터를 통해 취업에 성공한 청년이 직접 와서 자신의 노하우를 설명하는 프로그램을 운영하기도 하였다. 멘토링 프로그램에서는 면접 옷차림 등 사소한 질문에서부터 면접 준비와 취업과정에 대한 실질적인 도움을 제공했다. 이 프로그램은 청년들에게 유익한 정보를 전달하며 큰 호응을 얻었다. 또한 중소·중견기업 탐방 프로그램은 대기업 중심의 고정관념을 깨고, 지방에서 중소기업에 대한 부정적인 인식을 개선하는 데 효과적이었다.

이와 같은 지원서비스를 더 효과적으로 운영하기 위해, 현장 전문가들은 프로그램의 운영 매뉴얼화가 필요하다고 주장하였다. 운영 매뉴얼을 보급함으로써 전국적으로 일관성 있는 질 높은 서비스를 제공할 수 있으며, 또한 지원 서비스의 품질을 체계적으로 관리하고 지속적으로 개선할 수 있기 때문에 매뉴얼화가 요구된다.

“이런 일들을 진행을 했을 때 나의 커리어는 어떻게 쌓아나가야 되는지 그리고 그래서 이제 멘토분들을 만나기를 굉장히 많이 희망을 하시기도 하시고 집단 워크숍이라든가 그런 것들을 통해가지고 나의 커리어 로드맵을 어떻게 쌓아나갈지 아니면 내 탐색을 어떻게 해야 되는지 그런 것들을 좀 많이 궁금해 하시더라고요.” (참여자 G)

“아이들을 직접 기업 탐방으로 데려가는 경우가 많거든요. 그럼 그렇게 했을 때 아이들한테 직접 그런 기업들을 찾아가서 현장도 보여주고 인사 담당자들을 직접 만나서 우리 기업에서는 어떤 일을 하고 우리 회사는 어떤 미래 전망이 있고 이런 것들을 이제 얘기를 듣다 보면 정말 이런 OO에도 좋은 기업이 있구나라고 아이들이 인식 전환을 하는 사례들이 많이 있는 것 같거든요. 그래서 저는 봤을 때 기업 탐방 사업도 청년들한테 정말 좀 효과가 있는 사업이라고 사실 생각이 되고요.” (참여자 C)

“프로그램들을 공통적으로 좀 매뉴얼화되어 있는 프로그램들이 전국 단위로 퍼져서 그런 효과적인 프로그램들이 모든 국민한테 공통적으로 갈 수 있게 좀 해야 되지 않을까라는… 또 사업에 대해서 좀 단계별로 있으면 좋을 것 같은데요.” (참여자 B)

마. 청년 감수성을 반영한 일자리 정책 및 서비스 개발

현장 전문가들은 청년들의 다양성을 언급하며 청년 감수성을 반영한 일자리 정책 및 서비스 개발이 시급하다고 하였다. 청년 감수성은 청년기에 두드러지는 정서적, 사회적 민감성으로, 현장 전문가는 프로그램에 주도적으로 참여하고 자율성을 존중받으며, 트렌드를 반영한 질 높은 프로그램이나 정책이라고 표현하였다. 특히 취약계층 청년의 경우 낙인감을 유발하지 않고 고졸 취약 청년 개별 사례에 대한 특수성이 충분히 반영되어야 한다. 정책의 효과를 좀 더 높이기 위해서는 일괄적인 취업 지원서비스가 아닌 청년 세대에 대한 이해와 취약 청년에 대한 전문성을 갖추고 청년의 감수성을 반영한 정책 및 서비스가 요구된다.

> “청년들이 좀 다양한 특성을 가지고 있다 보니까 어떤 하나의 틀에 맞춰서 이런 교육을 시키고 이런 거는 좀 요즘 청년들한테 안 맞는 것 같고…” (참여자 C)

> “똑같은 프로그램을 운영을 하더라도 이 프로그램은 또는 이 강사는 청년 감수성이 좀 있으신 것 같아 많은 피드백이 나올 때, 그 청년 감수성이 무엇인가를 정책에서도 좀 발견하고 찾아볼 수 있으면 좋겠다. 청년분들이 당사자로서의 자기 결정 주도, 이런 걸 존중받는 느낌이라든지, 어느 정도의 트렌드 프로그램이나 사업이나 정책의 퀄리티도 너무 중요한 것 같아요. 청년들은 무료나 정책으로 지원받는 사업이라고 해서 이렇게 기대하는 수준이 낮지 않더라고요. 청년분들이 그렇기도 하고 청년을 바라보는 관점, 이런 것들 청년 감수성을 같이 좀 탑재해야 하지 않을까라는 생각을 많이 하고 있습니다.” (참여자 H)

2. 지원체계 차원

현장 전문가의 성공적인 노동시장 이행을 위한 제언 중 지원체계 차원에서는 전문적 역량을 갖춘 인력의 배치, 컨트롤 타워 역할 구축 및 원스톱 서비스 강화, 통합적인 접근을 위한 유관기관 간 협력체계 구축, 생애주기별 노동시장 이행을 위한 지속적인 지원, 취업 관련 정보와 지원센터에 대한 적극적인 홍보, 고졸 청년을 위한 양질의 일자리 확보, 그리고 고졸 취업청년에 대한 사회적 인식 변화가 도출되었다.

가. 전문적 역량을 갖춘 인력 배치

현장 전문가들은 청년의 다양성뿐만 아니라 고졸 취약 청년의 복합적인 어려움을 고려한다면 전문적인 역량을 갖춘 인력의 배치가 요구된다고 하였다. 취약 청년에게 안정적으로 양질의 서비스를 제공하기 위해서는 전문 인력이 필수적이라 할 수 있다. 이와 더불어 안정적인 예산 확보와 잘 갖추어진 시설 환경도 필요하다고 하였다. 한 전문가는 현장에서 경계성 지능을 가진 청년들을 많이 만난다며, 이들에 대한 취업지원의 어려움을 호소하기도 하였다. 현재 서울시에만 지원센터가 있는 상황에서 청년 관련 일자리 지원센터에서 경계성 지능 청년들을 대상에 포함할지에 대한 논란의 여지는 있지만 이는 전문성 향상을 위한 교육과 인력 확보의 필요성을 시사한다고 할 수 있다.

“진짜 한두 명 갖고 일할 수 있는 상황이 아닌데 무조건 사업비만 내려놓고 하라는 취지인 것 같은데 제대로 좀 세팅을… 사실 좀 이상적인 이야기긴 하지만 제대로 세팅을 해놓고 전문가들을 좀 배치를 해놓고 상담 분야든 사후관리 분야든 프로그램 분야든 좀 전문가들을 배치해놓고… 또 이 전문가들을 양성할 수 있는 방법들도 좀 고민을 해야 될 것 같고.” (참여자B)

“저희 청년분들 같은 경우에는… 이제 여러 가지 어려움을 겪고 계신 경우도 많이 있었고 그래서 결국에 이게 좀 삶을 좀 통합적으로 좀 가까이서 보고 이해할 수 있는 역량을 갖춘 전문가가 필요한 것이 아닌가 이런 생각을 하기도 했었고…” (참여자 H)

“기관의 도움을, 정책 도움을 받고 싶어 하는 니즈가 취약할수록 더 필요하시겠지만 그래서 기관을 찾아오시게 되는 사례가 많이 있지 않나 하는 생각이 들고 실제로 취업 상담 같은 거 진행했을 때 저희는 경계선 청년분들도 많이 뵙게 되거든요. 그래서 그럴 경우에는 사실 저희가 어떻게 접근하고 이 문제를 취업이라는 이슈에 있어서 해결해야 될지는 아직 저희도 좀 고민 상황입니다.” (참여자 D)

나. 컨트롤 타워 구축 및 원스톱 서비스 제공

현장 전문가들은 효과적인 서비스 지원을 위해 컨트롤 타워 역할을 하는 기관의 필요성과 함께 원스톱으로 서비스가 제공되어야 한다고 하였다. 지역마다 일자리와 관련된 지원센터와 전문기관이 분산되어 있어 취약 청년들은 서비스 정보를 얻거나 제공 과정에서 중복되거나 누락되는 문제점이 발생할 수 있다. 따라서 원스톱으로 서비스를 제공할 수 있도록 체계적으로 정리하고 조정하는 컨트롤 타워의 역할이 필요하다고 지적하였다. 컨트롤 타워의 구축은 지원서비스를 안정적이고 일관되며 전문적으로 제공하는 데 기여할 것으로 보인다. 취약 청년의 입장에서도 다양한 지원서비스를 원스톱으로 받기 때문에 청년의 욕구와 상황에 맞는 더욱 전문적인 지원서비스를 받을 수 있다.

> "저는 각 지역마다 일자리 지원센터가 있고 일자리에 관련된 전문 기관이 있기 때문에 그런 기관 안에서 좀 뭔가 중앙 역할을 하시면서 이렇게 좀 그 전 세대를 아우를 수 있는 중앙 역할을 할 수 있는 기관이 별도로 존재해야 되지 않을까… 일자리에 관련된 정책들 다 산재되어 있는 상황들이어서 뭔가 항상 다양한 기관에서 동일하게 나올 것 같은데 원스톱으로 어쨌든 이 모든 거를 컨트롤할 수 있는 컨트롤 타워 역할이 있어야 되지 않을까" (참여자 B)

> "일자리 상담 이런 부분들을 굉장히 다양하게 구성되어 있어요. 근데 각각 수행 기관이 다르다 보니까 하나 찾아서 어디로 가세요, 어디로 가세요, 어디어디로 가세요, 너무 멀리 떨어져 있다는 거죠… 가장 중요한 건 청년들이 각각의 필요한 정책들을 원스톱으로 진행할 수 있는 이런 시스템 자체가 없다는 거예요. 또 이런 정책 연계가 안 되고 있는 것 같아요. 그래서 상담이든 일자리든 이러한 정책을 한눈에 볼 수 있도록 쉽게 청년들이 접근해서 다가올 수 있는 무언가가 필요하다는 거죠." (참여자 J)

> "이제 취업을 위한 게 각 구마다 아니면 시마다 이렇게 다 지원이 되어 있지만 아까 말씀드렸다시피 일원화가 안 되어 있어가지고 그런 게 조금 정보를 찾거나 하는 데 조금 어렵지 않을까 생각해요." (참여자 A)

다. 통합적인 접근을 위한 유관기관 간 협력체계 구축

앞서 현장 전문가들은 고졸 취약 청년의 경우 취업의 어려움도 있지만 가족이나 금융, 심리·정서적인 문제 등 복합적인 문제를 가지고 있기 때문에 통합적인 접근이 필요하다고 하였다. 한 현장 전문가는 심리적인 문제가 해결이 되지 않으면 취업 지원을 진행하기 어렵기 때문에 이에 대한 개입이 선행되어야 하지만 취업 지원기관에서 우울, 불안 등에 대한 개입의 어려움을 호소하기도 하였다. 취업 지원기관에서 취업 외에 전문적인 서비스를 제공하기에는 한계가 있기 때문에 통합적인 접근을 하기 위해서는 관련 전문가까지 연계될 수 있도록 유관기관 간 협력 네트워크를 구축이 요구된다. 유관기관에는 정신건강, 일상돌봄, 가족상담, 금융 복지 상담 등이 포함되어야 할 것이다.

"사실 하나의 취업이든 금융이든 이런 하나의 통로를 통해서 오지만 사실은 다루게 되는 문제는 복합적일 때가 훨씬 많았어서 함께 다루니까 그게 기관끼리 연결 연계해서 함께 다루거나 아니면 하나의 정책 안에서 이렇게 다루거나… 복합적으로 취약 청년의 케이스는 다루는 것이 필요하지 않을까" (참여자 H)

"우리는 단순 서비스에서 끝나고 그냥 각각 기관들이랑 연계가 되지 않으니까 사실 힘든 거죠… 근데 이게 결국에는 지금 저희 같은 센터에서 얼마나 많은 네트워킹을 가지고 있느냐, 얼마나 많은 생태계를 가지고 있느냐라는 개인의 책임이 되는 건데… 그래서 좀 특화된 고립 청년센터가 나온다든지 이렇게 일자리만 담당하고 있는 센터가 나온다든지 하는 게 저는 맞다고 생각하는데 그렇게 센터들이 나오고 이 연계가 잘 돼야 되는 게 되게 중요하다라고도 생각이 들었습니다." (참여자 I)

라. 생애주기별 노동시장 이행을 위한 지속적인 지원

현장 전문가들은 생애주기별 노동시장 이행을 위한 지속적인 지원의 필요성에는 공감하지만 현재 지원센터의 여건으로는 지원의 어려움을 호소하였다. 생애주기별로 지속적인 지원이 이루어지려면 관련 시스템 구축 등 제반 여건이 갖춰져야 함을 지적하기도 하였다. 생애주기별로 노동시장에 원활하게 이행하기 위한 지속적인 지원은 경제적 효율성뿐만 아니라 사회적 안정성을 위해 필요하다고 할 수 있다. 인적 · 환경적으로 어려움을 겪고 있는 고졸 취약 청년의 상황에 맞는 맞춤형 지원은 변화하는 노동시장 환경에 적응할 수 있는 중요한 자원 중 하나이고 변화하는 환경에 맞춰 생애주기마다 적합한 지원을 제공하는 것은 중요하다고 할 수 있다.

"최근에 이제 생애 설계에 관련된 수업을 좀 많이 들으면서 청년들에게도 그런 과정이 좀 필요하다는 생각이 저도 좀 하게 되긴 했어요. 청년들에게 더 생애 설계 부분이 좀 필요하다고 느낀 거는 일단은 미래를 이제 자기가 주어지는 나이 또래에만 좀 생각을 한다는 거 그게 좀 커서 이제 요즘은 이제 100세 시대가 넘고 막 이렇기 때문에 좀 이렇게 단계별로 생각을 좀 더 크게 볼 수 있는 그런 작업을 하면 좋지 않을까 그런 생각이 좀 들긴 했습니다." (참여자 D)

"생애주기별 노동시장 이행을 위한 지원이 필요하다고 생각을 합니다… 퇴직하고 나서 나는 사업을 해야 되나 뭔 사업을 해야 되지라는 고민도 많이 하실 거예요. 근데 본인이 그동안 참여했던 해왔던 것에 대한 확산된 영역이, 확산된 부분에 대해서 사업을 한다거나 아니면 진로를 대비해서 직업을 찾을 수 있다는 거죠. 그게 항상 보면은 나 그만뒀으니까 새롭게 진행한다 이런 게 아니라 그들을 위한 상담을 지원해주는 부분에서 어떤 거 하셨어요라는 그 커리어 안에서 그럼 이와 관련된 어떤 일이 있어요라고 이런 것까지 같이 진행을 해주는 게 저는 가장 중요하다고 생각해요." (참여자 J)

마. 취업 관련 정보와 지원센터에 대한 적극적인 홍보

현장 전문가들은 취업 관련 정보와 지원센터의 낮은 접근성을 지적하며 적극적인 홍보가 필요하다고 하였다. 현장 전문가는 취약 청년의 특성상 정보 접근성이 낮기 때문에 일반 청년에 비해 정부 정책의 혜택을 충분히 누리지 못하는 경우가 많다고 하였다. 또 다른 전문가는 고졸 취약 청년 중에서도 사각지대가 존재함을 이야기하며 대안학교나 학교를 다니지 않는 학교 밖 청소년들의 경우 더욱 정부 정책에 대한 정보를 접할 기회나 경로가 부족한 열악한 상황을 토로하기도 하였다. 현장 전문가들은 청년 대상 정책 정보 포털이나 SNS, 유튜브, 쇼츠 등 청년 대상 효과적인 홍보 방법에 대한 정보를 교환하기도 하였다. 수요자인 청년의 입장에서 정책의 실질적인 접근성을 제고할 필요가 있다.

"이제 청년분들이 취약 청년이다 보니까 아무래도 정부 사업들이나 그런 것에 대해 접하는 그런 것들이 많이 적기 때문에 자신들이 받을 수 있는 이득 혜택 그런 것들도 훨씬 좀 적게 받아가는 경우가 생기는 것 같고요… 청년분들이 이 정보에 대한 접근성이 많이 떨어지는구나." (참여자 G)

"고졸 청년들이 사실 이런 정보들을 찾는 것도 참 어려운 것 같고요. 또 저는 학교 밖 청소년들을 지원한 경험이 있는데 이 청소년들을 보면서 사실은 학교 다니는 아이들은 학교 안에서의 뭔가 정보력도 있고 아까 전공이나 이런 것들을 배워가면서 취업 준비를 할 수 있는 상황 아니면 대학 준비를 할 수 있는 상황이지만 학교 밖 청소년들은 사실은 학교를 뛰쳐나오면서 아무런 정보가 없을 거란 말이죠." (참여자 B)

"OO시도 정말 엄청난 청년정책 사업들을 펼치고 있는데 그거에 대해서 청년들한테 조사를 했을 때 그 인지도가 한 30%밖에 안 되거든요. 근데 이게 사실 관심 있는 아이들은 이런 청년 정책들에 대해서 찾아보고 하면 알 수 있는데 찾아보는 것조차도 하지 않는다는…" (참여자 C)

바. 고졸 청년을 위한 양질의 일자리 확보

앞서 고졸 취약 청년들은 취업 후 불안정한 고용형태와 낮은 임금, 단순반복 업무로 어려움을 겪고 있는 것으로 나타났다. 현장 전문가들은 고졸 청년을 위한 양질의 일자리 확보가 무엇보다도 중요하다고 하였다. 특성화고 졸업 후 취업유지율이 낮은 주요 원인 중 하나가 낮은 처우라고 하였으며, 전문적인 기술이 있다고 하더라고 고졸이라는 학력의 한계로 양질의 일자리를 얻기가 어렵다고 하였다. 또한 지역적 격차가 크므로 지역적 특성에 따라 고졸 청년을 위한 양질의 일자리 확보를 위한 방안이 마련되어야 한다. 한 현장 전문가는 학교나 담당교사의 개인적 역량이 아닌 정부나 교육청 차원의 양질의 일자리 발굴과 공유를 요청하기도 하였다.

"취업한 아이들이 현재도 계속 취업을 유지하고 있는지를 물어봤는데 거의 취업을 유지하고 있는 친구가 많지 않다고 들었고요. 그 이유를 물어보니까 특성화 고등학교를 졸업을 하고 취업을 했는데 현장에서 이 아이들이 받는

처우라든가 상황이 좋지 않은 것 같아요." (참여자 E)

"특히 우리나라 같은 경우는 아무리 자격증이 있고 어떤 전문적인 기술이 있다고 해도 고졸이 쉽게 갈 수 있는 환경이 아니다 보니까 아이들의 좌절 그런 것들이 많이 있는 것 같습니다." (참여자 F)

"직무별로 양질의 일자리가 너무 다르다라는 게 이제 확연히 좀 느껴져요. 사실 이제 보통 상업계 학교나 공업계열 같은 경우에는 고졸들이 지원할 수 있는 공무원 자리가 정말 너무 많거든요. 저희 학교 기준으로 보면은 저희 학교 학생들이 공무원으로 갈 수 있는 자리가 없어요. 그래서 이제 직무별로 차이가 조금 있는 것 같다. 양질의 일자리가 부족하다는 게 개인적으로는 아쉬운 부분이라고 생각을 하고요." (참여자 A)

"학교나 어떤 취업지원관 개개인의 역량에 맡길 게 아니라 좀 더 다양한 취업처를 좀 정부 차원이든, 교육청 차원이든 양질의 일자리를 발굴을 하셔서 그걸 공유를 하고 그렇게 해서 취업을 할 수 있게 지원을 해준다면 아이들이 좀 좋은 취업체에서 인턴 기간을 거치면서 실습을 하고 그리고 그걸 통해 취업을 한다거나… 취업으로 계속 연결될 수 있도록 그런 지원이 좀 이루어진다면 더 좋을 것 같다." (참여자 E)

사. 고졸 취업 청년에 대한 사회적 인식 변화

고졸 취업 청년에 대한 사회 인식이 과거에 비해 긍정적으로 변화되었음에도 불구하고 현장 전문가들은 고졸 취업 청년의 어려움으로 부정적인 사회 인식을 지적하였다. 최근 직업교육과 직무 경험의 중요성이 강조되면서 고졸 청년도 충분히 경쟁력 있는 인재로 평가받을 수 있게 되었지만 아직까지 대기업들의 고졸 채용은 한정적으로 이루어지고 있어 대다수의 고졸 취업 청년은 열악하고 불안정한 고용 환경 속에서 차별적 시선을 견디고 있었다. 이는 청년들의 자존감을 떨어트리고 이직의 요인으로 작용하는 등 악순환이 되풀이되고 있었다. 한 전문가는 고졸 취업 청년에 대한 정책지원도 중요하지만 기업과 기업의 장에 대한 교육도 필요하다고 주장하였다.

"사실 특성화고 학생들 취업 연계라든지 이런 것들도 많이 하는데 기업에서

조금 이제 선호하지 않는 거죠." (참여자 C)

"저는 이 고졸 청년분들이 노동시장에서 일을 했을 때에 제일 큰 문제는 차별적 시선이 아닐까 싶습니다. 그런 식의 차별들이 사실 또 청년분들의 자존감을 떨어뜨리고 결국에는 또 이직하는 곳이 더 안 좋은 회사이거나… 노동시장에서 잘 정착하려면 정책적인 변화도 필요하지만 시민들이 바라보는 그런 차별적인 시선도 변화가 필요하고 그거에 맞는 교육들이 촘촘하게 진행이 되어야 된다. 근데 단순히 구직활동을 하고 있는 청년뿐만이 아니라 그런 회사 혹은 기업의 장들에게도 교육이 꼭 필요하지 않을까라는 생각을 해봤습니다." (참여자 I)

"고졸 취업에 대한 인식이 아무래도 예전부터 이제 저희가 뭐라고 해야 될까 아무래도 대학 진학에 대한 게 너무 당연시 되었잖아요.… 독일이라든지 유럽 국가라든지 호주라든지 이런 데만 보더라도 직업교육이 너무나도 잘 구성되어 있고 학생들이 굳이 대학에 가지 않고 자기가 직업교육을 받고 이제 일정 기간의 교육을 받고 졸업을 해서 직업을 찾으면 자기가 생활하는 데 별문제 없을 만큼의 수당을 받고 복지 혜택을 누리고 하는데 그런 조건이 사회적으로 마련이 되어 있기 때문에 이게 고졸 취업이라는 게 잘 이루어지고 있다고 생각을 하거든요." (참여자 A)

제5절 소 결

본 연구는 고졸 취약 청년의 특성과 노동시장 이행 과정에서 겪는 어려움을 양적 조사의 한계를 넘어 심층적으로 파악하고, 이들의 성공적인 노동시장 이행을 위한 지원 방안에 대해 알아보았다. 조사는 현장 전문가 초점집단면접(FGI)을 통해 진행되었으며, 참여자들은 고졸 취약 청년과 관련된 지원 활동을 담당하는 전문가들로 구성하였다. 구체적으로 참여 전문가는 청년 취업 기관에서 근무하는 센터장과 팀장급 실무자, 고졸 취약 청년에 대해 잘 알고 있는 취업담당 교사와 교육복지사 등으로 구성하였다. 수집된 자료는 전사 후 주제분석법(thematic analysis)을 활용하여 분석하였고 이를 통해 여러 범주와 공통된 주제를 도출하였다.

연구 결과, 고졸 취약 청년은 개인적, 가정적, 사회적 요인으로 인해 구조적으로 취약한 환경에 놓여 있으며, 이로 인해 노동시장 진입과 정착 과정에서 다양한 어려움을 겪고 있음이 확인되었다.

고졸 취약 청년의 특성은 개인적 특성과 가족 특성으로 구분하여 분석하였다. 분석 결과 이들의 가장 큰 개인적 특성은 자기인식 부족과 성공 경험의 부재로 나타났다. 자기인식 부족은 자신의 성격, 흥미, 강점 등에 대한 이해 부족으로 이어지며 이는 진로 탐색과 취업 준비에서 큰 어려움을 초래하고 있었다. 또한 고졸 취약 청년들은 과거에 성취감을 느껴본 경험이 부족하여 도전적인 상황에서 쉽게 좌절하거나 포기하는 경향이 확인되었다. 이로 인해 자아 효능감이 낮아지고, 이는 취업 성공에 부정적인 영향을 미치는 것으로 나타났다.

가족적 특성 역시 중요한 요소로, 고졸 취약 청년들은 경제적으로 어려운 가정환경에서 성장하며, 진학보다는 취업을 우선시할 수밖에 없는 상황에 처해 있는 것으로 나타났다. 또한 한부모 가정이나 조부모 가정 등 취약한 가족 구조로 인해 취업에 대한 모델링이나 조언을 받기 어려운 환경에 놓여 있었다.

현장 전문가들에 의하면 고졸 취약 청년들은 노동시장에 진입하는 과정에서 여러 가지 어려움을 겪고 있었다. 취업 전 준비 과정에서 이들은 취업에 대한 막연한 생각과 짧은 준비 기간을 가지고 있으며, 취업 지원 프로그램에 대한 관심이 부족한 것으로 나타났다. 이들은 취업과 관련된 정보에 접근하는 데 어려움을 겪고, 특히 자신에게 필요한 정보를 선별하는 능력이 부족하여 실질적인 도움을 받지 못하는 경우가 많았다. 또한, 사회적 관계망이 부족하여 구직 활동에 필요한 인맥을 형성하는 데 어려움을 겪기도 하였다.

이러한 배경 속에서 고졸 취약 청년은 대졸 청년들과 비교해 이력서와 자기소개서에서 중요한 경력과 경험이 부족하고, 취득한 자격증도 취업 시장에서 경쟁력을 발휘하지 못하는 경우가 많다. 그 결과, 취업의 첫 관문인 서류전형에서부터 높은 현실의 벽에 부딪치게 되는 것으로 나타났다. 또한, 고졸 취약 청년은 자신의 높은 취업 목표와 현실 사이에서 좌절감을 느끼는 경우가 많았다. 이는 정보 부족 상황에서 자신이 설정한 기대와 실제 능력

간의 불일치, 취업 목표까지 도달하는 데 단계적 접근 방법에 대한 이해나 지도 부족, 사회적 구조의 장벽, 타인과의 비교로 인한 자존감 하락 등과 관련되는 것으로 보인다.

취업 후에도 고졸 취약 청년들은 불안정한 고용형태에 처하게 되는 것으로 확인되었다. 이들은 대체로 비정규직이나 단순 업무에 배치되어 직업 만족도가 낮고, 경력 개발의 기회가 제한적이다. 또한 고졸 학력으로 인한 차별적 대우와 어린 나이에 대한 무시를 받거나 근무 환경이 열악한 경우가 많았다. 이로 인해 고용 안정성이 낮고, 직장에서의 경험이 부족해 경력 개발에 한계를 느끼는 것으로 나타났다.

또한 직장 내에서 대인관계와 의사소통의 어려움도 문제로 나타난다. 이들은 직장에서 인간관계를 형성하거나 효과적으로 의사소통하는 데 어려움을 겪으며, 이는 업무 수행에 부정적인 영향을 미친다. 더불어 직장에서 발생하는 갈등에 대해 적극적으로 문제를 해결하려는 태도가 부족해 직무 성과와 직업 만족도에 부정적인 영향을 미치고 있었다.

고졸 취약 청년들이 노동시장에 성공적으로 이행할 수 있도록 지원하기 위해서는 다양한 차원의 노력이 필요하다고 현장 전문가들은 공통적으로 지적하였다. 전문가의 정책 논의 결과로 도출한 정책 시사점을 요약하자면, 첫째, 취약 청년들에게 개별 맞춤형 단계별 서비스 지원이 강화되는 것이 필요해 보인다는 것이다. 둘째로, 취업뿐만 아니라 일상생활 지원이 필요한데, 이는 고졸 청년층에는 취업 외에도 경제적 문제나 가족 관계 등 복합적인 어려움을 겪고 있는 청년들이 많은데 이 경우 종합적인 지원이 필수적이기 때문이다. 특히 심리적 지원이 중요한 요소로 제시되었다. 셋째, 고용유지와 능력 개발을 위한 지속적인 지원이 강조되었다. 고졸 취약 청년은 진로 탐색을 하거나 능력 개발을 고려하여 취업하지 못하는 경우가 많고, 취업상태인 경우에도 능력 개발이 일어나지 않는 단순직을 전전하거나 빈번하게 이직하는 경우가 많아, 고교를 졸업하였거나 현재 취업 상태인 경우에도 능력 개발과 진로 탐색이 가능할 수 있도록 직장 적응뿐만 아니라 능력 개발을 위한 지원이 필요한 것으로 보인다. 이는 취약 청년 개인의 안정적인 고용을 도울 뿐만 아니라 사회적 비용을 줄이는 데 기여할 수 있다. 넷째, 전문가들은 효과적인 지원서비스의 확대와 매뉴얼화가 요구된다. 전문가들은 멘토링 프로그램이나 중소기업 탐방과 같은 효과적인 프로그램을 전국적으로 일관되게 제공하기 위한 매뉴얼화가 필요하다고 하였다. 마지막으로, 청년 감수성과 취약 청년의 특수성을 반영한 정책 개발이 필요하다는 의견이 취합되었다.

지원체계 차원에서는 우선 전문적 역량을 갖춘 인력 배치, 고졸 취약 청년 지원을 위한 중앙 컨트롤 타워 구축 및 원스톱 서비스 강화, 유관기관 간 협력체계 구축이 강조되었다. 취업 외에도 심리적, 경제적 문제를 해결하려면 전문적인 서비스를 제공하는 유관기관과의 협력, 통합적 지원이 필수적이기 때문이다. 또한 전문가들은 생애주기별 노동시장 이행을 위한 지속적인 지원과 취업 관련 정보와 지원센터에 대한 접근성 제고, 고졸 청년을 위한 양질의 일자리 확보의 중요성을 강조하였다.

제 6 장
요약 및 정책 제언

제1절 연구 결과 종합

본 연구는 최근 급속하게 발전된 청년 고용정책에도 불구하고 사실상 적극적 고용정책의 주요 타깃이 되어야 할 취약 집단 청년에 대한 고용서비스는 제대로 작동하지 않고 있다는 문제의식을 바탕으로 고졸 취약 청년의 노동시장 이행 실태와 애로사항, 정책 시사점을 도출하고자 기획되었다. 이에 연구의 주대상으로 고졸 비진학 청년과 고졸 비진학 청년 중 학교와 학교 밖에서 인적자본 축적, 노동시장 이행에 어려움을 야기할 수 있는 여러 가지 취약 특성을 가진 청년을 설정하였고, 연구 방법에 따라 특정 유형(빈곤가구 출신 청년)의 취약 청년을 대상으로 하기도 하였다. 고졸 비진학 청년, 그 중에서도 취약 집단의 노동시장 이행 실태를 면밀히 살펴볼 수 있는 통계자료는 부족하여 본 연구는 기존에 축적된 통계자료 외에 실태조사와 FGI를 통해 최대한 상세히 이 청년 집단의 특성과 노동시장 애로사항에 대해 조명하고자 했다.

이 장에서는 다양한 데이터와 조사 결과를 분석한 결과를 종합하고 정책 제언을 도출하고자 한다. 이를 위해 우선 각 장의 주요 결과를 요약한 후, 연구 전체를 통해 확인할 수 있었던 고졸 비진학 청년과 고졸 비진학 취약 청년에 관한 주목할 만한 사실들을 정리하고, 연구 과정 중 드러난 정책적 애로사항이나 한계점에 대해서도 정리한다. 이후 절에서는 현재의 정책 현황을 정리하고 최종적인 정책 제언을 도출한다.

1. 각 장별 주요 결과 요약

본 연구의 제2장에서는 한국교육고용패널(KEEP) 1기 표본과 2기 표본인 2006년과 2018년 직업계고 졸업생의 졸업 이후 이동 경로를 분석하였다. 고졸 비진학 청년의 실태를 상세하게 파악하기 앞서 고졸 비진학 청년이 배출되는 가장 대표적인 고교 유형에서 졸업생의 이행경로를 코호트 간 그리고 취약 집단별로 비교한 이유는 취약 집단에 초점을 맞추기 앞서 고졸 비진학 청년의 노동시장 이행 행태가 전반적으로 예전과 현재가 다른지를 알아보기 위해서였다. 이는 선행연구 중 최세림(2021)의 연구에서 주장한 최근 고졸 비진학 청년의 노동시장 이행이 예전보다 불안해졌다는 관점을 다른 방법과 자료를 활용하여 재확인하기 위함이기도 했다. KEEP I, II 표본에서 취약/비취약 집단으로 구분하여 시퀀스 분석방법을 적용하여 이행경로 패턴을 비교해본 결과, 취약/비취약 집단 간 차이보다는 2006년 졸업 코호트와 2018년 졸업 코호트의 졸업 이후 이행 경로의 차이가 더 대조적으로 나타났다.

2006년 졸업 코호트의 경우 졸업 이후 취약, 비취약 졸업생 모두 대부분 대학이나 전문대학에 진학하고, 졸업 이후 4, 5년이 지난 시점부터 상용직으로 취업하기 시작하여 상용직 취업자 비중이 꾸준하고 가파르게 증가하는 패턴을 나타냈다. 반면, 2010년 이후 고졸 취업 활성화[23]를 위해 선취업 후진학 제도가 확산된 이후 졸업한 2018년 직업계고 졸업생의 경우, 2006년 졸업 코호트에 비해 졸업 이후 대학이나 전문대학 진학자 비중이 대폭 감소하여, 졸업 이후 5년간 고등교육 이수자 비중이 2006년 졸업생 코호트에 비해 절반 수준에 그쳤다.

2018년 졸업생의 경우, 직업훈련, 학습, 일을 병행하는 프로그램 참여자 비중이 2006년 졸업생에 비해 높았다. 하지만, 이들을 포함한다 하더라도 전반적으로 졸업 이후 5년간 학교 교육이나 직업훈련을 받은 졸업생의 비중

23) 예 : 교육과학기술부(2010), 「고등학교 직업교육 선진화 방안」.

은 2006년 코흐트에 비해 낮게 나타난다. 이러한 차이를 반영하듯, 2006년 졸업생에 비해, 2018년 졸업생의 졸업 이후 5년차 기준 실업자 비중은 월등히 높은 수준으로 나타났다. 2018년 졸업생의 졸업 5년차 시점(2022년)이 코로나19의 영향을 받은 시점이기는 하지만, 이들이 2006년 졸업생과 달리 이론적으로는 졸업 직후부터 노동시장에서 경력을 쌓을 수 있었다는 점을 고려할 때, 무시할 수 없는 수준의 실업자 비중 격차가 관찰되었다.

한편, 2006년 직업계고 졸업자와 2018년 직업계고 졸업자를 취약 집단[24)]과 비취약 집단으로 구분할 때 두 집단 간 졸업 이후 5년간 이동 경로에서 공통적으로 확인되는 차이는 취약 집단이 고등교육이나 훈련(일 · 학습 병행 등)에 참여하는 비중이 낮고, 후진학이나 후에 추가로 훈련프로그램에 등록하는 사람의 비중도 낮다는 것이다. 즉, 2006년 졸업 코호트나 2018년 졸업 코호트에서 고졸 비진학 청년의 경우, 전문대졸 이상의 최종 학력을 가진 집단보다 취약 집단 비중이 높을 것으로 예상되고, 비진학 고졸 취약 집단은 여러 가지 교육, 훈련 기회에서 상대적으로 소외되고 적성이나 직업 정보 탐색의 기회가 상대적으로 적을 것을 예상할 수 있다.

제3장에서는 전국 20대 남녀 고졸 비진학 청년 중 취약 청년[25)]과 비취약 청년의 인적자본 축적, 노동시장 이행 과정 · 결과에 대해서 조사하고 분석하였다. 조사 내용은 취약 특성에 관한 실태, 노동시장 이행 성과, 학교에서 노동시장으로 이행하고 노동시장에 정착하는데 본인의 취약 특성이 어떤 영향을 끼쳤는지와 정책 수요에 대한 내용으로 구성하였다. 주요 조사 결과를 조사 파트별로 요약하면 다음과 같다.

(비진학 고졸 취약 청년의 특성) 전반적으로 고졸 비진학 취약 청년은 비취약 청년에 비해 고교시절 가정 경제수준이 좋지 않고, 부모의 교육수준이 상대적으로 낮았다. 구체적으로 취약 청년의 취약 특성 유형을 크게 고교시

---

24) 제2장의 분석에서는 취약 집단을 빈곤/저소득 가정 출신, 결손가정 출신, 부모 중졸 이하 저학력자 가정 출신으로 설정하고 분석하였다. 취약 집단을 이렇게 설정한 이유는 KEEP I, II차 자료에서 공통적으로 파악할 수 있는 특성이 제한적이기 때문이다.

25) 성장환경적 측면에서 여러 가지 취약 특성을 경험하였거나 현재 본인이 경험하고 있는 노동시장 이행에 어려움을 야기할 수 있는 취약 특성을 가진 고졸 비진학 청년을 '취약 집단'으로 정의하였다.

절 환경적 취약 특성(환경적 취약)과 현재(과거) 개인이 경험하는 취약 특성(개인적 취약) 유무로 구분해본 결과, 비진학 고졸 취약 청년 표본의 과반 이상이(53.2%) 환경적 취약 특성과 본인 개인의 취약 특성을 모두 가진 이중취약자로 나타났는데, 현재 비경제활동상태인 집단, 일반계-직업반 출신, 고교 검정고시 출신 취약 청년의 경우 이중취약자 비중이 매우 높게 나타난다. 환경적 취약 특성의 세부 유형별로는 경제적 취약 가정(70%), 저학력 가정(17.1%), 홈리스/가출경험 청년(14.3%), 질병 장애가 있어 일상생활이 어려운 가족이 있었던 청년(13.8%), 조손가정 출신(12%)이 상대적으로 구성비중이 높은 유형이었고, 개인적 취약 특성 중 높은 비중을 차지하는 유형은 정서적으로 어려움이 있는 청년(공황장애, 우울, 자살충동 등, 34.8%), NEET족(30.5%), 직접 돌보아야 하는 가족이 있는 청년(14.7%), 중독 청년(13.0%), 은둔청년(11.8%), 소년소녀가장(11.5%), 기초생활수급자 청년(11.4%) 순으로 높게 나타났다.

환경 취약 유형별로 개인 취약 특성을 가진 청년들의 개인 취약 유형 분포는 대체로 유사하지만, 저학력 가정 출신 청년과 홈리스 경험 청년의 경우 정서적 장애를 가진 비중이 각각 43.7%, 52.2%로 매우 높게 나타났고, 청소년기에 장애/질병으로 일상생활을 하지 못하는 가족이 있었던 청년(장애/질병 가정)의 34.9%는 여전히 돌보아야 하는 가족이 있는 것으로 나타났다.

취약 집단이 취약 특성과 관련하여 정부의 도움을 받은 경험을 조사해본 결과, 환경적 취약 특성과 관련하여 도움을 받은 비중은 52.8%로 과반 이상이지만 개인적 취약 특성과 관련하여 도움을 받은 경험은 26.6%에 그쳤다. 개인적 취약 특성과 관련하여 정부의 도움받은 경험이 있는 소수의 청년이 도움받았던 기관 중 청소년 자립지원관, 청소년 상담복지센터, 고용복지플러스센터가 가장 높은 비중을 차지하여 이들이 이전에 청소년 지원 기관을 주로 이용하였거나 성인이 되고 나서 고용복지센터를 이용하였던 것을 알 수 있었다. 한편, 전반적으로 비경제활동상태인 취약 청년은 도움을 받은 경험이 취업상태나 실업상태의 청년보다 더 낮게 나타났다.

고졸 청년들의 기초역량과 사회적 자본 수준에 대해서도 조사하였는데, 기초역량 영역을 크게 네 가지(기초적인 산수, 듣기 문해력, 읽기 문해력, 대인관계/사회성[26])로 구분하고 네 가지 기초역량 중 하나 이상에 대하여 어려운 경험이 있었던 청년의 비중을 살펴본 결과, 비취약 집단, 취약 집단이 각각 17.6%, 30%로 나타나 두 집단 모두 적지 않은 비중으로 어려움을 경험한 청년이 존재하였는데 취약 집단은 세 명 중 한 명꼴로 기초역량에 어려움을 가진 청년 비중이 특히 더 높았다. 어려움 유형별로 취약/비취약 집단 모두 대인관계/사회생활 어려움 비중이 가장 높(비취약-14.8%, 취약-22.1%)고, 산수, 문해력 관련 기초역량은 비취약 집단 중 어려움을 표시한 사람이 거의 없지만, 취약 집단에서는 적지 않은 비중으로 기초역량이 부족하다고 응답하였다(산수-6.4%, 듣기 문해력-14.5%, 읽기 문해력-12%). 취약 집단 유형별로는 탈북민, 홈리스 경험자, 장애/질병 가족있는 가정 출신, 조손가정, 저학력 가정 출신 청년이 대인관계/사회성 어려움을 경험한 비중이 높게 나타나고, 이들의 경우 그 외 기초 역량도 부족하다고 응답한 비중이 높게 나타났다. 취약 집단 중 비경제활동상태인 고졸 청년이 전반적으로 4개 유형의 기초역량 부족자 비중이 높게 나타났다.

사회적 자본 수준 조사 결과, 고졸 비진학 청년은 일반적으로 사회적 자본 수준이 대졸 이상 청년에 비해 낮다고 알려져 있는데, 고졸 비진학 청년 집단 내에서도 취약 집단이 비취약 집단에 비해 사회적 자본 수준이 조사에서 고려한 모든 영역(연락하는 친구 수, 갑자기 돈을 빌릴 수 있는 사람, 몸이 아플 때 도움받을 수 있는 사람, 스트레스/우울 등을 나눌 수 있는 사람, 경제적 사회적 문제에 처했을 때 상담받을 수 있는 사람 수)에서 눈에 띄게 낮았다. 취약 집단 중에서도 개인/환경 이중 취약 집단과 개인 취약 특성이 있는 집단, 장애/질병 가족이 있었던 가정 출신, 홈리스 출신, 저학력, 조손가정 출신의 경우 사회적 자본이 수준이 낮고, 취약 집단 중 비경제활동상태인 사람도 사회적 자본 수준이 낮게 나타났다. 고교 유형별로 고교를 졸업하지 않은 중졸 이하, 고졸 검정고시 출신과 일반계고-직업반 출신이 상

---

26) 구체적으로 각 역량에 관한 질문은 다음과 같다. ① 나는 평소 기초적인 산수(덧셈, 뺄셈, 곱셈, 나눗셈)를 하는 데 어려움이 있다. ② 나는 평소 다른 사람이 말로 지시나 설명하는 것을 이해하는 데 어려움을 느끼는 경우가 있다. ③ 나는 평소 글로 된 지시나 설명을 읽고 이해하는 데 어려움을 느끼는 경우가 있다. ④ 나는 직장이나 사회생활을 하면서 별 어려움 없이 다른 사람과 잘 지내는 편이다. 질문에 따라 '긍정' 혹은 '부정'응답이 어려움을 나타내도록 설계되어 있지만, 통계표를 작성할 재코딩하여 어려움 경험 비중을 파악하였다.

대적으로 사회적 자본 수준이 낮았다.

(노동시장 이행과 성과) 고졸 비진학 청년 중 취약 청년은 경제활동 참여가 매우 저조하였다. 취약 집단은 비취약 집단에 비해 취업률과 실업률이 모두 낮고 비경제활동인구 비중이 매우 높게 나타난다(경제활동참여율, 취약-64.3%, 비취약-82.4%). 그런데 비취약 집단의 경우 실업률이 11.9%로 매우 높다.[27] 고용형태의 경우, 고졸 비진학 청년 증 취약 집단이 비취약 집단에 비해 정규직 취업 비중이 작지만(취약-45.9%, 비취약-49.4%) 막 첫 일자리를 시작하는 대졸 청년에 비해 경력 축적 등 안정적 일자리 안착을 위한 기간이 더 길었을 비취약 고졸 청년의 정규직 취업 비중의 경우에도 전체 20대 청년 정규직 취업 비중(50% 후반대)에 비해 낮다.[28] 일자리의 평균 임금의 경우에도 취약 집단이 비취약 집단보다 낮고(비취약 집단이 16.1% 더 높음), 근로시간은 비취약 집단이 더 길다. 이로 미루어 볼 때 취약 집단은 비취약 집단에 비해 상대적으로 경제활동참여율도 낮고 취업하였더라도 평균 근로시간이 낮아 노동시장 결착도가 외연(extensive margin)과 심도(intensive margin) 차원에서 모두 낮다고 볼 수 있다.

마찬가지로 취업자의 현재 일자리 근속 기간, 가장 오래 일한 일자리의 근속기간의 경우에도 취약 집단에 비해 비취약 집단이 더 길게 나타나고, 미취업상태인 취약/비취약 집단의 지금까지 쉰 기간은 취약 집단이 비취약 집단에 비해 더 길다. 취업자의 업종과 직종 분포를 살펴보면, 비취약 집단이 취약 집단에 비해 분포가 더 다양하고, 사업체 규모도 100인 이상 사업체 취업 비중이 더 높다.

한편, 이 장에서는 주요 노동시장 이행 성과지표에 대해 결정요인 분석을 수행하였는데, 분석 결과, 취약/비취약 집단 모두, 대체로 다른 조건이 동일할 때, 일반계고 졸업자와 졸업 고교가 없는 청년(검정고시/중졸 이하)의 경우 특히 취업 확률, 정규직 취업 확률, 임금 수준, 근속기간, 취업직종의 고용 안정성(평균 근속기간)이 낮게 나타났다. 취약 집단의 경우 개인 취약 특

---

27) 우리나라 20대 청년의 일반적인 실업률 수준(2024년 9월 기준, 20대 청년 실업률은 5.1%).

28) (2023년 기준 57% 수준) 한겨레 뉴스 https://www.hani.co.kr/arti/economy/economy_general/1166916.html(검색일 : 2024. 11. 21).

성만 가진 집단과 이중취약 집단의 경우 상대적으로 노동시장 성과가 좋지 않게 나타나고, 교육연수가 상대적으로 긴 경우(예 : 전문대 중퇴)나 연령이 상대적으로 높은 경우에는 미약한 수준이지만 고용지표가 상대적으로 양호하게 나타났다. 또한 취약/비취약 집단 모두 정부의 직업훈련/진로교육/취업지도 중 두가지 이상 서비스를 경험한 집단의 경우에도 상대적으로 고용지표가 양호하게 나타났다. 하지만, 서비스 이용 관련 결정요인 분석 결과, 취약 집단에 비해 비취약 집단의 서비스 경험 확률이 높게 나타나고, 다른 조건이 동일할 때 취약/비취약 집단 모두 일반계고 졸업생과 졸업 고교가 없는 집단은 상대적으로 경험 확률이 낮게 나타났다.

구직 경로는, 전반적으로는 취약 집단과 비취약 집단 모두에서 구인공고를 통한 취업 경로가 가장 큰 비중을 차지하고 다음 순위로 지인/가족을 통한 구직 경로로 나타나는데, 취약 집단은 구인공고를 통한 취업 비중이 59.5% 상대적으로 높고, 비취약 집단은 지인/가족을 통한 경로, 선생님/학교를 통한 경로 선택비중이 상대적으로 높게 나타난다. 특히, 20대 초반 비취약 집단의 경우, 20대 초반 구직 시 학교/선생님을 통해 취업하는 비중이 13.7%로 나타나지만, 취약 집단의 경우 학교/선생님을 통한 취업이 7.3%에 그치는 수준으로 나타나 차이가 뚜렷하였다.

한편, 비경제활동상태의 청년들이 현재 구직활동을 하지 않는 이유를 조사한 결과, 취약/비취약 집단 모두 '그냥 쉬고 있음' 비중이 각각 42.9%, 45%로 가장 높았다. 이는 취약/비취약 고졸 비진학 청년 표본 전체를 기준으로 볼 때 '쉬었음' 비중 12,6%, 5.7%에 해당되는 수준으로 두 집단 모두 일반 청년층에서 '쉬었음' 비중보다 높게 나타난다. 하지만 '쉬었음'을 제외한 다른 이유로 현재 비경활 상태인 집단 중 비취약 집단은 자격증/시험준비나 현재 교육/훈련 중을 선택한 비중이 42.5%나 달하지만, 취약 집단은 14.1%에 그쳐 차이가 있었다.

다음으로 비진학 고졸 청년의 취업 및 직장 계속 근로 시 중요하게 생각하는 조건에 대해 조사한 결과, 전반적으로 비취약 집단은 취약 집단에 비해 4점 이상으로 중요성을 평가한 항목이 9개 중 7개에 달했지만, 취약 집단은 4점 이상으로 평가한 항목이 5개에 불과해, 비취약 집단은 취업이나 근속을 결정할 때 다양한 조건을 종합적으로 중요하게 고려하는 반면, 취약 집단은 그러지 못하고 있는 것으로 추정되었다.

취약 집단과 비취약 집단 모두 임금 수준을 가장 중요한 조건(취약 집단 4.16점, 비취약 집단 4.18점/5점만점)으로 평가하였는데, 비취약 집단의 경우 그다음 순서로 중요한 요소가 일터의 안전(4.17), 조직문화(4.13)이 중요하다고 평가한 반면, 취약 집단은 조직문화(4.12), 일터의 안전(4.09)순으로 중요하게 평가하는 등 두 집단 간 취업, 근속 결정 시 중요하게 고려하는 요소, 고려하는 요건의 수가 다른 편이었다.

추가적으로, 취약/비취약 청년간 희망 월급 수준을 살펴보면, 취약 집단은 전체 평균 304만 원, 비취약 집단은 316.3만 원으로 비취약 집단이 약간 더 높게 나타나지만 취약/비취약 집단 전체에서 취약 집단 중 비경제활동상태인 집단의 희망 임금 수준이 가장 낮게 나타났다.

(취약 특성으로 인한 노동시장 이행의 애로사항) 취약 집단이 응답한 각자의 취약 특성으로 인해 인적자본 축적, 노동시장 이행, 진로 계획 및 실행에 어려움이 있었는지를 조사한 결과, 대체로 모든 단계에서 취약 집단은 본인의 취약 특성으로 인해 어려움을 경험하였던 것으로 나타났다. 구체적으로 고졸 취약 청년의 경우, 본인의 취약 특성으로 인해 미래의 진로 계획을 세우는 데(77.2%), 미래의 목표 달성을 위해 노력(인적자본 투자)하는 데(76.6%), 원하는 일자리를 구하고 취업할 때(67.3%), 교육이나 훈련을 받을 때(60%), 일자리를 유지하는 데(57.3%) 순으로 어려움을 느꼈다고 응답한 비중이 높게 나타났다. 세부 집단별로 환경/개인 취약 특성을 모두 가진집단과 개인적 취약 특성을 가진 단의 경우 노동시장 이행 전, 이행 과정, 이행 이후 전 과정에서 어려움을 느낀 비중이 가장 높게 나타난다. 특히, 취약환경 유형 중에 탈북민, 저학력 가정 출신, 출신 고교 유형 중, 중졸 이하 집단과 일반계고 직업반 출신 청년은 대다수(90 %이상)가 노동시장 이행 전, 이행 과정, 이행 이후 전 과정에서 어려움을 느꼈다고 응답하였다.

(정책 수요) 고졸 비진학 청년의 정책 수요를 알아보기 위해 다양한 정책에 대해 필요성을 조사한 결과, 전반적으로 근소한 차이이기는 하지만 취약 집단이 비취약 집단보다 대부분의 항목에서 정책 필요성을 높게 평가했다. 취약 집단이 가장 중요성을 높게 평가한 정책 지원 사항은 '자신에게 필요

한 정책에 관한 정보 제공'(4.0점)이었고 다음으로 직업능력 개발(3.94점), 일자리 알선(3.8점), 직업훈련 동안 가족 생계비 지원(3.77점), 생활에 필요한 기본 지식 교육(3.65점), 훈련/교육/자격증공부 등 동안 숙식지원(3.62점), 심리상담이나 치료(3.58점, 진로상담(3.52점) 순으로 높게 나타났고, 취업 준비/구직기간 동안 가족 돌봄 지원(3.15점), 멘토 지원(3.26점)은 수요가 상대적으로 낮았다. 하지만 가족생계비 지원의 경우 비취약 집단에 비해 필요도 점수가 크게 높게 나타났다는 점에서 이런 제도적 보조 장치에 대한 강한 수요가 있는 집단이 취약 집단내에 존재함을 알 수 있다.

다음으로 생활지원/교육훈련/기초교육 등을 전체적으로 지원하는 통합적 직업훈련 프로그램(한국형 job corp-주거/식사, 훈련수당을 지원하고 지역내 괜찮은 일자리를 구할 때 까지(6개월 이상) 교육, 직업훈련, 생활교육 등을 제공하는 프로그램)에 대한 참여 의향을 조사한 결과, 취약 집단의 60.6%, 비취약 집단의 55.7%가 참여 의향을 나타냈고, 취약, 비취약 집단 각각 16.9%, 17.3%의 경우 참여 의향이 매우 높은 수준이었다. 세부 집단별로는 취약 집단-비경제활동 청년, 비취약 집단 실업자, 여성 청년, 20대 초반 청년, 일반고(직업반) 졸업자, 고졸 검정고시 출신자, 서울 지역 청년의 참여 의향이 높은 편으로 나타났다.

추가로 통합적 직업훈련 프로그램 참여를 위한 선결 조건을 조사한 결과, 훈련수당 지급과 괜찮은 일자리 연결, 적성/희망에 맞는 직업 연결이 가장 중요한 것으로 나타났고, 적정 훈련수당 수준은 취약 집단은 평균 79.2만 원, 비취약 집단은 평균 70.9만 원 수준으로 나타났다. 통합 직업훈련 프로그램이 생긴다면 포함되어야 할 교육 항목으로는 사업체 현장에서 현장실습과 일 경험, 면접, 자소서, 이력서 작성 등 취업준비 교육, 자격증 취득 교육이 중요하게 평가되었다. 또한 두 집단 모두 생활교육과 사회생활에 필요한 지식(시간 관리, 일 태도, 의사소통법 등)에 대한 수요도 두 집단 모두에서 3.7점 이상으로 낮지 않게 응답하여 고졸 비진학 청년의 정책 수요는 단순히 취업 지원에 국한되지 않고 일자리에서도 근속하고 계속해서 노동생애를 이어나가기 위해 필요한 기초적인 스킬에 대한 수요까지 포괄적임을 알수 있었다.

제4장은 앞선 실태조사에서 고졸 비진학 취약 청년의 환경적 취약 유형

중 가장 많은 비중을 차지하였던 빈곤 가구 출신 청년의 노동시장 이행 패턴에 대해 상세하게 분석하였다. 분석은 고졸 비진학 청년으로 제한하지 않고, 한국복지패널 1~18차 자료에서 19세 청년을 추출하여 성인기에 진입한 이후 10년간 어떠한 일자리를 가지는지 노동시장 이행 궤적 특성을 분석하되, 아동・청소년기 빈곤 노출 경험에 따른 이행 궤적 차이를 살펴보았다. 구체적으로 19세부터 28세까지 청년의 노동시장 내 종사상 지위를 정규직, 비정규직 임금근로자, 고용원 있는 자영업자, 1인 자영업자, 무급가족종사자, 비취업자로 구분하여 노동시장 이행 궤적을 유형화하고, 개인과 가구, 그리고 어린 시절 빈곤 노출 경험이 노동시장 이행 궤적 유형화에 미치는 영향을 분석하였다. 연구에서 '빈곤'은 가구중위소득 60%이하의 저소득 가구 출신 여부와 기초생활수급가정 출신 여부를 구분하여 두 가지 '빈곤' 노출 유형에 대해 분석하였다. 우선 전체 표본 청년 대상 성인기 진입 이후 10년간 노동시장 지위 분포를 살펴보면, 19세 청년의 80%가 학업이나 다른 이유로 비취업 상태이며, 비정규직 임금근로자 18%, 정규직 임금근로자가 2%로 나타났다. 성인기 초기에는 비취업자이거나, 취업자여도 불안정한 임금근로자의 비중이 크지만, 대학교 졸업 시기를 기점으로 정규직으로 진입하는 비중이 늘고, 비임금근로자로의 진입도 생겨나는 것으로 관찰되었다. 하지만, 비정규직 임금근로자의 비중은 전체 청년기 동안 변함없이 유지되는 경향을 보여 청년층의 18% 정도는 성인기 진입 후 10년간 비정규직 임금근로 궤적에 노출되어 있었다.

아동・청소년기에 저소득 경험 여부로 표본을 구분하여 살펴보면, 성장기에 저소득 노출 경험이 있는 청년은 저소득 노출 경험이 없는 청년 대비 비취업과 비정규직 임금근로자의 비중이 다소 높았지만, 정규직 임금근로자 비중은 다소 낮았다. 또한 4년제 대학 졸업 시기인 25세 전후를 기점으로 저소득 노출 청년은 비정규직 임금근로자의 비중이 커지지만, 저소득 비노출 청년은 정규직 임금근로자의 비중이 커져 취업자로서 일자리 안정성의 격차가 커지는 것으로 나타났다. 기초생활보장 수급 경험이 있는 청년의 경우 비정규직 일자리를 통한 노동시장 진입 시기가 빠른 편이며, 초기 성인기 동안 정규직의 비중이 적어 불안정 노동 궤적에 가장 많이 노출되는 경향을 보였다. 즉, 청소년 시기 빈곤 노출에 따라 노동시장의 진입 시기, 그리고 일자리 궤적의 안정성에 차이가 있음이 확인되었다.

사건배열과 군집 분석을 이용하여 19세 청년들의 10년간의 노동시장 이행 궤적을 4가지로 유형화한 결과, 첫 번째 유형은 '노동시장 미진입형'으로 청년기 진입 이후 10년간 지속해서 비취업 상태를 주로 유지하는 경우로 전체의 27.1%로 나타났다. 몇몇 경우 비정규직 일자리나 정규직 일자리를 단기간으로 하기도 하지만 10년간의 종사상 지위는 비취업상태로 요약된다. 두 번째, '조기진입 정규직형'은 19세 또는 22세를 기점으로 노동시장에 정규직 임금근로자로 진입하여, 지속해서 정규직 임금근로자로 일하는 유형으로 26.3%를 차지하였다. 세 번째, '조기진입 불안정고용형'은 고졸 비진학 청년에 해당되는데, 이들은 19세부터 비정규직 임금근로자로 노동시장에 진입하여 일하지만, 이후에도 지속해서 비정규직 지위를 이어가는 경우가 25.5%를 차지하였다. 정규직 임금근로자로 일하기도 하지만 다시 비정규직 또는 비취업상태로 이동을 경험하여 지속해서 안정적 지위를 가지지 못하는 특성이 있다. 네 번째, '장기준비 정규직진입형'은 대학졸업 시점인 24세부터 본격적으로 노동시장에 진입하는 경우로, 최초 일자리가 주로 정규직 임금근로자인 경우로 21.0%를 차지하였다. 다른 유형에 비해 노동시장 진입 연령이 늦지만, 불안정한 일자리 궤적을 경험할 가능성이 적은 유형이다. 요약하여 빈곤 노출 경험이 있는 청년은 미취업 또는 불안정 고용 궤적이 주를 이루었지만, 빈곤 노출 경험이 없는 청년의 노동 궤적은 정규직 임금근로자 궤적이 많은 편이었다. 이는 빈곤 노출 경험 청년이 고졸 비진학 청년으로 노동시장에 이행하고 불안정 고용 궤적을 가질 확률이 높음을 함의한다. 한편, 2010년대 빈곤 가구 출신 청년은 주로 노동시장 진입과 이탈을 반복하거나, 비정규직에서 정규직으로 이동하는 특징을 가진 것으로 알려졌는데(노혜진, 2012), 제4장에서 분석한 결과, 2020년대 빈곤 가구 출신 청년은 비정규직과 정규직 일자리, 그리고 비취업 상태를 오가며 주로 비정규직화된 노동 궤적을 가지거나, 비취업 상태로 초기 성인기를 보낼 가능성이 높은 것으로 나타났다. 따라서 최근들어 빈곤 가구 자녀의 불안정 노동 궤적화가 강화되었으며, 노동을 통한 빈곤 탈피의 가능성이 감소하였음을 확인하였다.

추가적으로, 네 가지로 대표된 초기 청년들의 노동시장 이동 경로의 결정

요인을 다항로짓 모형으로 분석한 결과, 19세 이전 저소득 가구 노출 경험은 성인이 된 직후 정규직 임금근로 일자리로 진입할 가능성을 유의미하게 증가시켰지만, 노동시장 미진입형이 될 가능성은 줄였다. 반면, 기초생활 수급에 노출된 경험은 조기진입 정규직형과 장기준비 정규직진입형이 될 가능성은 감소시키고, 조기진입 불안정고용형이 될 가능성은 증가시켰다. 즉, 어린 시절 기초생활보장 수급 경험은 고교 졸업 이후 추가적인 인적자본 축적 없이 불안정한 일자리를 지속하는 궤적을 가질 위험을 증가시키며, 초기 성인기 동안 정규직 일자리 진입 가능성을 낮추는 것을 발견하였다. 이러한 결과는 기초생활보장 수급 경험이 성인이 된 직후 경제적 자립을 위해 취업자가 되는 데 긍정적이지만, 불안정한 지위로 시작된 이들의 일자리는 성인기 전반에 걸쳐 불안정 노동 궤적으로 이어져 노동시장 정착과 안정적인 노동생애 개발에는 부정적인 영향을 끼칠 가능성이 높다는 것을 보여주는 것이다. 다른 요인의 경우, 교육수준, 자격증 취득, 그리고 노동시장에서 축적한 경력의 인적자본은 안정적인 노동 궤적을 가지는 것과 유의미한 관계를 가지는 것으로 나타났다. 성별로는 남성 청년과 비교하면 여성 청년은 노동시장 미진입형, 장기준비 정규직진입형이 될 가능성은 낮았지만, 조기진입 불안정고용형이 될 가능성이 높았고, 최근 출생 코호트일수록 조기진입 정규직형이 될 가능성이 높았다. 현재 가구의 가구원 수가 많을수록, 가구의 가처분소득이 많을수록 노동시장에 조기 진입할 가능성이 높았고, 현재 거주지가 자가일 경우, 장기준비 정규직진입형이 될 가능성이 높았다. 대도시에 거주자는 조기진입 불안정고용형이 될 가능성이 높고, 중소 도시에 거주할수록 노동시장 미진입형, 조기진입 정규직형, 장기준비 정규직진입형이 될 가능성이 높았다.

이러한 결과들을 종합하면, 초기 성인기 동안 비정규직 임금근로 궤적에 노출될 위험은 아동・청소년기에 빈곤에 노출 경험이 있는 경우, 특히 기초생활보장 수급 경험이 있는 경우 높았다. 성인기 초기 10년간 비정규직, 비취업, 그리고 정규직 상태를 오가는 불안정한 노동 궤적이 고착화되어 빈곤의 대물림 가능성이 높아짐을 알 수 있었다.

본 연구의 제5장은 고졸 취약 청년의 특성과 노동시장 이행 과정에서 겪는 어려움을 양적 조사의 한계를 넘어 심층적으로 파악하고, 정책 수요에 대해 파악하기 위하여 초점집단면접(FGI)을 수행하였다. FGI 대상은 고졸 취약 청년과 관련된 지원 활동을 담당하는 전문가들로 구성하였고, FGI 이후 논의 내용을 주제분석법(thematic analysis)을 활용하여 분석하여 여러 범주와 공통된 주제를 도출하였다. 분석 결과는 전반적으로 앞선 실태조사 결과과 각종 데이터 분석 결과와 일치하였다. 고졸 취약 청년은 개인적, 가정적, 사회적 요인으로 인해 구조적으로 취약한 환경에 놓여 있으며, 이로 인해 노동시장 진입과 정착 과정에서 다양한 어려움을 겪고 있음이 확인되었다.

도출된 주제별로 구체적으로 분석 결과를 요약하면, 고졸 취약 청년의 가장 큰 개인적 특성은 자기인식 부족과 성공 경험의 부재였다. 자기인식 부족은 자신의 성격, 흥미, 강점 등에 대한 이해 부족으로 이어지며 이는 진로 탐색과 취업 준비에서 큰 어려움을 초래하고 있었고, 고졸 취약 청년들은 전반적으로 과거에 성취감을 느껴본 경험이 부족하여 도전적인 상황에서 쉽게 좌절하거나 포기하는 경향이 있다고 지적되었다. 가족적 특성의 경우, 고졸 취약 청년들은 대체로 경제적으로 어려운 가정환경에서 성장하며, 진학보다는 취업을 우선시할 수밖에 없는 상황에 처해 있고, 한부모 가정이나 조부모 가정 등 취약한 가족 구조로 인해 취업에 대한 모델링이나 조언을 받기 어려운 환경에 놓여 있었다.

고졸 취약 청년의 노동시장 이행 과정에 관한 논의 결과, 현장 전문가들은 이들은 노동시장에 진입하는 과정에서 여러 가지 어려움을 겪고 있다고 하였는데, 전반적으로 취업 전 준비 과정에서 취업에 대한 막연한 생각과 짧은 준비 기간을 가지고 있으며, 취업 지원 프로그램에 대한 관심이 부족하다고 하였다. 이들은 취업과 관련된 정보에 접근하는 데 어려움을 겪고, 특히 자신에게 필요한 정보를 선별하는 능력이 부족하여 실질적인 도움을 받지 못하는 경우가 많으며, 사회적 관계망이 부족하여 구직 활동에 필요한 인맥을 형성하는 데 어려움을 겪는다고 한다. 또한 고졸 취약 청년은 대졸 청년들과 비교해 이력서와 자기소개서에서 중요한 경력과 경험이 부족하고, 취득한 자격증도 취업 시장에서 경쟁력을 발휘하지 못하는 유형인 경우가 많아, 취업의 첫 관문인 서류전형에서부터 난관에 부딪친다.

고졸 청년의 경우, 취업 후에도 불안정한 고용형태에 처하게 된다고 전문가들은 공통적으로 지적하였다. 이들은 대체로 비정규직이나 단순 업무에 배치되어 직업 만족도가 낮고, 경력/숙련 개발의 기회가 제한적이고, 고졸 학력으로 인한 차별적 대우와 어린 나이에 대한 무시를 받거나 근무 환경이 열악한 경우가 많다고 한다. 이들은 직장 내에서 대인관계와 의사소통의 어려움도 흔히 보이는데, 이로 인해 업무 수행에 부정적인 영향이 나타난다. 더불어 직장에서 발생하는 갈등에 대해 적극적으로 문제를 해결하려는 태도가 부족해 직무 성과와 직업 만족도에 부정적인 영향을 미치고 있다고 하였다.

전문가들은 고졸 취약 청년들이 노동시장에 성공적으로 이행할 수 있도록 지원하기 위해서는 다양한 차원의 노력이 필요하다고 공통적으로 지적하였다. 전문가의 정책 논의 결과로 도출한 정책 시사점을 요약하면, 취약 청년들에게는 개별 맞춤형 단계별 서비스 지원이 강화되는 것이 필요하며, 많은 고졸 비진학 청년이 취업 외에도 경제적 문제나 가족 관계 등 복합적인 어려움을 겪고 있어 취업뿐만 아니라 통합적 일상생활 지원이 필요하다고 하였다. 특히 심리적 지원이 중요한 요소로 제시되었다. 또한, 고용유지 지원, 취업 여부와 관계없이 능력 개발을 위한 지속적인 지원이 강조되었는데, 이는 고졸 취약 청년은 진로 탐색하거나 능력 개발을 고려하여 취업하지 못하는 경우가 많고, 취업상태인 경우에도 능력 개발이 일어나지 않는 단순직을 전전하거나 빈번하게 이직하는 경우가 많아 고교를 졸업하였거나 현재 취업 상태인 경우에도 능력 개발과 진로 탐색이 가능할 수 있도록 직장 적응 뿐만 아니라 능력 개발을 위한 지원이 필요하기 때문이다. 마지막으로 전문가들은 지원체계 차원에서 우선 전문적 역량을 갖춘 인력 배치, 고졸 취약 청년 지원을 위한 중앙 컨트롤 타워 구축 및 원스톱 서비스 강화, 유관기관 간 협력체계 구축을 강조하였는데, 이는 취업 외에도 심리적, 경제적 문제를 해결하려면 전문적인 서비스를 제공하는 유관기관과의 협력, 통합적 지원이 필수적이이기 때문이다. 또한 전문가들은 생애주기별 노동시장 이행을 위한 지속적인 지원과 취업 관련 정보와 지원센터에 대한 접근성 제고, 고졸 청년을 위한 양질의 일자리 확보의 중요성을 강조하였다.

2. 고졸 비진학 청년, 고졸 취약 청년의 노동시장 이행 실태에 관해 주목할 만한 결과

본 연구 보고서의 각 장별 연구 내용을 종합하여 볼 때, 드러나는 고졸 비진학 청년의 인적자본 축적, 노동시장 이행, 노동시장 성과에 관하여 주목할 만한 결과는 다음과 같이 요약될 수 있다.

가. 전반적으로 졸업 이후 부진한 인적자본 축적, 장기간 불안정한 고용궤적 : '선취업 후학습'보다는 '선취업 후 지속 불안정 고용'에 가까운 상황

본 연구 제2장과 제4장의 연구 결과에 따르면 이전 세대의 직업계고 졸업생과는 달리 지금 세대의 직업계고 졸업생은 20대 중반까지의 기간 동안 대학이나 다른 고등교육기관 진학자 비중은 크게 감소한데 반해 일 · 학습병행 등 체계적인 직업훈련 프로그램 이수자 비중은 크게 증가하지 않았다. 고등교육기관 이행자 비중이 크게 감소한 것을 고려할 때, 체계적으로 현장 숙련도를 축적할 수 있는 직업훈련 프로그램 이행자 비중도 크게 증가하지 않았다는 것은 최근 직업계고 졸업자들 대부분은 인적자본을 효율적으로 축적할 수 있는 다음 단계로 이행하지 못하고 있다는 것을 의미한다.

특히, 실태조사 결과로 미루어 볼 때, 고졸 비진학 청년 대부분, 대부분의 직업계고 졸업자들은 '온라인 포털'을 통해 알아서 일자리를 구하고 있는 실정으로, 졸업 이후 숙련을 원활히 축적할 수 있는 일자리를 마련하여 이행하도록 학교나 정부기관에서 취업지도를 체계적으로 하지 않는 상황으로 보인다. 이러한 상황 속에서 이전 세대에 비해 지금 세대의 고졸 비진학 청년은 실업률도 월등히 높고, 졸업 이후 바로 취업하더라도 대부분이 상대적으로 불안정한 노동생애를 20대 전반에 걸쳐 지속하는 것으로 확인된다. 즉, 졸업 이후 숙련 형성이 효율적으로 이루어지지 않고, 그 결과 20대 전반에 걸쳐서 불안정한 노동생애를 이어가고, 20대 후반이 되더라도 상황이 크게 개선되지 않는 상황이다[29].

---

29) 최세림(2021)의 주된 연구 결과로 최근 코호트 고졸 청년은 20대 후반이 되어도

나. 취약하면 더욱 원활하지 못한 재학 시/졸업 후 인적자본 축적

최근 코호트의 고졸 비진학 청년 집단이 대체로 노동시장 이행에 어려움을 겪고, 이행 이후 인적자본 축적을 경험하지 못하고 있는데, 이 집단 중에도 취약 집단은 학교 재학 당시에도, 졸업 이후에도 인적자본 축적이 더욱 원활하지 못한 것으로 나타난다. 이들의 대다수는 취약 특성으로 인해 인적자본 축적을 위해 노력하는데 어려움을 겪었다고 실태조사에서 응답하였으며, 실제로 고졸 비진학 청년 중 취약 집단의 경우 기초역량이 미달되는 청년의 비중이 높게(30% 수준) 나타났다. 또한 졸업 이후 일·학습병행 등 체계적인 직업훈련으로 이행하는 비중, 대학 등 고등교육 이행 비중이 비취약 고졸 청년에 비해 낮게 나타난다. 이들은 현재 취업한 직종, 희망하는 직종의 분포도 비취약 청년에 비해 넓지 않아, 자기 자신의 적성이나 다양한 진로에 대해 파악하는 경험도 부족했던 것으로 보인다. 한편, 2018년 직업계고 졸업생을 '넓은 정의'로 취약 집단과 비취약 집단으로 보고서 제2장에서 구분하였을 때, 표본 청년의 33.7%가 취약 청년으로 구분되었다. 제2장의 분석은 사용한 자료(KEEPII)의 한계상 제3장의 실태조사보다 적은 수의 조건을 기준으로 취약 청년을 식별하였는데도 33.7%라는 높은 비중이 식별된 것으로 미루어 볼 때, 실태조사 기준으로 고졸 청년 중 취약 집단을 식별한다면 훨씬 높은 비중이 취약 집단으로 나타날 것으로 보인다. 특히 고졸 비진학 청년의 경우에는 취약 집단 비중이 과반 이상까지 달할 것으로 예상된다.[30] 즉 고졸 비진학 청년 중 다수가 고교 재학중, 졸업 이후 인적자본 축적이 원활하지 않을 것으로 예상할 수 있다.

실업률, 정규직 취업률이 크게 개선되지 않음을 지적하였다.

30) 제2장의 직업계고 졸업생의 경우, 최종적으로 대학진학 하는 청년 비중도 적지 않다. 취약 청년일수록 대학 진학 확률이 낮고, 직업계고 졸업생보다는 그 외 유형의 고졸 비진학 청년의 취약 집단 비중이 높기 때문에, 더 다양한 취약 집단 구분 조건을 설정하고 고졸 비진학 청년만을 대상으로 할 경우, '취약 집단'의 비중은 과반 이상에 달할 수 있을 것으로 예상된다.

다. 상대적으로 낮은 기초역량(특히 사회성/대인관계 부문)과 사회적 자본 수준

고졸 비진학 청년의 경우, 취약 집단이 아니더라도 기초역량이 부족한 청년의 비중이 낮지 않다. 비진학 청년의 경우에도 기초 역량 관련 어려움을 겪은 경험이 있는 비중이 17%로 나타났는데, 이들의 경우 대체로 대인관계/사회생활 측면의 역량에서 어려움을 느끼는 비중이 상대적으로 집중되어 있어, 대인관계/사회생활뿐만 아니라 기초 산수, 문해력 관련 어려움도 함께 가진 경우가 많은 취약 집단과는 약간 다르다. 하지만 취약, 비취약 고졸 비진학 청년 모두 고교 졸업 이후 대학재학 등 추가적으로 대인관계/사회성을 계발할 기회 없이 노동시장에 이행하기 때문에 두 집단 모두 이 영역에서 어려움을 표시한 비중이 높다는 점은 주목할 만하다. 이는 전문가 FGI에서 전문가들이 공통적으로 지적한 역량이 미달되는 영역이기도 하다. 실태조사와 FGI에서 공통적으로 확인되는 또 다른 고졸 비진학 청년의 특징은 사회적 자본(다양한 인적 네트워크) 수준이 매우 떨어진다는 점이다. 이러한 특징으로 인해 정책 정보를 얻는 경로가 제한되는 것뿐만 아니라 진로 탐색, 인적자본 투자기회에서 고립되는 현상이 나타난다고 한다.

라. '중복'으로 나타나고 졸업 이후, 취업 이후에도 계속 영향을 미치는 취약 특성

취약 청년의 경우 다양한 취약 특성이 복합적으로 나타나는 경우가 많았으며, 실태조사 결과 취약 특성은 인적자본 축적할 때 뿐만 아니라 취업 과정, 취업 이후 일자리를 유지하여 경력을 축적하는 데도 계속해서 어려움으로 작용하는 경우가 많았다. 특히 FGI와 실태조사 결과를 종합적으로 참조하면, 경제적으로 어려운 환경에서 성장한 청년, 돌봄이나 부양이 필요한 가족이 있는 청년은 졸업 이후에도 계속해서 부양할 가족이 있는 상태가 유지되었고, 이로 인해 사회적 자본도 위축되고 근로 의욕도 낮아지는 영향이 나타나고 있는 것으로 보인다. 많은 고졸 비진학 취약 청년은 심리적 문제를 안고 있는 것으로 실태조사와 FGI 결과 드러났다. 특히 특정 유형의 취약 청년-저학력 가정 출신, 홈리스 경험이 있는 청년의 경우 거의 절반 정도가 심리/정서적 장애를 갖고 있었다.

마. 정책으로 지원 대상이 아니지만 상당히 취약한 집단들 존재

예를 들어 저학력 가정 출신 청년, 질병/장애 있는 부모가 있었던 청년의 경우, 취약 특성으로 인해 정부 지원을 받은 경험이 낮지만, 모든 측면-인적자본 수준, 노동시장 이행 과정과 성과-에서 볼 때 대체로 여러 취약 집단 유형 중 가장 좋지 않은 결과가 관찰되며, 이 집단의 규모는 작지 않다. 부모 모두 중졸 이하 '저학력 가정' 출신 청년의 경우, 부모 학력 수준 자체가 취약 특성이라고 보기 어렵지만, 부모의 학력이 자녀의 사회적 자본 수준, 인적자본 축적/노동시장 이행을 위한 자본 축적, 준비 정도(예를 들어 기초역량, 진로 탐색 등)에 큰 영향을 끼친다는 것은 이미 알려진 사실이며, 실제로 조사 결과 이들 집단이 상당히 취약한 것으로 관찰되었으므로 관심을 가질 필요가 있어 보인다. 청소년기에 질병/장애로 인해 일상생활이 어려운 부모가 있었던 청년의 경우, 청소년기뿐만 아니라 현재까지도 지속적으로 부모 부양이나 돌봄의 부담을 가지고 있을 가능성이 커 이들은 고교 재학시절 인적자본 축적, 졸업 이후 노동시장 이행 과정에서 지속적으로 '취약한 상태'에 놓인 것으로 보인다.

바. 직업계고, 마이스터고 졸업자 이외의 고졸 비진학 청년(일반계고, 검정고시 출신 등)은 더욱 소외

고졸 비진학 청년 집단 전체가 대체로 이전 세대에 비해 취약해진 것으로 보이지만, 본 연구에서 실태조사를 수행해 본 결과, 직업계고나 마이스터고 졸업자 이외의 고졸 비진학 청년 집단은 노동시장 이행 결과 측면에서 상대적으로 어려움을 더 많이 겪고 있는 것으로 보인다. 일반계고 졸업자 중 직업반 출신뿐만 아니라 진학반 출신 청년 중에서도 실태조사 결과 다수가 고졸 비진학 취약 청년으로 표집되었는데, 이들의 노동시장 이행 성과가 전반적으로 좋지 못하고 여러 가지 정책 지원(직업훈련, 진로지도 등)에서도 소외된 것으로 나타났다. 고졸 검정고시 출신 청년이나 고교 중퇴 청년, 기타 유형 고교 졸업자의 경우에도 직업계고/마이스터고 졸업자에 비해 노동시장 이행 성과가 좋지 못하다. 직업계고나 마이스터고 졸업자의 경우 교육부 등 여러 부처의 정책의 대상이 되거나, 정책 정보가 학교를 통해 전달될 수 있는데, 이들은 이런 경로에서 실질적으로 소외되고 있는 것으로 보인다.

사. 노동 시장에서 심화된 고졸 청년에 대한 차별과 예전에 비해 감소한 고졸 비진학 청년이 취업할 수 있는 '괜찮은 일자리'

최세림(2021)의 연구[31]에서 양질의 고졸 일자리가 최근에는 초대졸자로 채워지는 현상을 확인한 점과 본 연구에서 전반적으로 확인한 바와 같이 예전 고졸 비진학 청년에 비해 현재 청년은 상대적으로 좋지 못한 일자리에 취업하고 있다. FGI에 참여한 전문가들은 최근들어 숙련 형성이 가능하고 괜찮은 근로조건을 제공하는 일자리의 경우 고졸 청년 채용을 꺼리는 경향이 심화되기도 했다고 한다. 즉, 전반적으로 우리나라 청년 노동시장에서 고졸 청년 비중이 감소하고 대졸자 비중이 증가함에 따라, 양질의 고졸 일자리가 초대졸자로 대체되는 동시에 더 학력이 높은 청년을 채용하는 것이 가능해지면서 고졸 비진학 청년을 차별하는 경향이 나타난 것으로 보인다. 전문가들에 따르면 고졸 청년을 채용하여도 직장 내에서 단순업무 등 노동시장에서 유효한 인적자본이 축적되지 않는 종류의 직무만 배치하는 등 직장 내 '차별'이 일어나고 있다고 한다. 또한 고졸 청년은 숙련 형성을 할 수 있는 일자리에 취업하더라도 숙련 형성 기회를 제공한다는 이유로 지급되는 저임금, 그리고 좋지 못한 근로조건을 장기간 감내해야 하는 상황에 놓이게 되는데, 특히 '취약 집단' 비중이 작지 않은 고졸 비진학 청년층에서는 당장 부양가족 등의 어려움이 있어 저임금 상태를 오래 견디기 힘든 경우가 많아, 장기적으로 양질의 일자리로 이행하는 것도 상당한 어려움이 있다고 하였다.

31) 해당 연구에서는 고용형태별근로실태조사를 분석하여 대기업/생산직에 취업한 고졸자 비중을 여러 시점별로 비교하였는데, 최근에는 이전 '고졸' 일자리가 '초대졸'자로 대부분 대체되어 고졸 일자리가 구축 된 것을 확인하기도 하였다.

아. 고졸 비진학 청년, 고졸 비진학 취약 청년의 인적자본 축적과 노동시장 이행 어려움 정도에 비해 원활하지 않은 정책 지원

노동시장 이행 초기 성과가 미진하고 향후 20대 전반에 걸쳐서 지속적으로 미진한 것에 비해 고졸 비진학 청년의 노동시장 이행과 정착을 위한 정책 지원은 충분하지 않거나 전달이 원활하지 않은 상태로 보인다. 실태조사 결과와 전문가 FGI의 결과에 따르면 정책 수혜 경험이 낮고, 인지도가 매우 낮은 수준으로 나타났다. 또한, 이들은 노동시장에서 상대적으로 저학력이라는 취약 특성 외에도 다양한 취약 특성을 복합적으로 안고 있는 비중이 높은데, 정책에 대한 인지도가 낮고 사회적 자본 수준이 낮아 정보 전달이 원활하지 않고, 결과적으로 정책지원을 원활히 받지 못하고 있는 것으로 보인다. 게다가 전문가 인터뷰 결과를 통해 미루어 볼 때 아직은 20대 초반인 고졸 비진학 청년의 다수가 적극성이 부족하고, 여러 가지 문제를 해결하고 일상생활을 일궈가는 역량이 높지 않아, 여러 가지 복합적인 지원을 동시에 받아야 할 때, 본인에게 필요한 모든 정보를 얻고, 정보에 따라 여러 지원을 받는 것이 쉽지 않을 것임을 유추할 수 있다. 만약 고졸 비진학 청년의 성공적인 노동시장 이행과 노동생애 경로 정착을 돕는 정책을 추진하고자 한다면, 이러한 집단의 특성을 고려한 맞춤형 정책지원 루트가 필요하고, 취약지점을 원스톱으로 함께 해결해 줄 수 있는 고용과 복지, 교육이 모두 연계된 통합적인 방식의 지원이 필요할 것이다.

제2절 정책 현황[32)]

우리나라의 청년 정책은 대부분이 학력별로 정책을 수혜 대상을 차별하지 않고 있어, 고졸 비진학 청년, 취약 계층 청년이 수혜 가능한 청년 정책은 상당히 많은 편이다. 하지만 현실적으로는 청년층의 대다수가 대학재학, 대

32) 정책 현황에 관해 자문해주신 오선정 교수(전남대학교)님께 감사를 드린다.

학 졸업생으로 이루어져 있어 모든 청년을 대상으로 하는 정책은 대체로 대학 재학생이나 대졸자가 경험하는 상황과 여건에 적합하게 설계되어 있다. 따라서 특별히 직업계고 재학생, 직업계고 졸업자를 대상으로 하는 정책이나 고졸 취업자를 대상으로 하는 정책이 아닌 일반 청년 대상 정책은 고졸 비진학 청년이 처한 현실을 극복하도록 도움을 주기에는 적합하지 않은 측면이 존재한다.

또한 취약 청년의 경우 다양한 유형의 취약 특성이 복합적으로 나타나는 경우가 많지만, 각 취약 특성별로 소관 부처별로 각각 다른 정책이 지원되고 있어[33] 분절적인 상황이다. 특히 취약 청소년에 관한 지원이 만 24세까지 청소년 지원 기관에서 제공되고 있어, 고졸 비진학 청년 중 취약 청년의 경우 청소년 지원 기관과 일반 청년 지원 기관에서 분절적으로 지원이 이루어지고 있다. 이 절에서는 우선 고졸 비진학 청년의 인적자본 축적, 노동시장 이행과 정착을 위해 활용할 수 있는 정책 현황을 인적자본 개발, 노동시장 이행과 정착, 취약 특성 해소 차원에서 주요 정책을 위주로 우선 살펴보고 한계점에 대하여 논의하고자 한다.

1. 고졸 비진학 청년의 인적자본 개발을 지원하는 정책 현황

고졸 비진학 청년이 취업과 노동생애 개발을 위해 필요한 기본적인 인적자본을 축적하도록 지원해 줄 수 있는 프로그램은 주로 여성가족부, 교육부, 고용부가 제공하고 있다. 정책에 대한 전반적인 요약은 〈표 6-1〉에 있다.

여성가족부는 청소년을 대상으로 하는 지원 프로그램을 주로 운영하는데, 청소년은 만 24세 청년까지 포함하므로 고졸 비진학 초기 청년의 경우 여성가족부 직업역량 강화 프로그램, 내일 이룸학교, 학교 밖 청소년 지원, 위기 청소년 특별지원을 활용하여 훈련이나 교육을 계속해서 이수할 수 있다. 여성가족부가 청소년을 대상으로 운영하는 프로그램은 진로교육, 직업훈련, 고교 검정고시 준비 및 시험 지원으로 이루어져 있는데, 취약계층(위기청소년)의 경우 생계지원 등도 함께 지원하는 통합 프로그램의 특성을 가진다.

33) 예를 들어 한부모, 이주배경 청년, 장애 청년 등 각 취약 유형에 따라 개별적인 프로그램을 활용하여 개별적으로 지원받아야 한다.

〈표 6-1〉 고졸 비진학 청년이 활용할 수 있는 인적자본 개발 관련 정책

정책(부처)	지원 대상	지원 내용
직업역량강화 프로그램(여성가족부)	학교 밖 청소년 (만 15~24세)	진로상담 및 진로적성검사(1주), 자립동기 부여(2주), 기초기술훈련(4주), 직장체험(3개월) 등
내일이룸학교(여성가족부)	학교 밖 청소년 (만 15~24세)	약 3~10개월 간 과정의 직업훈련, 훈련생 자립장려금 지급(월 30만 원 내), 기숙사, 교통비 및 중식비(기숙사 미제공시 월 최대 16만 원), 검정고시 및 자격증 취득 지원, 직업훈련교육 수료 후 취업처 알선 및 취업 정보 제공
학교 밖 청소년 지원(여성가족부)	학교 밖 청소년 (만 9~24세)	상담지원, 학업지원(검정고시, 학력취득 및 상급학교 진학지원), 취업지원(진로설정 후 직업역량강화 프로그램, 내일이룸학교 등 연계 취업지원), 건강지원, 자립지원 등
위기청소년 특별지원(여성가족부)	청소년(가구소득 기준중위소득 100% 이하) (만 9~24세)	학업지원비(학교 입학금 및 수업료, 검정고시, 교과목 학원비 등, 수업료 월 15만 원 이하, 검정고시 월 30만 원 이하), 자립지원(기술 습득, 진로상담 비용 및 직업체험 등, 월 36만 원 이하), 생활비, 치료비 등
직업계고 채용연계형 직무교육과정 지원 사업(교육부) 중 훈련수당	직업계고 재학생	3개월간 훈련수당(교통비, 식비, 기숙사비 등) 월 60만 원 지원
현장실습 지원금(교육부)	직업계고 3학년 학생	산업체 채용형 현장실습 이수자에게 1인당 일 6만 원 최대 360만 원 지원
청년도전지원사업 (고용노동부)	청년 일반(사업 신청일 이전 6개월 이상 취업·교육·직업훈련 참여 이력 없는 청년 등), 자립준비청년, 청소년복지시설 입·퇴소 청년, 북한이탈청년	· 사회활동 참여의욕 고취를 위한 집단 및 개별 맞춤형 프로그램 등 제공 · 〈도전프로그램〉 참여수당 50만 원, 〈도전+중기 프로그램〉 참여수당 월 50만 원×3회, 이수인센티브 50만 원, 취업인센티브 50만 원, 〈도전+장기 프로그램〉 참여수당 월 50만 원×5회, 이수인센티브 20만 원, 취업관련 활동 시 30만 원, 취업인센티브 50만 원
	지역특화청년 (만 18~34세)	
일학습병행제 등 직업훈련 과정(고용노동부)	직업계고 재학생 및 재직자	사업체에 훈련비, 훈련과정 개발비, 전담이력비 등 지원

자료 : 오선정(2024) 자문자료를 참조하여 작성.

〈표 6-2〉 일학습병행제 유형별 프로그램 명칭과 내용

<table>
<tr><th>유형</th><th>명칭</th><th>주요내용</th><th>지원사항</th></tr>
<tr><td rowspan="2">재직자</td><td>단독기업형</td><td>도제식 현장 교육훈련(OJT)과 사업장 외 교육훈련(Off-JT)을 개별 기업에서 독립적으로 수행하는 학습기업 참여형태(상시근로자 수 50인 이상)</td><td rowspan="8">훈련비, 훈련 장려금, 훈련과정 개발비, 기업전담 인력(기업현장교사, HRD담당자) 수당 등 훈련 실시기업에 대한 행·재정적 지원</td></tr>
<tr><td>공동훈련센터형</td><td>도제식 현장 교육훈련(OJT)은 학습기업이 수행하고 사업장 외 교육훈련(Off-JT)은 학습기업과 협약을 체결한 공동훈련센터가 수행하는 학습기업 참여형태(상시근로자 수 20인 이상)</td></tr>
<tr><td rowspan="4">재학생</td><td>고교단계 일학습병행 (산학일체형 도제학교)</td><td>특성화고 및 일반고(직업계열) 학생이 학교(이론 및 기초실습)와 기업(심화실습)을 오가며 NCS기반 교육훈련을 받는 훈련모델</td></tr>
<tr><td>전문대 재학생 단계</td><td>맞춤형 실용 기술인재 양성을 위하여 전문대 최종학년을 대상으로 실시하는 NCS 학사체계 기반의 훈련모델</td></tr>
<tr><td>4년제 대학 일학습병행</td><td>4년제 대학교 최종학년 재학중인 학생이 전공분야 기업에 근로자로 채용되어, 학교에서는 사업장 외 교육훈련(Off-JT)을 진행하고 기업에서는 도제식 현장 교육훈련(OJT)을 병행하는 체계적 훈련</td></tr>
<tr><td>첨단산업 아카데미</td><td>전문대, 4년제 최종학년을 대상으로 실시하는 첨단산업 직종분야의 훈련 모델</td></tr>
<tr><td rowspan="2">후학습</td><td>P-Tech (재직자 과정)</td><td>도제학교 졸업생 등을 대상으로 지역폴리텍 등과 연계하여 융합·신기술 중심의 고숙련 훈련과 학위취득을 지원하는 후학습과정</td></tr>
<tr><td>경력개발 고도화 (시범사업)</td><td>P-TECH 이후 4년제 편입 또는 전문대 전공심화 등과 연계하여 상위자격(L5 이상)으로 성장 경로 제공</td></tr>
</table>

자료 : 한국산업인력공단 홈페이지에서 표 발췌(https://www.hrdkorea.or.kr/1/1/2/4 검색일 : 2024. 12. 1).

교육부는 직업계고, 일반계고-직업반 재학생의 채용연계가 가능한 직업훈련을 지원하고 있는데, 현장실습에 대한 훈련 수당을 지원하고 있다.

고용노동부의 경우 일반 청년과 취약 청년의 노동시장 이행을 위한 훈련, 진로지도와 훈련참여 인센티브를 포함한 패키지(청년도전지원사업)을 운영하고 있다. 그 외에 실질적으로 고졸 비진학 청년이 재학시 혹은 졸업 이후 참여할 수 있는 체계적이고 NCS 자격체계 기반을 갖춘 직업훈련 프로그램인 일·학습병행제를 운영하고 있다. 일·학습병행제의 경우 여러 가지 유형이 있는데, 직업계고 재학생을 대상으로 하는 산학일체형 도제학교와 도

제학교 졸업자가 참여할 수 있는 P-Tech과정이 있다. 하지만 어떤 기업이 재직자 대상 일·학습병행제를 운영한다면 일·학습병행 훈련생이자 재직자로 신규 인원을 채용하여 교육할 수 있어, 고졸 비진학 청년이 직업계고를 졸업하지 않더라도 이러한 채용공고에 지원하게 되면 NCS기반 숙련 형성형 채용이자 현장실습인 일자리에 취업할 수 있게 된다.

고졸 비진학 청년이 참여할 수 있는 인적자본 개발과 관련된 정책 내용을 대략적으로 요약해본 결과, 청소년기때 이미 위기 청소년이 되거나, 직업계고나 일반계고 직업반을 졸업하지 않는다면, 고교 졸업 이후에 정부 지원을 통해 체계적인 교육, 훈련을 받을 수 있는 기회는 제한적임을 알 수 있다. 일·학습병행 일자리나 고용노동부의 청년도전지원사업이 존재하지만 고졸 비진학 청년의 경우 일단 사회로 '던져진' 후에 알아서 정보를 찾고 자신의 진로를 생각해서 이러한 프로그램에 지원하여야 하는 상황이므로 작은 기회가 존재하더라도 접근성이 높지 않을 것으로 예상할 수 있다. 특히 앞서 연구 결과 전체를 요약할 때 지적한 대로 만약 고졸 비진학 청년에 대한 노동시장 차별이 존재한다면 유효한 스킬을 형성할 수 있는 일·학습병행 일자리에 취업하는 것조차 쉽지 않을 것으로 예상된다. 특히 직업계고를 졸업하지 않은 고졸 비진학 청년의 경우 자신의 진로에 대한 정보 부족은 더욱 심각하고, 일·학습병행에 바로 들어가기에도 기초적인 훈련이 부족한 상황일 것으로 보인다.

2. 고졸 비진학 청년의 노동시장 이행과 정착을 지원하는 정책 현황

고졸 비진학 청년의 노동시장 이행 촉진과 정착을 지원하는 정책은 주로 고용노동부가 수행하고 있다. 우선 고졸 비진학 청년을 포함하여 모든 청년층이 참여할 수 있는 국민취업지원제도가 있다. 이 제도는 개인별로 취업목표에 맞는 취업계획을 수립하고 취업하기 위해 필요한 역량을 축적하도록 하는 프로그램으로 각종 수당도 함께 지원한다. 국민취업지원제도와 연계되기도 하는 프로그램인 일경험 프로그램의 경우, 경력직 채용 위주로 변한 채용시장에서 청년층의 취업 가능성을 높이고 적성에 맞는 직무를 탐색할 수 있도록 다양한 유형의 일 경험을 제공하는 프로그램이다. 이 프로그램은 학력과 상관없이 모든 청년이 참여할 수 있지만, 실질적인 일 경험을 할 수 있는 인턴형의 경우, 기업에 선발되어야하기 때문에 고졸 비진학 청년이 통과하기는 어려운 관문일 수 있다. 미래내일 일경험 사업 참여자에게는 소액의 인건비나 프로젝트비가 지급된다.

한편, 고졸 비진학 청년이 우선 지원대상이 될 수 있는 취업촉진 정책으로 청년일자리도약장려금 사업이 있다. 이 사업은 고졸 이하 청년이나 장기실업자 등 취업애로청년을 정규직으로 채용하는 우선지원대상기업(중소기업)에게 인건비를 보조하여, 취업애로청년의 채용을 유도하는 사업이다. 이러한 사업은 고졸 청년의 일자리 창출을 유도하여 취업을 원활하게 하는 데 도움을 줄 수 있다. 또 다른 사업인 청년내일채움공제는 일몰사업이기는 하지만 모든 청년을 대상으로 하며 청년층의 중소기업 취업을 유도하기 위해 설계되어 있다. 중소기업 취업을 꺼리던 청년에게 인센티브를 부여하여 조기에 취업으로 이행하도록 하는 기대효과가 있다.

고용노동부에서는 청년층 노동시장 이행을 전담적으로 지원하기 위해 고용센터 외에 대학내에 대학일자리센터를 설치하여 운영하고 있다. 대학일자리센터는 대학 재학생뿐만 아니라 졸업생, 고졸 청년 등 청년층 누구에게나 커리어컨설턴트의 전문적인 진로, 취업상담을 제공하고 있는데, 사실상 대학 재학생, 졸업생에게만 접근성이 높다. 대학일자리센터 중 대학일자리플러스센터의 경우 권역 직업계고, 일반고-직업반에 컨설턴트를 파견하여 진로적성 탐색, 취업활동계획 수립 지원 등의 서비스하기도 한다(고교 재학생 맞춤형 고용서비스). 이 외에도 고용노동부에서는 해외취업을 희망하는 청년들을 위해 양질의 해외 일자리를 발굴하여 취업을 알선하는 K-Move 프로그램도 운영하고 있다. 고졸 청년도 참여가 가능한 프로그램이지만, 해외취업의 경우 언어 등 추가적인 교육과정이 선제적으로 필요한 경우가 많아 진입장벽이 높다고 할 수 있다. 이 밖에 교육부에서는 직업계고 졸업생의 조기 취업을 장려하기 위하여 직업계고 졸업생 대상으로 취업자가 직장에서 3개월 이상 근속할 시 지급하는 장려금을 운영하고 있다.

전반적으로, 고졸 비진학 청년의 노동시장 이행을 지원하는 정책은 일자리의 질과는 상관없이 조기 취업을 유도하기 위한 단순한 정책이거나 졸업 이후 노동시장이나 숙련 형성 경로에 정착하지 못한 불안정한 고용 상태로 머물고 있으면서 생계, 가족부양 등의 이유로 당장 충분한 소득을 마련해야 하여 자기 개발을 하지 못하는 이들의 상황을 고려하지 못하고 있다. 고졸 취업 촉진을 위해 고안된 정책을 제외하고는 고등학교 졸업 이후에도 실질적으로 노동시장으로 이행하기까지 최소 2~4년 이상 더 자기 탐색, 자기 개발, 노동시장 탐색을 할 수 있는 대졸자와 재학생의 상황에 더 적합하게 설계된 프로그램들이 주를 이룬다.

〈표 6-3〉 고졸 비진학 청년이 활용할 수 있는 노동시장 이행 지원 정책

정책(부처)	지원 대상	지원 내용
국민취업지원제도 (고용노동부)	- 청년, 중위소득 120% 이하, 가구원 합산 재산 5억 원 이하(I유형) 청년(만 15~34세)	개별화된 취업활동계획 수립 후, 계획에 맞는 훈련 등 지원 훈련 참여수당 및 구직촉진 수당 등 지원
미래내일 일경험 사업 (고용노동부)	청년(만 15~34세)	프로그램 유형별 참여/실행비 지원 프로그램 유형 : (인턴형)기업에서 1~5개월 내외 현업 수행, (프로젝트형) 4인 내외 프로젝트팀이 전문가 코칭을 받아 프로젝트 수행 ~2개월, (ESG지원형) 직무훈련/일경험으로 구성된 혼합유형 일경험 프로그램~6개월, (기업탐방형) 기업에 방문하여 직무탐구, 현직자 멘토링 등 진로/직무탐색 하는 프로그램 5일 내외
청년일자리도약 장려금	취업애로청년 정규직 채용 5인 이상 우선지원대상기업	5인 이상 우선지원대상기업이 취업애로청년을 정규직으로 신규채용하여 6개월 이상 고용유지시 2년간 최대 1,200만 원 지원(최초 1년 월 60만 원×12개월, 2년 근속시 480만 원 지원) * 지식서비스산업, 미래유망기업, 지역주력산업 기업 등은 5인 미만 지원 가능
청년내일채움공제 (고용노동부)	중소기업 근로자(5인 이상 50인 미만 제조·건설업종 중소기업) (만 19~34세)	2년간 400만 원을 적립하면 정부(400만 원)와 기업(400만 원)이 공동 적립하여 2년 후 만기공제금 1,200만 원 및 이자수령
대학일자리센터 (고용노동부)	청년 일반(본인의 학교가 아니더라도 거점형 대학일자리센터에서 서비스 이용이 가능) (만 15~34세)	· 교육프로그램, 취업박람회, 취업컨설팅 등 참여 · 진로·취업 지원 서비스 안내 · 진로취업전담교수 등을 통한 체계적인 진로지도제공

〈표 6-3〉의 계속

정책(부처)	지원 대상	지원 내용
고교재학생 맞춤형 고용서비스 (고용부)	직업계고, 일반고 재학생	· 대학일자리플러스 센터에서 고등학교(직업계고, 일반고)에 컨설턴트 파견 서비스 · 전문 컨설턴트의 진로, 취업 상담
K-Move (고용노동부)	미취업 청년 (만 15~34세)	· 양질의 해외 일자리 발굴 및 취업알선 · 헬프데스크 운영을 통한 취업자 사후관리 및 애로사항 해소 지원 · 현지 취업 박람회 개최를 통한 취업지원 · 지역특성에 부합하는 글로벌 창업 지원 네트워크 구축 운영
취업연계 장려금 사업(교육부)	직업계고 졸업생	3개월 근무시 200만 원, 1년 근무시 300만 원, 총 500만 원 지원

자료 : 오선정(2024) 자문자료를 참조하여 작성.

3. 취약 청년의 취약 특성 해소를 지원하는 정책 현황

마지막으로 취약 청년의 취약 특성을 해소하도록 지원할 수 있는 몇가지 정책 예시를 살펴보고자 한다. 우선 가출 등 위기에 처한 청소년을 대상으로 여성가족부는 학습지원, 훈련, 취업 지원을 하고 있다. 청소년 쉼터 등의 다른 중간 지원기관과 연계하여 여러 가지 자립지원을 제공하고 있는데, 만 24세 이하 초기 청년이 혜택을 받을 수 있다. 한부모 청년의 경우, 한부모 지원사업을 통해 직업훈련 등의 지원을 받을 수 있고, 그 외의 일반 취업지원 제도(국민취업지원제도와 같은)에서도 취약계층으로 우대된다.

최근 들어 가족돌봄청년, 고립/은둔 청년에 대한 관심이 높아지면서 올해부터 보건복지부에서는 전국 4개 광역시/도에 청년미래센터를 설치하고 각 권역내 가족돌봄청년, 고립, 은둔청년을 전담지원하기로 하였다. 이들에 대해 생활지원서비스와 회복을 지원하는 프로그램을 운영할 계획이다. 각 지자체별로도 다양한 취약 집단에 대해 복지서비스를 제공하고 있는데, 서울시의 경우 가족돌봄청년 지원 전담기구를 설치하여 핫라인 콜센터를 통해 각 청년별 필요한 지원을 연계해주고 있다.

고용노동부의 국민취업지원제도의 경우, 작년부터 부양가족으로 인해 구직활동이 제한되는 경우를 고려하여 특정 유형의 부양가족이 있는 국민취업지원제도 참여자에게 부양가족 1인당 월 10만 원씩 최대 40만 원의 추가 구직촉진수당을 지원하여 최대 90만 원(월 50만 원 기본 수당+부양가족수당 40만 원)을 지급하도록 변경하였다. 다만 이러한 지원 수준은 여전히 생계부양 수준보다 낮으며, 고령자, 미성년자, 중증장애인만 부양가족으로 인정하기 때문에, 고졸 비진학 청년 중 당장 가족을 부양하여야 하는 취약 청년에게는 실효성이 높을 것으로 보이지는 않는다.

〈표 6-4〉 취약 청년 대상 지원 정책

정책(부처)	지원 대상	지원 내용
위기청소년 특별지원(여성가족부)	청소년(가구소득 기준중위소득 100% 이하) (만 9~24세)	학업지원비(학교 입학금 및 수업료, 검정고시, 교과목 학원비 등, 수업료 월 15만 원 이하, 검정고시 월 30만 원 이하), 자립지원(기술 습득, 진로상담 비용 및 직업체험 등, 월 36만 원 이하), 생활비, 치료비 등
2024년 한부모가정 취업촉진 지원사업(대한사회복지회)	한부모가정	· 직업훈련교육 이수 또는 자격증 취득 지원 30만 원 · 면접비 지원(1회당 7만 원씩 3회 최대 21만 원) · 자영업 운영 및 창업관련 컨설팅(전문 컬설턴트와 1 : 1 진행, 총 4~5회 진행 예정)
서울시 가족돌봄청년 지원 전담기구(서울시)	가족돌봄청년 (만 9~34세)	상담 후, 필요한 지원에 대해 맞춤형 지원으로 연계함
가족돌봄,고립,은둔 청년 지원사업(복지부)	가족돌봄청년(아픈 가족 돌봄), 만 13~34세 고립, 은둔 청년 (만 19~39세)	* 2024. 8.부터 시작 전국 4개 광역시/도의 청년미래센터에서 지역내 가족돌봄, 고립,운둔청년 전담지원함. 생활지원서비스 연계, 민/관 장학금 우선연계, 연 최대 200만 원 자기돌봄비 지원 은둔고립청년 초기상담, 개인별 회복 계획 수립 및 프로그램 지원
국민취업지원제도 구직촉진수당 가족부양수당(고용부)	국취 I유형 참여자 중 부양가족이 있는 자 청년특례유형 (만 15~34세)	국취 I유형 참여자 기본 구직촉진수당인 월 50만 원(6개월)에 부양가족 1인당 월 10만 원씩 최대 40만 원 추가 지원 * 부양가족은 만18세 미만 미성년자, 만 70세 이상 고령자, 중증장애인만 해당 * 수당수급 중 수급금액 이상의 월단위 소득 발생하면 구직촉진수당 지급 안됨

자료 : 오선정(2024) 자문자료를 참조하여 작성.

이 외에도 각 지자체, 부처별로 취약계층에게 보충 지원을 하거나 각 취약계층 유형별로 별도의 지원책을 마련하는 경우가 있다. 하지만 소관부처, 전달기관, 취약 유형별로 산발적으로 지원 내용이 흩어져 있는 실정이다. 사회 경험이 부족하고 사회적 자본이 부족한 고졸 비진학 취약 청년의 경우 가진 취약 특성이 매우 다양하고 복합적이기 때문에 각 특성별로 흩어진 정책 지원책을 직접 찾아 활용하기란 쉽지 않을 것이라고 예상할 수 있다.

또한 본 연구에서 분석하지는 않지만, 복합 취약 특성별로 지원하는 프로그램이 중복지원이 가능한지 여부에 따라 실제 프로그램 접근성도 개인별로 천차만별일 것으로 예상된다. 만약 중복지원이 되지 않는 프로그램이 다수라면, 여러 가지 취약 특성을 가진 취약 청년이 혜택을 받을 수 있는 지원 수준이 높지 않을 것으로 예상된다. 이 경우, 고졸 비진학 취약 청년이 여러 가지 취약계층 지원책을 활용하면서 직업훈련이나 다른 프로그램을 통해 인적자본을 축적하고 안정적인 일자리로 이행하는 과정을 거치기보다는, 연구 결과에서 나타난 것 처럼 당장 소득을 확보할 수 있는 불안정한 일자리로 이행하고 계속해서 그 상태로 머무는 상황이 지속될 수밖에 없을 것으로 보인다.

제3절 정책 제언

앞서 연구 내용을 종합하여 최근의 고졸 비진학 청년, 고졸 비진학 취약 청년의 특성, 이들이 처한 환경과 노동시장 이행 특성에 관해 요약하고, 이 집단을 지원할 수 있는 여러 정책을 살펴보았다. 이 절에서는 정책 한계와 정책과제에 관하여 논의하고자 한다. 본 연구의 결과를 종합할 때 드러나는 현재의 정책 한계와 대응된 정책과제는 크게 다섯 가지이다.

첫째, '학습' 체계가 없거나 제한적인 '선취업 후 학습제'를 언급할 수 있다. 정부는 2010년대 이후 고졸 취업을 활성화하고 취업 이후 향후 고등교육을 이수하기 위해 '선취업 후학습'을 추진해 왔으나 최근 고졸 비진학 청년은 졸업 이후 노동시장에서 불안정한 고용 상태를 이어가면서 계속해서 비진학, 훈련 과정 비이수 상태로 남아있는 비중이 예전보다 높다.

추가적인 고등교육을 이수하지 않는 고졸 청년 집단이 효과적으로 숙련을 형성할 수 있도록 하기 위한 숙련 형성 경로와 프로그램을 마련하는 것이 필요해 보인다. 이를 위한 구체적인 실행 과제로 직업계고 졸업생, 직업계고를 졸업하지 않은 고졸 비진학 청년이 시작할 수 있는 수요가 증가하는 미래유망 직종에 대한 일 · 학습병행 프로그램이나 루트를 개발하고 공급을 확대하는 것, 현존하는 재직자 일 · 학습병행 프로그램, 공동훈련프로그램이나 일 경험 프로그램에서 고졸 비진학 청년 선발을 유도할 수 있는 유인책을 마련하는 것, 특히 대기업/중견기업이 고졸 비진학 청년을 채용하여 일 · 학습병행 프로그램을 운영할 수 있도록 유인책을 마련하여 이후 '선호하는 일자리'에 취업할 수 있도록 역량과 스킬을 축적할 기회를 마련해주는 것 등을 고려할 수 있다. 이러한 과제 추진을 통해 고등교육 이수를 선택하지 않은 청년이 20대 시기 동안 효과적으로 인적자본을 축적할 수 있는 시스템을 마련하는 것이 필요해 보인다.

둘째, 고졸 비진학 청년, 그중에서도 특히 취약 특성을 가진 청년을 위한 맞춤형 정책이 부족하고, 이들 특성에 맞는 전달체계를 마련하지 않아 전반적으로 집단 전체의 정책 접근성이 낮다는 점이다. 취약 특성을 가진 고졸 비진학 청년의 취약 특성을 해결해 주면서 노동시장 이행도 돕는 통합적 프로그램 마련이 필요하며, 이들의 경우 대졸 청년에 비해 인적네트워크가 협소하고 상대적으로 고립된 청년의 비중이 높으므로 지원 대상 청년을 직접 발굴하고 접촉할 수 있는 Out-reach 방식의 정책 전달책을 마련하여야 효과적일 것이다.

셋째, 고졸 비진학 청년 중 취약 특성을 가진 청년의 비중이 작지 않을 것으로 예상되고, 이들의 집단 특성(기초역량 부족, 사회 단절, 일상, 사회스킬 습득 기회 부족 등)상 스스로 각 취약 특성에 대한 지원책을 찾아서 활용하는 것이 어려울 수 있음을 고려할 때, 원스톱으로 취약 특성에 관한 지원과 고용서비스, 직업훈련 연계 등이 해결될 수 있는 시스템이 필요하지만 현재는 그렇지 못한 상태이다. 따라서 첫째, 둘째 제언에 따라 고졸 비진학 청년 대상 맞춤형 프로그램들을 새롭게 개발하게 된다면, 새로운 프로그램의 전달뿐만 아니라 여러 가지 취약 특성을 지원하는 각 부처의 사업을 종합적으로 검토하고 연계해 줄 수 있는 지원기관이나 전담기관을 마련하는 것이 필요해 보인다.

넷째, 현재의 정책은 고졸 비진학 청년의 취업 촉진과 직업훈련만 주로 지원하고 있지만, 실상 이 집단의 경우 효율적으로 노동시장에 이행하고 안정적으로 정착하기 위해서는 진로 탐색, 자아 인식기회, 기초역량과 일상생활관련 교육, 심리정서 영역, 사회적 자본 확장 등의 영역에서도 지원이 필요한 것으로 확인된다. 따라서 고졸 비진학 청년의 노동시장 이행뿐만 아니라 노동시장 결착도 개선, 정착 유도를 하기 위해서 마련되는 프로그램은 이러한 교육과 훈련이 동반될 수 있도록 하는 것이 중요하다.

마지막으로, 고졸 비진학 청년 중 큰 비중을 차지할 것으로 예상되는 취약 특성을 가진 청년의 경우, 가족이나 자기 부양, 가족 돌봄, 부채 등으로 인해 당장 생계를 위한 소득 활동이 중요한 경우가 많다. 지금의 일반 국민대상 취업지원제도들은 제한적인 수준의 수당을 지급하고 있고, 일・학습병행제와 같이 일을 하여 소득활동이 가능한 프로그램의 경우에도 숙련을 전

〈표 6-5〉 정책 한계점과 대응과제 요약

	정책 한계	대응 과제
1	‘후학습’ 없는 ‘선취업-후학습제’	1) 정부가 나서서 체계적인 훈련기회 마련 - 직업계고 졸업자가 아닌 고교 졸업생도 참여할 수 있는 대기업/중견기업/미래유망직종 일학습병행 체계 마련 - 고졸 훈련/학습자 채용에 대한 기업 유인책 마련
2	고졸 비진학 청년 특성에 맞는 프로그램 부재	1) Out-reach 방식으로 모집하는 고용서비스/훈련프로그램 마련 2) 취약 특성해소와 고졸 비진학 청년 노동시장 이행을 도울 수 있는 통합 프로그램 마련
3	고용애로 야기하는 취약 특성 원스톱 지원체계 부재	1) 취약 특성에 대한 지원시 한 자리에서 여러부처 사업을 모두 연계할 수 있는 원스톱 지원 기관, 전담 조직 마련
4	취업촉진 외 기초역량 등 교육기회 부족	1) 심리지원, 진로교육/진로 탐색, 기초학습역량 관련 교육, 대인관계/사회생활, 일상생활 관련 교육 등 종합적인 교육 지원
5	낮은 수당, 임금으로 인한 높은 훈련 참여 문턱	1) 일학습병행이나 통합고용서비스에서 취약 청년의 경우 생계유지/가족부양 등을 유지할 수 있도록 보충수당 지급 고려

자료 : 저자 작성.

수한다는 이유로 낮은 임금을 지급하거나, 도서지역에 위치하여 교통비 등이 많이 발생하는 경우가 많아, 취약 청년들이 선뜻 미래를 위해 선택하기 어려운 측면이 존재한다. 만약 고졸 비진학 청년, 고졸 비진학 취약 청년을 위한 훈련이나 취업 지원 프로그램을 개발하거나 재편한다면, 취약 청년의 참여 문턱을 낮출 수 있게, 보충수당을 지급하는 등 방법을 고심하여야 한다.

연구의 서두에서 미국의 대표적인 고졸 비진학 취약 청년 대상 통합적 고용서비스/훈련 프로그램인 Job Corp를 언급하였다. Job Corp는 위에서 언급한 다섯 가지 한계점과 발굴된 과제를 반영할 수 있는 하나의 프로그램이다. Job Corp는 지역/권역별 모집기관이 Out-Reach 방식을 통해 참여 대상에게 접촉하여 안내[34]하는 방식을 차용하여 참여자를 모집하며 모집 이후 청년의 희망 진로에 따라 전국 각지에 흩어져 있는 Job Corp센터로 연계하여 본격적으로 통합훈련과 교육을 받을 수 있도록 지원하는 체계를 갖춘 프로그램이다.[35] 각 지역의 Job Corp센터는 지역에서 수요가 높은 직종, 혹은 특정 업종 단체 등이 Job Corp를 운영하는 경우 해당 업종에서 필요한 4~5개 직종에 대해 장기 훈련 프로그램을 개발하고 Job Corp 이수 후 취업으로 연계하고 취업 이후에도 직장 적응을 위한 후속지원을 하고 있다.[36] 특히 Job Corp에서는 직업훈련뿐만 아니라 기초 산수, 기초 문해력 교육, 사회생활/대인관계, 일상생활과 습관, 매너 등도 교육하며, 캠퍼스 생활을 하는 형

34) 유동인구가 많은 지역에서 부스를 차려 직접 모집하기도 하고, SNS광고를 통해 본인이 직접 혹은 가족이나 지인이 추천하면 모집기관이 연락을 하는 방식으로 참여자를 발굴한다.

35) 구체적으로 모집기관이 연락하였을 때, 청년이 참여 의향을 밝히면 기관방문이나 온라인면담 등을 통해 모집기관은 ① 진로교육, ② 희망진로 발굴, ③ 희망진로 실현을 위해 필요한 기초학습 내용, ④ 훈련참여에 장애가 될 수 있는 취약특성 등을 파악하고 정책을 연계하여 해소하도록 한 후, 청년의 희망진로에 맞는 Job Corp센터를 배정하여 훈련을 시작할 수 있도록 한다.

36) 각 직업은 이수 난이도에 따라 시장임금 수준이 다른데 이를 초기 상담에서 함께 안내하여 진로를 선택하도록 한다. 시장임금 수준, 요구 숙련수준이 다양한 직종에 대한 프로그램을 운영하고 있다. Job Corp 졸업생은 졸업 이후 바로 훈련받은 직종에 취업하기도 하고, 최종적으로 목표하는 직업을 갖기 위해 더 필요한 교육과정(우리의 일학습병행과 유사한 프로그램인 Apprenticeship이나 전문대학) 프로그램으로 이동하기도 한다. 우리로 치면 고임금 직종 일·학습병행제에 들어가기 위해 그 전 단계로 기초적인 소양과 기본 훈련을 받는 Job Corp를 이수하는 경우가 있다는 것으로 이해할 수 있다.

태로 운영하며 모든 훈련생은 훈련기간(1~2년) 동안 의식주와 훈련수당을 지원받아 생계 걱정 없이 훈련에 임할 수 있도록 하는 특징이 있다.

본 연구의 실태조사에서는 이러한 통합적 직업훈련/고용서비스 프로그램을 제공하는 것에 대한 고졸 비진학 청년의 수요를 조사하였다. 실태조사에 참여한 고졸 비진학 청년 집단은 취약/비취약 청년 구분할 것 없이 이러한 프로그램에 대한 참여 의사가 높았다. 이 결과가 이들의 특성과 필요에 맞춰진 정책의 부족을 반영하는 것인지, 이들에게 쉽지 않은 노동시장 진입과 정착 환경을 반영하는 것인지는 알 수는 없지만 아주 긴 잔여 노동 생애를 가진 이들이 속히 자신들의 잠재역량을 개발하고 성장해나갈 수 있는 커리어 경로로 이동할 수 있도록 지원하는 것이 필요함은 분명해 보인다.

인구 감소 시대에 생산연령인구를 최대한 효과적으로 개발하고 활용하여야 하는 과제가 우리에게 주어졌다. 숙련 형성이 원활하지 않고, 불안정한 노동생애를 계속해서 이어가는 고졸 비진학 청년의 기회 사다리 복원과 국가의 생산능력 개선을 위해 최대한 빠른 시일 내에 특단의 조치를 마련해야 할 것이다.

참고문헌

강순희(2016),「취업청년의 초기 일자리 변동과 고용안정성」,『한국청소년연구』 27 (4), pp.5~29.

강지나(2015),「빈곤 청소년의 빈곤대물림 경험과 진로전망」,『 학교사회복지』 31, pp.253~279.

고영근 · 안태현(2018),「경기변동과 고용 동학에 대한 분석 : 집단 간 취업 - 미취업 이행확률 비교를 중심으로」,『노동경제논집』 41 (2), pp.31~59.

교육과학기술부(2010),「고등학교 직업교육 선진화 방안」.

권혁진 · 유호선(2011a),「취업 청년의 초기 일자리 변동과 고용안정성」,『한국청소년연구』 27 (4), pp.5~29.

______(2011b),「청년층의 학교에서 고용으로의 이행 특성 : 성 · 학력별 이행 과정의 차이를 중심으로」,『사회복지정책』 38 (1), pp.1~31.

김교성 · 반정호(2004),「고용상태와 빈곤경험이 빈곤이행에 미치는 영향에 관한 연구」,『사회복지정책』 18, pp.31~54.

김성경 (2015),「청소년의 진로정체감에 영향을 미치는 사회자본의 경로모형 연구」,『한국아동복지학』 51, pp.23~46.

김성아 · 김지연 · 김문길 · 조성은 · 정세정 · 노혜진 · 이정민 · 강예은 · 장성현(2023),『청년정책 지원대상 연구 : 취약 청년과 지역 청년을 중심으로』, 경제인문사회연구회 · 한국보건사회연구원.

김수정(2020),「비교국가적 관점에서 본 한국 청년 빈곤의 특수성」,『한국인구학』 43 (2), pp.77~101.

김원정 · 류진석(2020),「저임금 근로 취약집단의 변화, 연령 시기 코호트 효과 분석(2002~2017)」,『사회보장연구』 36 (1), pp.157~181.

김정선 · 김지영 · 추주희(2016),「고졸 청년여성의 취업과 직장 경험에 관한 연구 - 광주지역 특성화고 졸업자를 중심으로」,『취업진로연구』 6 (2),

pp.71~96.

김지경 · 김종성(2014), 「선취업 - 후진학 정책 도입까지 지난 10년간 고졸 비진학 청소년의 취업 결정요인 분석」, 『청소년복지연구』 16 (2), pp. 255~272.

김현주 · 김준영(2010), 「청소년의 진로 이행과 청소년, 부모의 인적 및 사회적 자본과의 관계」, 『청소년복지연구』 12 (2), pp.23~52.

김혜원(2013), 「취약집단에 대한 고용서비스는 어떻게 제공해야 효과가 있는가?」, 『노동정책연구』 13 (4), pp.87~131.

남재량(2006), 「청년 니트 실태와 결정요인 및 탈출요인 연구」, 『제7회 한국노동패널 학술대회 논문집』.

남재욱 · 김영민 · 한기명(2018), 「고졸청년 노동자의 노동시장 불안정 연구」, 『사회복지연구』 49 (1), pp.221~262.

노경란 · 허선주 (2015), 「대졸 청년층의 취업목표 달성 영향요인 분석」, 『직업교육연구』 34 (3), pp.1~22.

노혜진(2012), 「빈곤가구 자녀의 노동시장 진입과정 유형화」, 『사회복지정책』 39 (4), pp.109~134.

류지은 · 강서울 · 김성남 · 안재영(2022), 『직업계고 졸업자의 경력경로 유형과 특성』, 한국직업능력연구원.

박성재 · 반정호(2012), 「청년 취업자의 저임금근로 진입과 탈출에 관한 연구 : 노동이동의 효과를 중심으로」, 『사회보장연구』 28 (1), pp.163~190.

변금선(2013), 「청소년기 빈곤이 청년기 노동시장 성취에 미치는 영향에 대한 연구」, 『사회복지정책』 40 (4), pp.345~373.

손병돈(2017), 「한국에서 빈곤은 세대간 이전되는가?」, 『사회보장연구』 33 (4), pp.163~184.

신선미 · 손유미(2008), 「대졸 청년층 하향취업의 결정요인」, 『직업능력개발연구』 11 (1), pp.1~21.

엄태영 · 주은수(2016), 「취약계층의 경제적 자활에 영향을 미치는 요인에 관한 연구 - 희망리본사업 참여자들을 중심으로」, 『사회과학연구』 23 (3), pp. 225~250.

오유진 · 김교성(2019), 「성별 · 학력별 청년 노동시장의 이행 궤적과 유형 비교」, 『노동정책연구』 19 (3), pp.1~35.

이병희 · 허재준 · 김혜원 · 윤윤규 · 김동헌(2008), 『노동시장의 구조변화와 고용변동』, 한국노동연구원.

이상직(2023), 「지난 20년의 산업재해 발생 추이 및 구조」, 『한국의 사회동향 2023』, 통계개발원 · 통계청.

전병유 외(2010), 『취업성공 패키지 지원사업 추진성과 분석』, 고용노동부.

정영현 · 임희정(2013), 「취업성공 패키지 효과분석」, 『고용과 직업연구』 7 (1), pp.1~28.

조은정 · 이혜경(2021), 「청년층의 직업가치 요인과 직장만족 요인이 이직의도에 미치는 영향」, 『취업진로연구』 11 (4), pp.143~165.

채창균 · 양정승(2015), 「고졸 청년의 취업 추이와 향후 과제」, 『THE HRD Review』 19 (1), pp.58~75.

최기성 · 안준기 · 이혁무(2024), 「국민취업지원제도 취업지원서비스의 취업효과 분석」, 『한국경제연구』 42 (1), pp.55~85.

최동선(2017), 「고졸 청년의 취업 실태」, 『The HRD Review』 20 (3), pp.26~40.

최상미 · 유효은 · 김한성(2019), 「당사자의 목소리로부터의 빈곤 청년의 삶에 대한 탐색」, 『 사회 과학연구』 26 (2), pp.32~58.

최상미(2022), 「청년자립도전사업단 참여자 특성 및 효과성」, 『KDISSW 자활정책 Brief』, 한국자활복지개발원.

최세림(2021), 『고졸 청년 노동시장 수요 공급 특징과 정책과제연구』, 한국노동연구원.

최윤미 · 이문희(2011), 「진로성숙 발달에 영향을 미치는 위험요인과 보호요인」, 『청소년상담연구』 19 (2), pp.171~187.

최지수 · 김은비(2019), 「고졸청년의 미취업 원인에 대한 인식이 구직기준(취업눈높이)에 미치는 영향」, 『취업진로연구』 9 (1), pp.145~166.

최필선 · 민인식(2015), 「부모의 교육과 소득수준이 세대 간 이동성과 기회불균등에 미치는 영향」, 『사회과학연구』 22 (3), pp.31~56.

최하영 · 이소민 · 이은형(2022), 「빈곤 가구 청년의 자립과정과 빈곤을 벗어난 이후의 삶에 관한 사례연구」, 『한국청소년연구』 33 (2), pp.29~55.

Braun, V. and V. Clarke(2006), "Using thematic analysis in psychology," *Qualitative Research in Psychology* 3 (2), pp.77~101.

Breslin and P. Smithl(2005), "Age-related differences in work injuries : a multivariate, population-based study," *American Journal of Industrial Medicine* 48 (1), pp.50~56.

Carlos et al.(2012), "The Effects of Job Corps Training on Wages of Adolescents and Young Adults," *American Economic Review* 103 (3), pp.418~422.

CDC(2020), Young Worker Employment, Injuries and Illnesses Chart, https://www.cdc.gov/niosh/young-workers/charts/index.html(검색일 : 2024. 10. 2).

Gary D. Sanderfur, Ann M. Meier. and Mary E. Campbell(2006), "Family resources, social capital, and college attendance," *Social Science Research* 35 (2), pp.525~553.

Hanvold et al.(2019), "Occupational Safety and Health Among Young Workers in the Nordic Countries : A Systematic Literature Review," *Safety and Health at Work* 10 (1), pp.3~20.

Ho, D. G. E.(2006), "The focus group interview : Rising to the challenge in qualitative research methodology," *Australian Review of Applied Linguistics* 29 (1), pp.5.1~5.19.

Lee et al.(2024), "The Causal Effect of Parents' Education on Children's Earnings," NBER Working Paper Series. 32223.

Lesner, R. V.(2018). "The long-term effect of childhood poverty," *Journal of Population Economics* 31 (3), pp.969~1004.

Mamun Arif, A.(2008), "Effects of Employment on Marriage : Evidence from a Randomized Study of the Job Corps Program," Mathematica Policy Research.

Mathematica(1998), "National Job Corps Study : Characteristics of Youths Served by Job Corps," Mathematica Policy Research. Princeton, NJ.

(2006), "National Job Corps Study and Longer-Term Follow-Up

Study : Impact and Benefit-Cost Findings Using Survey and Summary Earnings Records Data," Mathematica Policy Research. Princeton, NJ.

Schlee, B. M., A. K. Mullis, and M. Shriner(2009), "Parents' social and resource capital : Predictors of academic achievement during early childhood," *Children and Youth Services Review* 31 (2), pp.227~234, https://doi.org/10.1016/j.childyouth.2008.07.014.

Shochet, Peter(2020), "Long-Run Labor Market Effects of the Job Corps Program : Evidence from a Nationally Representative Experiment," *Journal of Policy Analysis and Management* 40 (1).

◈ 執筆陣

• 최세림(한국노동연구원 연구위원)
• 김영아(한국노동연구원 연구위원)

고졸 취약 청년의 노동생애 개발과 정착 지원방안 연구

▪발행연월일	2024년 12월 26일 인쇄 2024년 12월 30일 발행
▪발 행 인	허 재 준
▪발 행 처	한국노동연구원 30147 세종특별자치시 시청대로 370 세종국책연구단지 경제정책동 ☎ 대표 (044) 287-6081 Fax (044) 287-6089
▪조판 · 인쇄	도서출판 창보 (02) 2272-6997
▪등 록 일 자	1988년 9월 13일
▪등 록 번 호	제2015-000013호

정가 13,000원

ISBN 979-11-260-0754-7